淮海地区非物质文化遗产概论

张新科　编著

商务印书馆

2017年·北京

目 录

绪 论

第一节　淮海地区的基本情况 /001
　　一、地理位置 /001
　　二、地区历史 /001
　　三、人口与经济 /004

第二节　淮海地区的历史文化 /006
　　一、发展源流 /006
　　二、文化遗存 /008
　　三、总体特征 /009

第三节　淮海地区非物质文化遗产现状 /010
　　一、概念与特点 /010
　　二、种类与范围 /011
　　三、主要内容 /012

第四节　淮海地区非物质文化遗产保护 /013
　　一、必要性与意义 /013
　　二、原则与方式 /014
　　三、发展和保护 /016

第一章　淮海地区民间文学类非物质文化遗产

第一节　概　述 /020

一、非物质文化遗产视域下的民间文学 /020

二、民间文学的主要特征 /021

三、民间文学的体裁 /023

四、价值与功能 /030

第二节　民间传说 /033

一、传承概况 /033

二、国家级项目简介 /041

三、文化意蕴 /048

第三节　民间故事 /060

一、概　念 /060

二、分类方法 /061

三、类　型 /062

四、特征与价值 /075

第四节　地域文化 /080

一、特色方言 /081

二、饮食文化 /084

三、淳朴生活 /089

第五节　采录与整理 /094

一、编纂与出版 /095

二、普查与采录 /096

三、整理与研究 /098

四、传承与保护 /098

第二章　淮海地区传统音乐和曲艺类非物质文化遗产

第一节　概　述 /104

一、"非遗"项目 /104

二、存在的问题 /106

第二节　传统民歌 /107

　　一、苏北地区 /107

　　二、鲁南地区 /109

　　三、皖北地区 /112

第三节　传统器乐 /114

　　一、苏北地区 /114

　　二、鲁西南地区 /123

　　三、豫东地区 /130

　　四、皖北地区 /135

第四节　传统舞蹈 /137

　　一、苏北地区 /137

　　二、鲁西南地区 /143

　　三、豫东地区 /147

　　四、皖北地区 /150

第五节　传统曲艺 /151

　　一、苏北地区 /151

　　二、鲁西南地区 /160

　　三、豫东地区 /169

　　四、皖北地区 /173

第三章　淮海地区传统戏曲类非物质文化遗产

第一节　概　述 /180

第二节　苏北地区 /184

　　一、梆子戏 /185

　　二、柳琴戏 /187

　　三、淮海戏 /192

　　四、淮　剧 /195

五、京　剧 /200

　　六、泗州戏 /203

　　七、四平调 /206

　　八、童子戏 /209

　　九、吕　剧 /210

第三节　鲁南地区 /212

　　一、大平调 /214

　　二、两夹弦 /217

　　三、柳琴戏 /222

　　四、柳子戏 /229

　　五、山东梆子 /235

　　六、枣　梆 /240

第四节　豫东地区 /244

　　一、开封二夹弦 /245

　　二、通许罗卷戏 /247

　　三、商丘四平调 /250

　　四、太康道情 /253

　　五、虞城花鼓戏 /254

　　六、永城柳琴戏 /256

　　七、商丘豫东调 /258

　　八、商丘目连戏 /260

　　九、周口越调 /262

　　十、郸城坠子戏 /265

第五节　皖北地区 /266

　　一、泗州戏 /267

　　二、二夹弦 /269

　　三、花鼓戏 /272

　　四、坠子戏 /274

目 录

　　五、淮北梆子戏 /275

　　六、嗨子戏 /277

　　七、四平调 /279

　　八、推　剧 /281

　　九、皮影戏 /283

第四章　淮海地区体育类非物质文化遗产

第一节　概　述 /286

第二节　苏北地区 /290

　　一、邳州跑竹马 /290

　　二、沛县武术 /292

　　三、彭祖导引术 /294

　　四、铜山徐式北派少林拳 /296

　　五、丰县六步架大洪拳 /298

　　六、建湖杂技 /299

　　七、刘氏自然拳 /301

　　八、灌云形意拳 /302

第三节　鲁南地区 /303

　　一、佛汉拳 /303

　　二、大洪拳（菏泽牡丹区）/305

　　三、大洪拳（菏泽郓城县）/306

　　四、二洪拳 /307

　　五、水浒拳（菏泽郓城县）/309

　　六、八卦掌（菏泽曹县）/310

　　七、梅花拳（菏泽定陶县）/311

　　八、梁山武术 /312

　　九、狮舞（梅花桩舞狮子）/314

　　十、文圣拳 /315

十一、尚寨竹马 /316

　第四节　豫东地区 /317

　　一、撂石锁 /317

　　二、黄派查拳 /320

　　三、子路八卦拳 /322

　　四、回族七式拳 /324

　　五、心意六合拳　/326

　　六、圣门莲花拳 /328

　　七、两仪拳 /330

　　八、余家杂技 /331

　第五节　皖北地区 /332

　　一、马戏（埇桥马戏）/333

　　二、华佗五禽戏 /333

　　三、晰扬掌 /334

　　四、陈抟老祖心意六合八法拳 /335

　　五、铜城火叉、火鞭 /336

　　六、五音八卦拳 /337

　　七、六洲棋 /338

　　八、永京拳 /339

　　九、吴翼翚华岳心意六合八法拳 /339

第五章　淮海地区民间美术类非物质文化遗产

　第一节　概　述 /344

　第二节　苏北地区 /347

　　一、地域区划与楚汉文化 /347

　　二、传承与保护现状 /348

　　三、艺术形态及其特点 /349

　第三节　鲁南地区 /369

一、鲁南地域区划与齐鲁文化 /369

　　二、传承与保护现状 /369

　　三、艺术形态及其特点 /370

第四节　豫东地区 /383

　　一、地域区划与中原文化 /383

　　二、传承与保护现状 /384

　　三、艺术形态及其特点 /385

第五节　皖北地区 /396

　　一、地域区划与淮河文化 /396

　　二、传承与保护现状 /397

　　三、艺术形态及其特点 /399

第六章　淮海地区民俗类非物质文化遗产

第一节　概　述 /414

　　一、民俗的概念 /414

　　二、民俗的范围 /414

　　三、民俗类非物质文化遗产的基本特点 /415

第二节　物质生产民俗类 /417

　　一、农业民俗类 /417

　　二、渔业、盐业民俗类 /421

　　三、工匠民俗类 /423

　　四、商业、交通民俗类 /427

第三节　物质生活民俗类 /432

　　一、饮食民俗类 /432

　　二、服饰民俗类 /442

　　三、居住建筑民俗类 /443

第四节　社会组织民俗类 /446

　　一、手工业行俗 /446

二、商业行俗 /447

第五节　岁时节日民俗类 /448

一、徐淮片区 /449

二、商宿片区 /453

三、济宁片区 /454

第六节　人生礼仪民俗类 /455

一、诞生礼仪民俗类 /455

二、婚姻礼仪民俗类 /460

三、丧葬民俗类 /468

第七节　民俗信仰类 /474

一、民俗信仰对象 /474

二、民俗信仰表现方式 /477

三、基本特征 /481

后　记 /485

绪论

第一节 淮海地区的基本情况

一、地理位置

淮海地区位于苏、鲁、豫、皖四省接壤处，东濒黄海，西连中原，南邻江淮，北接齐鲁。主要包括江苏北部的徐州、连云港、宿迁、淮安，山东南部的枣庄、济宁、泰安、日照、莱芜、临沂和菏泽，另外还有安徽北部的淮北、亳州、宿州、蚌埠、阜阳和豫东的开封、周口、商丘等地级市。与行政区划界定相对清晰的淮海经济区相比，淮海地区的定义不仅有政治、经济层面的考量，文化层面的因素更不容忽视，因此与行政区划并不完全重合，其与周边地区往往有较多的交叉和融合。总体而言，淮海地区是东西结合和南北交流的枢纽地带，是历史自然形成的特定经济文化区域，这一区域不仅山水相连、道路相接，而且习俗也很相似。总体来说，这一区域之间自古以来就保持和延续着相当密切的人际交往、经济贸易和文化交流。

二、地区历史

"淮海"之名最早见于《尚书·禹贡》，据其记载："海、岱及淮惟徐州。淮、沂其乂,蒙、羽其艺,大野既猪,东原底平。厥土赤埴坟,草木渐包。厥田惟上中,厥赋中中。厥贡惟土五色,羽畎夏翟,峄阳孤桐,泗滨浮磬,淮夷蠙珠暨鱼。厥篚玄纤缟。浮于淮、泗,达于河。"这里就约略提及了以徐州为中心的淮海地区的地理位置、水泽山川、土壤植被、农业垦殖及货物往来等情况,可见当时这一区域已经建成了初步的农业文明,并出现了商业活动,这大概是关于淮海地区较早的论述。

而后《太始记》中"蚩尤氏乃据淮海之地以挡轩辕东进之路。而不敢显陈"的陈述则鲜明地提到了"淮海之地",由此可知,中华文明创生之际,"淮海"一词已然见诸典籍。李巡注《尔雅》解州名云:"江南其气躁劲,厥性轻杨……淮海间其气宽舒,禀性安徐,故曰徐。徐,舒也。"这段话则既有"淮海"之谓,又特别指出了其中心城市徐州的气候特点。《尔雅》是辞书之祖,收集了比较丰富的古代汉语词汇,而且还是中国古代典籍"十三经"中的一种,是中国传统文化的核心组成部分。因此,《尔雅》成书的时间不会早于战国,因为书中所用的资料,有的来自《楚辞》《列子》《庄子》《吕氏春秋》等书,而这些书都是战国时代的作品。由此可见,远在战国以前,"淮海"之地理划分已经了然分明,与江南遥相对应。

唐代著名文学家、哲学家、散文家柳宗元曾在其《柳河东集》中说:"海岱及淮为徐州。东至海,北至岱,南至淮也。以其淮海之所在,故曰朝宗。此言东海为师道所据也。"[1]在此柳河东更为精准地指出了淮海地区的地理区划,所谓"淮海"之"淮"指的就是淮河,"海"则是指黄海。东到黄海,西到中原,

---

[1] 张玉霞:《柳宗元全集3》,时代文艺出版社2001年版,第1071页。

南到淮河，北到泰山这一片广大区域，就是古代典籍中所说的徐州，也就是今天的淮海地区。而后苏轼《和陶饮酒》诗二十首之第十七说："淮海虽故楚，无夫轻扬风。斋厨圣贤杂，无事时一盅。谁言大道远，正赖三杯通。时君不夕坐，衙门散刀弓。"诗中提到，徐州虽是故楚之地，但这一带是斋厨与养生始祖彭铿的故国。西边楚地的苦县（今河南鹿邑县）是道家祖师老子故乡；蒙地（今河南商丘）有庄子梓里；北边鲁国孔子多次入楚至徐州地向老子问礼与学习大道；还有汉朝王权建立者和大将、谋士们大多生长在这个地方。苏东坡的诗作对以徐州为中心的淮海地区的历史人文大加褒扬，亦由此可见其文化底蕴深远厚重。

延至清朝光绪年间，状元、学者、实业家张謇（1853—1926，南通人）提出了《徐州应建行省议》，主张在"以徐州为众星之月，东到海州，西至商丘，南起泗州，北迄沂水，包括苏、皖、鲁、豫四省交会之区的四十五州县"建立行省。他认为，在徐州设省可以"二便四要"（"二便"是"便于裁漕督、便于练兵"；"四要"是"训农、勤工、通商、兴学"）。张謇一生经营实业，在徐州设省和将陇海铁路延长至南通、崇明，是他的两个愿望，但都未实现。而他提出的设省设想，用其自己的话来说，就是要"变散地为要害"；从今天的角度来看，更是"变边缘为中心"，在四省边缘地带构造经济中心，改变淮海的相对落后局面，实现新亚欧大陆桥东段的崛起。民国时期，先后有在淮海地区设归德省、徐淮省的种种建议，囿于当时的政治经济形势，最终都未实施。中华人民共和国成立以后，设立淮海省的想法亦曾有提及，但都无果而终。考虑到以徐州为中心的周边地区文化、习俗、语言有很多的相似性，再加上这一地区多为平原，有着十分突出的交通优势，故而本着造福一方人民的本意，1986年成立了"淮海经济区"。淮海经济区最初由苏、鲁、豫、皖四省十四个地级市组成，如今已经发展为包括四省的二十个地级市的更大面积的经济区域。

三、人口与经济

淮海地区位于陇海兰新经济带的最东端，区域面积17.81万平方公里，其中鲁南约6万平方公里，苏北5.24万平方公里，皖北3.66万平方公里，豫东约2.91万平方公里。据统计2015年末淮海地区户籍总人口13448万人，比上年增长6.2‰，增幅略低于全国平均水平。人口超过一千万的市有周口和临沂，人口最少的莱芜只有129万人。淮海经济区人口占全国总人口的9.4%，人口密度为每平方公里676人，其中苏北每平方公里609人、鲁南每平方公里662人、皖北每平方公里697人、豫东每平方公里800人，基本呈自东至西递增的状况。其中阜阳人口密度约为每平方公里914人，在各市中人口密度居首；淮安地区人口密度约为每平方公里513人，人口密度最低。淮海经济区的人口密度与全国相比，每平方公里平均多543人。

淮海经济区是中国农副产品基地，粮食、棉花、油料产量分别占全国总产量的11%、22%和14%，该区矿产资源丰富，是中国重要的能源基地，煤炭保有量为500亿吨，年开采量达9000万吨，占全国的十分之一。从各方面的统计数字看，淮海地区的经济潜力很大，但由于它属于中国南北过渡地带，历史上的兵荒战乱、黄河改道，今天淮河—沂沭泗水系的涝旱自然灾害、沿海地段的盐碱地、基础设施薄弱、人才外流相当严重，使得淮海地区未得到充分开发，成了东部的欠发达地区，无法发挥它应具备向中西部的辐射作用和在陇海兰新经济带中的带头作用。近几年来，淮海经济区的经济发展速度虽然高于全国平均水平，但经济实力还不强，仍是全国的经济欠发达地区。

淮海经济区位于亚欧大陆桥东部桥头堡区域，承南启北，正好处于华东沿海地区的中心位置，肩负着中国经济融通东西接力站的重任，在全国经济总格局中占有非常重要的位置。另外，淮海经济区本身也颇具市场潜力，据统计全国约有近一成的人口集中在此区域。虽然淮海经济区成立了近二十年，比浦东开发区早，但由于经济合作还是要靠四省二十个地市行政部门的协调推动，在很大程度上缺乏市场的依存度，经济活力不够，逐渐成为中国沿海区域经济发展的一个薄弱点，使长三角和环渤海湾两大区域中间出现落差。2010年5月7日，淮海经济区中心区城市市长会议经多方筹措，终于在徐州市隆重召开，这次会议的召开标志着淮海经济区核心区一体化建设工程的全面启动，与会代表签署了《关于加快淮海经济区核心区一体化建设的意见》，在《意见》的基础上又通过了《2010年淮海经济区核心区一体化建设重点工作方案》以及《淮海经济区核心区一体化建设合作与发展协调机制（试行）》等一系列关乎经济发展的重要文件。淮海经济区核心区市长会议的中心意旨在于加快推进淮海经济区核心区经济一体化，努力使各种资源要素优化配置，大力提升区域经济的综合竞争力，力争早日将淮海经济区发展规划升级为国家战略。

第二节　淮海地区的历史文化

一、发展源流

人类文明的萌生和发展往往与当时的地理位置、气候条件等各方面因素相关。淮海地区的淮河流域也是华夏文明的发祥地之一，有着深厚的历史文化底蕴。梳理淮海地区历史文化发展的源流，显然是深入理解现代中国文化根性的一个重要部分，对国家民族的精神传承有极为重要的意义。大致而言，研究淮海地区历史文化发展，可从史前、先秦、秦汉几个阶段加以梳理。

（一）史前时期

淮海地区除部分沿海区域外，更多是处于黄河冲积平原，总体气候温和、雨水充沛，植被茂密，土壤肥沃，从历代考古学家的考察成果来看，这一区域早在远古时期就有相当活跃的人类生产活动。1981年在山东沂源县骑子鞍山遗址发掘出的一批珍贵化石中就有人类头骨的残片，被定名为"沂源猿人"，距今约40—50万年，这大约是淮海地区最古老的先民。而到了旧石器时代中晚期，距今2—3万年前，在淮海地区的东北区域，即今天的苏北、鲁南地区又发掘出许多文化遗存，佐证了人类活动从旧石器时代向新石器时代的演化。1983年，在徐州新沂和山东郯城交界处的马陵山南段又发现了细石器地点约40处。距今8000—9000年前淮海地区进入了新石器时代，渐渐形成了北辛文化—大汶口文化—龙山文化—岳石文化的文化发展序列，众多已发现的文化遗址，很好地见证了淮海地区史前文化的发展。

（二）先秦时期

历经了旧石器时代向新石器时代的演变，农业文明逐渐在淮海地区萌芽发展，农业部落东夷族也在这里发祥，并与河南、山东、苏北等地的徐夷、淮夷等部落共同开发了东方文明。东夷先民们曾在淮海地区建立了众多的文明古国，诸如彭国、徐国、邳国、薛国、钟吾国等，它们对中华民族的融合、淮海文化的发展都起着至关重要的作用。诸多文明古国中，影响最大的当属彭国。据典籍载，早在帝尧时期，东夷的一支彭氏部落的首领在徐州地区建立大彭氏国。夏朝时，大彭氏国实力雄厚，与夏是政治关系较为密切的属国。商朝早期彭国实力仍然比较强大，多次助商平叛。商王武丁在位时期，灭彭国，从建国到覆灭，大彭国存世800多年，文化历史遗存丰富，遗族散布全国各地，繁衍生息，延绵不绝。除大彭国之外，徐国也算当时的强国，经历了夏、商、周三个朝代，直到春秋末年才被吴国所灭，共有44代国君，延续了1649年。

（三）秦汉时期

秦灭六国以后，建立起中央集权的封建帝国，由于秦朝的横征暴敛，这个空前统一的大帝国很快覆灭，因此秦朝仅仅建立了大一统的国家形态和国家观念，而文化思想上的大一统并未实现。汉取代秦后，历经数百年，吸纳了多种文化后，终于熔铸成在中国占主导地位的汉文化。可以说汉文化始于徐州，成于神州一统，是大中华文化的重要组成部分。汉代徐州人和徐汉文化对中华文明乃至世界文明都做出了不可磨灭的贡献，而以徐州为中心的淮海地区历史文化更为丰富。

二、文化遗存

一国之历史,系一国之灵魂;一方之文化,系一方之精神。淮海地区囊括泰山以南、淮河以北、大海以西、豫州以东一片广袤的自然区域,因其在地理历史上独特的地位,这里曾经出现过众多充满神奇色彩的文明古国,它们对淮海文化的发展,乃至淮海经济的开发,均起到过举足轻重的作用,也为后人留下了相当丰富的文化遗存。

从文化思想层面上梳理,淮海地区有道教鼻祖老子以特有的宇宙观、行知论给后人留下的经典著作《道德经》,虽只有五千言,却文约义丰,博大精深,提出一个非常完整的哲学体系,被誉为"万经之王"。其后孔子、孟子、曾子、庄子、墨子、刘邦、项羽、曹操、华佗、王羲之、刘裕、朱全忠、李煜、施耐庵、朱元璋、吴承恩等一大批历史名人都使淮海地区的文化熠熠生辉。

另外,淮海地区的历史文化遗迹也琳琅满目。其中具有全国性影响的著名景点有:泰山,孔庙,孔府,云龙山,云龙湖,龟山汉墓,高祖原庙,峄山,微山湖,泗水亭,张良墓,汉城公园,九里山,淮海战役烈士纪念塔园林,太白楼,皇藏峪,包公祠,清明上河园,铁塔,大相国寺,翰园碑林,开封府,归德古城,白云寺,芒砀山,壮悔堂,梁孝王墓,汉高祖斩蛇碑,陈胜墓,阏伯台,张巡祠,帝喾陵,微子墓,仓颉墓,木兰祠,伊尹墓,商均墓,崇法寺塔,八关斋,造律台遗址,张飞寨,隋堤,梁园,龙岗遗址,商丘古城,黄河故道,冀鲁豫革命纪念馆,金山,秦王洞,曹州牡丹园,防山墓群,伏羲陵,蒙山国家森林公园,沂南汉墓博物馆,孟良崮,抱犊崮,花戏楼,太清宫,华祖庵,薛阁塔,万佛塔,白衣律院,清真石寺,嵇山,莱芜战役纪念馆,华山森林公园,颍州西湖,花果山,施耐庵纪念馆,骆马湖,宿北大战纪念馆,嶂山森林公园。这些历史名胜不仅仅是地理层面的遗存,更是充满历史感的文化遗产,对中华民族的传统继承和文明传播具有重要的意义。

三、总体特征

（一）历史文化精深厚重

淮海地区历史文化发展史是刀光剑影的争雄史,是大河横流的苦难史,是南北文化的交融史,亦是人文荟萃的创造史。这一地区风尚典型,南北交融,东西并蓄,涵具勤劳、勇敢、仁义之风；文化底蕴深厚,秉地域风土之优,融上古众家之长,开汉朝文化之先。

（二）文化形态丰富多元

淮海地区地处我国南北要冲的特殊区位,为这里多元文化的融合提供了便利条件。历史上淮海地区南部属于荆楚文化区,北部属于齐鲁文化区,西部则属于中原文化区。淮海地区的历史文化并非源于某一种单一文化,而是继承了上述多种文化而形成的全新的综合文化,较之上述文化更具开放性和兼容性,内容更为丰富,气魄更为宏大,形态更为多元。尤其值得指出的是,淮海地区文化最大贡献在于孕育了先秦最主要的几个思想流派——儒、道、墨,为中华民族文化的形成奠定了重要基础。可以说淮海地区的历史文化特征既有齐鲁文化的好儒厚礼,又有荆楚文化的粗犷雄浑、浪漫主义情调和神话色彩。因此,以徐汉文化为核心的淮海地区的文化是以荆楚文化的道家学说和齐鲁文化的儒家学说为基础,融汇了中原文化、关中文化、北方文化等亚文化单元而形成的,更具开放性、多元性,更善于吸纳,也更具有兼容性的气度和能量。

(三)主体文化具有内在统一性

从总体上看,淮海地区的风土人情有相当大的趋同性。一个区域文化圈的建立,不仅表现在地域、种族的因素上,还表现在民俗习性的一致性上,其主体文化有内在的统一性。而这些地区的习俗风尚,往往体现为求同存异的发展形态。

总体而言,淮海地区作为一个有着相对独立性的文化空间,其历史文化精深厚重,源远流长,因此亦存在着内在的、自成一统的文化类型与模式。这种类型与模式又以丰富多元的形式表现出来,既有外在差异性,又有内在统一性。

第三节　淮海地区非物质文化遗产现状

一、概念与特点

非物质文化遗产是指"被各社区、群体,有时是个人,视为其文化遗产组成部分的各种社会实践、观念表述、表现形式、知识、技能以及相关的工具、实物、手工艺品和文化场所。这种非物质文化遗产世代相传,在各社区和群体适应周围环境以及与自然和历史的互动中,被不断地再创造,为这些社区和群体提供认同感和持续感,从而增强对文化多样性和人类创造力的尊重"[①]。这是联合国教科文组织在2003年10月颁布的《保护非物质文化遗产公约》中提到的非物质文化遗产的定义。

---

① 杨明:《非物质文化遗产的法律保护》,北京大学出版社2014年版,第30页。

《中华人民共和国非物质文化遗产法》中对于非物质文化遗产的界定更加明确，即："各族人民世代相传并视为其文化遗产组成部分的各种传统文化表现形式，以及与传统文化表现形式相关的实物和场所。"[1] 包括传统口头文学和作为其载体的语言；另外还有传统曲艺和杂技、舞蹈、音乐、戏剧、美术、书法等；流传民间的传统技艺；医药和历法、传统体育和游艺；节庆民俗及传统礼仪等各种类型的文化组成部分都属于非物质文化遗产的范畴。

总体来说，非物质文化遗产最重要的特点是其不脱离民族特殊的生活生产方式，乃是民族个性、民族审美习惯的"活"的显现，是以人为本的活态文化遗产，其重点强调的是以人为核心的相关技艺、经验、精神。非物质文化遗产依托于人本身而存在，用声音、形象和技艺为表现手段，并借身口相传作为文化链而得以延续，可以说它是"活"的文化，也是传统文化中最脆弱的部分。综上所述，非物质文化遗产的特点是活态流变，重在凸显其非物质的特性，因此在非物质文化遗产的传承和保护中，着重强调其不依赖于物质形态而存在的特性，强调其人的传承的特质。

二、种类与范围

非物质文化遗产通常分为两类：第一类为传统文化表现形式，例如传统知识和技能、表演艺术和其他民俗活动等；第二类为文化空间，如集中展现传统文化表现形式的相关场所，或者是定期举行的传统文化活动等。

---

[1] 法律出版社数字出版中心：《中华人民共和国非物质文化遗产法》，法律出版社2014年版，第2页。

非物质文化遗产的范围大致包括如下几种：

1. 传统表演艺术；

2. 口头传统，主要包括作为文化载体的语言；

3. 民俗活动、节庆、礼仪；

4. 传统手工艺的相关技能；

5. 与自然界和宇宙相关的民间传统知识和实践；

6. 与上述表现形式相关的文化空间。

三、主要内容

根据各级政府和相关单位申报的国家级非物质文化遗产项目，国务院对非物质文化遗产类型进行了详尽而具体的划分。截至2014年8月，在国务院先后公布的四批国家级非物质文化遗产目录中，把非物质文化遗产分为十类，包括民间文学、民间舞蹈、民间音乐、杂技与竞技、传统戏剧、曲艺、传统手工技艺、传统医药、民间美术、民俗。

据不完全统计，淮海地区被列入国家级非物质文化遗产项目的近200项，被各省列为省级非物质文化遗产项目的近800项。以淮海地区中心城市徐州为例，即有许多种文化传承项目被列为省级、国家级乃至世界非物质文化遗产项目。比如"徐州剪纸"早已被联合国教科文组织列入了"人类非物质文化遗产代表作名录"，另外还有9个国家级（徐州剪纸、徐州香包、丰县糖人贡、邳州纸塑狮子头、邳州跑竹马、徐州琴书、徐州梆子、江苏柳琴戏、徐州鼓吹乐）、43个省级、159个市级、583个县（区）级非物质文化遗产名录项目；拥有6位国家级、34位省级、140位市级、382位县（区）级非物质文化遗产代表性传承人，命名了42家市级非物质文化遗产传承基地。淮海地区其他一些地方亦有相当丰富的非物质文化遗产各类项目，值得重视和保护。

第四节　淮海地区非物质文化遗产保护

一、必要性与意义

非物质文化遗产是人类的无形文化遗产，代表着人类文化遗产的精神高度，也是最古老、最鲜活的文化历史传统，是国家、民族文化软实力的重要资源。非物质文化遗产在代代相传中传递的是群体的价值，更是民族的文化核心和文化指向，其不但标识着文化发展的选择和方向，同时也体现出民族文化的内在结构和模式。非物质文化遗产是世界文化多样性的一种体现，与其他物质文化遗产一样，也是人类社会文明的重要载体。

中华民族在长期的生活实践中创造出来的非物质文化遗产，是民族智慧的结晶，对于民族感情的维系、民族精神的凝聚具有重大的意义。加强对非物质文化遗产的保护，不光是国家、民族发展的需要，更是和国际社会文明传统对话交流的前提和必然要求。

随着全球一体化进程的加快，我国文化生态系统遭遇了前所未有的挑战，非物质文化遗产的传承与保护受到了极大的冲击，许多凭借口授和行为传承的非物质文化遗产项目濒临灭绝，许多传统技艺也正在经济发展的浪潮中不断消失。另外许多具有重要文化价值和历史价值的"非遗"实物与资料流失海外或遭到破坏，许多非物质文化遗产赖以存在的场所和空间不断受到经济行为的挤压，过度开发、随意滥用的现象也时有出现，可以说，我国非物质文化遗产的保护工作已经到了刻不容缓的地步。

淮海地区地域文化独特，在民俗、语言、思想、文化等方面具有共性，蕴含着丰富的非物质文化遗产。虽然各级政府部门在淮海地区"非遗"保护等工作上做了诸多努力，取得了一些成绩，但往往因相关部门经费投入不足、专业人员匮乏、采编设备陈旧等原因使一大批珍贵的非物质文化遗产项目面临灭绝的危机，这将对中华传统文化的传承、华夏文明的发扬构成重大障碍，因此系统全面地搜集、整理、保存淮海地区以国家级、省级"非遗"项目为代表的非物质文化遗产项目，实现对非物质文化遗产项目进行原生态保护、传承与研究成为当前"非遗"保护工作的重中之重。

二、原则与方式

2003 年，文化部、财政部联合中国文联和国家民委，启动了中国民族和民间文化的保护工程，开始在我国全面推行非物质文化遗产保护工作。2005 年 12 月，国务院颁布了《关于加强文化遗产保护工作的通知》，明确提出了"保护为主、抢救第一、合理利用、传承发展"的非物质文化遗产保护与传承的指导方针。同时，通知还特别明确了"政府主导、社会参与，明确职责、形成合力；长远规划、分步实施，点面结合、讲求实效"的"非遗"传承保护的基本工作原则。近年来淮海地区在推进非物质文化遗产的传承与发展方面做了大量的工作，但是由于经济发展大环境制约、非物质文化遗产自身局限等因素，使得这种传承与发展遇到了种种难以逾越的障碍，因此通过对该地区非物质文化遗产进行田野调查，深入分析，探索出引导非物质文化遗产传承保护工作进入良性循环的途径成为当前工作的重点。

结合多年来非物质文化遗产保护工作中积累的经验，可以总结出非物质文化遗产保护方式主要是如下几种：

（一）活态整体性保护

非物质文化遗产与特定的生态环境之间存在着很大的关联性，要使这些原生态的非物质文化遗产得到良好的保护与传承，就必须特别重视与其紧密相依的文化生态环境的保护。在淮海地区这样一个行政区划复杂、经济相对落后的文化地理空间中，使活态的民间非物质文化遗产保持其原始自然状态的可能性是不大的，但在一些相对特殊的局部环境中，如果能够结合淮海地区特有的政治、经济及文化生态环境的特点，采取具有针对性的措施，那么使原生态民间非物质文化遗产在相对较长的一段时期得以有效地留存，则是完全有可能的。从全国非物质文化遗产活态整体性保护的经验来看，建立民族文化生态保护区（村），就是一种行之有效的措施，既可以为非物质文化遗产设立地理空间层面的保护屏障，又可以将这些非物质文化遗产置于其高度依存的环境中去，从而成为"活文化"。

（二）生产性保护

根据非物质文化遗产的不同特点和其所处的文化生态环境，采取不同的保护方式，既有利于它们更好地传承与发展，又能体现其价值。具体到淮海地区，对那些在当下仍然具有生命力，又有一定开发潜质的传统手工艺和民间艺术，如徐州剪纸、香包等类型的非物质文化遗产，兼具文化价值和商品属性，就可以在深入调研的基础上进行合理的开发，采取措施，进行生产性保护。

（三）记录式保护

在"非遗"保护工作中，相关工作人员运用现代科技手段，以录音、录像或文字记录的方式获取民间各类非物质文化遗产传承人的技艺表演、生产过程的相关第一手资料，并对这些资料进行分类整理，分别建立档案和数据库，从而有利于永久保存，并在更大范围和更长时间内逐渐做到资源的共享。

（四）博物馆收藏与展示

在传统文化发展过程中，有大量珍贵的非物质文化遗产实物留存下来，如民间美术中的绘画作品、雕塑及相关手工艺品；另外还有民间戏曲传承过程中留存下来的曲谱、剧本、乐器等。这些非物质文化遗产的实物和载体，是历代劳动人民在劳动实践中逐渐创造出来的智慧的结晶。对于这些异常珍贵的文化遗产，不仅需要进行分门别类的收藏，更要使其面向公众展示，发挥弘扬民族精神的巨大作用，因此建设相应的收藏、展示的场馆，设立相关的研究机构和平台十分必要。总体来看，在非物质文化遗产丰富的省、市、县大都建有博物馆，负责相关"非遗"实物的收藏、展览、鉴别和研究。比如淮海地区中心城市徐州，为更好地保护和传承非物质文化遗产，各地高度重视"非遗"专题博物馆、传习所建设。目前，该市已建立包括徐州民俗博物馆、沛县民俗博物馆、新沂王桂英剪纸艺术馆、邳州市非物质文化遗产展示传习所等各类"非遗"专题博物馆、传习所200多个，为全市非物质文化遗产提供展示、交易和博览平台，也有利于今后非物质文化遗产的有效保护。

三、发展和保护

非物质文化遗产保护是一个国际性的课题，是全人类共同的责任。2001年5月18日,联合国教科文组织公布了世界首批"人类口头和非物质遗产代表作"名单。这是1997年确定创立的"人类口头和非物质遗产代表作"公告制度的第一次实施。这一公告制度强调的目的是:"鼓励各国政府、非政府组织和各地方社区开展鉴别、保护和利用其口头和非物质文化遗产的活动,因为这种遗产是各国人民集体记忆的保管者,只有它能够确保文化特性永存。"

中国是一个统一的多民族国家,异彩纷呈的古代中华文明为我们留下了极其丰富的文化遗产。截至2013年12月,中国进入联合国教科文组织非物质文化遗产名录的项目总数已经达到37项,成为世界上入选"非遗"项目最多的国家。我国政府对非物质文化遗产的传承与保护工作给予了高度重视,在全社会的共同努力下非物质文化遗产保护与传承工作取得了很大成就。但是,由于经济全球化趋势的进一步加快,中国社会也逐渐过渡到现代化阶段,文化遗产的保护和传承工作受到商品经济大潮的严重冲击,越来越多的非物质文化遗产濒临灭绝。为了进一步加强对非物质文化遗产的保护和传承工作,大力弘扬中华民族的优秀文化传统,推进具有中国特色的社会主义先进文化建设,国务院决定自2006年起,设立"文化遗产日",把每年6月的第二个星期六定为"文化遗产日"。至此,我国已经有了"文化遗产日""文化遗产标志"和"文化遗产保护公益歌曲"等文化遗产宣传的重要官方标识,这对于增强全体人民的文化遗产保护意识,更好地继承发扬民族精神起到了极大的促进作用。

非物质文化遗产是我们民族的血脉,具有不可重复的特性。

因此，我们更应该增强保护民族文化的责任意识，树立传承民族文化的自觉意识，充分认识到非物质文化遗产保护与传承的重要意义。我们不但要特别珍惜祖先传承下来的精神财富，对那些濒临灭绝且极其脆弱的非物质文化遗产，更要下大力气，采取有效的保护措施，使其在新的时代重新焕发生机与活力——这不仅是时代赋予我们这一代人的神圣职责，更是国家、民族实现全面、协调、可持续发展的必要条件。

第一章
淮海地区民间文学类非物质文化遗产

　　淮海地区历史文化底蕴丰厚,是中华民族的发祥地之一。中国古代五大著名思想家均出生于这一地区,老子故里在河南周口鹿邑,庄子故里在河南商丘,孔子、孟子和墨子的故里分别在山东曲阜、邹城和滕州。这一地区不仅地壤相接,而且文化同源,方言相近,习俗相通,生产生活方式相似,是一个拥有共同文化传统和方言习俗的文化区域。拥有一亿多人口的淮海地区广大人民群众创作了大量体裁多样、内容丰富的民间文学,这是一笔宝贵的非物质文化遗产,值得我们搜集、整理、传承、保护与研究。

第一节 概 述

2003年，联合国教科文组织第32届大会上通过了《保护非物质文化遗产公约》，民间文学作为以人为传承主体的口头文化现象，是非物质文化遗产中的一个类别。

一、非物质文化遗产视域下的民间文学

民间文学是一门综合了文学与文化的人文学科，是各民族社会成员所创造与传承的生活文化的重要组成部分，是一种有其特定范畴的文学。

（一）民间文学

民间文学是人民大众集体创作并口耳相传的文学，"是一个地域一个民族人民的生活、思想与感情的自发流露，又是他们关于历史、科学、宗教及其人生知识的总结，也是他们的审美观念和艺术情趣的表现形式"[1]。

民间文学不仅仅指民间文学作品，它是民众在表演和传播时所经历和享受的一种独特的生活。民间文学有两种存在状态：一是民间传承的鲜活的口头民间文学；二是经过采录整理的文本形式的民间文学作品。可能文字书写比口头表达更能代表所谓权威的文化形态，但民间文学研究绝不能仅仅依据书面作品。

民间文学是劳动人民表达感情诉求的载体之一，劳动人民在长期的生产生活中，创作了浩如烟海的民间文学。在淮海地区这块民风淳朴的古老土地上，众多的历史名人和丰厚的人文资源为民间文学的产生和创作提供了取之不尽、用之不竭的源泉。淮海地区丰厚的民间文学资源，易说、易传、易记，反映了淮海大地的风土人情，是原汁原味的民间创作，是一种具有重要价值的地方文化资源。

（二）民间文学与非物质文化遗产

"非遗"分为十大类，第一类即为"民间文学类"，通常称为"民间文学类

---

[1] 刘守华、陈建宪：《民间文学教程》，华中师范大学出版社2002年版，第5页。

非物质文化遗产",其进入各级"非遗"名录的代表作被称为"民间文学类非物质文化遗产项目",在公布的民间文学类非物质文化遗产项目中,根据民间文学的体裁划分为传说、故事、歌谣、小调、史诗、谜语、宝卷、笑话等。

民间文学都属于非物质文化遗产,各级民间文学类非物质文化遗产项目均属于民间文学的具体范畴,但是就"非遗"的评定标准而言,不是所有的民间文学都可以成为非物质文化遗产项目的。民间文学的范围十分广泛,作品内容庞杂,数量惊人;民间文学类非物质文化遗产项目是少量的,进入各级名录予以保护的是非常有限的,主要关注濒危的代表性项目。非物质文化遗产事实上被划分为两类:一类是"认识遗产",指那些在当代遗产标准框架下,被某种权威"认定"的遗产项目;另一类是"本质遗产",即那些自身具有历史和艺术内在价值的文化遗产。学科意义上的民间文学为"非遗"的保护工作提供了重要的支持,非物质文化遗产保护又为民间文学的学科建设与发展提供了一个良好的契机。

二、民间文学的主要特征

一般来说,口头性、集体性、变异性、传承性和地域性是民间文学类非物质文化遗产的五个特征。

(一)口头性

民间文学类非物质文化遗产的口头性,是指其作品在人民群众中既口头创作又口头流传。这是民间文学活态性的表现,它区别于作家文学的书面创作和书面流传。这一特征是由口头语言本身的特点所决定的。口头创作始终与口头语言相依存,民间口头文学永远不会消亡。

民间文学的口头性与表演性有机地结合在一起,民间文学是由声音、表情、动作以及现场的其他符号形式共同构成的一个表演的过程。

(二)集体性

民间文学类非物质文化遗产的集体性,是指其作品既为广大人民群众集体所创作又为广大人民群众所共享,在流传中不断得到修改、补充和完善,是创作和流传方式上的本质特征。这一特征早在远古时代就已经形成,可谓与生俱来。

民间文学文本往往要经历一个创作的历时过程,在流传的整个过程中体现出集体性特征。一个比较成熟的、完整的民间文学作品,往往要历经数代人的加工与改编,经过长时间的累积、打磨与考验。在传播中为后来者自觉或不自觉地改进、丰富与修饰,其内容与情节逐渐成熟和完善,走向高度程式化。民间文学的集体性还存在一个共时问题。民间文学的表演场合是由表演者与观众共同组成的,表演是在二者的互动与交流中进行与完成的,如讲故事、唱民歌。

(三)传承性

传承性是民间文学类非物质文化遗产的又一个显著特征。口头文本在跨越不同的个体、时间、空间、语境和体裁时,会发生一定程度的变化,但是无论异文发生怎样的变化,其核心都是程式化的和固定的,这就是民间文学的传承性。

民间文学的传承性,主要表现在两个方面:一是传承有关作品的思想内涵,即作品所表现出来的人民性、现实主义和浪漫主义精神。二是传承有关作品的艺术形式,即作品所普遍运用的已较为固定的形式体制、表现方法和语言风格。千百年来,各民族人民在口头创作实践中,根据本民族的口头语言特点和民族的文化心理、审美观点和艺术趣味,创造了各种各样为各民族人民所喜闻乐见的艺术形式、手法和风格,并为历代群众不断地加以锤炼和袭用。它始终与劳动人民的生活实践保持紧密联系,具有鲜明的民族风格和民间情趣,从而构成了许多与作家文学作品不同的传统艺术特点。

(四)变异性

变异性是集体性和口头性派生出来的,它是民间文学本身客观存在的现象。变异性也是民间文学类非物质文化遗产的一个特征,推陈出新是民间文学发展的重要规律。民间文学的内容和形式常常因时而异、因地而异,体现出不同的地方性、民族性和时代性。民间文学一般是口头创作，没有固定的文字形式。其语言、表现手法、内容情节、人物形象甚至主题思想等方面，一经口耳相传，便会发生衍化，从而形成同一母题的异文，这就是它的变异性。

（五）地域性

地域性是民间文学类非物质文化遗产的一个明显特征。一个文本从一个地方流传到另一个地方，由于地方语言、思维习惯、审美个性、自然风物与民俗习惯的差异性，会呈现出明显的地域性特征。

淮海地区民间文学类非物质文化遗产语言风格简洁朴素、明快清新、形象生动。民间歌谣和民间传说地域性特征尤为明显。因受其环境、风习及传统文化心理的陶冶和影响，其传统歌谣，从表现手法、语言风格到曲调，都显得比较开阔、明朗、高亢。民间传说的地方色彩浓厚，它以地方语言讲述，大多围绕一些地方上有知名度的历史人物展开故事情节，并结合当地的风物和地名，增加传说叙事的真实性，拉近传说与听众之间的距离。在某一个传说流传的地域里，讲述者往往会有鼻子有眼儿、绘声绘色地指出传说就发生在自己所在的地域，人们经常会将传说中的人物当作本地人，传说发生的地方一般都说是在周边的某座山上、某条河边、某个村庄。如进入省级非物质文化遗产名录的《刘邦传说》主要流传于江苏徐州地区，《孔子诞生传说》主要流传于山东曲阜地区，《伊尹传说》主要流传于河南开封地区，《庄子传说》主要流传于安徽亳州地区，这些传说既强化了可信度，也体现出地域性特征。

以上所述的这几个基本特征，主要体现在创作方式和流传方式上，彼此密切联系。只有很好地理解这几个基本特征及其相互关系，才能区别民间文学和作家文学。

三、民间文学的体裁

根据 2005 年公布的《中国民族民间文化保护工程普查工作手册》，非物质文化遗产的分类分为两层，其中第一层按学科领域分成 16 个一级类，民间文学属于一级类，代码是02，其下又分为9个二级类。民间文学类非物质文化遗产的体裁分类参考了民间文学的学科分类方法，主要分为神话（021）、传说（022）、故事（023）、歌谣（024）、史诗（025）、长诗（026）、谚语（027）、谜语（028）和其他。这里主要介绍神话、传说、故事、歌谣和谚语。

（一）神话

1. 神话的概念

马克思在《〈政治经济学批判〉导言》中指出："神话是已经通过人民的幻想用一种不自觉的艺术方式加工过的自然和社会形式本身。"[①] 这句话是针对希腊神话讲的，但它却具有普遍的意义。神话是自然和社会现实在原始人类大脑中的反映，是原始初民的知识体系。神话的内容表达了早期人类认识世界、解释世界、探索世界、征服世界的愿望。如在淮海地区流传的洪水神话，是原始人类无法征服自然的一种表现。

神话是原始初民通过幻想以不自觉的艺术方式反映自然现象及社会生活的口头创作。神话通常以故事的形式表现原始初民对自然、社会现象的认识和愿望。神话大致产生于人类旧石器晚期，是民间文学诸多体裁中出现最早的一类口头叙事。相比较而言，淮海地区流传下来的神话不是很多，见于省级名录者仅有山东枣庄的《女娲神话》。天地开辟神话与人类起源神话共同构成了淮海地区创世神话的两大基本主题。创世神话不仅仅是文学，同时又蕴含着原始人类关于哲学、历史、社会、宗教等诸多方面的认识。流传于淮海地区的创世神话展示了原始先民勇于探索、不畏牺牲和甘于奉献的伟大品格，表现出鲜明的民族文化精神，如《盘古开天辟地》《女娲团土造人》《女娲补天》等。20世纪80年代张振犁组织并对河南省和河北省口头流传的民间神话进行调查，搜集到了上百篇具有早期神话思维的活态神话，其与远古神话一脉相承，涉及盘古、女娲、神农、伏羲、鲧、尧、舜、禹等，有的神话结合了鲜明的地方风物

---

① 《马克思恩格斯选集》（第2卷），人民出版社1972年版，第113页。

和民间风俗，富有民间传说的特征。

2.神话的主要艺术特征

一是幻想的不自觉性。神话的幻想绝不是个人的幻想，而是氏族人群共同心理的表象，是集体无意识的产物，是民族潜意识的表现，所以说这种幻想是不自觉的，它与后世的文学创作中运用的自觉幻想是两种性质截然不同的思维。神话应用最广的艺术手法是对自然力的人格化和对英雄的神格化。二是形象的英勇性。原始先民在神话中借助想象塑造了大批形貌异常、本领非凡的与自然做斗争的英勇形象。高尔基说："浪漫主义是神话的基础……它有助于唤起人们用革命的态度对待现实，即以实际行动改造世界。"[1] 三是内容的神圣性。神话被认为是一类真实而又神圣的叙事。对于原始初民来说，神话的目的全在于满足其深切的宗教欲望、道德的要求和社会的整合。"神圣性是神话的本质特征。"[2]

（二）民间传说

1.概念

民间传说是讲述某些历史事件或人物以及某一地方风物、社会风俗的口头传奇故事。在淮海地区省、市级民间文学类非物质文化遗产名录中，民间传说比例最大。民间传说主要分为人物、史事、风物、风俗四类传说。人物传说是用生动奇异的情节刻画历史人物形象、叙述人物生平事迹的传说。如徐州三大人物传说（彭祖、刘邦、张道陵）、鲁班传说、包公传说、涂山大禹传说。史事传说是以历史事件为叙述中心的传说。这类传说关乎人们对于重大历史事件的记忆，往往与地方历史紧密相关。从内容上看，传说与历史上实有的人或事有关，主人公大都有名有姓，有的还是历史上有名的人物。但是，民间传说不等于真正的历史事实，不是历史真实的再现，它是历史事件的艺术反映。如开

---

[1] 高尔基：《苏联的文学》，《论文学》，人民文学出版社1978年版，第113页。
[2] 兰克：《从创世神话的社会作用看神话的本质特征》，《云南民族学院学报》1986年第4期。

封《杨家将传说》，传说里的历史并不是真实的历史，而是叙事的历史。风物传说是某个地方关于名胜，古迹，特产，动植物的由来、命名和特征的解释性传说。风物传说介绍土特产的来历与特点，容易引起外人的瞩目和重视，既提高了物产的知名度，增添了它的文化价值，也增加了当地民众对地方文化的认同感和自豪感。如《花果山传说》《牡丹传说》《烩面传说》《皇藏峪的传说》。风俗传说是关于各地、各民族风俗习惯的形成原因的解释性传说。如《年的传说》《哭嫁传说》。

2. 创作的主要途径

一是将历史事件、历史人物传奇化，如《义和团传说》《刘邦传说》；二是将神话的情节和故事现实化和人格化，如《嫦娥奔月》；三是将完全虚幻的故事黏附在真实历史人物身上，如《张道陵传说》；四是将现实存在的事物、民俗进行想象性解释，如《荆山桥传说》《乞巧节传说》。民间传说通常采取"箭垛式"的创作手法，将众多不同情节附会在一个著名人物身上，使之立体丰满，拥有大量的口头传说文本，从而产生较大的影响力。如鲁班是春秋末期鲁国的一个工匠，名叫公输般。木工、瓦工、石匠等都奉他为"祖师"，许多有关造宫殿、桥梁、寺庙、修路的传说都和他有关。传说他是发明锯子、斧头、战舟、云梯、磨、钻、刨等工具的能人，淮海地区流传许多不同版本的《鲁班传说》。传说还采取"移植法"，即张冠李戴、移花接木，如《刘邦传说》与《朱元璋传说》中的许多情节十分相似。

3. 主要特征

一是表述方式的可信性。传说有一重要的特色，就是讲述人总是摆出一副讲述"真事"的样子，像在讲述一个有根有据的真事或信史，听讲人也因为传说具有若干真实的成分而增加了对故事的兴趣；但是讲者与听者双方都明白传说的真实性是有限的，故事的主体部分是虚构的，可是双方都不愿提起这一点，尤其是在历史事件和人物上更是如此，从而使传说的真实性与双方达到和谐自然的统一。传说内容具有历史性。民间传说所讲述的历史人物、历史事件，其题材都来自历史。即使风物传说，同样追溯其历史，所以具有一定的历史可信性的特点。二是故事情节的传奇性。在艺术创造手法上，传说富有较强的传奇色彩，所谓传奇性，指在总体上符合现实生活逻辑的基础上，传说的情节曲折离奇，既在意料之外，又在情理之中。传说往往运用偶然、巧合、夸张、超现实的想象等虚构手段，构造奇情异事，使故事曲折离奇，高潮迭起，既有可信性，又有引人入胜的艺术效果，如《聚宝盆的传说》。三是解释的想象性与多样性。对生活中的民俗现象加以解释是风物传说的显著特征。这种解释往往是以客观存在物为核心，进行自由的想象和虚构。当然，民间传说中，同一景观、同一风俗的解释往往有着多种说法。如邳州白山《"驴屎蛋"传说》（张果老倒骑驴）。四是传说的地域性。有些传说尽管在全国各地均有流传，但往往会与各地地域文化发生密切联系，而带有当地特色。有些传说流传到当地后，往往会把传说中的人物变换为当地人们所熟悉的人物，而具有独特的地方性。

4. 主要价值与功能

民间传说具有历史文化价值。文字出现以前，知识全凭口耳相传，在这个阶段，历史就是通过传说来传承的。传说承载着民众思想与文化的发展史，可以看出民众在特定时期的历史观、道德观和美学观。传说反映的民众观念是真实可信的，是研究民间文化的资料库。民间传说具有教育娱乐价值。传说寄寓着民众的道德观，对一代代民众起着观念培育和道德教化的作用。作为民众日常生活的一部分，民间传说的讲述可以让民众在体力劳动之余得到精神上的享受。民间传说具有审美价值。"民间传说在艺术创作上以人物和事件为中心，以现实生活为基础，运用夸张、渲染、幻想、变形等创作手法，通过生动的形象和传奇的情节把自然美上升为艺术美。"[①] 既给人真实感，又曲折离奇，产生

---

① 黄桂秋：《山水传说的文化功能及社会价值》，《广西师范学院学报》（哲学社会科学版）2014 年第 7 期。

引人入胜的效果，带给民众以审美享受。民间传说对其他民间文学和作家文学具有重要的文学借鉴价值。民间传说中的诸多人物不仅深受民众的喜爱，而且常常被其他民间文学样式所吸纳，成为重要的创作资源，如在歌谣、史诗、戏曲、小说中常常借鉴民间传说的内容。传说也是作家创作取材的一个重要源泉。

（三）民间故事

这里所说的民间故事是一个狭义概念，又叫"瞎话"，即自觉虚构的故事，主要指以日常生活为题材、以虚构的人物为主角的散文类民间文学。根据讲述的内容，大致可以分为幻想故事、生活故事、民间寓言、民间笑话四大类。民间故事是具有优秀思想和高尚审美情趣的语言艺术作品。

民间故事具有寓教于乐的功能，滋养着文学艺术的发展，在谈笑和美丽的幻想之中常常包含着富于积极教育意义的内容。民间故事广泛反映了惩恶扬善的主题和优良的伦理道德观念，如崇尚勤劳勇敢、聪慧善良、尊老爱幼、知恩必报、爱情忠贞、疾恶如仇等。江苏从20世纪50年代末就搜集、整理民间故事，全省共采录到民间故事资料6000多万字，所有省辖市都出版了民间故事集成，有些县区还单独出版了民间故事资料卷油印本。淮海地区陆续出版的《中国民间故事全书》系列卷收录了大量民间故事。

淮海地区民间故事内容丰富，涉及天上人间、山川湖海、花鸟虫鱼、帝王将相、才子佳人、士农工商、神魔鬼怪、三教九流、宗法礼教、生活习俗等，可谓五花八门、包罗万象。这些故事热情地赞扬了劳动人民勤劳勇敢、质朴善良的优秀品质，同时也讽刺了封建统治阶级和剥削阶级的残暴、荒淫、愚蠢、无耻。其语言大体上属北方官话系统，既朴素简洁，又显得粗犷直率，具有口语化、地方化、形象化的特征。口语化是为了便于讲述，地方化是为了便于听故事的人接受，形象化是使故事更加动听。

（四）民间歌谣

民间歌谣是民间文学中的一种韵文形式，由集体口头创作，既有歌唱，也有吟诵，有曲有词，旋律稳定，富有音乐感和节奏感。《毛诗》注曰："曲合乐曰歌，徒歌曰谣。""谣"是指用来吟诵的词句，形式自由，韵律感强，朗朗上口。歌谣短小精练，情感丰富饱满，直抒胸臆，朴质无华。歌谣有着悠久的历史和传统，是伴随着生产劳动的节奏而产生的。我国最早的诗歌总集《诗经》中保存了大量民间歌谣。

淮海地区至今流传着数以万计的民间歌谣，不仅数量巨大，而且内容丰富，形式多样，风格异彩纷呈。这些歌谣从思想内容看，有的反映劳动人民朴实、善良、勤劳和对美好生活的愿望，有的是对各个历史时期腐败势力的无情控诉，有的表达青年男女真挚的爱情，有的表达群众的喜怒哀乐，还有的是对真、善、美的歌颂和对假、丑、恶的鞭挞。内容涉及社会生产生活的各个领域。

淮海地区民间歌谣的传统艺术手法主要是赋、比、兴，并用借喻、谐音、双关等技巧，想象奇特，夸张大胆，妙趣无穷，寓意深刻。这些歌谣押韵合辙，句式整齐，便于学习和传唱，形式上有双句体、四句头、十对花、十二个月等。淮海地区的民间歌谣绝大多数在本地产生和流传，也有从外地传入又在本地流传开来的，其地域色彩浓郁，风格天真直率，自然纯真，简洁易懂，朗朗上口；有粗犷的黄河号子、夯歌，有不同风格的俚语小调。这些歌谣大多已被搜集、采录和出版，如《徐州民间歌谣集》《峄城歌谣谚语集》《开封歌谣集成》《阜阳歌谣集》。民间歌谣生生不息，"在口头文学总体趋于没落的时代，民谣以其短小精悍、易于记诵、针砭时弊和高超的讽刺艺术等特点，在民间不胫而走"[1]。

（五）民间谚语

谚语是劳动人民创造并广为口头流传的定型化的艺术语句，是民众在长期生产与生活中总结出来的经验、标准和规律，是口耳相习、代代相传的教育训条。谚语具有讽劝性、训诫性、经验性和哲理性的特征。谚语具有道德教育、

---

[1] 刘晓春：《当下民谣的意识形态》，《新东方》2002年第3期。

行为示范与传授知识的普遍功能。谚语可以采用多种修辞手法,如拟人、比喻、夸张、反复、对比、白描等,其文体特征是篇幅短小,寓意深邃,字句凝练,句式整齐。

淮海地区口头流传着大量谚语,闪耀着劳动人民智慧的光辉,记载着人民群众丰富的生活、斗争经验。讽劝性谚语如"忍一时风平浪静,退一步海阔天空""小洞不补,大洞受苦";训诫性谚语如"不听老人言,吃亏在眼前""谦受益,满招损";经验性谚语如"钟不敲不响,话不说不明""师傅领进门,修行在个人";哲理性谚语如"人心齐,泰山移""河有两岸,事有两面"。研究这些谚语,有助于了解淮海地区人们的人生观、世界观和生活观。

四、价值与功能

民间文学类非物质文化遗产的价值,是指民间文学作为一种文化生活现象,在一个民族和地区的文化体系及实际生活中所发挥的作用。民间文学的价值,应该置于其流传的地域加以考察,因为它包含在当地人的思想、道德、历史、审美等意识形态里面。民间文学是实用文学,其活动是民众进行生产和娱乐的不可缺少的生活样式,它延续了当地的文化传统,深深地影响着当地人的生活。

(一)在集体劳作中的作用

集体劳作是民间最基本的生产方式,也是民间文学得以产生的基本"语境"。《淮南子·道应训》曰:"今夫举大木者,前呼'邪许',后亦应之,此举重劝力之歌也。"说明古人很早就认识到民间文学在这方面的意义。现在存在的劳动号子、夯歌、拉纤歌等仍发挥着协调劳动动作、统一劳动节奏的作用。节奏短促的号子是从汗水里迸发出来的、最简单的歌谣。凡是有人聚集的劳动场合,都成为民间文学广泛流传和表演的空间,如打麦场人们歇息时的讲故事、侃大山。"从广泛的意义上说,一切艺术都可以给人以鼓舞、给人以愉悦,但劳动歌不同于其他艺术的地方在于,它是在劳动的时候唱出的,是为了激发劳动热情,减轻疲劳,所以它是直接为生产劳动服务的。"①正如江苏有首民歌:"天要下雨北风狂,鸡要啼来扑翅膀;船要快来双支橹,人要出力开口唱。"

(二)在日常生活娱乐中的作用

民间文学能提高生活情趣。在夜间讲故事是民间一种十分普遍的生活现象。在故事的讲述和接受的过程中,人们的生活变得更充实,更有情趣。演说这种现场活动无疑起着联络情感、凝聚人心、创造生活的作用,并有益于克服个体精神世界的孤立性和个体的闭锁性。淮海地区在麦收以后,庄户人请说书人说书、唱大鼓,是一种十分普遍的生活娱乐方式。恩格斯说:"民间故事书的使命是在一个农人晚间从辛苦的劳动中疲乏地回来的时候,使他得到安慰,感到快乐,使他恢复精神,忘掉繁重的劳动,使他的石砾的田地变成馥郁的花园。……但是民间故事书还有这样的使命:同《圣经》一样地阐明他的精神品质,使他认清自己的力量、自己的权利、自己的自由,激起他的勇气,唤起他对祖国的热爱。"②民间文学是民众最普及、最方便的娱乐工具,或演说,或演唱,这种欢快、热烈的气氛,能使民众放松自己,得到精神上的愉悦和满足。说故事、听笑话、猜谜语、唱山歌等民间文学活动本身都能给人带来身心的欢愉。民众的生活离不开民间文学。如歌谣,歌声可以排解痛苦,可以增添和传播快乐。正如安徽民歌所唱的:"山歌本是古人留,留在世人解忧愁。三天不把山歌唱,三岁孩儿白了头。"

(三)在教育劝化中的作用

传统社会大都通过民间文学的形式来实行民间教育,其过程也是民间文学的流传过程。很多人是听着故事长大的。民间文学里蕴含着我国某些传统的道德思想,并借此得以传承。

许多故事提醒人们行为举止应该如何,可能在哪里误入歧途。青少年受民

---

① 刘铁梁:《劳动歌与劳动生活》,钟敬文主编:《民间文艺学文丛》,北京师范大学出版社1982年版,第137页。
② 恩格斯:《德国的民间故事书》,《民间文学》1961年第1期。

间文学的教育作用更为明显，儿歌、童谣等以独特的趣味性大受儿童欢迎。在传唱的过程中，儿童们不自觉地就会受到传统道德的洗礼。可惜现在这种熏陶越来越淡化了！邳州农村流传一首《花喜鹊》："花喜鹊，尾巴长，娶了媳妇忘了娘；老娘站在寒风里，媳妇睡在热炕上。"辛辣地讽刺了那些不孝之子。

有时历史教育也要借助民间文学来完成。在无文字时代，主要是依靠口头文学来完成历史的记忆和传承。从这一意义上来说，民间文学可谓是传授历史知识的唯一桥梁。即便在文字出现以后，一些民众具备了相当的书写能力，民间口头文学同样承载着历史，历史也同样需要借助民间文学来完成记忆和传承。如流传于丰沛大地的《阎尔梅传说》，讲述的是抗清历史故事，体现的是明朝遗民的民族气节。在民众的某种心理程度上，民间文学就等同于历史，演唱民间文学，其实是一种历史教育活动。高尔基说："如果不知道劳动人民的口头创作，那就不可能知道劳动人民的真正历史。"[1] 如徐州歌谣："问我祖先在何处？山西洪洞大槐树。祖先故居叫什么？大槐树下老鸹窝。"反映了明代从山西移民"黄泛区"的历史。"特别是地方风物传说，它可以帮助我们了解历史，充实当地的历史，某种意义上说，一本地方风物传说，就是一本乡土教材，它是没有写进历史书的历史，它反映了当时那个时代的风貌。"[2]

民间文学是承载和认识文化传统的重要文本。民众并不是依靠传统的典籍来获得历史事实或历史知识，而是通过这些口耳相传的故事和通俗的讲唱文学，如三国故事。淮海地区的民间文学对研究这一地区群众的心理特点、风俗习惯、历史文化传统都有一定参考价值。郭沫若在中国民间文艺研究会成立大会上说："民间文艺给历史家提供了最正确的社会史料。……民间文艺才是研究历史的最真实、最可贵的第一手材料。因此，要站在研究社会发展史、研究历史的立场来加以好好利用。"[3]

---

[1] 高尔基：《苏联的文学》，《论文学》，人民文学出版社1978年版，第112页。
[2] 金天麟：《风物传说独特的时代价值》，《中国民间传说论集》，中国民间文艺出版社1986年版，第59页。
[3] 郭沫若：《我们研究民间文学的目的》，《民间文艺集刊》第1册，第9页。

民间文学与多种人文科学相交叉，具有多功能的学术价值。民间文学并不是一种纯文学，它与历史学、民族学、民俗学、社会学、人类学、语言学、心理学、伦理学、宗教学等人文科学之间均有十分密切的关系。认识民间文学的这种多功能性和学术价值，是研究民间文学的重要目的之一，应该从这个角度充分认识研究民间文学的重要意义。淮海地区民间文学精巧的艺术表现手法和简朴、清丽、豪迈、粗犷的艺术风格，以及富有地方特色的艺术形式，都是值得吸收的艺术养料。

第二节 民间传说

从淮海地区民间文学类非物质文化遗产项目的传承情况来看，民间传说是重中之重。无论从国家、省、市、县四级非物质文化遗产名录的立项情况来看，还是从相关书籍的整理出版情况来看，民间传说在民间文学类非物质文化遗产中都居于领先地位。以下采用总体梳理和重点介绍相结合的方式，主要从淮海地区民间传说的传承概况和淮海地区国家级民间传说项目介绍两个方面展开梳理和研究。

一、传承概况

民间传说是民间文学类非物质文化遗产的一种体裁形式，是流传于民间的一种口口相传的民间叙事作品。在现有淮海地区民间文学类非物质文化遗产立项中，民间传说的立项是最多的，国家级立项中就有19项之多。在梳理淮海地区民间传说的传承概况之前，我们首先需要厘清的是民间传说的概念和分类。

（一）民间传说的概念及分类

1. 概念

学术界有关民间传说的界定很多，著名民间文艺学家乌丙安认为，民间传说"就是描述某个历史人物或历史事件、解释某种风物或习俗的口头传奇叙事。

民间传说是民众创作的与一定的历史人物、历史事件和地方古迹、自然风物、社会习俗有关的故事。由于传说的对象包括人物、事件和古迹、风物、习俗等是属于特定区域的，因此传说流传的范围大致也由这个特定区域所框定。每个传说流传的地区或范围叫作'传说圈'。其传说圈都必然地受到传说中历史人物在民间传承中影响的大小所支配，使传说圈不仅具有地理分布特点，更重要的是具备人文历史特点"。[1]

2. 分类

民间传说的分类方法较多，代表性的有段宝林的六分法：人物传说、历史传说、地方传说、物产传说、风俗传说、新闻传说。[2] 黄涛的四分法：人物传说、史事传说、地方风物传说、习俗传说。[3] 万建中的四分法：人物传说、历史传说、风物传说和新闻传说。[4] 从淮海地区目前已经立项的省级以上民间传说来看，主要集中于人物传说和风物传说。人物传说是民间传说的一种重要类别，在民间文学类非物质文化遗产的各级各类立项中也是数量最多的。"人物传说是指关于历史上著名人物的故事。著名人物总是有为人们所热衷于讲述的'事迹'，传说就是对这些'事迹'的夸张和宣扬。"[5] "风物传说是对一个地方人工或自然景物形象的一种想象性叙事，是对某些风俗习惯的诠释。叙事和诠释的目的在于确认和提升景物、习惯的文化地位，并注入历史的逻辑力量。有关风物的传说一般不是一个发生过的事实，却成为当地人一种'集体记忆'的历史资源。风物传说又可分为地方传说、物产传说和风俗传说。"[6]

（二）保存与传承

非物质文化遗产类民间传说的传承主要有两种方式，相关书籍的出版以及

---

[1] 乌丙安：《论中国风物传说圈》，见中国民间文艺家协会辽宁分会编：《民间文学论集》(2)(内部资料)，1984年，第21页。
[2] 段宝林：《中国民间文学概要》，北京大学出版社2009年版，第52页。
[3] 黄涛：《中国民间文学概论》（第二版），中国人民大学出版社2004年版，第120页。
[4] 万建中：《民间文学引论》，北京大学出版社2006年版，第182页。
[5] 同上。
[6] 同上。

国家、省、市、县四级名录立项。以下主要从相关书籍的出版和省级以上非物质文化遗产项目的立项来考察淮海地区民间传说的保存与传承情况。

1. 书籍的出版情况

从国家层面上来看，"中国民间文学三套集成"（《中国民间故事集成》《中国歌谣集成》《中国谚语集成》）从 1984 年正式开始编辑出版，2009 年"三套集成"的省卷本全部出齐。涉及淮海地区民间传说的有四本书，即《中国民间故事集成》的江苏卷、河南卷、山东卷和安徽卷。除上述省卷本外，1989 年 6 月，由陈广浩、王秋桂主编，远流出版事业有限公司出版了《中国民间故事全集》之《江苏民间故事集》《河南民间故事集》《山东民间故事集》《安徽民间故事集》。

目前《中国民间故事全书》县卷本也在陆续出版，从县卷本的出版来看，苏北地区中徐州的县卷本（包括徐州市区卷、丰县卷、沛县卷、铜山卷、睢宁卷、邳州卷、新沂卷）已经出版。豫东地区部分市的县卷本也已经出版，分别为郸城县卷、扶沟县卷、淮阳卷、周口市卷、夏邑县卷、项城县卷、开封县卷、兰考县卷、杞县故事卷、通许县卷、尉氏县卷等。鲁南地区枣庄市的县卷本六卷全部出齐，分别为薛城卷、滕州卷、台儿庄卷、山亭卷、市中卷、峄城卷。

除了上述国家层面出版的民间传说书籍之外，各县市也根据自身情况组织相关书籍的出版，以苏北地区为例，出版的相关书籍有《徐州民间传说》《徐州民间文学集成》（上卷主要收集的是民间传说），连云港也出版有《连云港民间传说》《连云港民间文学集成》等，也有一些市出版了资料本，如淮安市出版有《中国民间文学集成·淮安县资料本》《中国民间文学集成·金湖县资料本》等。

2. 省级以上立项概况

根据对淮海地区省级以上民间传说项目的梳理发现，淮海地区民间传说项目以人物传说居多，其次是风物传说，历史传说和新闻传说没有省级以上立项（但在各个县卷的故事集成中还是有此类传说的），下面分苏北、鲁南、豫东、皖北四个地区从总体上梳理淮海地区省级以上的非物质文化遗产立项。

（1）苏北地区民间传说省级以上立项情况

● 国家级立项（2项）

"徐福东渡传说"是苏北地区第一个入选国家级民间文学类非物质文化遗产的民间传说，入选时间是2011年5月23日，申报单位是江苏省连云港市赣榆县，入选的是第三批国家级非物质文化遗产扩展名录项目，是与山东省胶南市、青岛市黄岛区联合申报。

"东海孝妇传说"是苏北地区第二个入选国家级民间文学类非物质文化遗产的民间传说，入选时间是2014年11月11日，申报单位是江苏省连云港市，入选的是第四批国家级非物质文化遗产名录项目。

● 省级立项（19项）

"韩信传说"是苏北地区第一个入选省级民间文学类非物质文化遗产的民间传说，入选时间是2007年3月24日，申报单位是江苏省淮安市淮阴区，入选的是第一批省级非物质文化遗产名录项目，这是苏北唯一一项首批入选的民间传说。

在江苏省第二批、第三批省级非物质文化遗产名录中，苏北地区入选的民间传说较多，在2009年的第二批江苏省非物质文化遗产名录中，入选的民间传说有11项，在2011年的第三批江苏省非物质文化遗产名录及扩展名录中，入选的民间传说有7项，列表如下：

入选第二批江苏省非物质文化遗产名录的民间传说一览表
（2009.6.20）

原序号	编号	项目名称	申报地区或单位
125	I-9	花果山传说	连云港市
126	I-10	九里山古战场传说	徐州市九里区
127	I-11	巫支祁传说	洪泽县
128	I-12	水漫泗州城传说	洪泽县、盱眙县

续表

原序号	编号	项目名称	申报地区或单位
130	I-14	彭祖传说	徐州市
131	I-15	徐福传说	赣榆县
132	I-16	张道陵传说	丰县
133	I-17	施耐庵与《水浒》传说	兴化市、大丰市
135	I-19	刘邦传说	丰县、沛县
137	I-21	东海孝妇传说	连云港市
139	I-23	沈拱山传说	盐城市盐都区

入选第三批江苏省非物质文化遗产名录的民间传说一览表
（2011.6.20）

原序号	编号	项目名称	申报地区或单位
237	I-30	虞姬传说	沭阳县
238	I-31	汉王拔剑泉和马扒泉传说	徐州市铜山区
239	I-32	张士诚传说	大丰市
240	I-33	海州智慧人物传说	连云港市海州区
244	I-37	二郎神传说	灌南县

入选第三批江苏省非物质文化遗产扩展项目名录的民间传说一览表
（2011.6.20）

原序号	编号	项目名称	申报地区或单位
128	I-12	水漫泗州城传说	泗洪县
141	I-25	项羽传说	宿迁市宿豫区

（2）鲁南地区民间传说省级以上立项情况

● 国家级立项（11项）

"梁祝传说"是鲁南地区第一个入选国家级民间文学类非物质文化遗产的民间传说，入选时间是2006年6月9日，申报单位是山东省济宁市，是合作申报项目，合作单位有浙江省的宁波市、杭州市、绍兴市上虞区，江苏省的宜兴市，河南省的汝南县，入选的是第一批国家级非物质文化遗产名录项目。

"鲁班传说""秃尾巴老李的传说""陶朱公传说""麒麟传说"是鲁南地区入选第二批国家级民间文学类非物质文化遗产的民间传说，入选时间是2008年6月7日，"鲁班传说"的申报单位是山东省曲阜市、滕州市，"秃尾巴老李的传说"的申报单位是山东省文登市、即墨市、莒县、诸城市，"陶朱公传说"的申报单位是山东省定陶县，"麒麟传说"的申报单位是山东省巨野县、嘉祥县。

"泰山传说""牡丹传说""庄子传说""尧的传说"是鲁南地区入选第三批国家级民间文学类非物质文化遗产的民间传说，入选时间是2011年5月23日，"泰山传说"的申报单位是山东省泰安市，"牡丹传说"的申报单位是山东省菏泽市牡丹区，"庄子传说"的申报单位是山东省东明县，"尧的传说"的申报单位是山东省东明县和菏泽市牡丹区。

"孟母教子传说"是鲁南地区入选第四批国家级民间文学类非物质文化遗产的民间传说，入选时间是2014年11月11日，申报单位是山东省邹城。"孟姜女传说"是鲁南地区入选第四批国家级民间文学类非物质文化遗产扩展名录的民间传说，入选时间是2014年11月11日，申报单位是山东省莱芜市莱城区。

● 省级立项（23项）

在山东的第一、二、三批省级非物质文化遗产名录中，鲁南地区的民间传说较多。在2006年的第一批山东省非物质文化遗产名录中，入选的民间传说有9项，在2009年的第二批山东省非物质文化遗产名录及扩展名录中，入选的民间传说有9项，在2013年的第三批山东省非物质文化遗产名录中，入选的民间传说有5项，列表如下：

入选山东省第一批非物质文化遗产名录的民间传说一览表
（2006.12.30）

原序号	编号	项目名称	申报地区或单位
1	1-1	梁祝传说	济宁市

续表

原序号	编号	项目名称	申报地区或单位
4	1-4	陶朱公传说	定陶县
5	1-5	麒麟传说	嘉祥县、巨野县
7	1-7	孟母教子传说	曲阜市、邹城市
8	1-8	鲁班传说	曲阜市、滕州市
9	1-9	孔子诞生传说	曲阜市
10	1-10	闵子骞传说	济南市历城区、鱼台县
12	1-14	秃尾巴老李传说	文登市、即墨市、莒县、诸城市
15	1-15	卧冰求鲤传说	临沂市兰山区

入选山东省第二批非物质文化遗产名录及扩展名录的民间传说一览表（2009.9.27）

原序号	编号	项目名称	申报地区或单位
159	I-19	尧舜传说	菏泽市牡丹区
160	I-20	泰山传说	泰安市
167	I-27	奚仲造车传说	枣庄市薛城区、滕州市
172	I-32	牡丹传说	菏泽市牡丹区
173	I-33	伯乐传说	成武县
174	I-34	长勺之战传说	莱芜市
178	I-38	柳下惠传说	兖州市、平阴县
180	I-40	大禹治水的传说	宁阳县
181	I-41	蒙山传说	蒙阴县

入选山东省第三批非物质文化遗产名录的民间传说一览表（2013.6.25）

原序号	编号	项目名称	申报地区或单位
308	I-42	颜子传说	曲阜市
309	I-43	东海孝妇传说	郯城县
311	I-45	孙膑传说	鄄城县
316	I-50	伊尹传说	曹县
317	I-51	水浒传说	山东省水浒文化交流中心、梁山县、东平县

（3）豫东地区民间传说省级以上立项情况

● 国家级立项（2项）

"木兰传说"是豫东地区第一个入选国家级民间文学类非物质文化遗产的民间传说，入选时间是2008年6月7日，申报单位是河南省虞城县，是与湖北省武汉市黄陂区联合申报的项目，入选的是第二批国家级非物质文化遗产名录项目。

"杞人忧天传说"是豫东地区第二个入选国家级民间文学类非物质文化遗产的民间传说，入选时间是2014年7月16日，申报单位是河南省杞县，入选的是第四批国家级非物质文化遗产名录项目。

● 省级立项（3项）

"木兰传说"是豫东地区第一个入选省级民间文学类非物质文化遗产的民间传说，入选时间是2007年2月6日，申报单位是河南省虞城县，入选的是第一批省级非物质文化遗产名录项目。

"杞人忧天传说"是豫东地区第二个入选省级民间文学类非物质文化遗产的民间传说，入选时间是2009年6月20日，申报单位是河南省杞县，入选的是第二批省级非物质文化遗产名录项目。

"伊尹传说"是豫东地区第三个入选省级民间文学类非物质文化遗产的民间传说，入选时间是2011年12月19日，申报单位是河南省虞城县，入选的是第三批省级非物质文化遗产名录项目。

（4）皖北地区民间传说省级以上立项情况

● 国家级立项（1项）

"老子传说"是皖北地区目前唯一一项入选国家级民间文学类非物质文化遗产的民间传说，入选时间是2014年11月11日，申报单位是安徽省涡阳县，是与河南省灵宝市联合申报的项目，入选的是第四批国家级非物质文化遗产名录项目。

● 省级立项（4项）

"老子传说""涂山大禹传说"是皖北地区入选安徽省第二批民间文学类

非物质文化遗产的民间传说,入选时间是2008年12月4日,"老子传说"的申报单位是安徽省涡阳县,"涂山大禹传说"的申报单位是安徽省蚌埠市怀远县。

"管仲的传说"是皖北地区入选安徽省第三批民间文学类非物质文化遗产的民间传说,入选时间是2010年7月19日,申报单位是安徽省阜阳市颍上县。

"庄子传说"是皖北地区入选安徽省第四批民间文学类非物质文化遗产的民间传说,入选时间是2014年5月4日,申报单位是安徽省亳州市蒙城县。

从上述淮海地区民间传说立项情况看,就数量而言,苏北地区和鲁南地区的立项较多,苏北地区省级以上立项21项,鲁南地区省级以上立项34项。豫东地区和皖北地区的立项相对较少,都是省级以上立项5项。从立项级别而言,苏北、鲁南、豫东和皖北均有国家级立项,尤以鲁南为最。与此相应的是,苏北地区和鲁南地区与民间传说相关的书籍出版较多。

二、国家级项目简介

国家级非物质文化遗产名录,是经国务院批准,由文化部确定并公布的非物质文化遗产名录,是"国家、省、市、县"四级名录体系中的第一级。自2006年至今,国务院分别于2006年、2008年、2011年和2014年先后批准命名了四批国家级非物质文化遗产名录。根据系统的梳理发现,目前淮海地区共有16项民间传说入选国家级非物质文化遗产,其中鲁南有11项,苏北和豫东各有2项,皖北有1项。以下按苏北、鲁南、豫东、皖北的顺序依次介绍。

(一)徐福东渡传说

"徐福东渡传说"是苏北地区第一个入选国家级民间文学类非物质文化遗产的民间传说。在连云港赣榆民间流传甚广,主要的传说有《徐福东渡的传说》《徐福河的传说》《留福村的由来》《秦始皇与绣针女》等。相传早在汉代,赣榆县金山镇就建有徐福庙,庙边有徐福村,一些关于徐福的传说在此世代相传。

赣榆徐福研究会于1984年成立,后改名为连云港徐福研究会,连续举办了七届"中国·赣榆徐福节"。徐福是中、日、韩三国友好的化身,徐福文化已成为赣榆与国际文化交流的重要载体。

（二）东海孝妇传说

"东海孝妇传说"是苏北地区第二个入选国家级民间文学类非物质文化遗产的民间传说。连云港市汉代称东海郡,东海孝妇传说讲的是汉代东海孝妇窦娥的故事,最早的文字记载为《汉书·于定国传》,晋代干宝的《搜神记》也有记载。元杂剧代表作家关汉卿根据此传说而创作的《感天动地窦娥冤》让东海孝妇故事广为流传。东海孝妇传说传达了来自民间的孝道文化,在民间的历代口口相传中,窦娥成为民间孝妇的代表,是民间崇拜和祭祀的一位神灵。北宋年间当地就建有"汉东海孝妇祠",人称"娘娘庙",每年农历三月初三都要举行隆重的祭典活动,沿袭至今。连云港市还成立了"孝文化研究会",充分挖掘"东海孝妇传说"的当代价值,弘扬孝道文化。

（三）梁祝传说

"梁祝传说"是鲁南地区第一个入选国家级民间文学类非物质文化遗产的民间传说,是中国四大民间传说之一。"自晋代形成以来,主要流传于宁波、上虞、杭州、宜兴、济宁、汝南等地,并向中国的各个地区、各个民族流传辐射,还流传到朝鲜、越南、缅甸、日本、新加坡和印度尼西亚等国家。"[①] 梁祝传说以求知和爱情为主的主题意蕴和曲折动人的故事情节而深受下层民众的喜爱。以梁祝传说为底本改编成电影、戏曲、小提琴协奏曲等各种文学艺术作品,构成了庞大的梁祝文化系统。

（四）鲁班传说

"鲁班传说"是鲁南地区入选第二批国家级民间文学类非物质文化遗产的民间传说。鲁班是春秋末期鲁国的工匠,历代木、石、瓦、扎各类工匠的祖师,

---

[①] 宋军令:《河南非物质文化遗产旅游开发构想》,《河南科技学院学报》2012年第3期。

山东曲阜市、滕州市等地的鲁班传说内容涉及鲁班出生、学艺、发明创造、被奉为百匠祖师等，共计上千则，已经发展成为一整套故事体系。其中最为著名的有《梦磐得子的传说》《鲁班桥的传说》《飞斧的传说》《没有量（良）心的传说》《石头嫁妆的传说》《土拥脖的传说》等。滕州市至今还存有与鲁班相关的历史遗迹，如鲁班造磨处、鲁班工匠屋、鲁班桥遗址等。当地政府对鲁班传说进行了抢救性的保护和开发。曲阜市政府和文化部门专门成立了"鲁班文化研究促进会"，并在《曲阜文史》上推出"鲁班文化研究专辑"。滕州市政府组织专人对相关资源等进行整理，出版了《鲁班的传说》《滕州民间故事》等书。

（五）秃尾巴老李的传说

"秃尾巴老李的传说"是鲁南地区入选第二批国家级民间文学类非物质文化遗产的民间传说。"秃尾巴老李"是一条龙，关于它的传说是对中国龙文化的具体化和人性化，在山东各地和黑龙江、陕西等地广为流传。秃尾巴老李的传说在山东省文登市、即墨市、诸城市、莒县等地的传说很多，内容不尽相同，但故事情节大同小异，都是关于秃尾巴老李投胎于山东民家、断尾后落户黑龙江的故事。这些地方也拥有大量关于秃尾巴老李的风物遗存。如文登市的回龙山，即墨的龙山、龙池，诸城的黑龙沟，莒县的龙尾村、龙母坟、龙母泉等。秃尾巴老李的传说对地方民俗影响很大。如文登市的回龙山山会、诸城市的龙山庙会等。秃尾巴老李传说是中国几千年龙文化的传承和发展，是图腾文化的生动演绎，具有丰富的文化内涵和深厚的文化底蕴，具有重要的历史文化价值。

（六）陶朱公传说

"陶朱公传说"是鲁南地区入选第二批国家级民间文学类非物质文化遗产的民间传说，源于山东定陶，广泛流传于我国的民间及世界华商中，距今已有2500多年的历史。陶朱公，本名范蠡，是春秋末期的政治家、军事家和经营思想家。陶朱公传说主要是关于陶朱公居陶19年间的民间传说故事。传说中的陶朱公善于理财,秦汉以来,陶朱公一直被人们奉为财神爷。千百年来,人们把陶朱公传说里的故事加以演绎撰写了各种法则、戒律等,并将其称之为经商之宝。民间流传的《陶朱公经商十八利》《陶朱公造秤》《猗顿拜师》《情人眼里出西施》《陶朱公考子》《真金琉璃聚宝盆》《红鸡蛋》《笆斗》等传说故事近百个,已成为陶朱公文化与研究的重要来源。加强对陶朱公传说的研究和保护,有利于弘扬传统民间文化,倡导儒商文化和富而好德的传统美德。

(七)麒麟传说

"麒麟传说"是鲁南地区入选第二批国家级民间文学类非物质文化遗产的民间传说。麒麟传说主要流传于山东省嘉祥县、巨野县及周边地区。麒麟是古代传说中的祥瑞神兽,是我国特有的祥瑞动物,它体现了集美、体仁、吉祥、通灵的精神,素有"仁兽""瑞兽"之称。麒麟位列"四灵"之首,就在于它的影响之广、之深无与伦比。它是中华民族大融合、大团结的象征,集儒、释、道诸家,文、史、哲等各科精华于一体,是独树一帜的祥瑞文化。

(八)泰山传说

"泰山传说"是鲁南地区入选第三批国家级民间文学类非物质文化遗产的民间传说。泰山为中国名山之首,号称"天下第一山",1987年12月被联合国教科文组织列入"世界文化与自然双重遗产"名录。泰山传说最早产生于远古时代。成书于先秦时期的《山海经》是泰山传说最早的文字记载。东汉《风俗通义》,晋代《搜神记》,唐代《集异记》,宋代《稽神录》《述异记》《太平御览》,明代《剪灯余话》《泰山纪事》《茶香室丛钞》等文献都记录了大量泰山传说,其中《泰山纪事》是第一部泰山传说故事集。泰山传说故事起源于中国原始宗教的自然崇拜,影响最大、流传最广的是山川形胜传说。后受帝王封禅祭祀文化、儒释道三教文化、民间俗信文化等因素的影响,泰山传说形成门类广、数量多、内容丰富的特征。泰山传说的内容涵盖历史人物传说、宗教人物传说、山川形胜传说、特产传说、风俗传说、动物传说、植物传说等,其中泰山石敢当传说是我国流传久远、影响地域广大的典型的镇物传说。

（九）牡丹传说

"牡丹传说"是鲁南地区入选第三批国家级民间文学类非物质文化遗产的民间传说。菏泽市牡丹区因牡丹驰名中外而得名，牡丹传说在当地家喻户晓，内容包括人物传说、地名传说、品种传说等，流传至今。这些传说既体现了普通百姓种花、爱花、崇花、敬花的感情，又有达官贵人、社会名流赏花、宴花、赋花、爱花的逸事。它以追求自由、崇尚爱情、歌颂生命生生不息的鲜明主题深深打动着人们的心灵，以鲜明的人物性格，离奇的故事情节，生动、简练、通俗的讲述方式而受到民众的喜爱。牡丹传说所涉地理风物、民风民情、引典佐证，已成为牡丹文化研究的重要元素，对研究和发展牡丹文化起到十分有益的推动作用。

（十）庄子传说

"庄子传说"是鲁南地区入选第三批国家级民间文学类非物质文化遗产的民间传说。庄子是我国历史上著名的思想家、哲学家和文学家，他发展了老子的学说，是道家学派的创始人之一。战国时期，庄子的故事开始流传。庄子传说内容十分丰富，涉及庄子的出身和庄子的人生态度，以及与庄子有关的特殊物品的来历等。其中最为著名的是"鼓盆而歌"和"以天地为棺椁"这两则故事。庄子传说故事体现了神秘旷达、幽默诙谐、朴素纯真、和谐美好的特征，让人们看到了一个活生生的大智若愚、顺应自然、保持本色、淡泊名利的人物形象，体现了上无为而下有为、治国要效法天地、做事要尊重自然规律的道家思想，这些观点至今仍具有无限的生命力。

（十一）尧的传说

"尧的传说"入选第三批国家级非物质文化遗产扩展名录。菏泽古称曹州，牡丹区位于市区中心，是尧舜二帝主要活动地区之一。千百年来，围绕尧舜二帝演变而来的传说在此俯拾皆是、历久弥新。其主要内容包括以《尧王访舜》为代表的以德治国、礼贤下士传说，以《尧立诽谤木》为代表的替民解忧、关怀民生传说,以《尧王夜观天象》为代表的制定第一部历法传说,以《尧王嫁女》为代表的尧舜平民化和生活情趣故事,以《六月六接姑姑》为代表的尧舜风俗传说。这些传说既集中体现了尧舜二帝关爱民生、以德治国的高尚品德,也体现了菏泽人民尊崇古贤、勤劳善良的良好传统和追求安居乐业的美好愿望。加强对尧舜传说的保护和研究,有利于倡导儒学文化忠、孝、仁、爱、信、义、和平等传统美德。

(十二)孟母教子传说

"孟母教子传说"是鲁南地区入选第四批国家级民间文学类非物质文化遗产的民间传说。"亚圣"孟子是仅次于孔子的一代儒家宗师,他继承和发扬了孔子的儒家思想,是战国时期儒家学说的代表人物。而他之所以能有如此大的成就,与孟母的启蒙教育是密不可分的。孟母教子的故事最早见于西汉韩婴的《韩诗外传》和刘向的《列女传》。南宋末年,王应麟编《三字经》中曰"昔孟母,择邻处。子不学,断机杼",从而使孟母教子的故事家喻户晓,得到更为广泛的传播。山东曲阜凫村是孟子的故乡,孟母教子的故事就发生在这里。孟母教子传说主要包括"三迁择邻、杀豚不欺子、断织喻学"等系列故事。孟母教子传说中孟母坚持从客观实际出发,注重环境对孩子的影响,坚持言传身教,生动地体现了母爱与教化的统一。孟母的教子方式蕴含了现代的一些教育理念,具有一定的历史文化价值,至今仍是父母教育子女的有益蓝本。

(十三)孟姜女传说

四大民间传说之一的"孟姜女传说"是鲁南地区入选第四批国家级民间文学类非物质文化遗产扩展名录的民间传说,其原型是"杞梁妻哭夫"。孟姜女哭夫的故事,自春秋战国至汉代,无论是史实还是传说都没离开齐国境。杞梁妻哭崩的杞国都城、投身自尽的淄水都在山东淄博一带,杞梁妻的事迹当为孟姜女传说原初的内容。为纪念忠贞烈女孟姜,淄博地区出现了4处姜女泉,孟姜女的故事在淄博地区世代流传。孟姜女是一位善良但命运悲惨的劳动妇女的典型形象，这一形象的塑造表达了人民对战争的厌恶和控诉。

（十四）木兰传说

"木兰传说"是豫东地区第一个入选国家级民间文学类非物质文化遗产的民间传说。"据《虞城县志》记载，相传为木兰故里的宋州、商丘、亳州、谯郡，均指虞城营廓，只是因朝代不同，归属不同而已。"① 虞城县营廓镇木兰传说丰富，木兰祠、木兰庙香火旺盛，人们若遇灾祸、疾病或乏嗣便祈求木兰保佑。

"虞城木兰传说涉及木兰一生，包括神奇出生、拜师学艺、代父从军、辞官返乡、悲壮之死和死后显灵等。特别是有关木兰出生和木兰之死的传说，文本众多"②，是当地木兰传说的代表。

（十五）杞人忧天传说

"杞人忧天传说"是豫东地区第二个入选国家级民间文学类非物质文化遗产的民间传说。"杞人忧天"是一个大家耳熟能详的民间传说，在《山海经》《淮南子》《路史》《列子》《史记》等史料中均有记载。主要流传于河南省杞县（古代的杞国），历代以来，杞人忧天都被当成是一个庸人自扰的故事来进行解读，但当下该传说传承的文化内涵演变为居安思危、未雨绸缪，具有极强的现实意义。

（十六）老子传说

"老子传说"是皖北地区目前唯一一个入选国家级民间文学类非物质文化遗产的民间传说。涡阳是道家学派创始人、道教鼻祖老子的故里，闸北镇郑店村是老子的诞生地，道教祖庭天静宫（又称"中太清宫"）便坐落于此。老子传说在涡阳代代相传。涡阳老子传说主要分为两个部分，第一部分是老子的故事，刻画了老子从童年到暮年的成长过程；第二部分是有关老子和天静宫的传说。大多采用地方口语，语言叙述通俗优美，有着较高的文学研究价值。收集、

---

① 张娅：《虞城木兰传说》，河南大学 2006 年硕士学位论文，第 18 页。
② 同上文，第 19 页。

挖掘和保护这些民间传说，对于考证老子出生地，弘扬道家道教文化，传承老子思想有着非常重要的推动作用。

三、文化意蕴

淮海地区作为一个特定的区域文化圈，有其独特的文化特质。几千年来，淮海地区的民间传说在苏、鲁、豫、皖四省交界的广袤大地上口口相传，其情节内容、思想倾向以及审美趣味都带有了浓厚的乡土文化气息。较之小说、戏曲、说书等，民间传说作为深受民众喜爱的民间文学体裁，是淮海区域民间文化的载体，它的产生、流传与变异，无不折射出淮海区域人民独特的文化眼光，在不经意间为我们展示了一个充满乡土气息的天地，深深打上了地方文化的烙印。

通过上述对淮海地区民间传说的梳理，发现淮海地区是老子、孔子、孟子、庄子等先秦诸子的出生地和开展学术活动的主要区域，也流传着很多与上古贤君尧、舜、禹有关的民间传说。作为区域文化中心城市的徐州，更是道教文化的创始人张道陵和汉高祖刘邦的出生地，这也使得淮海地区的区域文化深受儒、道思想的浸染，具有鲜明的儒、道杂糅的文化特色。

（一）儒家文化的彰显

淮海地区作为儒家文化创始人孔子和孟子的出生地和主要学术活动区域，他们所倡导的儒家文化思想对该地区下层民众产生了较大影响，这些思想意识潜移默化地渗透在民间传说中，对于圣人及其思想的推崇就是这种意识的原初体现。"孟母教子传说"在各种历史典籍和民间口头文学中广为流传，孟母已成为儿童启蒙教育的楷模，从一个侧面也传达出下层民众对于儒家孟子教育观的推崇，赋予圣人以非"人"的能力也是民间传说经常使用的叙事表达。如调查组搜集的民间传说——《孔子的诞生传说》这样记载：

相传，孔子的父亲叔梁纥曾先娶施氏，生九女而无一男，后休施氏，与妾生一男儿，是个跛子。于是，他晚年向颜家求婚，娶了颜徵在。叔梁纥与颜徵在成婚后，盼子心切，经常去附近的尼山上祈祷。夫妻俩的诚意终于感动了上苍。鲁襄公二十二年（前551）农历八月二十七这一天，夫妻俩又一次去尼山上祈祷，下山在一个山洞里休息时，生下了孔子。后人把这个山洞称为"坤灵洞"，也称"夫子洞"。孔子降生后不但头顶如反盂，而且面部有"七露"，眼露筋、耳露轮、鼻露孔、嘴露齿等，看上去像个怪物，叔梁纥夫妇就把孔子扔在了野地里。初生的孔子嗷嗷待哺，山上的老虎跑来为他哺乳；当时正是秋高时节，洞中实在闷热，老鹰便飞来用翅膀为他扇风，上山的人们见到了，都以为洞中的婴孩是凤凰之子。这就是所谓"凤生、虎养、鹰打扇"的传说。

在这一传说中，当地下层民众充分发挥其浪漫主义艺术想象能力，赋予孔子的诞生以奇幻的色彩，以此来表达他们对圣人的崇敬之情。这种"神化"圣人出生的叙述方式在其他民间传说中也较为常见，其中最典型的是对于帝王出生的神化倾向，如关于汉高祖刘邦出生的《龙雾桥的传说》：

丰县城北二里，有个龙雾桥，考古学家常到这里来进行考察。说起这龙雾桥，还真有个来历呢。

汉高祖刘邦的父亲刘太公，年轻时家贫种田为生。一个夏天的中午，刘太公在田里锄地，因离家较远，为了多干活，中午饭就不回家吃了。刘太太在家做好了饭菜，看看天已不早，便挎着饭篮，提着饭罐，顺着大路直奔正北，给丈夫送饭去。走了一阵，直累得脚疼手麻，暑天里热气蒸人，脸上的汗珠不停地往下滚。突然，迎面刮起一阵狂风，霎时乌云蔽日，遮天盖地，接着电闪雷鸣，雨如箭下。她急急忙忙直奔路边河桥下暂避风雨。

"咔嚓"一声霹雳，眼前金光闪闪。抬头看天，只见天空有一条青龙，喷云吐雾，摇头摆尾，双目如球，须如长鞭，张牙舞爪，直向她扑来。刘太太惊叫一声倒在桥下，昏迷之中，只觉得龙在身上翻滚，如同触电，随后便失去了知觉。

刘太公得知消息，惊慌地赶到桥下，呼唤数声，刘太太才慢慢醒来。她诉说了经过，知道是被龙"雾"了，从此刘太太就怀了孕，后来生了个儿子，就是刘邦。

刘邦坐了朝廷，成了真龙天子。那桥，就从此出了名，被称为"龙雾桥"，"龙雾桥"的传说也一直流传至今。①

徐州丰县是一代帝王刘邦的诞生地，从刘邦的诞生传说中我们可以窥见儒家正统的忠君色彩。丰县刘邦民间传说的内容丰富，但大都集中反映一个主题——刘邦乃龙的传人、天子的化身。这些传说大多带有传奇色彩，主要展现刘邦作为一代帝王的优秀品质：坦荡大度的胸怀、鸿鹄之志、爱国爱民的精神、机智聪明、百折不挠的勇气、纳谏如流的品格、不计较个人恩怨的品德。其中的刘邦形象多是正面出现，这从另一个侧面也表现出当地民众的忠君思想倾向，这也正是儒家文化所宣扬的"君君臣臣父父子子"的礼义之道。

淮海地区深受齐鲁文化和中原文化的浸染，形成了尊礼重义的思想。"儒家思想是在东夷文化和周朝礼乐文明的基础上，经过孔子的改造发展而形成的。仁学是儒家思想的核心，也是齐鲁文化的核心价值观。"② 齐鲁文化和中原文化对于儒家的推崇对淮海地区的下层民众产生了深远的影响，这种影响又在民间传说中得以体现。其中最为突出的是对于"孝道"的推崇，"孝妇"叙事为民众所津津乐道，"东海孝妇传说"作为儒家孝道文化的经典，弘扬的就是孝道文化。据《汉书》卷七十一记载：

于定国，字曼倩，东海郯人也。其父于公为县狱吏、郡决曹，决狱平，

---

① 白庚胜主编：《中国民间故事全书·江苏·丰县卷》，知识产权出版社2007年版，第33页。
② 于志平、陈立明：《齐鲁文化及其现代价值》，《中央社会主义学院学报》2006年第12期。

罗文法者于公所决皆不恨。郡中为之生立祠，号曰于公祠。

东海有孝妇，少寡，亡子，养姑甚谨，姑欲嫁之，终不肯。姑谓邻人曰："孝妇事我勤苦，哀其亡子守寡。我老，久累丁壮，奈何？"其后姑自经死，姑女告吏："妇杀我母。"吏捕孝妇，孝妇辞不杀姑。吏验治，孝妇自诬服。具狱上府，于公以为此妇养姑十余年，以孝闻，必不杀也。太守不听，于公争之，弗能得，乃抱其具狱，哭于府上，因辞疾去。太守竟论杀孝妇。郡中枯旱三年。后太守至，卜筮其故，于公曰："孝妇不当死，前太守强断之，咎当在是乎？"于是太守杀牛自祭孝妇冢，因表其墓，天立大雨，岁孰。郡中以此大敬重于公。①

"东海孝妇传说"所彰显的孝文化，蕴含着中华民族的传统道德诉求，折射出下层民众的道德诉求。同样属于弘扬儒家孝道文化的还有被收入《二十四孝》的山东诸城的"虞舜传说"和徐州丰县的"丁兰刻木传说"。大舜虽遭继母三次陷害（后母三次陷害舜的传说），但舜并不记仇，以孝治家，被尊为《二十四孝》之首。徐州丰县是丁兰故里，是传统二十四孝经典中"丁兰刻木传说"的故事发生地，据《中国民间故事集成·江苏·丰县卷》中《丁兰集的来历》记载：

一天，丁兰下田锄地，他见羊羔双膝跪着吃羊妈妈奶，母亲稳稳地站着。又见田头一棵大树上有个乌鸦窝，老乌鸦在窝里，双眼瞎了，两只小乌鸦打食喂老乌鸦。他呆呆地看着、沉思着，扁毛畜生都知孝顺母亲，自己已经是20多岁的人了，还常常打骂母亲，我还是个人吗？连羊羔、乌鸦也不如。于是他心中十分愧疚，下决心再不让母亲生气，一定好好孝敬母亲。

晌午时分，丁兰见母亲挑着担子送饭来了，放下锄头，猛地向母亲跑

---

① 班固：《汉书》，浙江古籍出版社2000年版，第927页。

去，迎接母亲。母亲被丁兰打怕了，心想，儿子又嫌她送饭送晚了，准是来打她的。她不愿再受儿子的打骂，决心一死了之，便朝田头一棵大柳树一头撞去，当场死了。丁兰想想母亲拉扯他受的难，悲痛极了，哭得死去活来。安葬了母亲后，他为了纪念母亲，刨了田头的大柳树，截了一截儿树身，自己花半年工夫雕刻成母亲的一尊坐像（坐像很像他母亲的尊容），供奉在堂屋里。一日三次磕头问安，并要他妻子也照办。他只要有事外出，或有什么要事都要告诉"母亲"，向"母亲"请示。雕像虽然不会说话，可奇怪的是，她的面部表情有喜怒哀乐的变化，丁兰见"母亲"表情喜悦，就说明同意他去做，否则就是不同意。丁兰总是按"母亲"的意愿去做。

一日，丁兰外出后回家，先拜见"母亲"，见"母亲"面容不悦，便怒气冲冲地问妻子："你怎么惹母亲生气了？"妻子吞吞吐吐说："没有。"丁兰要打妻子，让妻子实话实说。妻子无奈地告诉他，是邻居来借纺车，她要去问母亲是否同意，邻居竟然生气地说，想借给就借给，不想借给就作罢，问木头疙瘩，岂不是故意戏弄人？媳妇跪倒问"婆母"是否愿借给，只见雕像表情难看，就说"婆母"不愿借给。邻居一气之下用棍子敲了雕像两棍子，转身而去。

丁兰一听，顿时气得暴跳如雷，抄起把大刀闯进邻居家，把借纺车的邻居杀了，然后亲自去县衙投案自首。

自古杀人偿命，他杀人属实。县太爷以为他所说"母亲"表情一事，纯是胡言乱语，决定上报，要判丁兰死刑。丁兰说，为母亲出气，死而无憾，只要求服刑前再给母亲磕个头，见母亲一面，并请县太爷亲自看他母亲的表情。县太爷答应了。

丁兰跪向"母亲"，哭诉了杀人原因，并说："我不能再孝敬娘了……"在一旁的县太爷不由大惊：只见雕像面色十分难看，并真的流下了泪水……

县太爷将丁兰杀人的原因和他亲眼目睹的情况如实上报皇上，皇上御笔批示，丁兰（郎）刻木孝母亲，杀人无罪，还被封为孝子，成为《二十四孝》中的一孝——"丁郎刻木"。①

"丁兰刻木传说"所倡导的是儒家的孝道，而及时行孝的"子欲养而亲不待"已成为中华传统美德的重要组成部分。在丁兰刻木传说中，为了孝母，丁兰杀人后被朝廷赦免。被杀者张叔后裔深为丁兰的孝行所动，不计前仇，带头捐资为丁兰修庙。在这些情节中充分体现了人民群众"百行孝为先""孝为百行之源"的儒家道德价值观。

（二）道家文化的体现

淮海地区也是道家文化的创始人老子和道家学派的代表人物庄子的出生地，道家文化强调道法自然，主张"无为而治"，流传于淮海地区的老子传说、庄子传说弘扬的就是道家文化思想。河南鹿邑老子传说中关于老子出世的传说用浪漫主义的叙事艺术，把老子塑造成一个天生异禀之人。

春秋时期，鹿邑县名叫苦县。城东十里，有个村庄，叫曲仁里。这里松青柏翠，山清水秀，算得上一个风景秀丽的宝地。

单说村前有条赖乡沟。沟水清澈见底，两岸李树茂密。在那李子树林深处有一户人家。这家有个闺女，年长一十八岁，模样俊俏，知书识礼，典雅温柔。爹娘把她看成掌上明珠。这闺女有个别脾气儿，发誓终身不嫁，一生守在二老身旁，安心侍奉爹娘。

一天，这闺女到赖乡沟水边洗衣，在石头上搓了一阵，举起棒槌"梆！梆！梆！"刚捶几下，就见两个对肚儿长在一起的李子从对面不远的水面

---

① 白庚胜主编：《中国民间故事全书·江苏·丰县卷》，知识产权出版社2007年版，第127页。

上漂了过来。她停下手中的活计，伸手把李子捡起来。只见两个李子都是一面鼓肚儿，一面扁平，像两个耳朵合在一起。这李子红里透黄，黄里透红，放鼻尖上一闻，喷香喷香！咬一口尝尝，蜜甜蜜甜！里面还带着品不尽的后味儿。她几口就吃完了。

刚吃完李子，她就感觉难受起来，腹疼如剜，想呕吐，又吐不出来。她弯下腰，捂着肚子，脸黄得像黄铜一样。就在这时，肚里有人说起话来："母亲大人，莫要难过，等孩儿坐正也就好了。"她大吃了一惊：怎么李子变成胎儿啦？她红着脸，小声问肚子里的小生命："孩儿，你既然已经会说话，就出来吧。"胎儿回答："母亲，孩儿眼下不能出去。我要在这里想事哩。""想啥事？""想啥？能使傻子聪明，笨人变灵，恶者向善，天下太平。""那你啥时候出来？""等到天长严……牵骆驼的来。"往下不说了。

花落了，花开了，花又落了，一年多的时间过去了，孩儿没有降生。吃李子怀孕的闺女害怕了，她偷偷地跑到一个僻静地方，小声问肚里娇儿："儿啦，人怀了孕，都是十个月生，你都一年多了，咋还不出生呢？"胎儿问母亲："天长严没有？牵骆驼的来了没有？"母亲说："都没有。"胎儿说："时候不到，我不能出世，出世就坑害了你。"

树叶青了，树叶黄了，又一个年头过去了。吃李子怀孕的闺女偷偷地跑到村后大李子树下，求告胎儿说："儿啦，我怀你都两年多啦，该生了。"胎儿说："天长严没有？牵骆驼的来了没有？"母亲说："天没长严，牵骆驼的没来。你老是问这弄啥？"胎儿说："时候不到，我还不能出世。"

八十一个年头过去了，吃李子怀孕的姑娘成了白发苍苍的老人。她走进自己的屋子，坐在床上，问肚里的儿子说："儿啦，我的冤家呀，整整八十一年啦，你还不该出生吗？"儿子又问："天长严没有？牵骆驼的来没有？"当母亲的心里想："天还剩东北角一块没长严，牵骆驼的至今没来。他老问这两句，还说不能坑害我，到底是怎么啦？唉，管他坑害不坑害哩！

我就说天长严了，牵骆驼的来了。"想到这，就对肚里的儿子说："天早长严了，牵骆驼的也来了，你快出生吧。"话刚落音，儿子就顶断母亲的右肋，从里边拱出来了。咦！原来是个白胡子小老头儿！连头发和眉毛都白了！

母亲右肋流血不止。儿子见牵骆驼的没来，一下子明白了是怎么回事儿。他慌了手脚，不知如何是好，哭着说："母亲大人，牵骆驼的没来，我也没法撕下骆驼皮补在您老肋上。这该怎么办呢？"说着，双膝跪下，给母亲磕了三个响头。母亲说："儿啦，别哭了，我不埋怨你。你是为娘吃李子怀孕生下的，那李子又像两个耳朵合成的，娘给你指姓起名，唤作李耳吧！临死之前我没别的话讲，人过留名，雁过留声。娘进入九泉之后，你在尘世之上，做个好人，也就不枉我怀你八十一载了。"说罢，绝气而亡。李耳跪在母亲尸首旁边，好生痛哭了一场。

因为李耳出生时是老头儿模样，后来人们就把李耳称为老子。①

黑格尔说："中国哲学中另有一个特异的宗派是以思辨作为它的特性。这派的主要概念是'道'，这就是理性。这派哲学及与哲学密切联系的生活方式的发挥者是老子。"中国文化就像一棵参天大树，而这棵参天大树的根在道家。认识老子其实就是认识道家思想的精髓，后人正是据此神化了老子出世。②

山东东明县的庄子传说涉及庄子对自然和人生的态度，其中妻亡后的"鼓盆而歌"和"以天地为棺椁"的传说最能体现庄子的生死观。《老子收徒的传说》体现的则是道家的自然辩证法思想。

庄子小时候，听说苦县的老子是个大学问家，就去苦县，要拜老子为师。

---

① 张瑞主编：《中华姓氏·中国鹿邑国际老子文化节专刊》，河南省民间艺术学会2008年版，第64页。
② 崔振明主编：《神话在左，寓言在右》，《中华5000年经典故事》，吉林大学出版社2011年版，第107页。

庄子来到苦县，找到老子讲学的地方一看，一群人正围着听讲哩，他赶忙挤进去向老子行礼。老子问他："你是哪里人？来找我干啥？"庄子说："我是宋国的庄周，来拜你为师。"老子说："好，我收你这个徒弟，坐下听讲吧。"

老子继续讲。当讲到"乐极生悲，否极泰来"时，庄子坐不住了，心里说，乐就是乐，乐咋还能生悲哩？否就否，否跟泰有啥关系，八下里不挨气儿，净是胡扯！想到这儿，他站起来就走了。

庄子往回走时，路过一片桃林，只见桃花盛开，景色美极啦！他心里高兴，蹦着跳着倒退着走，没想到"扑通"一声，掉进了井里。还好，水不大深，只喝了几口水就站稳脚了。

可井水透骨凉，他就想：自己该冻死在这里了。唉，真是乐极生悲呀！可又一想，我不能等死呀，得往外爬。他扒着个砖洞儿往上爬，无意间摸到一个硬东西，拿出来一看，是个玉石蛤蟆。

这时，有一群人追小偷追到了井边，往井里一看，发现了庄子，就把他拉了上来。见他手里拿着玉石蛤蟆，就夺了过去，把他吊在树上打。

原来这玩意儿叫"玉蟾蜍"，是本地姬员外家的传世之宝。管家发现宝物被盗，就派人四下追赶。他带人追到这里，见玉蟾蜍在庄子手里，就把庄子当成了贼。庄子正叫着冤枉哩，小偷被逮住了，这才消除了误会。这个玉蟾蜍就是小偷藏在井里的，姬员外知道冤枉了庄子，过意不去，就拿白银三百两向庄子赔情。庄子这时想起老子说的"乐极生悲，否极泰来"，才感到老子了不起，又一路小跑赶回苦县，向老子认了错。老子正式收他为自己的徒弟。[①]

在淮海地区的民间传说中，儒、道两种文化不是泾渭分明的，有时候两种文化会同时浸润到同一民间传说中，呈现出文化杂糅的特色，泰山传说就体现

---

① 《中国民间故事集成·河南卷》，中国ISBN中心出版2001年版，第66页。

出了这种杂糅的文化特色。

(三)朴素、美好的情感和道德诉求

淮海地区的民间传说也从不同的侧面表达了下层民众的美好生活愿望和朴素的道德诉求。"孟姜女传说"是中国四大民间传说之一,其中塑造的孟姜女形象与望夫山、望夫石一样,从某一侧面表达了下层民众对于战争的控诉,对于自由、和平生活的向往。"梁祝传说""牡丹传说""虞姬桥的传说""燕子楼的传说"传达了下层民众对于美好爱情的渴求。"梁祝传说"中,梁山伯和祝英台的千古爱恋为民众历代传颂,家喻户晓,被誉为"东方的罗密欧与朱丽叶",堪称中国传统爱情颂歌的典范之作。

相传在晋朝,汝南县为汝南郡。就在汝南郡南六十里有一小马庄(今马乡镇)。小马庄北十八里有一祝庄,南十八里地有一梁庄,梁庄东北处有村叫曹桥。

梁庄有一个公子姓梁名山伯,字信章,为求功名,到红罗山书院读书。想不到马庄北十八里祝庄的祝英台也女扮男装,来此读书。正巧,马庄马员外之子马文才,字士荣,也来此读书。梁山伯家境贫寒,学习十分刻苦,人长得年轻英俊,十分儒雅。祝英台原是祝庄祝员外的女儿,长得妩媚动人,天资聪颖,化名祝九弟。在和梁山伯同窗三载中,祝英台深深地爱上了梁山伯。可梁山伯并不知她是个女儿身。在一次挑水时,祝英台不慎被水浇湿了鞋子和衣衫。师娘让英台到房里换衣服,无意间从小脚上发现了英台的女儿身,英台才不得已告知了师娘。谁料隔墙有耳,正巧这番话被藏在外面的马文才听到了。马文才是马庄马员外的公子哥,生性浮浪,专好拈花惹草,早就怀疑祝英台是女的。从此以后,他就想方设法接近祝英台,并极力纠缠不休。

祝英台十分厌恶这个纨绔子弟,借口回家看望老人,向师娘道别下山。

她暗地里告诉师娘，自己爱上了梁山伯，央求师娘从中做媒，并将自己的蝴蝶玉扇坠交给师娘，让她转交给梁山伯。梁山伯和祝英台双双离开红罗山，十八里相送，祝英台借机会向梁山伯诉说衷肠，一会把自己比作女娲皇，一会儿把自己比作雌鹅，一会儿又把两人比作鸳鸯，可梁山伯生性憨厚，全然不解其中的意思。最后分手时，祝英台说自己家中有个九妹，长得和自己一模一样，尚未婚嫁，有意说给梁山伯，如果梁山伯同意，可在一七、二八、三九、十五到祝家求婚。梁山伯答应了。

二人分手以后，祝英台刚到家，马文才就让家人到祝家求婚，并送了很多的聘礼。祝英台的父亲祝公远觉得马文才出身名门，门当户对，决计把祝英台许配给马文才。祝英台尽管不同意，怎奈父命难违，只能以泪洗面。这时师娘听到消息，赶到梁山伯家，将蝴蝶玉扇坠交给梁山伯，并告知梁山伯，祝九弟名叫祝英台，原本是个女儿身。

梁山伯恍然大悟，急忙赶到祝庄去求婚。可祝英台已许配了马文才，准备七月十五迎娶呢。梁山伯与祝英台在楼台相会，痛哭流涕。楼台相会后，梁山伯痛别祝英台，回到家中后重病在身，卧床不起，竟日重一日。梁山伯的娘赶到祝庄，见到祝英台，告知梁山伯的病情。英台大哭，并将自己的头发割下来，交给山伯的母亲，让她在山伯死后，将自己的青丝放入山伯怀中，一同埋葬。

几日后，梁山伯死去。七月十五日，马文才迎娶祝英台，途中经过梁山伯的墓，祝英台毅然下轿哭祭梁山伯，直哭得天色惨淡，暴雨倾盆。祝英台因伤心欲绝，哭死在山伯墓前。家人感念祝英台的情义，决定把她厚葬在山伯墓的东边，让他们永远在一起。

当地人很敬重梁祝的爱情，就把这件事编成了故事、戏剧、曲艺，到处传唱，并把故事的结尾编成：梁山伯的墓裂开了，祝英台就跳进墓去，马文才为拉住祝英台也跳了进去，墓合上后，从墓中飞出白、黄、花三只蝴蝶，白的是祝英台，黄的是梁山伯，花的是马文才。

后来，在人们的一片指责声中，马文才一家感到无地自容，灰溜溜地搬出了马庄。

1700多年以来，马乡的人民到处传颂着梁祝的爱情佳话。[①]

除去对小儿女情愫的倾诉之外，淮海地区的民间传说也不失其家国情怀，调查组搜集到的流传于连云港赣榆地区的"徐福东渡传说"传达的就是下层民众希望国际睦邻友好的愿望。

秦始皇统一中国后，梦想得到长生不老之术，并抓来许多方士，因他们无法保证从三神山得到仙药，结果一个个都被杀了。徐福听说后，便主动上书要求出海寻找仙药。秦始皇非常高兴，便命徐福入海。不久，徐福回来说，他见到了神仙，神仙嫌礼太轻，需要漂亮的童男、童女和各种工具及粮食种子作为献礼，才能得到仙药。秦始皇遂派500名童男、童女随徐福再次出海。第二年，秦始皇二次东巡，没能找到徐福；他第三次东巡时，已是十年之后，终于见到了徐福，徐福说本来就要拿到仙药了，但是海上有大鱼护卫仙山。于是，秦始皇亲自率领弓箭手到海上与大鱼搏斗，杀了一条大鱼就回去了。徐福带着求仙船队漂洋过海，从此，再未回到中原。

相传徐福的船队在日本岛登陆后，向当地传播了农耕知识和捕鱼、锻冶、制盐等技术，促进了社会发展，深受历代日本人民敬重。日本尊徐福为"司农耕神"和"医药神"，每年都要举行声势浩大的祭祀活动。韩国至今也举办纪念徐福的活动，徐福东渡已被认定为中、日、韩友好交往的开端，徐福也成为三国人民友好的化身。

[①] 贺晶：《汝南梁祝传说在当代的讲述与传承》，河南大学2005年硕士学位论文，第43—44页。

淮海地区民间传说体量巨大,其所传达的情感和道德诉求也呈现出多样化、多层次性。"麒麟传说"是中华民族祥瑞文化的化身;"秃尾巴老李的传说"是中国龙文化的千年传承和发展,表达的都是下层民众祈福纳祥的美好愿望;"鲁班传说"和"杞人忧天传说"弘扬了极具现代价值的自主创新精神和居安思危的现代思想;"陶朱公传说"倡导了富而好德的儒商文化……这些美好、朴素的道德诉求和价值追求在今天仍不失为一种宝贵的文化财富。

第三节 民间故事

淮海地区历史悠久,流传下来难以计数、流传久远的幻想、生活、笑话类等故事。它们多角度、多侧面、全方位地反映了淮海地区人民的人生观、宇宙观、价值观、思想情感和审美意识,同时也多维度地反映了民众的民俗文化心理。"民间故事是最通俗的艺术形式,同时它也是一个国家或民族的灵魂。"[①]

一、概 念

"民间故事"一词的英文是 Folktale,德语是"Mārchen",日本名为"昔话"。在中国,民众习惯称"瞎话""喷空儿""说古"。擅讲者为"瞎话篓子""故事篓子"等。

对民间故事的定义,中外学者各有界定,说法不一。苏联学者开也夫认为,民间故事有广义、狭义的区别,广义的民间故事指那些有着假想内容、散文形式的口头艺术作品;狭义民间故事仅指那些幻想的故事。《简明不列颠百科全书》则这样阐释:"以口头方式代代相传的,有传统内容的散文体故事。"而中国学术界对民间故事的界定也有广义与狭义之分。"广义的民间故事指民众口头创作并流传的所有散文体叙事作品,包括神话、传说、幻想故事、生活故事、民间笑话、民间寓言等。狭义的民间故事指神话、传说之外的散文体口头叙事,

---

① 〔意〕伊塔洛·卡尔维诺:《意大利童话》,人民文学出版社 2007 年版,中文版题词。

包括幻想故事、生活故事、民间笑话、民间寓言等。通常意义上的民间故事定义多指广义的。"①

二、分类方法

民间故事是一种口头文学,具有世界性。凡有人类的地方,就有故事流传。世界上最早搜集、整理、研究民间故事的是德国民间文学研究者、语言学家、民俗学家威廉·格林(1786—1859)与雅科布·格林(1785—1863),他们花了几十年的时间(1812—1857)完成了《儿童和家庭童话集》。自此,各国的学者对民间故事展开了大量的搜集和整理工作,并对不计其数的民间故事进行了分类研究。统计资料表明,同一个类型的故事往往在不同的国家、不同的民族都有流传。这些流传的带有国际性特征的故事,许多不过是同一故事的变体或异文而已。各国学者依据不同的标准对民间故事进行分类,有的依据故事的情节,有的依据故事的母体,有的依据故事主人公的形象特点,有的依据故事的功能,等等。学者们编辑的故事索引多达百余种,并发表了一系列理论专著。其中,"AT分类法"影响最大,并为各国学术界所熟知。所谓"AT分类法","即按相对有限的情节类型,将故事进行分类编目的一种分类方法"②。

中国民间故事的类型研究和索引编纂工作开始于20世纪20年代,其中影响较大的有四部著作。

1. 钟敬文《中国民谭型式》

1931年,我国著名民间文艺学家钟敬文发表了《中国民谭型式》一文,借用西方批评理论和方法来展开中国故事研究,归纳出45个中国民间故事类型,并写出了情节提要。

2.〔德〕沃·爱德哈德《中国民间故事类型》

德国社会人类学家、民俗学家、东方语言学家沃·爱德哈德(W.

---

① 刘守华、陈建宪:《民间文学教程》,华中师范大学出版社2009年版,第64页。
② 同上书,第65页。

Eberhard)于 1937 年在曹松叶的协助下编纂了《中国民间故事类型》一书。该书用德文写作,1999 年被译成中文出版。作者从 300 余种书刊中搜罗出近 3000 个故事,并对其进行了归纳和总结,使用了国际通用的"AT 分类法",依据故事的特点,共收录正格故事类型 275 个,滑稽故事类型 31 个,并尽可能指出故事的出处,发表见解,第一次展现了中国民间故事艺术世界的整体风貌。

3.〔美〕丁乃通《中国民间故事类型索引》

美籍华人、著名学者丁乃通 1978 年出版了《中国民间故事类型索引》。该书收录故事资料更为广泛,引用了 1966 年之前的有关中国故事的资料 580 余种,特别重视对少数民族故事资料的搜集,从 7300 多个故事中归纳出 843 个类型;并且注意将故事与神话、传说区分开来,对每个类型的描述也更为精细。该索引基本以国际通用的"AT 分类法"编号排列,这为把我国民间故事的研究纳入国际研究的范围,为国际比较研究提供了极大的便利;同时,着重注明中国民间故事的特点,便于同外国民间故事进行比较,对了解中国民间故事的各种类型也颇有帮助。1986 年,中国民间文艺出版社出版了由著者亲自校订的该书中文版。

4. 金荣华《中国民间故事集成类型索引》

台湾学者金荣华于 2000 年在台北出版了《中国民间故事集成类型索引》(第一册)。该书是以 20 世纪 80 年代以来中国出版的《中国民间故事集成》为对象,运用"AT 分类法"在"丁氏索引"基础上加以改进的专题性索引。该书增列了四川、浙江和陕西三个省的作品资料,更注意反映中国民间故事的特点,成为中国民间故事类型索引的又一部重要著作。

三、类 型

目前,我国民间文艺学界比较通用的分类方法是钟敬文先生最先倡导的分类法，按照这种方法可以将淮海地区的民间故事分为四类，即：幻想故事、生活故事、民间笑话、民间寓言。这些民间故事（主要是前三类），以口耳相传的方式在淮海大地上流传，植根于百姓生活，表现了民众的思想感情与理想愿望。

（一）幻想故事

"童话""神奇故事""魔法故事"等都是幻想故事的不同叫法。这类故事是用一种超自然、超现实的方式来表现人间生活，以丰富的想象及虚构为手段来表现人们的生活、理想和愿望，幻想色彩十分浓厚。幻想故事又有以下几种类别：

1. 魔法故事

魔法故事，也叫"变形故事"。这类故事充满超自然的想象，将现实生活内容与神鬼仙妖等超自然的内容结合在一起，常常赋予自然物以人情，把生活中某些不可能实现的事情当作可能表现出来，情节奇幻，构造了虎妈子、猴精、画中女、田螺姑娘、龙公主、狐狸媳妇、蛇郎、蛤蟆儿子、枣核儿等典型形象。如调查组搜集到的流传于鲁南地区的民间故事《猫姑娘》：

> 从前千头山下有个小伙子，父母双亡，以打柴为生。一天，他上山砍柴，救回了一只可怜的小猫。小伙子给小猫舀了碗剩糊糊，又去打柴。等小伙子回到家，吃惊地发现，桌子上放着热腾腾的菜，锅里是香喷喷的米饭。谁做的呢？一连三天，都是如此。到了第四天，小伙子照样出门打柴，出了门却悄悄地回到家，躲到窗户下，向屋里看。就看到小猫打了个滚，变成一个漂亮的姑娘，把猫皮搁在窗户上，就去做饭了。小伙子抢了猫皮，扔到院子里的枯井里，推门进屋，向姑娘求婚，姑娘答应了。二人结成夫妻，还生了一个儿子。有一天，姑娘叫小伙子捞出了猫皮。猫皮完好如初，

姑娘拿过猫皮，就地一滚，恢复原形，嗖地一下就不见了。后来，姑娘给小伙子托梦说明了原委。原来，姑娘本是玉帝面前的猫，因偷吃了仙桃，被贬下凡尘。为报恩，姑娘与小伙子成婚生子。姑娘嘱咐小伙子好好地照顾儿子，后来儿子长大还考中了状元。

又如另一则民间故事《蛤蟆儿》：

有老两口儿没有孩子，为此成为一块心病。老太太经常自言自语地说，能有个蛤蟆儿就能心满意足。后来，果然如愿得了个蛤蟆儿。蛤蟆儿渐渐长大，母亲叹息蛤蟆儿能干什么啊？连给在外地为官的父亲送信也做不到。蛤蟆儿却跳着叫着，意思是自己能去送信。母亲便写了一封信交给蛤蟆儿。蛤蟆儿叼着信，走到无人处，变成人样，骑着黑驴一路赶到父亲所在的官府后，又变成蛤蟆样。父亲看了信，又写了回信叫蛤蟆儿送回家。蛤蟆儿变成人样骑着驴回到家后再重新变回蛤蟆样。这样，多次往返送信，蛤蟆儿总是路过刘村刘员外女儿的绣楼。刘员外的女儿常常能看到一个英俊书生路过，刘小姐用红头绳拴着茶壶给书生送茶，二人就此相识并相爱。刘小姐告诉了父亲，托人说媒。但王家总是推辞，说自家是个蛤蟆儿，怎么能说亲。刘家不信，坚持要结亲，就这样，刘小姐与蛤蟆儿成了亲。有一天，村里唱大戏，家里人都去看戏，刘小姐半途回家看到了变成人形的蛤蟆儿，很高兴，要叫母亲来看。蛤蟆儿说，只能用一只眼看，母亲太兴奋，忍不住用两只眼看，结果两只眼睛都瞎了。

安徽北部也流传有类似的故事，如《蛤蟆儿招亲》。在这些幻想故事中，现实生活与幻想内容相结合，如故事中的神魔仙怪常幻化成各种形象，直接参与人类的生活，在平凡的日常生活中出现神仙、妖魔、鬼怪等神奇因素，亦奇亦幻。

2. 宝物故事

宝物故事是民间故事中的一个重要类别，它以具有神奇功能的宝物为核心展开情节，构筑起较为神奇的想象空间，形成了较为固定的叙事类型。"这类故事中的宝物既有'万能型'的，如聚宝盆、宝葫芦、神笔之类；也有具有魔力的自然物或民众日常生活用具，如百鸟羽毛制成的羽衣，能与人交流的石头，煮沸大海的鸟蛋，劈开宝山的斧头或作为开山钥匙的黄瓜、碓杵，赶山镇海的神鞭，呼风唤雨的梳妆匣，能叫龙蛇起舞的芦笙，等等。这些物件在故事中不仅是改变主人公命运的法宝，更是惩恶扬善的利器。故事中宝物的种种神奇性能，实际上是人民大众的劳动汗水、知识技能和思想情感的幻化之物。"[①] 如调查组搜集到的苏北地区流传的民间故事《宝葫芦》：

> 从前有个小王孩，父母早丧，孤苦伶仃。他向村人学习种高粱，没有种子，就向婶子借。婶子却把种子炒熟了再交给小王孩。小王孩爱惜粮食，把掉落在灶台上的一粒种子也收了起来。等种子种到地里，小王孩只种出一棵高粱。小王孩细心地照料这棵高粱。等到高粱快成熟时，天上飞来了一只老鹰，叼走了高粱。小王孩就一直追着老鹰，追到了天黑，追到一座庙前。庙里有虎精、狼精、豹精三只妖精在喝酒。小王孩吓得躲在一棵大树背后，却正好听到三只妖精在说宝葫芦的事。等三只妖精走了以后，小王孩拿出了藏在桌子下面的宝葫芦。小王孩对宝葫芦说："宝葫芦呀宝葫芦，给我两个馒头四个菜。"刚说完就见桌子上出现了两个馒头四个菜。小王孩吃饱以后，又叫宝葫芦变出了一匹马和一辆马车，赶着马车回了村子。在村子里，他遇到了婶子。婶子眼红小王孩的马车，就问他从哪儿来的，小王孩如实地说了。婶子第二天一大早就赶到了庙里，却被那三只愤怒的

[①] 刘守华、陈建宪：《民间文学教程》，华中师范大学出版社2009年版，第69页。

妖精给杀了。得到宝贝的小王孩利用宝葫芦给乡亲们盖起了房子，添置了牲口和家具，却没为自己要什么。乡亲们过意不去，可是宝葫芦已经用够了一百次，再也变不出东西了。

还有在鲁南地区流传的故事《宝罐子》：

  从前，有个穷人叫张三，他在财主家干活儿。一个秋天，他给财主家耕地时，不知什么东西把犁尖碰断了，换上一个又碰断了。他觉得很奇怪，就蹲下身去扒。一扒，扒出来一个罐子。张三很高兴，心想洗洗留着盛鸡蛋。他就挖里边的泥，可是一直挖也挖不完，他就到河里洗。到了河边，捧进水洗了往外倒，又倒不干净。他觉得蹊跷，就搬着回了家。到了家里，正巧鸡下了一个蛋，他就把鸡蛋放进罐子里。往外拿鸡蛋时，咳！拿了一个，里面还有一个，拿了一个，还有一个……张三这才知道他得了个宝罐子。

  张三得宝罐子的事被财主知道了，财主就把张三叫去，逼他交出宝罐子。张三说："宝罐子是我拾的，为什么给你？"财主说："宝罐子是我家丢的，是忘在地里的，你得给我。"张三不给，他俩就争吵起来。后来，惊动了官府，把他俩带上大堂。县官一问，一听说有宝罐子，就叫他俩回去抬。他俩把宝罐子放在大堂上后，县官说："你们都滚吧，宝罐子没收！"

  县官得了宝罐子，就叫手下人往里放元宝，往外掏元宝。手下人轮换着掏，直到大堂上堆满了元宝。县官的爹听说他儿子得了宝贝，连忙赶来看。他趴在罐沿往里瞅，一不小心，趿的元宝滑了，一头栽进罐子里。县官忙去拉，谁知拉出来一个又一个，拉出一个又一个，一派（方言：一共）拉了三百个爹。县官累得满头大汗，一住手，罐子里的那个爹就骂："快拉呀，你这个不孝顺的龟孙！"罐子里的那个爹一气一急，一下子把宝罐子踩破了。

县官傻了眼，三百多个爹，哪个照顾不好就骂他。而且，他这些爹总是要好吃的，没多久，就把县官吃穷了。①

从物质形态上看，故事中的宝物本身并不奇特，都是现实生活中常见的物体，如泥盆、瓦罐、葫芦等，但这些看似普通的物体在故事中具有了各种超常功能，满足了人们的需要或愿望，成为改变主人公命运的法宝、奖善惩恶的利器。可以看出，宝物的这些神奇功能和灵性寄寓了淮海大地上人们的生活希望和理想愿望。

3. 动物故事

"这类故事以人格化的动物、植物或其他自然物为主人公编织故事、展开情节，借助这些形象间接地表现人类的社会生活与情感，反映人类的情感。"② "动物故事既是关于动物的故事，也是关于人的故事。但归根结底，还是关于人的故事，只不过采取的形式不同而已。在这里，动物故事中的动物，是在幻想中塑造的形象。因此，它们虽然是以动物的姿态出现，但又不是自然界原来的动物。"③ 典型的动物故事有《猫狗结仇》《猴子捞月》《老鼠结亲》《小鸡报仇》《兔子豁嘴》《乌鸦借羽毛》《三只小猪》等。如调查组搜集到的流传在苏北的故事《猫为什么打呼噜》：

唐僧师徒四人取经返回的路上，带的经书被一阵大风卷走。孙悟空飞到半空，用火眼金睛一看，看到山洞里一只大猫精正在吃着经书。孙悟空立即驾着筋斗云，直奔猫精洞，到了洞口，举起金箍棒就要打。忽然就见大猫精不停地叩头求饶，口里还念念有词："我有罪，我有罪，吃了一本经书才醒悟过来，任你发落。"孙悟空不知该如何才好，就把大猫精带到

---

① 徐高潮：《中国民间故事全书·山东·滕州卷》，知识产权出版社2011年版，第355页。
② 刘守华、陈建宪：《民间文学教程》，华中师范大学出版社2009年版，第69页。
③ 林一白：《略论动物故事》，《民间文学》1965年第3期。

唐僧面前。唐僧认为，既然大猫精认识到自己的错误，还决心改恶从善，应该给他一个机会，就要求大猫精到凡间去。凡间鼠多为患，大猫精可以捕食老鼠，为百姓除害。于是，大猫精来到人间捉鼠。因为它吃了一肚子经书，只要一睡觉就会呼噜呼噜地念经，后来，这种睡觉打呼噜的现象一直传给子子孙孙。

动物故事中的动物被人格化了，但同时也有动物本身的特点。故事在刻画这些动物形象的时候，主要是借助人格化来反映人与人之间的关系，反映人类的社会心理。

（二）生活故事

生活故事，又称"世俗故事"或"写实故事"。"这类故事是以民众的日常生活为题材，以现实中的人物为主角而展开的叙事，是对民间观念与意识及社会底层生活的一种形象化叙述，表面上其现实性较强，幻想性较少或看似没有幻想，而实则仍带有一定的想象与虚构。"[1]生活故事以民众日常生活为主要内容，情节大体上符合现实生活的逻辑，基本上没有超自然的幻想。"生活故事中的文化观念包含着两个层面的内容：一个是接近于生活实际的层面，其内容反映了民众对现实生活的认识和思考；另一个是与现实形成反差的层面。"[2]

淮海地区常见的生活故事类型主要有巧女故事、长工斗地主故事、呆女婿故事、机智人物故事、奇巧婚姻故事等。

1. 巧女故事

巧女故事，又称"巧媳妇故事"，这类故事主要表现女性的聪明才智，多以巧解难题来构成故事。故事的主人公多为劳动妇女，她们纯朴善良、心灵手巧、聪明机智，用智慧化解了无数家庭矛盾与生活难题，显示出鲜明的性格特

---

[1] 刘守华、陈建宪：《民间文学教程》，华中师范大学出版社2009年版，第69页。
[2] 万建中：《民间文学引论》，北京大学出版社2006年版，第193页。

征。如《弟媳抬杠》《会避讳的媳妇》《伶俐媳妇》《巧嘴媳妇》等。其中一则《会避讳的媳妇》:

> 有个老头儿姓赵,排行第九,人们都喊他赵九。娶了个儿媳妇,非常贤惠孝顺。这媳妇进了赵家门四五年,因为公公叫赵九,从来没说过个"九"字。
>
> 赵九有两个朋友,一个叫张九,一个叫李九。这天张九和李九对赵九说:"九哥,人都说您儿媳妇贤惠孝顺,从不说个'九'字。到九月初九这天,你躲出去,我们这么这么,看看她说'九'不?"几人一嘀咕就这样定下了。
>
> 到九月初九这天,赵九特意躲出去了。张九和李九怀里揣着酒,手里拿着韭菜就去赵九家了。到了门前一拍门,媳妇在家里问:"谁?"他俩说:"是俺,张九和李九,喊赵九哥九月九去喝酒。"媳妇开开门,给两个长辈拜了两拜,说:"俺爹不在家,等回来我告诉他老人家。"张九和李九就走了。其实他们是躲起来偷听去了。不多会儿,赵九回来了,媳妇上前说:"爹,刚才两个叔来了,一个是张三六,一个是李四五,手里拿着二七菜,怀里揣着一八壶来的,他们说今天是重阳节,来请公爹赴宴去。"别说提"九"字了,连九的同音也没说。赵九听了说:"是了,我这就去。"赵九见两个朋友说:"怎么样?"张九和李九伸出拇指说:"贤惠聪明,名不虚传。"①

这些故事讲述了民间妇女在日常生活中的行为与活动,以家庭或家族问题为核心展开情节,主要展现了民间女性在解决难题时的机智聪慧和迎接挑战时的勇敢泼辣,歌颂了女性的聪明才智。

---

① 徐高潮:《中国民间故事全书·山东·滕州卷》,知识产权出版社2011年版,第474页。

2. 长工斗地主的故事

这类故事主要表现长工与地主的矛盾和斗争,是我国封建社会尖锐的阶级矛盾与社会矛盾在民间文学中的反映。如搜集到的一个民间故事《暖嘚蛋》:

> 有一个财主非常刻薄,经常克扣长工的工钱。长工干了两年活儿,没拿到一文钱。长工就想了一招来报复财主。长工借了一头驴,将自己打扮得一身光鲜,去见财主。财主不明白长工怎么突然变阔了。长工就说自己得了一个宝贝"嘚",就是那头驴。它一嘚就是四十五里,二嘚就是九十里,帮助自己做了好多生意。财主动了心,要用地来交换。长工就说,给他一个"嘚蛋"让他自己去暖,这个"嘚蛋"十二年才得一个。在六月天里,关上门窗,由财主刚生过孩子的老婆抱着这个"嘚蛋"盖着被子捂上四十九天,不能透风。财主老婆在六月天里捂了四十八天,最后实在热得受不了,只得把被子包着的"嘚蛋"交给财主扔了。这个"嘚蛋"其实就是个大西瓜,都捂烂了。财主扔到后柴火园里,砸到一只野兔子,兔子受惊跑了。财主没看清是什么,后悔这个"嘚蛋"没捂够四十九天,没得着。

这类故事里,长工常常抓住地主贪婪、吝啬、狡猾和愚蠢等特点,巧妙地利用双方订约时地主所提条件和话语的漏洞,用地主刁难自己的办法,将计就计,以牙还牙,制服地主,使对方自食其果。故事的结局经常是长工取得胜利,地主总是受到捉弄或惩罚,甚至失去性命。

3. 呆女婿故事

呆女婿故事,又称"傻姑爷故事",是"愚人故事"的一种。如鲁南地区的《憨巴二的故事》《憨二狗做客》,豫东地区的《傻女婿报喜》《傻女婿串亲戚》等。这里选取《憨巴二的故事》如下:

> 憨巴二说话办事都听媳妇的。

有一天，他看见一家出殡的，人多又热闹。他回家问媳妇："以后遇见这样的事,我要怎么办？"媳妇说："你看人家抬的是红的，你就哭大娘；抬的是黑的，你就哭大爷。"

这一天，憨巴二出门遇见娶媳妇的，人家抬着的是红的。他走到轿前大哭："大娘！我的大娘！"娶媳妇的这家犯忌讳，很生气，把憨巴二揍跑了。憨巴二跑到家,媳妇问清原因,对他说："以后见到这样热闹的喜事,你该喊'恭喜！恭喜！'才是。"

又一天，不很远的邻居家失火，救火的人到了很多，一时还没救下，憨巴二跑去喊道："恭喜！恭喜！"邻居很生气，踹了他几脚。憨巴二哭着回家，媳妇说："这事怨你，你该喊'救火'，用水把火泼灭就对了。"

又有一天，憨巴二上街，见到铁匠铺几个小徒弟正忙着点火生炉子，因为天阴，潮气大，生了好几次也没生着。这次好容易生着了，憨巴二正巧赶到，忙喊："救火呀！救火！"提起一桶水把火泼灭了。这几个小铁匠气得把他揍了一顿，憨巴二哭哭咧咧回家了。问明了情由，媳妇说："你帮人家打锤就好了。"

又过了几天，憨巴二看见两个人打架，他喊："帮锤，帮锤！"打这个一拳，又打了那个人一皮锤，这两个人又气又急，他们也不打了，都上来揍憨巴二。憨巴二鼻青脸肿地回家了，媳妇又告诉他："以后看见打架了，你别打，你拉架就好了。"

又有一天，憨巴二看见两只黄牛正在牴架，他上前就拉，被牛牴伤了，疼得爹啊娘啊地喊。媳妇气极了,说："你这个憨熊，以后可甭再出门了。"[①]

刘守华先生在《故事学纲要》中指出："文学作品通常是赞扬智慧而鄙弃愚蠢,民间故事却把呆女婿刻画成言行可笑而又有几分可爱的天真憨厚的形象,

---

① 徐高潮：《中国民间故事全书·山东·滕州卷》，知识产权出版社2011年版，第502页。

这确实是一种特殊的文学现象和审美心理。"① 这类故事在轻松嘲笑中让我们精神松弛，这也正是民间文学的娱乐功能之所在。同时，这类故事也是传授生活知识、进行传统道德教育的工具。

4. 机智人物故事

这类故事是以某个机智人物为中心而编织的系列故事。淮海地区流传不少机智幽默的民间机智人物故事，如苏北地区流传的《李拔贡故事》《渠景礼传奇》，豫东地区的《庞振坤的故事》，鲁南地区的《翁婿作诗》，皖北地区的《争解元》。这些人物虽然有名有姓，但大都已经远离了自己的原型，而是凝聚了众多人物精神与要素于一身。如丰县民间故事《李拔贡故事二则》讲述了才子李拔贡的故事，其中《巧戏新县令》就写了李拔贡不畏强权、戏弄县令的故事：

丰县新来了一县令，此人学识浅薄，重权势，轻文人。上任后，他拜访了"北霸天""南霸天"，却看不起清贫的文人。老拔贡李堂越想越气，决心戏弄这个县令。

当官就得审理本地区发生的案件，有些重大案件还得逐级上报。一天，新县令接到了一份紧急报案：城西北赵庄的老拔贡李堂，千根金条、一个吸水龙被盗。新县令闻讯大惊，不料刚上任就遇到重大案件。仅千根金条就价值连城，吸水龙自己有生以来就没见过，想必是无价之宝。此案如不侦破，定会惊动皇上，那时，自己的官职怕是难保啦。新县令越想越怕，一点儿法子也没有，茶饭不思。

县令正在为难，一衙皂说："李拔贡乃是一清贫文人，轻财物，重礼仪，能言善辩，若能以礼相待，也许会少找老爷麻烦。"县令听得有理，即亲自把李拔贡请至县衙。

酒席间，县令笑道："久闻李先生大名，因刚赴任，公事烦琐，未来

---

① 刘守华：《故事学纲要》，华中师范大学出版社1988年版。

得及到贵府拜访,谁知又恰逢贵府上千根金条、一个吸水龙被盗,李先生请你放心,本官一定为你做主,捉拿盗贼,以示诚意。"李拔贡听了,笑道:"小事一桩,不必劳您大驾。我看就不麻烦您啦。"县令大喜,李拔贡又说:"这算不了什么,也怪我太粗心:前天晚上我用井绳(吸水龙)捆了一小捆麦秸(千根金条)放在门旁,不料夜里被人盗走……"说罢哈哈一笑。县令听了,半天没说出话来。①

5. 奇巧婚姻故事

"这是围绕缔结婚姻而发生的种种离奇的故事,反映出我国历代社会民众对结婚这一人生仪礼的深切关注。"②如《美女招夫》《姻缘天定》等。如搜集到的民间故事《美女招夫》:

> 从前有一个姑娘,长得非常漂亮。她将自己理想中的丈夫模样刻了下来,放在路口等着招夫。但等了很久,都没有找到,姑娘很着急。有一个穷小子,不仅家境贫穷,而且长得十分丑陋,但是人很聪明,口才很好。他叫他的母亲到路口,对那个姑娘的家人说自己的儿子长得就是那个样子,只是逃学跑了。姑娘家人一听很高兴,急忙定下了亲事。过了三天,说是找到了公子。姑娘就急着定日子成亲。到了成亲那天,穷小子怕露了模样,就借口天时不好,不能拜堂,要求直接入洞房。到了洞房,穷小子找人假扮五雷神,说是小两口儿只能一人丑一人俊。小姐不愿变丑,公子就说自己变丑,希望小姐不要嫌弃。又催小姐赶紧点灯,免得变得不好。等小姐点着灯,穷小子就说是小姐点灯点慢了让自己变成了这个样子,问小姐嫌弃不?小姐只能说,不嫌。二人就成了亲。

---

① 白庚胜主编:《中国民间故事全书·江苏·丰县卷》,知识产权出版社2007年版,第276页。
② 刘守华、陈建宪:《民间文学教程》,华中师范大学出版社2009年版,第70页。

此类故事大多情节曲折，充满悬念，最终多以大团圆为结局，表现下层民众对美满婚姻的期待，又带有较为鲜明的训诫意义。

（三）民间笑话

民间笑话就是指民间流传的喜剧性短篇故事，"是一种将嘲讽与训诫蕴含于谈笑娱乐之中的短小故事"①。"民间笑话是一种讽刺小品，是民众用口头语言创造的口头漫画。它通过辛辣的讽刺和有趣的调侃，一针见血地揭示生活中存在着的各种矛盾现象，画龙点睛地突显出民众的智慧和才干。"②民间笑话的内容多反映现实生活，重在揭露和讽刺，还具有强烈的喜剧、幽默意味。淮海地区的人们幽默、风趣，笑话故事广泛地渗透在百姓的生活中，体现了民众生活的智慧，也反映了百姓的一种乐观精神。如豫东地区流传的笑话《打喷嚏》：

有个卖瓦盆的，跟别人结伴出门卖瓦盆。他见这个打喷嚏，那个打喷嚏，就自己不打，就问是咋回事？别人骗他说，谁打喷嚏是他妻子在家想他了。

这天，他回到家，见妻子就问："一伙出去的，人家都打喷嚏，说是妻子在家想他了。你为啥不想我哩？"妻子说："你再出门，也叫你打喷嚏。"

又一次他出门卖瓦盆，路过一座桥，推车上桥累得满脸汗，就用袄袖去擦。一擦两擦，他鼻子发痒，呛得他接连打了几个喷嚏，原来他妻子在他袄袖里装了辣椒面儿。他打喷嚏时，一松劲儿，独轮车倒了，一车瓦盆打了个精光。他到家埋怨妻子说："你早不想我晚不想我，咋偏偏赶我过桥时想我哩？"③

再比如苏北地区流传的笑话《好吃不要脸》：

---

① 刘守华、陈建宪：《民间文学教程》，华中师范大学出版社2009年版，第71页。
② 李惠芳：《中国民间文学》，武汉大学出版社2002年版，第132—133页。
③ 《中国民间故事集成·河南卷》，中国ISBN中心2001年版，第680页。

有家兄弟俩人，都好吃懒做，弄得常年吃不上一顿猪肉。这年过年，兄弟俩东挪西借凑了几个钱，割了点儿猪肉。等猪肉烧熟了，才想起来前两天兄弟俩打架时，老大把碗砸碎，老二把筷子折断。现在没有碗和筷子怎么吃呢？哥哥只好叫弟弟出去借，弟弟却叫哥哥出去借，可俩人都不想离家一步，为什么？怕对方赖在家里偷吃呗。老大说："那么咱们俩一起出去。"老二说："那猫来了怎么办？"老大又说："这样吧！我去借碗筷，你在家里看猫拍巴掌。"拍巴掌干啥？两手拍巴掌不就不好拿什么了嘛，嘿！馋就有馋点子。老二便答应下来，老大走了，老二在家拍起巴掌来。

老二一边拍巴掌，一边看着锅里的肉，心里那个馋呀，口水"叭嗒""叭嗒"往锅里掉。忽然，他心生一计，用一只手拍着脸，另一只手去抓肉吃，这时正好让外出借碗筷回来的老大遇见了，老大见肉剩得不多了，气得直骂："你真是好吃不要脸！""好吃不要脸"这词就这么传开了。[①]

有不少民间笑话是针对民众自身缺点进行讽刺与嘲讽，如懒惰、贪心、吹牛、见钱眼开、欺软怕硬等不良行为，通过调笑、戏谑进行善意的批评，达到警示、纠正的目的。如《拍马屁》《见钱口开》《要钱不要脸》《吹大牛与圆大牛》《庸医误人》等。民间笑话构思精巧，短小精悍，泼辣尖锐；在简短的故事情节中，多运用夸张的手法来展开尖锐的矛盾，进而揭示事物的本质特点。

四、特征与价值

淮海地区历史悠久，很早就有人类在此繁衍生息，特殊的地理位置、复杂的地形地貌、悠久的历史积淀，使生活在这片土地上的人们衍生出独特的气质和风俗，形成了独有的地域文化，并深深地烙印在民间文化中。

[①] 《中国民间故事集成·江苏卷》，中国 ISBN 中心 1998 年版，第 755 页。

（一）奇特瑰丽的想象与幻想

民间故事主要借助想象与幻想来构建内容与情节。幻想故事总是充满了神奇的想象，借助超自然、超现实的力量或物体，如神魔仙妖、人格化的动植物等，以虚构为手段来表现现实生活。即使是贴近现实的生活故事，其中也一定带有某种程度的幻想与理想化虚构，如机智人物身上总是凝聚了人民的各种智慧，具有战胜一切困难和险阻的勇气与力量。不论是幻想故事还是生活故事，都寄托着人们对理想世界的种种憧憬与追求。可以说，幻想是民间故事内容的重要特征。没有幻想与虚构，故事的生命力将不复存在，故事也无从谈起。换言之，正是由于民间故事负载了人们对生活的种种理想和愿望，才显示出无穷的魅力，牵系着一代代的民众，使他们乐于讲，乐于听，乐于传。如苏北地区流传的民间故事《神鸟》：

有兄弟俩，娶了媳妇分家另过。老大为人刻薄，大白天借不出个干灯，家里过得不孬。老二为人厚道，心地又好，穷人缺米少面、和尚化缘，要啥他给啥。没过几年，他几亩地都毁光啦。人一穷，只好拉起要饭棍去要饭。

有一天，老二要饭回来，翻过一座山，看见一棵大梧桐树，树下有不少干棒。老二心里想：我拾点儿拿回家烧锅吧。

正拾干棒，就听着树上扑啦扑啦地响，飞下一只神鸟来，人头鸟身子。神鸟说："老二，我饿啦，给我弄点儿吃的行不？""行。""你给我烙五斤面的烙饼，称五斤重的一块猪肉，炒炒送来吧。"

老二回到家，跟媳妇一说，小两口儿都愁得不行。家里歇锅断顿的，哪治好面、猪肉去呢？借吧！于是他俩借了五斤好面烙成饼，又借钱称了五斤猪肉炒好，给神鸟送去啦。

神鸟一绷嘴，把烙饼、猪肉都咽啦，就说："老二，你骑到我身上，搁拧（闭上）上眼，我驮你到太阳山上拿金子、银子去。"

老二骑着神鸟，就听着耳门子的风声呼呼的。不一会儿，到啦。老二睁开眼一看，到处是金子、银子，耀得他睁不开眼。神鸟说："拿吧，要多少拿多少。"

老二拿了几块金子，又拿了几块银子，不要啦。神鸟说："就拿这几块？多拿些！"老二说："不要啦，怪沉的。"神鸟把老二送回家，老二又是买地又是盖楼，过富啦。

老大心里纳闷儿，就问老二："兄弟，你咋发的财？"老二从头到尾一说，老大把腚一拍："咦，这个容易。"

第二天，老大叫媳妇烙了五斤面的烙饼，炒了五斤猪肉，腰里缠上几条口袋，找神鸟去啦。神鸟吃了老大的猪肉、烙饼，就驮他到太阳山拿金子、银子。老大心渴（心太贪），拿一口袋还不走，再拿一口袋还不走。神鸟急啦："急忙走吧，太阳来了就没命啦！"老大说："不慌，慌啥？我再摸几个元宝。"

老大正往怀里揣元宝，轰隆，太阳出来啦，把老大烧死了。[①]

再如《蛤蟆变银子》这则故事里，善良勤劳的人获得了意外的财富，却并不贪心，最终反而赢得了幸福；贪婪的邻居机关算尽，银子变成了蛤蟆，到头来只是为他人做嫁衣。这两则故事想象十分神奇，一方面体现出人们对幸福生活的渴望和善良人性的肯定；而另一方面，也说明贪心会带来噩运，受到惩罚，都寄寓了民众的生活理想和价值观念。

在淮海地区流传的民间故事中，不仅可以利用有灵性的动物来构造故事，还可以利用具有法力的宝物产生神奇的幻想。如苏北地区广泛流传的《小铜

[①] 白庚胜主编：《中国民间故事全书·江苏·沛县卷》，知识产权出版社2007年版，第187—188页。

锣》：善良的王二冒死从妖精那里偷来了宝贝小铜锣，利用宝贝发了家；王大夫妻眼红妒忌，贪心之下被银子活活压死。而鲁南地区流传的《宝葫芦》同样是歌颂了小王孩的善良纯朴。在民间故事中，飞鸟、猫狗、牛马、山石，甚至葫芦、铜锣、镜子……这些大大小小的生物、用具都会在人们需要帮助时产生神奇的力量，使主人公渡过难关、遇难呈祥、转危为安。

想象和幻想给普通的生活注入了血肉，给民众的心灵插上了美丽的翅膀，将平凡的现实变得神秘奇幻。民间故事之所以能够吸引人们的注意力，能够千百年来传唱不息，也正在于它能够构筑一个与现实生活息息相关但又超凡脱俗的神话世界，可以让普通人天马行空地构筑起一个美好的理想国度。

（二）朴素的道德观念

民间故事中包含的内容大都寄寓了民众朴素的道德观和价值观，直接体现了民众的情感和愿望，什么是美的，什么是丑的，什么是善的，什么是恶的。从一个短小生动的故事中，民间故事总是呈现出"善恶有报"的朴素理念，总是会自觉或不自觉地在宣扬着仁善诚信的价值观念，赞扬劳动人民善良的品质，表现摆脱困境过上幸福生活的愿望，鞭笞贪婪、懒惰、虚伪等丑恶现象及人性，给人以警示和训诫。如搜集到的民间故事《背母寻药》：

> 从前有兄弟二人，哥哥从医，弟弟种地，兄弟俩都很孝顺。后来，母亲生病了，病得越来越重，哥哥有药方，却不知去哪里抓药，而弟弟性子急，拿起哥哥开的药方，背起母亲就出了门，一路上受了很多苦，但是误打误撞中却给母亲找到了药，治好了母亲。

故事歌颂了兄弟尤其是弟弟至诚的孝心，孝感动天，宣扬了孝道。

再如微山湖地区流传的民间故事《锥刮鸟》：

从前微山湖里有对懒夫妻，懒到啥程度呢？一天夜里小偷去偷他家的锅，夫妻俩都看见了，光咋呼谁也不想起床。小偷到了锅台上揭了锅就跑，男的这才起床追小偷，眼看要追上，小偷转身一刀扎在他的脸上。男的仰面倒在地上，心想这下子命可完了。老婆从后面追上来，气喘吁吁地说："当家的别追啦，锅还在锅台上呢！小偷揭走的是锅疙巴。"女人跑到近前一看，自己的男人脸上扎了把刀子，眼闭着，一动也不动。那女的可吓坏啦："我的天，你死了我可怎么办！"男的听见哭声睁开眼说："我没死。""刀扎在脸上咋会没死呢？"男的一骨碌爬起来，拔下刀子。说也怪，一点儿血也没淌。那女的一看说："没事，才到肉皮。"原来肉皮外包了一层灰尘嘎巴儿。不巧当他们回来时，起风下起了大雨，夫妻俩的船年久失修，一会儿就烂了个大洞，船进了水。男的拿起被子就锥洞，女的拿起盆就刮水。谁知那水越刮越多，急得女的叫起来："死鬼，快点锥。"船底已是朽木，洞越锥越大，气得男的骂道："狗日的懒婆娘，快刮呀！""你快锥""你快刮！""你锥""你刮""锥""刮"。洞越来越大，水越来越多。不多会儿，他俩就随着小船沉入湖底。第二天有两只水鸟从那里飞起，不停地叫着"锥锥锥""刮刮刮"。人们说：这对水鸟是那对夫妻变的，正为自己过去的懒惰追悔！人们便叫这水鸟为锥刮鸟。[①]

一对懒惰的夫妻，只知道推卸责任，最终自食恶果。故事在轻松幽默之中，阐述了深刻的人生哲理，包含着民众对恶习的鞭挞。

（三）民间故事的意义和价值

淮海地区是中华文明的发祥地之一，历史悠久，有着丰厚的历史文化底蕴，孕育了丰富的民间故事，这些故事具有深厚的人文思想和历史文化价值，表现出淮海地区历史、科学、哲学、民俗等地方文化信息。通过这些民间故事我们

---

① 白庚胜主编：《中国民间故事全书·江苏·沛县卷》，知识产权出版社2007年版，第143—144页。

可以了解本地区民众生活的轨迹，了解特定历史阶段民众生活的状态和心路历程，了解地理环境、人文环境的变迁，了解文化碰撞、融合与演变的痕迹。如搜集到的民间故事《微山湖现城》：

> 很早以前，有一个渔民，一天在湖上打鱼到很晚才收网，就歇在湖上。深夜看到湖上有道光，走近一看，发现是一条热闹的街市。渔民很奇怪，湖面上哪来的街市。渔民在街市上逛起来，看到有卖豆子的，想起来家里缺少豆种，就问卖家咋卖？卖家不说话，渔民只得顺手抓了一把。等回家一看，豆子全是金豆子。渔民恍然大悟，当地说微山湖早年是一座大城，后来一场大地震，把城陷了下去，成了今天的湖。传说这个城隔60年重现一回，碰见了就是好运。

这个故事透露出微山湖地理风貌的变化，也折射出湖上渔民的生活习俗。

同时，由于民间故事的内容切近民众的生活，能够体现民众真实的生活面貌，形式上通俗、质朴，为人们喜闻乐见，因而它也成为民众进行传统教育最方便、最普及的一种形式。如《屠夫斗外使》，故事讲述了明嘉靖年间，一个屠夫王二与一个外国老道斗智斗勇，从而击退了外来侵略者的侵略野心。故事宣扬了民众抵御外侮的勇气与强大的信心，展现了普通民众的智慧和才能，体现出强烈的爱国精神。

第四节　地域文化

民间文学类非物质文化遗产是"民众精神文化的重要组成部分。在漫长的阶级社会里，民间口头文学流传于广大民众之中，反映着他们的物质生产、物质生活和思想感情"[①]。这种口头文学的特点决定了其表达方式必然是民间

---

① 钟敬文主编：《民俗学概论》，高等教育出版社2013年版，第185页。

语言形式，而这种语言形式取之于民而又用之于民，必定与群众的生活有着密切的联系。从小处讲，它表现了老百姓的柴米油盐酱醋茶这样的普通生活；从大处讲，它包含的是中华民族的悠久文化。淮海地区是历史自然形成的经济和文化区域，独特的地理位置造就了这一区域独特的文化，而这些独特的地域文化在民间文学中也得到了充分体现。随着社会的进步与发展，有些旧的事物或风俗渐渐消失了，而口头流传的民间文学就从一个侧面保留了这些历史痕迹。

一、特色方言

"语言是文化的载体，是文化的表现形式，语言的运用同样也受到文化的影响和制约。"[1] 民间语言是民间文学最重要的语言表达方式。从语体角度讲，它是一种口头语言，通俗明快，轻松活泼，与文雅庄重的书面语言有着显著差别。对于本地人来说，方言总是最习惯、最自然的交际工具。因此民间语言更加具体、生动的形式就存在于方言之中。方言在民间文学里的特色主要表现在方言语音、方言词汇和方言语法三个方面。

（一）方言语音

与普通话相比较，方言语音在声韵调方面都有一些变化。淮海地区民间文学中的一些歇后语就是运用这些变化来巧妙地揭示谜底。

"打着灯笼上树——照（造）叶（孽）"；"一二三五六——没事（四）""烧火不旺——天才（添柴）"。淮海地区所属的江淮方言和部分华北东北方言舌尖前音与舌尖后音不分，z、c、s与zh、ch、sh经常混用，"没事"说成"没四"，"孙子"说成"吮子"，这对方言区的人是不会造成理解上的障碍的，因此这一地区就利用这种独特的方音现象创造出一些谐音歇后语。

"来客不让板凳——赵蹲（墩）"，赵墩是邳州的地名。在徐州方言里，这

---

[1] 高娟：《歇后语中蕴含的隐喻义和文化义》，《学术园地》2013年第8期。

句歇后语里的"客"读音由[kʻə]变为[kʻei]，韵母改变了，由"ə"变成"ei"。但这种变化仅局限在单音节词中，如果是双音节词"客人"，徐州话依然读成[kʻə]。在徐州方言中[kʻei]特指为女婿，回到丈人家是要受到礼遇的，如果连板凳都不让坐的话，这个女婿应该是相当不受欢迎了。徐州方言用[kʻə]和[kʻei]来区别两种不同的身份。比如：

《庙道口的传说》有这么一段话："在丰沛一带流传着一句俗语：'丰县的烟，沛县的酒，光棍出在庙道口。'老年人说：丰县的小烟，沛县的高粱烧老酒实在是好，有滋有味，远近闻名。至于庙道口的光棍，更是闻名遐迩。这个'光棍'不是偷人家的'抢家子'，而是穿大褂，戴礼帽，一手提着文明棍，一手提着画眉笼，有官有宦、有权有势的人物。"①《老光棍儿的儿女情》则这样写道："张大朋家住鲁南张家庄，他是个穷苦的汉子，40多岁了还是光棍儿一条。"②这两处的"光棍"读音及用法是不一样的。徐州方言里"光棍儿"有两种读音：[kuaŋ214kuər51]和[kuaŋ214kuər35]。读作[kuaŋ214kuər51]时，指男子成年还没娶到老婆；读[kuaŋ214kuər35]时，指穿戴整齐、有权有势的人。

（二）方言词汇

"方言历来通行于口语……口语之中，大量的方言词语都存在于日常生活用语之中。"③这些方言词汇在表义方面有时候比普通话更加传神。淮海地区民间文学在表达上就大量地运用了这些传神的方言词。

《韩信的传说》："韩员外一听他老二要在吃水井里攒粪，就胳拜子长草——荒（慌）了腿啦。"④看到这句话，外地人可能不明白"胳拜子"到底是个什么东西。"胳拜子"是方言，"膝盖"则是"胳拜子"的书面表达。普通话的"膝

---

① 白庚胜主编：《中国民间故事全书·江苏·沛县卷》，知识产权出版社2007年版，第131页。
② 白庚胜主编：《中国民间故事全书·江苏·丰县卷》，知识产权出版社2007年版，第280页。
③ 李如龙：《汉语方言学》，高等教育出版社2012年版，第146—147页。
④ 白庚胜主编：《中国民间故事全书·江苏·新沂卷》，知识产权出版社2007年版，第48页。

盖"着眼于器官的形状,而方言的"胳拜子"则着眼于器官的功能。生活里需要跪拜的实在太多了:天地诸神、皇权亲贵、父母长辈……因此在淮海人的心里,膝盖主要是行跪拜之礼的。因此,"胳拜子"这种命名就深深地打上了文化观念的烙印。

淮海地区民间文学中有多处将蛇称为长虫的。《人心不足蛇吞象》:"王二……见路上有一条受伤的小长虫半死不活地在爬,他把小长虫拾起来装在小布袋里……"又讲道:"大蛇听完王二的话,刮起一阵风飞走了。"①《马小姐讨封》:"丫鬟道:'干草上睡着朱小四,鼻子咀里爬长虫。'"② "长虫"是苏北地区方言,"蛇"是"长虫"的通用表达。"蛇"侧重归类,而"长虫"则更注重形状。因没有足且外形像虫,又比较长,所以叫"长虫"。

有的方言词汇还能赋予自然现象以性别。《娃娃酥糖》:"晚上月姥娘升上来,像个银盘儿。"③淮海地区的人们将月亮称为月姥娘,"姥娘"是妈妈的妈妈,是尊长。把月亮看作是一个长辈女性,故月姥娘的称呼比月亮这种叫法更有人情味。

(三)方言语法

"汉语方言的差别最容易让人感知的是语音,语汇上也有不少差别,语法的差别不是特别突出。"④不是特别突出并不意味着语法规则没有变化。由于民间文学大多采用民间口语讲述,因此与书面语相比,淮海地区民间文学中的语法规则有一些特殊的表现。

"副词都能作状语,个别程度副词'很''极'还可以作补语。"⑤在书面语

---

① 白庚胜主编:《中国民间故事全书·江苏·铜山卷》,知识产权出版社2007年版,第221页。
② 白庚胜主编:《中国民间文学集成·江苏·淮阴泗洪卷上》,知识产权出版社2007年版,第15页。
③ 白庚胜主编:《中国民间故事全书·江苏·徐州市区卷》,知识产权出版社2007年版,第290页。
④ 彭玉兰、张登岐主编:《现代汉语》(第2版),高等教育出版社2013年版,第9页。
⑤ 黄伯荣、廖序东:《现代汉语》(第5版),高等教育出版社2011年版,第19页。

中,副词的语法功能很单一。但在民间文学中,副词的用法很丰富,这种丰富更多地体现在副词数量的增多,充当补语的副词也在增多。比如仅在《中国民间故事全书·江苏·徐州市区卷》里就出现了很多个性的方言副词:马时(立刻)、迭不的(急忙)、立马(立刻)、挺(这么)、稀(很)、恁(那么)、血(很)、赇(就)等。副词充当补语的数量也在增加,如热毛(极)了、恣死了、恣得屁溜的、恣得不得了、气劈了、气毁了等。

"在交际中出于修辞或语用上的需要,故意减省了句法成分或调换成分的位置,这些变化了的句型叫变式句。变式句可分为省略句和倒装句。"①淮海地区民间文学中就运用了大量的变式句。比如:《张天师六亲不认》:"(张天师)便点化成一位老者骗他入室。"②《汉高祖斩白蛇》:"(沛县县令)叫刘邦押送(服役的人们)咸阳。"③《龙种》:"(刘员外)亲自动手把鱼熬好。"④这些省略大多是因为语句的情境所致,大家都心知肚明知道所指是什么,这也说明苏北人乐于聚众聊天。只有长期形成的默契,才可以在大量省去主语的情况下,知道对方所指的是什么,也不会导致歧义或产生误解。

"多么神奇啊,这现象。""他手持一条鞭子,长长的。""他一口气喝了一大碗水,甜甜的。"这些出现在民间文学里的倒装句使我们从中可以看出淮海地区人说话主次分明、条理清晰,懂得把重要信息传递给对方,让对方一下子就可以明白,这也从侧面映射了苏北人做事懂得把握分寸,有的放矢,知道自己想要什么样的效果或结果。

二、饮食文化

民以食为天,人活着就要吃饭,于是"吃"就成了人生第一要务。各地食材不同、饮食习惯不同,这固然与当地的物产环境有关,更多的还是由各

---

① 黄伯荣、廖序东:《现代汉语》(第5版),高等教育出版社2011年版,第97页。
② 白庚胜主编:《中国民间故事全书·江苏·丰县卷》,知识产权出版社2007年版,第71页。
③ 白庚胜主编:《中国民间故事全书·江苏·沛县卷》,知识产权出版社2007年版,第27页。
④ 白庚胜主编:《中国民间故事全书·江苏·徐州市区卷》,知识产权出版社2007年版,第17页。

地的文化差异造成的。而这些最活跃的话题也会反映在民间文学之中，体现出当地独特的地域饮食文化（我们这里说的饮食文化都是指民间的饮食，无关乎大酒店的菜品）。在民间文学中经常提到的饮食主要有各种汤、主食、菜等。

（一）种类繁多的汤

北方人虽不像南方人注意养生，有着各式各样的汤，但在民间文学里提及的汤食也不少。比如《赌徒李二》中写道："这天喝罢汤，李二又要出去赌博。"[1] 这里的"汤"和普通话里的"汤"是有区别的。据老一辈人回忆，他们年轻的时候家里特别困难，可以说已到了食不果腹的地步，甚至很多人因此饿死。每家每户为了达到肚子饱胀的感觉，就用少量的谷物煮一大锅粥，与其说是粥，倒不如说是有一点谷物味道的白开水，因此这种多水少米的粥都称之为"汤"。每个人几大碗，就暂时达到了胃里饱胀的感觉，也就是所谓的"软饱"。因而"汤"成为当时人们饮食中很重要的组成部分，甚至可以用来代指吃饭的意思。"喝汤"，在日常生活中就可以隐讳表达"付钱"的意思，天热时说"弄碗茶喝"，天凉时说"喝碗汤"。当然这种隐讳的意思老一辈人说得比较多，年轻一辈就很少用了。在徐州丰沛县一带，"喝汤"还有吃晚饭的意思。如《袁桥》中写道："一天晚上，王三喝罢了汤，摇着船又在奎河上逮起鱼来。"[2] "喝汤喝汤"可知汤是稀的，如果达到勺子在锅里需要拨的地步，那就是"饭稠（犯愁）了"，饭稠起来就不叫汤，而叫"糊涂"了。《赌徒李二》中写道："胡撸胡撸面缸，只够下一碗糊涂的面。媳妇把糊涂烧好，舀在一个大黑碗了。"[3]《恶终有报》中写道："当时正是荒年，家家户户都断顿揭不开锅，能喝上稀糊涂就算很不错了。"[4] "糊涂"很稠，稠到一喝一个窝，每喝

---

[1] 白庚胜主编：《中国民间故事全书·江苏·沛县卷》，知识产权出版社2007年版，第226页。
[2] 白庚胜主编：《中国民间故事全书·江苏·徐州市区卷》，知识产权出版社2007年版，第142页。
[3] 白庚胜主编：《中国民间故事全书·江苏·沛县卷》，知识产权出版社2007年版，第225页。
[4] 同上书，第244页。

一口，都要抖一下碗才能把糊涂喝到嘴里，因此该地区才有了"蒜臼子喝糊涂——猛一抖"这样的歇后语。

淮海地区民间文学里还提到一种汤——"妈糊"。如《馋嘴婆》："晚上，亲家烧了一锅妈糊，里边有细米面儿，豆腐皮儿，菠菜叶儿，细粉丝儿，花生米儿，白面筋儿，五香大料油盐醋，葱花蒜苗生姜丝。"[①]"妈糊"是河南鹿邑县的特色食品。这种食品传到其他地区后，人们根据所在地的口味加以改良，成为本地人喜爱的早点。淮海地区早点特别丰富，而且食物的搭配是有讲究的。比如辣汤搭配包子，油条搭配热粥，而妈糊搭配"肉盒"或"菜盒"。淮阴地区也提到这种汤，只不过名称稍有变化，叫"马虎汤"。《马虎汤的由来》："有个叫麻公的人好吃熊掌，每日一只。有一天厨师做好的熊掌不小心被猫偷吃了，于是，厨师用自家孩子的小脚代替熊掌。麻公一吃感觉更好，于是命各州府轮流送小儿脚。人们恨死了他，欲扒其皮抽其筋。为解恨，群众用千张、芋粉、肉等料代替皮肉筋血熬汤食用。这种汤，原称为麻叔汤，后传为马虎汤。"[②]

"饣它（sha^{24}）汤"则是徐州特有的羹汤。相传此汤是彭祖用野鸡配麦糁制作的，名为"雉羹"。《徐州饣它汤》："乾隆皇帝下江南路过徐州，闻到路旁的饮食之香，发现香气是从门口一甑大锅里飘出来的，就问店主锅里面的是啥，店主说是饣它。乾隆皇帝连问两遍，答案都是一样，心下纳闷儿，就问刘墉。刘墉答道，是雉羹。皇帝又问，这个啥字怎么写。刘墉灵机一动，按徐州方言读'蛇'字的音，写了一个饣它字。乾隆皇帝喝了一碗，美味可口，封徐州饣它汤为天下第一羹。"[③]

（二）异彩纷呈的面食

淮海地区普遍少水，"这就决定了它同南方种植庄稼种类的差别。南方多种植水稻，而淮海地区多种植小麦、玉米、大豆等作物。因此南方的主食是由

---

① 白庚胜主编：《中国民间故事全书·江苏·邳州卷》，知识产权出版社2007年版，第152页。
② 刘兆元：《中国民间文学集成·江苏·淮阴泗洪卷上》，江苏文艺出版社1992年版，第226页。
③ 白庚胜主编：《中国民间故事全书·江苏·徐州市区卷》，知识产权出版社2007年版，第292页。

水稻加工而成的食物——米饭；而淮海地区的主食则多是由小麦、玉米、大豆等加工而成的食物——面食"①。淮海地区有各种各样的面食：蒸的有包子、馒头、卷子等；烙的有煎饼、烙馍等；烤的有烧饼、壮馍等；煮的有面条、疙瘩等；炸的有馓子、油条、丸子等。"在丰沛县，所有不带馅儿的面食都叫作馍。根据发酵与否，可以分为死面馍和发面馍；根据原料的不同，可以分为白馍（小麦粉做成的）、黄馍（玉米粉做成的）、杂面馍（大豆、高粱粉做成的），等等。"②《汉刘二十四帝》："要是要饭的到他门上……不是给人家几瓢面，就是给人家几个馍。"③《张三和李棍》中这样写道："……白馍你给我换成窝窝头。"④ 至于窝窝头，一般用的是杂面，捏成中空的圆形，有时还会掺杂野菜等蒸制，称为"菜窝窝"。如果包上馅儿的话，捏成圆形的叫包子，捏成长形的叫角子。

还有一种面食叫"烙馍"和"煎饼"，煎饼与烙馍都是在鏊子上烙的，不同的是，煎饼个大，烙馍个小；煎饼是用面粉和[xuo51]糊直接摊在鏊子上烙熟，烙馍先用面粉和[xuo35]成面团，然后擀成薄饼，再在鏊子上烙熟；煎饼的最佳搭配是盐豆子，烙馍的最佳搭配是辣椒炒鸡蛋。这在民间文学里都有出处。《烙馍馍与辣椒鸡蛋》："相传刘邦在撤离徐州时，因为时间紧迫，来不及做饭让子弟兵吃饱再走。有个聪明的小媳妇想出来好办法，把小麦面和得软软的，用根小棍子，一个一个擀得薄薄的，让人架起一块薄铁板，在下边烧火，馍往上一搭，一翻弄就熟了，大家都学她这样做馍，很快就做出了很多馍馍。光叫子弟兵吃馍馍不行，得给他们做点菜吃。于是，一位老妇人想出来好点子，到园里摘来辣椒，从坛子里拿出鸡蛋，在锅里放上油盐，一烧热，切碎的辣椒与打碎的鸡蛋往里一到，三下五除二，鸡蛋就炒好了——烙馍卷辣椒炒鸡蛋，

---

① 田素玲：《论语言视角下赵本夫小说的地域文化特色》，《淮海工学院学报》2013年第6期。
② 田素玲：《论语言视角下赵本夫小说的地域文化特色》，《淮海工学院学报》（人文社会科学版）2013年第12期。
③ 白庚胜主编：《中国民间故事全书·江苏·丰县卷》，知识产权出版社2007年版，第64页。
④ 白庚胜主编：《中国民间故事全书·江苏·沛县卷》，知识产权出版社2007年版，第295页。

这种吃法流传至今。"① "烙馍卷馓子"及"烙馍卷烙馍"也是徐州闻名的风味小吃。

（三）重口味的菜

古时淮海地区并不富裕，能填饱肚子就不错了，所以用于佐饭的菜就比较简单。在整个淮海地区民间文学中，有关菜食的记载并不多。偶有提及也是再普通不过的家常菜。《盐豆》："苏、鲁交界方圆几百里的百姓，每到阴历十月，几乎家家都要做一种家常菜——盐豆子。这种菜以黄豆、辣椒、盐为主，佐以生姜、萝卜片。颜色红，辣味十足，既好吃，又好看。过年三月里将鲜盐豆晒干，待到麦口，将干盐豆浇上香油与鲜辣椒、鲜大蒜一起调拌，越吃越想吃，越吃越爱吃。"②不仅说明做盐豆的季节、做法，还提出盐豆的吃法，可谓是盐豆的全面菜谱了。睢宁卷里更提出这种盐豆子连孝庄、顺治、康熙都爱吃哩，那是富贵人家大鱼大肉吃腻了，才偶尔换一下口味，故有"睢宁盐豆子——贡品"这样的歇后语。

沛县狗肉负有盛名，因此在沛县和丰县的民间文学里，有不少关于吃狗肉的记载。《鼋汤狗肉不用刀》里说，刘邦伸手掂起个狗腿大口大口地啃起来，吃两口便大声叫喊着："真香、真香！要吃走兽，还是狗肉，喝烧酒吃狗肉，不活一百也活九十六。"他这一吆喝，赶集的"呼啦"围了上来，挤的挤，看的看。一个卖花椒的老头儿手托着一包花椒也挤来看热闹，一些花椒挤掉在狗肉车子上，他正想发火，刘邦说："正缺少这包佐料呢！"用狗腿蘸着花椒就吃。大家就好奇地问他："麻嘴吗？"刘邦笑道："麻什么嘴？越嚼越香，吃狗肉，蘸花椒，治百病，又添膘！"③可见在徐州地区吃狗肉蘸花椒才是正宗。

而鱼提的最多的则是鲤鱼，这大概是该地区有微山湖和洪泽湖两大著名

---

① 白庚胜主编：《中国民间故事全书·江苏·徐州市区卷》，知识产权出版社2007年版，第40页。
② 白庚胜主编：《中国民间故事全书·江苏·新沂卷》，知识产权出版社2007年版，第144页。
③ 白庚胜主编：《中国民间故事全书·江苏·丰县卷》，知识产权出版社2007年版，第50页。

的淡水湖,盛产鲤鱼,而鲤鱼在民间又有好的寓意吧。《龙种》这样写道:"弟兄仨喜得屁溜的,拿着鲤鱼回家啦。刘员外一看喜得不能行,亲自动手把鱼熬好。"[①] "熬鱼"是苏北农村做鱼的一种常用方法。不同于清蒸、红烧,其关键就是做菜时要多加水,炖透,口味偏咸、偏辣。

三、淳朴生活

人们在日常生活中形成的民俗现象由当地语言记载和表述,那么由民间语言记载的民间文学,就成功地记录了这些独具地域特色的民俗文化。而且,旧的民俗消失以后,承载民俗成分的民间文学以另一种方式还将长期存在。因此这些民间文学就从另一个侧面保留了曾经流行于这片土地上的民俗文化。而且"民俗包含着丰富的文化内涵,体现了集体的智慧和创造"[②]。我们从民间文学中还能管窥到以下这些已经或正在消失了的民俗文化。

(一)拾 粪

淮海地区以农耕为主,因此在民间文学中较多体现了这种农耕生活的生产风俗。其一就是"拾粪"。如:《铁牛圩》:"一天吴学臣的上人,午夜头起来拾粪。"[③] 更有一些以拾粪为内容的歇后语,如:"起五更拿着粪箕子乱逛——找屎(死)"或者"粪耙子摇头——找屎(死)"。现在农村种庄稼使用各种化学肥料,在化肥和农药的催长下,无论粮食、蔬菜还是水果都异常肥硕,但是现代人的健康却越来越不容乐观,各种怪病层出不穷。现代人为追求健康,开始追捧各种有机食物。现代人梦寐以求的"有机"在20世纪六七十年代及之前的农村却是极其普遍的。那时的农家,家家都喂牲口,一方面为增加收入,另一方面更为攒肥。几乎每家都有一个垃圾坑(徐州人叫恶撒坑),什么脏水呀、烂菜叶呀、树叶呀都扔在里面沤成肥料。这些还不够,农人为了攒更多的肥料,会肩背粪箕子,手拿粪耙子到路上、田野边拾野粪。旧时的农村都是土路,人

---

① 白庚胜主编:《中国民间故事全书·江苏·沛县卷》,知识产权出版社2007年版,第17页。
② 钟敬文主编:《民俗学概论》,高等教育出版社2013年版,第20页。
③ 白庚胜主编:《中国民间故事全书·江苏·睢宁卷》,知识产权出版社2007年版,第198页。

们乘坐或使用的都是马车、牛车这一类牲畜拉的车。所以这些马、牛、狗留在地上的排泄物，就成了农人抢夺的"宝贝"了。歇后语"拾大粪的摆手——不理他这堆狗屎"，就鲜明地揭示了拾的粪为何物。为了捡到这些"宝贝"，农人们还需要早起，否则就被别人拾去了。许多有年人（方言用法，即"老年人"）冬天早晨带着狗皮帽，穿着大粗棉袄棉裤，背着粪箕子，拿着粪耙子，哈着白气出门拾粪。《三官庙》里写道："有个人早五更里起来拾大粪，看见三人坐在庄前漫地里。"① 这段描写就形象地说明了农村人有早起拾粪的习俗，且拾粪的地点在庄头野外。

在淮阴地区，种地的肥料也是粪。在《粪堆张的由来》里这样讲道："庄上有位姓张的财主，家里喂养了十二头大水牛，牛粪多得出奇，活像一条粪龙卧在那里，所以张家年年五谷丰登，财源滚滚。形象说明了'庄稼一枝花，全靠粪当家'的道理。"② 从这里可以看出，以农业为主的地区都有拾粪的风俗，这从一个侧面也反映了劳动人民的勤劳及对土地的热爱。

劳动人民不仅勤劳，而且节俭，不允许地里的东西浪费一点。《俺找小姑》里就有这样的讲述："沛县收割庄稼是不齐茬的，有西割东砍的说法。割麦子，西边比东边早几天；砍高粱，东边比西边早。每年西边的麦子割完了，这边的穷人，男的到二湖沿去打短，老弱妇女便挎着篮子到湖里拾麦子。"③ 何谓"拾麦"，就是别人家收割完麦子之后，其他人再到麦地里捡拾落在地里的麦穗头。除了拾麦子，其他粮食也拾，比如豆子、花生、玉米（棒子）等。江淮方言里还有一个与"拾"意思相同的方言词——"挛"，可以说"挛豆子、挛花生、挛棒子"等。"挛"从结构上看，上面一个"亦"，下面一个"手"。"亦"即甲骨文里的"腋"，含有"腋"字的成语集腋成裘比喻积少成多。所以在该地方

---

① 白庚胜主编：《中国民间故事全书·江苏·沛县卷》，知识产权出版社2007年版，第125页。
② 刘兆元：《中国民间文学集成·江苏·淮阴泗洪卷上》，江苏文艺出版社1992年版，第199页。
③ 白庚胜主编：《中国民间故事全书·江苏·沛县卷》，知识产权出版社2007年版，第149页。

言里,"挛"应该理解为一个会意字,意即用手拿少量的、细碎的东西,形象地说明了淮海地区农村有捡拾收割过的、落在地里的庄稼这一习俗。

(二)赶　集

集市是农村特有的商贸交流中心,每月总有固定的几天称为"逢集",届时附近的所有能卖的东西都会集中在一个特定的区域叫卖,而附近的人们也都兴致盎然地去"赶集"。集市里能卖的东西小到食品蔬菜、大到农具牲口,涉及人们生活的各方面,衣、食、住、行、用都有。《庙道口的传说》中便提到"庙道口逢五是集"[1]。《老艺人蔡志崇》也提到了"他常常逃学,刘圩一逢集他就不去上学了"[2]。

淮海地区还有"逢会"一说。《柴王贩伞子仙卖》:"有一年的三月十五,子仙逢起盛大的庙会。赶会的人成千上万,拥挤不堪。包子铺、油条锅排成了一条街。"[3]赶会即赶庙会,不仅是民众烧香许愿的场所,也是集市贸易的一种形式,是一定季节里一定周期在一定区域的集会。由于逢会是特定季节的集会,大多数地方都是一年一次,相对较隆重,通常会持续几天甚至十几天不等。届时商贩云集,歌舞表演、传统工艺、风味小吃等数不胜数,前来赶会的人更是摩肩接踵,热闹非凡。

庙会往往与一定的信仰相联系,它的活动地点也多集中在寺庙附近。"有山必有庙,有庙必有神,有神必拜,拜则成会。"[4]"前后热闹三天的云龙山庙会,最保守的数字,去赶会的也将近百万人(次)。"[5]虽然现在物质文化极其丰富,商业文化比较繁荣,但是淮海地区的乡镇仍然保留着"逢集""赶集"以及"赶会"的传统。

---

[1] 白庚胜主编:《中国民间故事全书·江苏·沛县卷》,知识产权出版社2007年版,第133页。
[2] 白庚胜主编:《中国民间故事全书·江苏·睢宁卷》,知识产权出版社2007年版,第82页。
[3] 同上书,第41页。
[4] 邵世静、胡存英:《徐州民俗》,中国矿业大学出版社1993年版,第171页。
[5] 同上。

（三）人生礼俗

婚丧嫁娶是人生的重要阶段，因此民间文学里也有这方面的记载，反映了人们对人生礼俗的重视。《龙凤鸭河》里这样写道："李大从岸边采来一束鲜花去撒帐，让这对野鸭披红挂绿，结拜了花堂。"[①] 新人在结婚的当天中有"撒帐"这一习俗。新人拜堂后，按习俗要闹洞房，闹完洞房，由家族中长一辈里家庭幸福的婶婶之类的女性，边哼唱《撒帐歌》"一把麸子，一把枣，明年生个白胖小"，边将麸子、枣子一把一把地撒在新人头上，"麸"是"福"的谐音，表示福寿绵长，"枣"是"早"的谐音，取意"早生贵子"。在一些地方，"撒帐"是在新人的婚床上撒上枣子、花生、桂圆、莲子等干果，有"早生贵子"之意。在《徐州民俗》中有关"撒帐"是这样介绍的："当亲戚朋友们簇拥着新娘、新郎来到洞房的时候，有一种如花似雨的物品撒向新娘怀中，撒向合欢床，撒向洞房的每一个角落"，"洞房里，当新娘脱去外面的红袄时，一连串的红枣、栗子、花生、麦麸子从怀中抖落，滚满一床"。

新人结婚不仅要闹新房，还要闹老房。《闹老房的由来》："亲朋好友、左邻右舍，闹完了新房以后，听说老夫妻俩要补拜天地，就又来到老夫妻俩房中嬉戏。从那以后，闹老房的习俗就传开了。"[②]

对于人生又一重要的事情——丧葬，在民间文学里也得到了充分的体现。如《中国民间故事全书·江苏·丰县卷》里的传说——《哭丧棒》《孝子抱鸡》就展现了徐州地区的丧葬习俗。哭丧棒也叫哀杖，通常用柳木制成，杖上贴有白纸剪成的花穗，长短粗细不等。长且粗的，由长子所执；细而短者，由亡者孙子、曾孙等所执。"孝子谢客时，由行竖带领至席前或宾前，先将哀杖双手托起过顶，当行竖高声唱出'孝子谢'时，孝子便跪地叩头。"[③] 徐州风俗，亡

[①] 白庚胜主编：《中国民间故事全书·江苏·邳州卷》，知识产权出版社2007年版，第85页。
[②] 同上书，第145页。
[③] 殷召义、姚克明、周伯之：《徐州民间文化集·风土人情》，中国文联出版社2004年版，第241页。

者去世，即由相关理丧人员赶制哀杖。哀杖均由柳木制成，"哀杖于棺下地时，统由执事者收齐，竖植于棺后站（即亡者脚部），唯不收长子之哀杖，棺下地后，仍由长子带回家中，以备谢客时用。待三天圆坟时，再置于坟前，以待日后生根、发芽、成树"。①

中国传统历来是土葬的，淮海地区也不例外。虽然现在提倡火葬，但农村仍然不少地方先火葬后土葬。亡者去世后，要为其坟墓选穴。该地区素有《凤凰点穴》的传说，"凤凰点穴"说明此处风水好，儿孙有福，一般人是没有凤凰过来点穴的福气的，因此便用与凤凰形似的鸡来代替，以求后辈子孙有出息，有福气。

俗语有云"三里不同风，十里不同俗"，即使是抱鸡开坟，也有不同的说法。也有在出丧前一天，请阴阳先生选定坟址，之后杀掉一只公鸡，使鸡血洒在坟墓的土上。传说鸡血可以去煞辟邪，使诸神退位，迎来新的主人，再者"鸡"音谐"吉"，以求吉穴之意。

淮海人很注重祖坟的风水问题。在《中国民间故事全书》江苏徐州地区"七卷本"中所包含的三大人物传说（彭祖、刘邦、张道陵）共34篇，其中关于刘邦迁祖坟的有3篇，关于张道陵祖坟风水问题的有2篇。在底层民众的观念里，祖坟风水好，儿孙才会有福气。刘邦成为第一个布衣皇帝、大汉天子，在民间关于他的传说中就少不了关于他祖坟选得好的问题。同样，张道陵也是，因为老一辈的风水好，所以他们才有这些成就。

淮海地区还有一种说法，就是"祖坟冒烟"。《龙种》中刘员外本想将龙种——鱼头，让自己的儿媳妇吃下，却被几个媳妇拿出去给了刘邦讨饭的妈妈，刘员外可气死了，连连叹气"咱家祖坟咋不冒烟！"②祖坟冒烟，这也是一种风水说法。青烟即略带青色的气体，一种吉祥的气体，是一种大吉之兆，按照过去的说法能当官。孩子有出息了，就说"你家祖坟冒青烟了"。孩子还小，盼

---

① 殷召义、姚克明、周伯之：《徐州民间文化集·风土人情》，中国文联出版社2004年版，第241页。
② 白庚胜主编：《中国民间故事全书·江苏·沛县卷》，知识产权出版社2007年版，第17页。

着孩子以后能有出息,就会说"看咱家祖坟能不能冒烟"。这是一种对儿孙有出息的类似迷信的期盼。

(四)拉 呱

民间文学里多处提到"拉呱",何谓"拉呱"?这实际上是乡村人休闲娱乐的方式。农忙结束,邻里聚在一起,说故事,说张家长李家短,一可以放松心情,二可以增强邻里感情。这一地区流传这样的歇后语"黄连树下弹弦子——苦中作乐"。这个歇后语使用了对比的表现手法,将黄连的苦与弹弦子这种乐进行对比,形象地说明了劳动人民"苦中作乐"的乐观生活态度。在人们的意识中,没有比黄连再苦的东西了,这是味觉上的一种体会,由味觉上的苦引申为生活中的种种痛苦。"黄连树上挂猪胆——苦不堪言""黄连水洗头——苦恼(脑)极了"等与"黄连"有关的歇后语都是根植于这种"苦"的体验。但是再苦的生活都要过下去,生活中总有令人期待和留恋的东西。旧时农村娱乐方式较少,在农闲时,人们通常都会找一处舒适的地方聚在一起或拉呱(聊天),或打牌,或吹拉弹唱。夏天找大树的阴凉儿,冬天找太阳地儿。日子就在阴凉儿和太阳地儿有滋有味地过着,邻里关系亲密而融洽。

一方水土产一地风物,一方之人传承一方文化。基于群众基础之上的民间文学自然也反映着群众的物质生产、生活和思想感情。淮海地区民间文学蕴含着丰富的地域文化,诸如大量方言土语的运用,种类繁多的汤、菜及面食的记载,生产、节俭、娱乐等传统风俗的讲述等。这些色彩绚丽的画面呈现在我们眼前时,我们为之动容,并油然而生一种自豪感,更多的是一种传承和保护民间文学类非物质文化遗产的使命感。

第五节 采录与整理

"走向田野"是民间文学的研究传统,由于民间文学口耳相传、易于流变的自身机制,决定了采录成为该学科持续发展的基础性工作和必然诉求。采录民间文学是工作者或研究者进入到民间文学产生、存在与传播的地方社会中,搜集与提取正在发生的、鲜活的口头文本,进行文学形式的记录、整理、汇编与研究。

一、编纂与出版

1984年,中国民间文艺研究会提议并会同文化部、国家民委共同发起,在全国范围内开展民间故事、民间歌谣、民间谚语的全面采录、搜集和整理,全国约有200多万人次参加了这项浩大的文化工程,普查采录了40多亿字的故事、歌谣、谚语作品,其中民间故事184万篇、歌谣302万首、谚语748万条,共编选4000余种县、地、市资料本,抢救和保护了数量可观的民间文学遗产。"2009年10月,《中国民间故事集成》《中国歌谣集成》《中国谚语集成》(简称'民间文学三套集成')全部出齐,共298卷,440册,4.5亿多字,加上县区级、地市级卷本,总字数达40亿字。"[1] "三套集成"分为国家卷、省卷、市卷、县卷。民间文学三套集成是有史以来规模最大的一次民间文学普查,是一项重大的文化工程,为全面研究中国民间文学奠定了坚实的基础。这件功在千秋的伟业既保存了民间文化,又为日后的民间文学研究奠定了基础,是一笔丰厚的文化遗产。

淮海地区20个地级市及其所辖县区均编纂出版了《民间文学集成》地市级、县区级卷本,有一些乡镇也编出了民间文学集成资料本(乡镇卷),如《民间文学集成(一)·江苏新沂县炮车乡乡卷》。《河南民间文学集成地方卷丛书》收入部分地、市、县民间文学集成卷本和故事家、民间歌手、民间文学搜集整理家的专集,也有中原民间文学的分类专集。这些民间文学作品是淮海地区民间文化宝库中璀璨的明珠,具有较高的文学价值和科学价值,既可供一般群众阅读,也是专家、学者进行研究的珍贵资料。

---

[1] 万建中:《〈中国民间文学三套集成〉学术价值的认定与把握》,《广西民族大学学报》(哲学社科版)2010年第1期。

从2004年4月起，白庚胜担任总主编着手编辑出版了《中国民间故事全书》，该丛书所说的"民间故事"是一个广义的概念，"它泛指一切散文体民间口头创作，包括神话、故事、传说"①。该书与"'民间文学三套集成'同是中国民间文艺家协会主持承办的民间文化工程，是'民间文学三套集成'工作的继承与延续，也是对'三套集成'工作的一种拓展、深化与发展"②。江苏徐州、山东枣庄率先编辑出版了《中国民间故事全书》县（区）卷。《中国民间故事全书》"为方兴未艾的故事学、传说学、神话学及类型学、母题研究等提供了生动而丰富的资料，必将推动这些学科的发展进步"③。

二、普查与采录

2005年，文化部在全国开展非物质文化遗产普查工作，淮海地区文化部门也做了大量深入细致的工作。在这次普查中，淮海地区民间文学类非物质文化遗产再次得到普查与登记，为进一步采录与整理提供了可靠的线索。

作为非物质文化遗产的民间文学在某一时代或某一地区风靡一时，但如果不及时进行采录，随着时代和环境的变化，可能会销声匿迹。许多民间文学类非物质文化遗产项目传承人年事已高，记忆力衰退，思维的灵敏度下降，有些传承人随时可能过世，如不及时进行采录，将会给民间文学类非物质文化遗产的传承保护带来极大的遗憾。所以对民间文学进行采录，整理成书面文本，进行数字化处理，从而使民间文学得以保存，是一项极为重要的工作。"民间文学的采录，是一项理论与实践相结合的操作性活动，它包括发掘、搜集、记录、整理、写作等一系列环节。"④采录与整理淮海地区民间文学类非物质文化遗产必须遵循以下基本原则。

要遵循全面搜集的原则。所谓全面搜集，就是要把淮海地区流传的民间文

---

① 白庚胜：《春天的故事（代总序）》，《中国民间故事全书》，知识产权出版社2007年版，第5页。
② 同上。
③ 同上书，第7页。
④ 刘丽琼：《民间文学教学改革探索》，《桂林师范高等专科学校学报》2004年第1期。

学类非物质文化遗产包括各种体裁、内容、形式和风格都尽可能地发掘和搜集起来。具体地说，包括以下六个方面：一是对各种体裁的民间文学作品都要搜集；二是对同一作品的各种"异文"要尽可能搜集；三是自古至今产生和流传的作品都要尽量搜集；四是内容进步优秀的作品要搜集，落后低劣的作品也要注意搜集；五是口头流传的作品要搜集，书面流传的作品也要搜集；六是注意搜集与作品有关的其他材料。总之，对民间文学的全面搜集，一方面搜集的范围要广，另一方面搜集的材料要全。

要遵循忠实记录的原则。所谓忠实记录，就是要忠实于所搜集的对象在民间流传的本来面貌，不允许进行随意增删加工，忠实于原讲唱作品的思想内容和艺术形式。而要达到这一要求，就要忠实于讲唱者的语言。真实性原则要求对口头作品用方言的形式记录，用地道的方言记录，能够保持作品的本来面目，最大限度地体现民间文学的地域性。生动朴实的语言是构成民间文学独特艺术魅力的要素之一，如果采录时只注重记录故事的内容和情节，而不注重记录讲唱者的语言，最后整理写作时，就必然要用采录者自己习惯的语言去叙述，那样就使作品失去了原有的色彩。忠实记录还要记录讲述者或演唱者在讲唱过程中的肢体语言与讲唱气氛以及听众反应等情况，以便忠实地保持作品的原态。详细记录讲唱者的基本情况，包括姓名、性别、民族、年龄、职业、文化程度、传承谱系、讲述语言、表演的地域范围、表演特征或特长、家庭住址、联系方式等。每记录一篇民间文学作品，还要在文本后面附上一份详细的背景说明。一是采录情况，如采录的时间、地点、次数、持续的时间。二是采录者的情况，如姓名、年龄、工作单位、文化程度、联系方式。三是采录的方式，如笔录、录音、摄像或照相等。记录工作是整个民间文学采录工作中最根本的环节之一，所有的整理工作、资料保存工作以及研究工作都以此为根据。正因为这样，记录必须要忠实，忠实的原始记录就像一座大厦的坚实根基。记录不忠实，就无法保持民间文学的原始面貌，接下来的整理及研究也就无法获得真正的可靠材料。所以高尔基指出:"记录民间的口头创作,要求最严格的是准确性。如果不保持这种准确性,民间文学的资料就要受到损坏。"①

三、整理与研究

整理就是在尊重人民口头创作的前提下,在全面搜集、忠实记录的基础上,最后用文字写定。整理是再现原作品的本来面目,是在忠实原始记录材料的基础上,对作品的内容、情节、结构和语言等进行规整和梳理,不允许整理者改变原作品的体裁和主题,不允许杜撰情节和增减人物,更不允许改变其口头语言风格。整理时不允许加入个人创作的成分,必须保持原作品的本来面貌。在民间文学"文本化"的过程中,要尊重民众口头创作内容、语言和风格的独特性。对于研究性民间文学资料的整理应做到保持原貌、及时整理、注释说明、梳理异同。在数字化时代,数字成为处理图文信息的必要过程与主要形式,淮海地区民间文学类非物质文化遗产普查、采录与整理的全部成果也需要通过数字化的形式,及时进行处理,以便得到长久保存。

"民间文学研究应该摆脱传统的从文本到文本的研究范式,以表演中的民间文学文本为中心,通过田野调查考察民间文学的流传、演变与社会历史、文化语境之间的关系。"② 尽可能地还原民间文学表演的具体语境,追寻其隐含的无限的社会内容和历史文化意蕴,真正实现民间文学研究范式的转变。随着民间文学学科的发展,我们要转换研究的方式,超越文化史和文艺学的视野,对淮海地区民间文学类非物质文化遗产进行综合的、整体的研究。

四、传承与保护

淮海地区民间文学类非物质文化遗产展现了淮海地区广大民众的社会生产实践、审美观念及传统的表述方式,传承和保护民间文学类非物质文化遗产,

---

① 高尔基:《给欧里卓夫集体农庄青年分校文学小组的信》,转引自《高尔基论儿童文学》,中国青年出版社 1956 年版,第 202 页。
② 刘晓春:《民间文学的语境》,马文辉、陈理主编:《民间文学类非物质文化遗产保护研究》,中国社会科学出版社 2015 年版,第 221 页。

不仅延续了这一地区的历史记忆，也为其他艺术创作提供了丰富的源泉。

（一）面临的问题

在社会转型与文化变迁的时代背景中，民间文学类非物质文化遗产正面临日趋严峻的生存环境。民间文学传统的文化环境和生存语境土崩瓦解，存活于其中的传统口头文学的命运也急转直下，传统民间文学的讲述环境、表演者与听众都发生了重大变化，传统口头文学的生存语境遭到了割裂。民间文学的讲唱活动是在约定俗成的"民俗场"进行的，当口头文学表演的组成要素时间与空间合在一起，"无法形成一个特定的表演场域时，口头文学也就没有了继续存活下去的生命力。民间口头艺术家的消亡、传承的后继无人、传统口头文学的整体陨落"[1]，随时处于"人亡歌息，人故艺绝"的荒凉境地。民间文学的日渐衰微，不仅仅是由于传承人的过世，更在于听众和社会基础的薄弱，传统村落的瓦解将使民间文学生长的"文化空间"不复存在。民间文学处于一种日益式微甚至濒危的弱势情形，民间文学类非物质文化遗产的保护，正是基于此一时代语境而提出的。

进入21世纪，我国开展了民族民间文化的抢救与保护工作，自2005年开始进行非物质文化遗产的名录申报和保护，民间文学正在进入"非遗时代"，一批重要的民间文学类非物质文化遗产进入了各级名录，一批民间文学的讲述者被评为各级非物质文化遗产项目代表性传承人，数千项各级（国家级、省级、市级、县级）民间文学类非物质文化遗产项目和数以万计的民间文学普查成果，亟待整理、研究、传承和保护。

民间文学类非物质文化遗产无疑是保护难度最大的，因为它以口耳相传的形式传承，随着人们娱乐方式的多样化以及生活方式的改变，传统民间文学走向衰败，处于濒危的状态，淮海地区绝大多数民间文学类非物质文化遗产的生存状况堪忧，即使那些从1984年起被采录的民间文学原始资料也正面临着各

---

[1] 陈映婕、张虎生：《民间文学类非物质文化遗产的传统性与传承力》，《民族艺术研究》2011年第3期。

种厄运：或佚失无存，或藏诸私家，或变卖造纸，或鼠啮虫蛀，或风雨侵蚀，必须加大对它们的再抢救，抢救性保护是一个永恒的话题。

（二）途　径

民间文学作为一类强调口头传统的民俗生活，"没有传承就没有民俗"[①]。民间文学类非物质文化遗产的传承有两个维度，一是文化时间上的纵向传承，也就是代际之间连续性的传袭与继承，由上一代传授给下一代，使得口头叙事成为代代相习的传统。二是文化空间上的横向传承，主要是由于移民迁徙、争战屯军、旅行流寓等原因，口头文学从一个区域播布到另一个区域，从一个民族扩散到另一个民族，进而扩大或者改变该类民间文学的分布地区。一般来说，更多的是口头文学在时间与空间这两个维度中同时得到传承与流布。

民间文学类非物质文化遗产保护是在现代化和非物质文化遗产保护的语境下提出的新命题。"保护指采取措施，确保非物质文化遗产的生命力，包括这种遗产各个方面的确认、立档、研究、保存、保护、宣传、弘扬、承传（主要通过正规和非正规教育）和振兴。"[②] "贺学君将保护划分为基础性保护和发展性保护。基础性保护主要是对遗产对象的确认、立档、保存，发展性保护则引入'研究'和'宣传'两种力量，以对象的'活态'存在为中心，推动其生命自身的'弘扬、传承与振兴'。发展性保护应注意树立保护对象的生命整体观，其中包括基因（遗产生命创造者、传承人）、生命（完整生命链）和生态（遗产对象的生态对象）三个基本要素。"[③] 民间文学类非物质文化遗产的基础性保护主要是搜集、记录、整理、存档，通过采录将民间文学的口头流传状态转化为文字文本状态，是一种传统的保存方式，是记录存档性保护。保存是为后人留下一份可供记忆的资料，但从被记录保存的那一刻起，"就同自己赖以存活

[①] 乌丙安：《民俗学原理》，辽宁教育出版社2001年版，第311页。
[②] 贺学君：《关于非物质文化遗产保护的理论思考》，《江西社会科学》2005年第2期。
[③] 黄雯：《关注非物质文化遗产中的"弱势"项目——民间文学类非物质文化遗产保护学术研讨会会议综述》，马文辉、陈理主编：《民间文学类非物质文化遗产保护研究》，中国社会科学出版社2015年版，第470页。

的生命机制以及相关的生态环境相脱离,由动态转为静态,从而结束了生命流程"[1]。

淮海地区民间文学类非物质文化遗产应该采取活态传承与保护的方式。民间文学类非物质文化遗产的保护应着眼于民间文学的生命活态,意在推动传统的延续与发展,保护的本质要义在于维护和强化其内在生命,增进其自身可持续发展的能力,这是淮海地区民间文学类非物质文化遗产传承与保护的主攻方向。

传统民间文学的传承方式与保护方式应该多样化,要正确认识民间文学从口耳相传到视觉、听觉和触觉等多种感官相互作用的时代变化;要积极研究在现代技术手段下,民间文学类非物质文化遗产保护方式方法的多样性,要借助先进的科技手段将民间文学活动转换成录音、录像,并最终建成淮海地区民间文学类非物质文化遗产数据库。这种口耳相传的民间文学活动,如果没有合适的手段进行保护的话,极有可能会消失。要扩大淮海地区民间文学类非物质文化遗产的传播形式,如通过口头媒介、书写媒介、图像媒介、音像媒介以及数字媒介广泛传播。

值得指出的是,民间文学类非物质文化遗产"活态"传承保护的关键在于其项目代表性传承人,即那些生活在淮海大地、有着超凡记忆力和创造力、掌握大量口头文本、表演水平高超的故事家、说唱艺人、歌手等。这些具有公认的代表性、权威性与影响力的传承人才是主角与核心,他们是传统口头文学得以传承和发展的核心力量。民间文学类非物质文化遗产代表性传承人是民间口头传统的最佳保存者和创新者,他们使口头传统的生命力得以延续,从而使得口头叙事得以存在。民间文学的传承人(包括故事家、说唱艺人、歌手等)都是在淮海地区各种"民俗场"的长期讲唱过程中逐渐成长成熟起来的,如省级传承人江苏东海县徐福松(《姐儿溜》)、山东蒙阴县张莉(《蒙山传说》)、河南

---

[1] 贺学君:《非物质文化遗产"保护"的本质与原则》,《民间文化论坛》2005年第6期。

登封市王金有（《许由的传说》）、河南虞城县陈时云（《花木兰传说》）等，这些传承人传达的是数代人历史积累的思想与智慧。我们应积极组织这些传承人开展生动活泼的讲座活动，展示传统民间文学的艺术魅力，以多种途径来发扬光大这些民间文学。

第二章
淮海地区传统音乐和曲艺类非物质文化遗产

淮海地区是一个跨行政区划的地理概念，大致以徐州为中心，辐射方圆200公里左右的鲁西南、苏北、皖北与豫东地区。淮海地区并不是一个生造的地理称谓，而是由于地区内的文化、艺术、生活等方面的诸多相近之处，自然而然形成的一个地理称谓。"淮海地区区域内的音乐、文学、民俗、方言大体以齐鲁文化与中原文化为背景，呈现出同中有异、异中求同的文化现象。正是因为这种因素，淮海地区内的百姓自然具有一种认同感与归属感。文化与艺术的相近又进一步拉近了地区内文化的凝聚力，使得各种文化现象彼此产生一定交集，形成你中有我、我中有你的文化与艺术类型。"[1]

---

[1] 于雅琳:《淮海地区曲艺类非物质文化遗产现状的思考》,《艺术评鉴》2016年第21期。

第一节 概 述

传统音乐和曲艺类非物质文化遗产都属于表演艺术。传统音乐、传统舞蹈与曲艺具有鲜明的地方特色与民族风格，历史上主要通过口传身授的形式传承。它们既是中华民族文化的结晶，又是具有典型地域文化特点的音乐表现形式，也是具有传统地域色彩的音乐艺术形态。

一、"非遗"项目

目前，我国非物质文化遗产的相关文件中，大致与音乐相关的分为传统音乐、传统舞蹈、传统戏剧与曲艺。

著名音乐学家田耀农在《中国传统音乐理论述要》中提出从概念周延的角度出发，中国音乐分为古代音乐与现代音乐，现代音乐又分为传统音乐与新音乐，传统音乐下面有民歌、说唱（包含曲艺）、戏曲、歌舞与器乐。从此划分来看，本章中的民歌、曲艺、歌舞与器乐实际上都属于传统音乐这个大的概念。但由于与我国文化部提出的"非遗"项目分类有所出入，本章还是依照文化部的分类进行研究。

我国著名音乐学家乔健中提出："传统音乐指中国人运用本民族固有方法、采取本民族固有形式创造的、具有本民族固有形态特征的音乐，不仅包括在历史上产生、流传至今的古代作品，还包括当代作品。传统音乐是我国民族音乐中一个极为重要的组成部分，传统音乐与新音乐的区别并不在于创作时间的先后，而是在于其表现形式及风格特征各异。"[①]事实上，成功申报"非遗"的传统音乐项目，基本都是历史上产生的、具有一定时间积淀的、采用本民族固有形式创造的、具有本民族固有形态的歌曲与器乐音乐。如五河民歌、砀山唢呐等。

舞蹈是一种借助音乐、道具和舞台背景，用身体动作来表达各种情感的表

[①] 乔建中、韩钟恩：《中国传统音乐》，上海音乐学院出版社2009年版。

演艺术。在人类文明起源前,即在礼仪、庆典和娱乐等方面发挥了重要的作用,具有多元的社会意义。中国传统舞蹈是指在社会各阶层活动中,经常被采用的、具有一定价值与意义的舞蹈。如山东祭孔乐舞、河北沧州落子,江苏如东跳马伕等。

曲艺为说唱音乐的一部分,两千多年前即已出现,在发展的过程中,曾与杂技类交杂,1949年后独立成艺术门类。著名曲艺理论学家吴文科提出,曲艺是一种善于从其他文学艺术门类吸取营养并不断出新的说唱艺术。从审美创造的功能特点出发,基本分为说书类、唱曲类与谐谑类三种。如徐州琴书、京韵大鼓、相声等。

中国自2006年公布了第一批非物质文化遗产项目,至今已经公布了四批,其中与音乐有关的项目,在第一批项目中,是以传统音乐、传统舞蹈、传统戏剧与曲艺命名;第二批项目中是在原名称后加别名,传统音乐别名民间音乐,传统戏剧与曲艺维持原名;第三批与第四批项目仍沿用第一批的命名。

"传统"与"民间"两个词的所指与能指并不相同,"传统音乐"一词更多倾向于有历史意味、有较长的发展阶段的音乐项目;而"民间音乐"一词往往倾向于普通百姓所喜爱的音乐项目,与"文人音乐""宫廷音乐"以及"宗教音乐"是并置关系;从范围来看,"传统音乐"的涵盖面比"民间音乐"要广泛。目前全国共有国家级传统音乐项目170项,传统舞蹈131项,传统戏剧162项,曲艺127项,在中国已经公布的非物质文化遗产项目中,传统音乐、传统戏剧、曲艺占有一定比例和重要位置。

近年来,经过淮海地区各有关部门有组织的普查和申报,淮海地区共有花鼓灯等21项代表作被列入国家非物质文化遗产名录;睢宁落子舞等21项代表作被列为省级非物质文化遗产名录,淮北琴书等18项被列入市级非物质文化遗产名录。列表如下:

淮海地区音乐和曲艺类非物质文化遗产项目一览表

	国家级项目	省级项目	市级项目	数量
皖北地区（项）	4	2	1	7
豫东地区（项）	2	7	2	11
鲁西南地区（项）	10	3	8	21
苏北地区（项）	5	9	7	21
合计	21	21	18	60

淮海地区音乐和曲艺类非物质文化遗产项目分别从传统音乐（民间歌曲、器乐）、传统舞蹈及曲艺三个方面介绍。截止到2015年底，"非遗"项目中共有传统音乐18项，传统舞蹈10项，曲艺32项。从数量上来看，曲艺类非物质文化遗产项目数量居多，尤其集中在鲁西南及苏北地区，多达22项。从淮海地区包括的这四个地域来看，鲁西南及苏北地区非物质文化遗产项目最多，均为21项，仅鲁西南地区国家级项目就多达10项。

二、存在的问题

（一）对部分"非遗"项目的重视程度有待加强

传统音乐和曲艺类非物质文化遗产保护的项目众多，淮海地区的地方政府和相关部门虽然投入了大量的精力进行保护工作，但不同项目获得的重视程度不同，取得的保护效果也有差异。对于传承范围广泛、规模比较大的传统音乐和曲艺保护效果较好，而对一些传承不是很广泛的传统音乐和曲艺的关注度不够，以致这些独具地方特色的小型曲种处在濒临灭绝的边缘。另外，政府部门对于非物质文化遗产保护在政策上虽给予支持，但大部分的保护中心办公室、委员会等，都存在人员紧缺、资金不足等现象，加上绝大部分基层非物质文化遗产保护人员都是乡、镇文化站等单位临时抽调的，没有专职人员，使得非物质文化遗产的保护工作缺乏长期机制，工作进展较为缓慢，出现了工作层面断层等问题。

（二）专项资金投入仍旧不足

国家要求各级政府应对"非遗"保护项目和传承人进行政策上的保护和资

金的扶持，但是由于淮海地区各省市的经济发展水平不一，使得这种专项经费对有些地区来说仅能基本维持正常的工作需要，谈不上促进传承和发展。由于后续资金不到位，无法很好地对"非遗"项目进行真正的保护与传承，代表性传承人认定后，资金的匮乏难以保证传承人的基本生活，使得一些传承人迫于生活压力不能够全身心地投入非物质文化遗产的传承工作，传承工作停滞不前。

（三）传播途径跟不上时代的发展

非物质文化遗产的发展离不开社会精神文明的促进，当今时代，文化经济的快速发展、娱乐形式的多样化日益挤压传统民间艺术传播的空间与路径，传承活动缺乏足够的外部环境支撑，严重制约了非物质文化遗产的继承与发展。因此，尽可能扩大宣传途径，广泛利用当下便捷的信息传播通道——网络媒体进行非物质文化遗产的传播，提高公众关注度，改善社会文化环境，对于推动非物质文化遗产的传承与发展将起到积极的作用。

第二节　传统民歌

淮海地区由于其重要的地理交通位置，历来为兵家必争之地。连年的兵荒战乱及自然灾害使得这里人口流动的比例很高，大量外来人口的涌入带来了周边地区各具特色的民间文化艺术。民歌作为人民表达思想感情最朴实、最基本的手段，随着周边地区的人民流传到了淮海地区，它们品种丰富、各具特色，深受人民喜爱。深入了解淮海地区的民歌特色，对于研究南北不同的艺术文化有着较为深刻的意义。

一、苏北地区

"苏北民歌分散在长江以北地区，范围包括江淮和徐淮两个区域。这一地区流传着丰富的号子、山歌、小调等，其中最具有区域特色的音乐体裁形式为劳动号子（栽秧号子）。秧号子主要流行在江淮区域的宝应、高邮、淮安、金湖、盱眙、洪泽、盐城等地，以宝应的秧号子《格冬代》流行最广，也最具有苏北地区的特色。此外，还有赶牛号子、车水号子、搬运号子等，都是具有苏北地区区域特点的民歌体裁。"①

"苏北地区民歌曲调质朴，歌曲表现出当地人民豪爽、泼辣的性格，唱词中对于场景描绘的语句较少，多是具有生活化的词汇，其中方言运用也有鲜明的地域特点，使得民歌的唱腔与当地的语言习惯、风土人情、生产生活互相渗透，密切地融合在一起。"②

连云港《姐儿溜》为江苏省第二批省级非物质文化遗产，其中千行长歌《房四姐》是迄今为止苏北地区发现的最长的一首民歌，也打破了汉族民歌没有长歌的定论，是我国民歌史上的至宝。

1. 起源流变

《姐儿溜》起源于东海县马陵山区，是当地流行的一种民间小曲，据查有近200首。由于连云港地区地处南方吴国、北方鲁国的中间地带，深受两种古文化的交叉影响，从而形成了这种兼具南北民歌特点的小曲，刚柔并济，歌词对仗工整押韵，朗朗上口，旋律婉转动听，情真意切。

2. 艺术特色

《姐儿溜》曲牌比较丰富，充分体现了南北音乐在此的交融影响，部分曲目如《绣花灯》《卖水饺》等具有北方人粗犷、耿直的特点；而《姐儿南园扣花针》《姐儿南园去踏青》等曲目则具有南方人细腻、柔润的风格。千行长歌《房四姐》是姐儿溜中最具代表性的曲目，它两种风格兼备，既委婉细腻，又爽朗活泼。

《房四姐》本地俗称"连哩罗"。此曲源于南宋，成于宋金，1987年发掘于东海县马陵山，是连云港市首批非物质文化遗产保护的对象。该诗共1008

---

① 杨丽莉：《苏南民歌与苏北民歌的区域性差异研究》，《歌海》2015年第2期。
② 同上。

行，252段，分16章节，主要是唱述聪慧能干的村姑房四姐因父母贪爱财礼被迫嫁给于家，后来遭到婆家忌恨虐待迫害而自尽的故事。在这个故事流传过程中，人们出于对弱者的同情，在结尾处增添了一个歹人掘墓房四姐复活的离奇情节。这个让人欣慰的结尾，极大地慰藉了苦难者的心灵，揭示了苦难者对美好生活的向往之情。长诗所塑造的人物形象性格鲜活，爱憎分明，表达了人们对追求人性自由的渴望。

代表性曲目有《姐儿溜》《绣花灯》《卖水饺》《姐儿南园扣花针》《姐儿南园去踏青》《房四姐》等。

3. 传承现状

随着时代的变迁，当地人已经很少再唱《姐儿溜》，《姐儿溜》的传承人稀少。目前民间艺人高兰彪为市级传承人。

二、鲁南地区

山东是中国文明发展最早的地区之一，其历史可以追溯到大汶口及石器时代。在春秋战国时期，齐、鲁、曹和一些其他诸侯国纷纷在山东建立王国，使得山东地区留下了辉煌的民间文化遗产。山东民歌中的鲁南民歌，凭借其独特的魅力，成为山东民间文化的代表之一。

鲁南五大调被列入国家级非物质文化遗产。它是指在山东南部广泛流传的五种民歌曲调，它们分别是：满江红、淮调、玲玲调、大调和大寄生草。这些民歌歌词优雅、旋律委婉动听，被当地人称为"雅词""细曲"。在20世纪中期，这五种曲调被民间音乐工作者们集中起名为"鲁南五大调"。

1. 起源流变

鲁南五大调起源于山东省南部的郯城、临沭、莒南、日照等地，是汉族民歌套曲。因集中流行于山东省临沂市郯城、马头一带，因而又被称为"郯马调""郯马五大调"。根据地域划分，郯城、临沂一带主要流传"五大调"曲调中的"玲玲调""大寄生草""淮调"，而"满江红""大调"则在日照附近广为流传。2008年,鲁南五大调入选为第二批国家级非物质文化遗产。

鲁南地区自隋唐起,就是南北经济的交流和繁荣地区,南方各地的客商把在当地流传的曲调渐渐地带入本地,使得最早的鲁南五大调具有南方的昆曲、清淮小曲(江苏一带流传)、海州牌子曲等曲目的一些特征。

"满江红"是鲁南五大调中非常重要的曲调,它的起源可以追溯到流传在江苏扬州地区的满江红。由于当时海上交通贸易非常发达,扬州老满江红随着人口的流动传入日照,并接受了当地地域文化的深刻影响,自成一体,成为深受人们喜爱的民歌曲调。在郯城县马头镇盛行的"淮调",也是人们在交流经商时江淮一带民间艺术传入后衍变而成,也称"马头调"。

元朝时期,随着中国对外经济文化交流的繁荣,社会音乐文化的主流转向民间音乐文化。广大人民群众积极参与唱曲填词,使得鲁南五大调成为当时社交娱乐的主要角色,并由于共同创作,歌词通俗易懂,贴近社会生活,且旋律朗朗上口而深受人民喜爱。

明清时期,民主人文思想在中国萌芽,文人雅士转向对民歌进行加工整理,鲁南五大调的文学性获得了进一步的提升。清康熙、乾隆年间,外来音乐的大量涌入,促进鲁南民歌进一步发展,在郯城、日照地区,从文人雅士到底层的普通群众,无人不喜爱五大调,同时也产生了专职的民间艺人。

中华人民共和国成立后,随着民间音乐逐渐由农村传入城市,中国各地民歌也迈入了一个全新的发展时期,许多民间艺人自发成立了演出小团体,固定在一些节日进行庆典演出,民歌逐渐由民间娱乐的形式转化为职业性的演出。后来,随着众多民间音乐专家深入郯城、日照等地对民间小调进行了大量收集、整理工作,鲁南五大调进入了辉煌发展时期,2009年其颂扬孝道的优秀代表作品《鹿乳奉亲》,在中央电视台音乐频道播出后,在全国引起了巨大的反响。

2. 艺术特色

鲁南五大调的演唱方式分为坐唱和群唱两种。郯城等地一般流行坐唱,表演者为1—2人，三弦为主要伴奏乐器，有时加上二胡、柳琴等，演唱时像一般曲艺一样围桌而坐，边拉边唱。群唱从几个人到数十人不等，演唱者手持各样乐器，边演唱边伴奏。

五大调的伴奏乐器主要有三弦、笙、琵琶、笛子、箫、月琴等，有时还会拿出酒盅、碟子、碗等作为打击乐器，声音清脆悦耳，演奏形式活泼多样，美妙动听。酒盅和碟子是五大调中非常特殊的乐器，对它的质地和演奏技法都有严格的要求，酒盅一般为豆绿色，外形比平时喝酒的酒盅大，演奏者每只手拿两个酒盅，大指托住一个，中指套住另一个，演奏时两个酒盅重叠相碰，间或轻轻摇动——颤盅，使酒盅发出银铃般的声音。酒盅和碟子的敲打全凭艺人们对音乐的理解进行即兴表演，表演者边演唱边敲击碟子、酒盅，非常自在，毫无拘束。

五大调节奏平缓，歌词高雅隽永，体裁多样，是一种非常古老的民歌演唱形式，从多个角度描绘了当时社会的风土人情、历史传说、民间故事以及人们之间的情感，旋律婉转曲折、起伏跌宕，歌词细腻典雅、辞藻考究，深受当地人民的青睐，被誉为"老百姓的雅歌细曲"。

鲁南五大调最多时有190多首，现存的有180首，代表作品有《耕读渔樵》《遇多情》《大观园》等。

3. 传承现状

按照年代的先后目前能够了解到的传承人有张怀春、魏元太、王九锡、王宗贤、李长义、李长胜、胡庆友、刘兰臣、贺芬林、刘克山、杨新儒、柏文泰、徐万芳等，传承人之间有些是直接的师承关系，如杨新儒是师从李长义学习的鲁南五大调。

淮海地区民歌艺术是当地人民生活及历史经验的概括和凝聚，是在人群中共通、稳定的审美趣味和欣赏习惯中慢慢凝聚而成的。淮海地区便利的交通及频繁的贸易往来，加上人口的流动与变迁，使得民歌的传播非常迅速广泛。该地区周边相近的自然地理环境、相似的生产生活方式和频繁的文化生活交流，促使这里的各民歌之间有着许多相近相通的地方，彼此之间也有着扯不断的渊源。

三、皖北地区

安徽省东北部是江淮平原和皖中丘陵的过渡地带，当地民歌曲风自由奔放、质朴豪爽；体裁丰富，除了民歌常见的号子、山歌、小调等体裁外，另有舞歌、风俗歌曲及儿歌等；歌词大胆直接，极富想象力，是皖北人民劳动生活的真实写照。

皖北民歌杰出代表——"五河民歌"，在淮海大地上已经传唱了近600年，现被列入国家级非物质文化遗产。它欢快的旋律、鲜明的音乐形象，既有别于苏南地区小调的吴侬软语，又不同于鲁南地区民歌的明亮高亢。长期以来，由于深受吴越文化和西楚文化的影响，加上水乡独有的风情特色，使得五河民歌成为一种独具一格的民俗文化，充分展示了五河风情。

1. 起源流变

五河县历史悠久，早在南宋咸淳七年（1271）就已立县，因境内河流众多，淮河、浍河、漴河、潼河、沱河五条河流交汇，故名"五河"，现隶属于蚌埠市。该县面积为1595平方公里，正好处于中国地域的南北分界线上。五河风景秀丽，气候适宜，物种繁多，非常适合人类居住。"……南浦渔歌北原牧唱……"如此美景佳地，一直以来吸引了大量的文人墨客吟诗诵读，也留下了浩瀚的文化遗产。

五河民歌发源于五河县小溪镇。根据史料记载，五河民歌形成于明洪武三年（1370）。在明天顺二年（1458）所修的《五河县志·风俗》篇中就有相关文字记载："除夕前二三日，小儿打腰鼓唱山歌，来往各村谓之迎年……"，"民间插柳于门，断荤腥茹素，小儿作泥龙，昇之作商羊，舞而歌于村市……"等。从明代开始，五河民歌就已经具备了题材丰富、内容形式多样的特点，产生了专门的祭祀歌曲，儿歌、山歌遍及民间村市。清末民初时期，随着南来北往的商人、艺人数量的增多，五河民歌流传区域也由于其特殊的地理位置和四通八达的水路，不断地扩大和延展范围，逐渐涵盖了整个淮北地区以及江苏、山东十几个县市，成为淮海地区具有较大影响力的民歌种类。

20世纪50年代初，五河民间艺人将传唱一百多年的民间小调改编为三人表演的戏剧《摘石榴》，在安徽省首届民歌大赛上获奖，之后又作为安徽地区民歌代表参加华东地区民间文艺会演，夺得一等奖，自此被称为"五河民歌"。五河民歌是淮河中下游区域民间音乐文化的代表，一度唱响大江南北。2006年，"五河民歌"被列入安徽省首批非物质文化遗产，2008年被确定为第二批国家级非物质文化遗产。

2. 艺术特色

五河民歌曲目种类繁多，内容丰富多彩，据最初统计收录有180余首。由于五河地区独特的地理交通环境，使得本地民歌的风格和载体与其他地域的民歌有较大的区别，民歌类型只有号子、秧歌和小调三大类，没有山歌类型的民歌，其中最具特色，也最受人民喜爱、广为传颂的是小调类民歌。五河民歌的表演方式有独唱、对唱、说唱、小演唱等，主要以独唱为主，在劳动号子和一些歌曲中采取一领众合的演唱形式居多，爱情小调中大多采取男女对唱的形式，用以表现热情奔放的爱情生活。劳动号子有打夯号子和号子两种，小调中有吟唱调、生活歌、诉苦歌、情歌、嬉游歌等几种。

五河民歌以五声调式中"徵调式"为主，其他调式并存，部分民歌有调式转换或者调式交替。这种调式色彩的丰富，也是五河民歌的特色之一。五河民歌大多节奏平稳，以2/4、4/4拍为主，个别的劳动号子会有不规则的变化拍子。旋律进行起伏较小，呈小波浪式，夹杂短短的拖腔，许多用来修饰旋律的倚音和波音，使得旋律进行的趋势和当地方言的声调十分契合，曲调抒情性突出，非常贴近当地人的生活。由于五河地处南北交界处，促进了本地民歌和外地流传来的民歌异化组合,融合了南方民歌匀称婉约的特点又兼容北方民歌的自由豪放,使得这婉转动听的民歌柔中有刚,刚柔兼济。

五河民歌的曲体以四句式为主,间有三五句和多句式,结构短小精练,多有特色的衬词、衬腔,歌词内容涉及人民生活,多方面描绘出五河地区的风土人情、文化传统,具有鲜明的地域性。

五河民歌的伴奏乐器可分为拉弹、吹奏、打击三类,主要有二胡、柳琴、唢呐、笛子、笙、自制的梆子及木棒等。

代表性曲目小调有《摘石榴》《打菜薹》《四季颂淮北》《五河五条河》《五只小船》《姐在塘崖洗白衣》《花赞》《虞美人》《探妹妹》等;号子包括《淮河大堤长又长》《秧号子》《起秧号子》《金山银山收到家》《牛号子》等;秧歌有《大米好吃要把秧栽》《丰收年唱丰收歌》《如今农村新事多》等。

3. 传承现状

五河民歌现传承人王芹被誉为淮河岸边百灵鸟,在第三届全国南北民歌大赛中获得优秀民歌传承奖。

第三节 传统器乐

器乐是一种以乐器为物质基础,借助乐器的性能特征,用一定的演奏技巧表现情绪与意境的音乐作品。本节的器乐是指用中国传统乐器演奏的民间传统音乐,有独奏与合奏两种表现形式。独奏曲以乐器分类,一般来说,演奏方式归纳为吹奏、拉弦、弹拨等类型;合奏曲以乐器的组合方式分类,分为清锣鼓乐、丝竹乐、弦索乐、吹打乐等形式。传统民间乐器演奏多与民间婚葬喜庆、迎神赛会等风俗生活密切相关,在人们的日常生活中有着重要的作用。

一、苏北地区

苏北地区的器乐主要有徐州唢呐、连云港海州鼓吹乐、淮安楚州"十番锣鼓"、宿迁天岗锣鼓、宿迁霸王锣鼓。

（一）徐州唢呐

徐州唢呐被列入国家级非物质文化遗产名录。

1. 起源流变

徐州唢呐在沛县、睢宁县等地流传最广。清乾隆年间所修的《沛县志》中记载"沛人喜唢呐"，沛县民间流传着这样的说法，唢呐艺人和剃头艺人是一家，送葬的唢呐路过剃头铺时暂停演奏，可以看出，沛县民间早就有唢呐流行。唢呐在睢宁的发展源于明朝，传入下邳，至清代中期以睢宁赵家唢呐小有名气。清道光十八年（1838），值邳州人廪生徐井山重建古下邳"峄阳书院"落成之际，时任知州组织多名民间唢呐吹奏艺人庆典祝贺，其中睢城南青春村唢呐艺人赵立福的吹奏技艺被观众拍手叫绝。从此，逢地方庙会之日、民间节庆、婚丧嫁娶和祭奠仪式等活动中，赵立福时常被请出演奏，赵家唢呐也就逐渐形成专职班底。后随着世代有序传承，赵家已连续六代人痴迷于唢呐吹奏技艺，并不断创新发展、壮大队伍，至今已有170年的历史。

2. 艺术特色

徐州唢呐广泛运用在领奏、伴奏或与锣鼓合奏中，适合于表现热闹、欢乐的气氛和雄浑、壮阔的场面，也能把内心的思想感情发挥得淋漓尽致，具有独特的艺术效果。"徐州唢呐艺术可谓我国民间音乐中的瑰宝，它有着相当高的艺术价值。首先体现在曲目方面，根据目前搜集到的资料统计，唢呐班曲目达到千首之多。按其年代属性来看，大致可分成传统与当代两个曲目系统。传统曲目系统包括传统器乐、民歌、戏曲、说唱体裁的作品，传统器乐有凡字调、喜柳金、百鸟朝凤、上北山调、中北山调、二迷子、卜北山调、雁落沙滩等近300首。民歌包括《十劝郎》《调情》《光棍哭妻》《十八摸》《阿里山的姑娘》《卖油郎》《独占花魁》《小寡妇上坟》等近300首；当代曲目系统则主要含有中华人民共和国成立以来各种流行歌曲改编曲及专业创编的唢呐曲逾400首。

就曲目来源而言，传统曲目以器乐和民歌为主，其次是各地唱腔（主要有梆子戏、琴书、柳琴戏、黄梅戏、人鼓调、花鼓戏等）；而当代曲目则多数来自于较流行的影视歌曲及其他创作歌曲等，其次是专业创编作品。丰富的曲目无疑凸显了唢呐班音乐的传统性、继承性、广泛性。"①

3.传承现状

徐州民风淳朴、崇尚礼仪。唢呐在徐州地区经常被用于婚丧嫁娶、祭祀等活动，唢呐在徐州有着深厚的历史和文化根基，广泛分布于徐州的各县（市）、区，如：沛县现有唢呐班120余个，唢呐艺人1000余人；邳州市现有唢呐班168个，唢呐艺人1163人；另外，目前丰县、铜山县和睢宁县各个乡镇都有唢呐艺人。但是，徐州唢呐还是以徐州的丰县、沛县、睢宁县和市区最具代表性。其中，代表性传承人有：丰县的于百亮；沛县的张体胜、曹河南；睢宁县的赵伦、赵紫环；徐州市区的沈广君、李树鹏等。

（二）连云港海州鼓吹乐

连云港海州鼓吹乐2009年被江苏省政府批准、省文化厅确定为第二批省级非物质文化遗产。

1.起源流变

民间鼓吹乐（以唢呐或管子主奏）是我国北方比较流行的一种民间乐种形式。连云港地区的鼓吹乐有着自己独到的特色。一是流行历史悠久，且十分普及，明代隆庆年间编成的《海州志·卷之二》中已有民间丧事中"鼓吹"的记载，清代康熙末年东海县安峰镇的许家班就已名噪一时，迄今该镇有16个鼓吹乐班，其中有9个是许家的后代或传人。二是曲牌丰富，全市流行的古老曲牌［山坡羊］［寄生草］等有两百多首，是十分珍贵的艺术遗产。

2.艺术特色

鼓吹乐种吹打乐是中国最普遍的器乐品种，民俗活动中的婚丧嫁娶、岁时

---

① 赵宴会、赵康延：《重视"徐州唢呐艺术"的研究——有感于徐州唢呐艺术入选国家级非物质文化遗产名录》，《文教资料》2011年第15期。

节日，都少不了吹打锣鼓。因此，它的主奏乐器"唢呐"成为普通百姓最喜闻乐听的乐器。

连云港海州鼓吹乐的艺人不仅善于吹奏中、小唢呐，乐班中的大型唢呐（俗称"大号"）也十分流行，艺人还能用嘴巴或鼻孔同时吹奏两支唢呐，称之为"和合唢呐"。

代表性曲目除有《开门》《抬花轿》派生的乐曲外，还有唢呐曲《庆贺令》《一枝花》《一江风》《越调步步娇》《混江龙》等；锡笛曲《山坡羊》《驻马亭》《锁兰枝》《驻云飞》《罗罗》等；笛曲《双合凤》《小笛曲》《花香蜂婶舞》《越调黄莺》《风落松》《喜新婚》《步步高》等。

3. 传承现状

灌云县下车乡为吹奏唢呐的特色文化乡，该乡艺人杨家岭还珍藏了一本祖辈传下来的手抄工尺谱。赣榆县赣马镇的吴少云是该镇鼓吹乐班的四代传人，他演奏的大号和合唢呐技巧娴熟，气满音润，堪称一绝，曾在江苏电视台进行过吹奏表演。

（三）淮安楚州"十番锣鼓"

2008年淮安楚州"十番锣鼓"被列入第二批国家级非物质文化遗产名录。

1. 起源流变

"楚州'十番锣鼓'在楚州兴盛了200多年，它起源于清道光年间，当时楚州的民间作曲家、楚州'十番锣鼓'的创始人孙育卿为接待乾隆皇帝演奏的昆曲宫廷音乐，加上楚州当时的地方风俗唱词以及锣鼓点子，从而形成了雅俗共赏的楚州'十番锣鼓'，又称'武昆'。漕运是中国封建社会全国交通运输、军事供给和维系经济命脉的主要手段。自东晋至清末，淮安楚州一直为历代郡、州、路、府的治所。特别是元、明、清三代，楚州是漕运指挥中心、河道治理中心、漕粮转运中心和淮北食盐集散中心，朝廷曾在这里设立了关系国家经济命脉的漕运最高管理机构——'总督漕运部院'。漕运让楚州兴起，在这里中国文化大交融，楚州'十番锣鼓'正是在漕运文化中产生、盛兴的，它集昆曲宫廷音乐、打击乐锣鼓点子、楚州地方唱词于一体，见证着漕运的繁华。民国以后，楚州'十番锣鼓'虽然演奏团体大大减少，随着封建社会的消失渐渐不再成为封建礼仪上的演出节目，但是它没有消失，而是成了庙会喜庆活动中最隆重的节目。在楚州的旧社会里，每逢农历四月二十八日'都天会'和五月初一的'东岳庙会'，各个'十番锣鼓'的演奏团队都会竞相表演，相互交流技艺。"①

如今的"十番锣鼓"不仅能再现当年恢宏的面貌，拥有一支专业的演奏团体，而且融入了现代舞台技术，加上了符合唱词的舞蹈，更加受到专家的赞美与大众的喜爱。楚州"十番锣鼓"从2003年亮相至今，不断在大型活动中向世人展现其独特魅力。在2010年的上海世博会中，楚州"十番锣鼓"被入选江苏馆，代表江苏优秀民俗文化向世界展示。②

2. 艺术特色

楚州"十番锣鼓"与普通的民间音乐不同，节奏以中慢板、行板较多，锣鼓曲牌、音效、语气感有着浓厚的古老江淮一带的地方特色，有韵味，给人以美的享受。锣鼓的节奏舒缓稳健，唱词生活化，寓意深刻。楚州"十番锣鼓"不是昆曲，但却有一些昆曲的味道。

楚州"十番锣鼓"分为只用打击乐器的"素锣鼓"和兼用管弦乐器的"荤锣鼓"两类。荤锣鼓根据主奏乐器和演奏形式的不同，又分为"笛吹锣鼓""笙吹锣鼓""粗细丝竹锣鼓""粗吹锣鼓"等多种。素锣鼓分"粗锣鼓"与"细锣鼓"两类。粗锣鼓用云锣、拍板、小木鱼、双磬、同鼓、板鼓、大锣、喜锣、七钹；细锣鼓除上列乐器外，加用小钹、中锣、春锣、内锣、汤锣、大钹。

楚州"十番锣鼓"音乐共分三个声部，分别为器乐、唱腔和打击乐。器乐

---

① 周宝洪：《国家级非物质文化遗产——楚州"十番锣鼓"价值研究》，《安徽文学》（下半月）2012年第1期。
② 同上。

旋律优美、韵味浓厚；唱腔的唱词文学性较高，内容健康向上。打击乐的锣鼓点子节奏稳，轻重明。三个声部可分为器乐、唱腔和打击乐，唱一段后再由打击乐单独出现打出各种锣鼓点子。

楚州"十番锣鼓"的有形文化遗产根源就是漕运总督府（署）。清朝年间的楚州城内，凡府署官员家中贺寿、庆典、祭祀等重大活动，都要演奏"十番锣鼓"，一时间"十番锣鼓"成为不入寻常百姓家的上乘音乐。漕运总督府设在楚州，给古城楚州带来了繁华的经济，同时孕育了楚州"十番锣鼓"，使它在这块繁华的土地上得以生存和发展，反之，楚州"十番锣鼓"也丰富了当时人们的艺术生活。

"楚州'十番锣鼓'不同于任何其他地区和民族的音乐和锣鼓敲打，它的音乐旋律、唱词、锣鼓点子与其他音乐没有相同之处。音乐旋律带有很浓的古老的宫廷音乐风格，有很强的美感，锣鼓点子节奏平稳，唱词内容积极向上。有赞美大自然中的百花来暗喻美好生活的，如《咏花》赞美了梅花、桃花等12种花的美丽，展现生机盎然的江山美景；有描写动物美姿来透露对生活热爱的，如《咏蝶》描写了蝴蝶19种美丽的姿态。这些唱词都反映了当时人们欣欣向荣的生活景象。楚州'十番锣鼓'尚有一本存世的曲谱，手抄本工尺谱，从右向左揭页，书中文字为毛笔小楷正楷字体。据考古专家考证，该书距今200年左右，这与楚州'十番锣鼓'的诞生、兴盛时间吻合。"[1]

代表性曲目有《咏花》《咏蝶》。

3.传承现状

楚州"十番锣鼓"的第一代传承人是孙毓卿，楚州人，约1775年出生，"十番锣鼓"创始人，漕运运粮官；第二代传承人：丁健刚，楚州河下镇人，约1847年出生；第三代传承人：陈宝富，楚州河下人，1914年出生，小时读

---

[1] 周宝洪：《国家级非物质文化遗产——楚州"十番锣鼓"价值研究》，《安徽文学》（下半月）2012年第1期。

过几年私塾，18岁学纺织技师，中华人民共和国成立后在楚州袜厂任技术员；第四代传承人：周宝洪，1956年1月出生于楚州，1975年起先后在专业剧团、戏剧学校工作过。1987年调入楚州区文化馆工作，1991年开始调研整理"十番锣鼓"，历时10余年搜集的两本保存完整的工尺谱手抄本，一本传于清道光十六年（1836），另一本原手抄本据有关专家考证约为明末清初，并翻译成现代乐谱。

（四）宿迁天岗锣鼓

2009年，宿迁天岗锣鼓被列入省级非物质文化遗产名录。

1. 起源流变

天岗锣鼓，原名"天井锣鼓"，是一种起源于明朝的汉族鼓乐。20世纪80年代，因其发源地江苏省泗洪县王集公社更名为天岗湖乡，为彰显地域文化，故将天井锣鼓改名为天岗锣鼓。

相传明朝以前，在今江苏省泗洪县西南与安徽接壤一带，就盛行锣鼓乐，其起源及形成在光绪年间编纂的《泗洪合志》中均有记载，在诸侯纷争时期，主要以此鼓舞士气、以壮军威。

1368年，祖籍泗州（今泗洪）的朱元璋称帝，建立明朝。他在推翻蒙元暴政的长期军事实践中，充分认识到锣鼓在传统的两军交战中重要作用。泗州太守闻之，带上精心操练的天井锣鼓队晋见皇上，朱元璋看后龙颜大悦，并赞："凤阳有花鼓，天井有锣鼓。"此后在泗州太守的积极倡导下天井锣鼓得以迅速发展，并在与泗洪天岗湖相邻的盱眙、安徽五河及凤阳等周边地区地广泛传播。

清末时期，以张文奎、吴遐佑、何家丰等为代表的民间艺人，在继承传统的天井锣鼓编演基础上，进行了新的探索，重新加以组合整理，从而形成了天岗锣鼓独特的锣鼓经（曲牌）及表演规则。民国初年，沿淮河中下游及苏北、皖北一带的群众，每年正月都要集中举办打锣鼓、闹社火活动。

中华人民共和国成立后，以吕国厚、吴从进等为代表的新一代天岗锣鼓艺人，使天岗锣鼓融汇南、北之优点，形成淮(河)、汴(河)地方之特色，使天岗锣鼓从曲牌到打法更加完善。

2. 艺术特色

天岗锣鼓有固定的曲牌，音乐性强，乐谱为2/4拍，婉转流畅，悦耳动听，每一个曲牌都是一首动听的歌。在表现方式上还可以配上管弦乐伴奏，乐句间多采用呼应式，一领一扣、一问一答，犹如对唱情歌。曲牌主要有：[长锣片][小五番][小七点][凤凰三点头][十八番][满堂锣][雁落沙滩][蛤蟆磕牙]等。天岗锣鼓的演出以编队出演为主，演员多可百人，少则二三十人。"表演时，场地两边设有战旗12面，旗手可以穿插表演动作，边打边舞；起舞时，器具（大钹）可左右旋、上下旋、转圈旋、场面多变。其打法独特，常以蹦打、跳打、滚打、睡打等来完成曲牌表现的内容，有引领、呼应等表现手法，由松到紧，疏密有致，既清晰流畅，又激越轩昂；亮相时，人员昂首、跨步、张臂，相间怒吼，结尾干净利落。"[①]

"天岗锣鼓表演道具有帅旗、战旗（数面），大旗为太极图环抱'天岗锣鼓'四字黄底而绿色镶边。太极图有包容天地阴阳万物之义，象征着盛世其昌，风调雨顺，普天同庆。乐器主要有：大鼓、中鼓、小挎鼓；大筛锣、大锣、小锣、狗咬锣；大钹、小钹。大鼓口面直径1.75—2米；中鼓直径为60—80厘米；小挎鼓直径18—20厘米。天岗锣鼓演员整套服装以黄、白、红为主要色调，仿古式服饰，叱咤'天鼓'，风云'雷公'，有红、黄相间的雷公帽，后摆披肩，天廷上镶嵌九颗闪光的金珠，犹如'九天应元雷声普化天尊'，脚穿云鞋。"[②]

代表曲目有《罗汉盘旋》《金鸡独立》《朝天乐》等。

3. 传承现状

天岗锣鼓的传承方式以师徒传承为主，清乾隆以前的传承状况已无史料可考，乾隆、嘉庆年间主要代表性传承人有张文奎、吴遐佑、王其厚等民间锣鼓

---

① 孔丹丹：《泗洪"吴家锣鼓"表演特点初探》，《大舞台》2011年第9期。
② 同上。

艺人；咸丰年间有何家丰、吴昌毕、潘道支等著名民间锣鼓艺人；1932年出现了吕国厚、吴从进等锣鼓艺人，并一直传承至20世纪90年代；随后以吴昌銮、王云彦等为代表的新一代天岗锣鼓艺人将此项民间锣鼓音乐向更广阔的区域传承和发展。

吴昌銮，男，江苏省泗洪县四河乡人，退休教师，民间艺人，精通天岗锣鼓曲谱及打法等，能编、导、演。参与组建天岗湖锣鼓队，任指导老师和队长。2001年在四河乡组建天岗锣鼓吴家锣鼓艺术团，现任团长。2007年被江苏省文化厅授予"民间艺术之星"称号。

王云彦，男，江苏省泗洪县天岗湖乡人，锣鼓队员，从事天岗锣鼓演出多年，现任天岗湖锣鼓艺术团团长。

（五）宿迁霸王锣鼓

宿迁霸王锣鼓被列入市级非物质文化遗产名录。

1. 起源流变

"霸王锣鼓相传为西楚霸王项羽在练兵时使用，通过击鼓鸣锣来变换阵势，后经'亚父'范增编排，共有十曲，其特点是队伍庞大、阵容亮丽、边敲边舞、气势雄浑。由于是依靠口传身授方式来代代传承，至今已有2200余年的历史，目前再也找不到系统的资料记载。"[①]清末民国时期，霸王锣鼓在宿城极为盛行。当时城内曾有十几套锣鼓班子，他们以区域划片，自由结合，自置锣鼓，自娱自乐。每逢春节和城隍庙会，自正月初一至十五，每天晚上各锣鼓班子都要到校军场（今竹竿街北首，极乐庵门前）灯市上去"校家伙"，即锣鼓比赛，人山人海，热闹非凡。

中华人民共和国成立以后，霸王锣鼓在宿城重大活动及岁时喜庆场合中也时有出现，深受群众欢迎。

2. 艺术特色

霸王锣鼓曲牌较为丰富，有近30余种。现今传承保存下来的有［慢长锣］

---

① 陆敬平、陈莹石：《宿迁"霸王锣鼓"重新敲起来》，《新华日报》，2006年6月1日。

［七字锣］［游西湖］［穿花凤］［太平春］［鸳鸯鼓］［鸳鸯锣］［鸳鸯牡丹］［双富贵］［青果湖］［醉八仙］［全家欢］［牡丹］，以及［风卷雪］［斤求两］［两求斤］［狮子滚绣球］等。

霸王锣鼓乐队一般有7人，各持大锣、二锣、小铛子（也称"小锣"）、大鼓、板鼓（或堂鼓）、大镲（亦称"大钹"）、小镲（亦称"小钹"）其中的一件乐器。有的演奏队伍达到9人，则是在7人的基础上增加一中鼓和一中镲，这样就形成了三锣、三鼓、三镲组合的形式。

霸王锣鼓起初用板鼓指挥，因板鼓鼓心较小，单签或双签不便于击打准确，且不利于携拿进行演奏，后改为小铛子指挥。在起、转、分、合、收等各个环节中用小铛子指挥运用自如，灵活多变，实为霸王锣鼓一大特色。

3. 传承现状

"整个宿迁，能演奏霸王锣鼓的只有几位70多岁的老艺人。宿城区2015年起组织专门人员，对霸王锣鼓进行抢救性保护。"[①]

二、鲁西南地区

鲁西南地区的器乐主要有山东琵琶、菏泽弦索乐、鲁西南鼓吹乐、泰山道教音乐、祭孔乐舞、宁阳朱氏唢呐。

（一）山东琵琶

1. 起源流变

琵琶是我国古老的民族丝弦弹拨乐器。清末民初，在全国有较大影响的是诸城派琵琶演奏家王心葵（王露，1878—1921）。其代表作《玉鹤轩琵琶谱》（简称《玉谱》）是山东派琵琶艺术的奠基之作，在其任教于北京大学期间在《音乐杂志》（校刊）上发表。中华人民共和国成立后，李华萱、李荣声二人编印成册，分上、中、下、续共四卷。上卷为理论，讲述琵琶的起源、沿革、历代琵琶音乐名人等，其他三卷均为乐曲，共计19首。

[①] 陆敬平、陈莹石：《宿迁"霸王锣鼓"重新敲起来》，《新华日报》，2006年6月1日。

2. 艺术特色

风格雅致是山东派琵琶艺术的特点，也是山东琵琶区别于其他诸派琵琶之所在。山东派琵琶曲谱的代表作《玉谱》所以经久不衰，就在于其有着独特的风格。其中某些乐曲，乃山东派所独有。其乐曲特点，具有浓郁的北方风格与山东特色。其中大部分乐曲素材，来源于民间。尤其《玉谱》下卷中之乐曲，具有鲜明的民间色彩。在演奏技巧上，左手常以压与揉、撒与打结合的奏法，显示出北派琵琶曲最有特点的演奏技巧。如《长门怨》乐曲一开始就用压、揉技法引人入境；在《秋声》《懒梳妆》《玉楼春晓》等乐曲中，也多用撒与打、压与揉结合的手法，深化曲情，富有特色。这些技巧在乐曲中运用时要做到轻则清亮、重则坚实，疾而不乱、徐而不迟，断则意远、连者气舒，才能体现出其演奏风格之特色。正如王心葵先生在《构造及练习法》中所讲："撒粘音也，虚静弗宣；吟揉音也，宛转有韵。"右手使用义甲演奏，发音结实而浑厚，但须练到亦刚亦柔、刚柔并济，使其达到琵琶艺术风格应有的演奏要求。[①]

代表曲目有《开手正板》《长门怨》《秋声》《玉楼春晓》《渔家乐》《秋寒吟》《浔阳秋月》《潇湘夜曲》《暗香疏影》等。

3. 传承现状

琵琶艺术有"南浙北燕"之说，王心葵是北派的主要代表人物，其演奏特点既有古朴深邃的古琴韵味，又有北派"激指哀烈"之风格。他的学生有詹澄秋、张友鹤、李华萱、谢一尘、顾海门、彭青山、章铁民等，均为其直传门徒。

（二）菏泽弦索乐

菏泽弦索乐被列入国家级非物质文化遗产名录。

1. 起源流变

弦索乐是由弹拨乐器与拉弦乐器一起演奏的中国民族器乐中的传统乐种。主要分布于我国的北方、南方和中原地带，又有"丝弦合奏""弦乐""弦

---

① 李荣声、李琳：《北派琵琶的分支——山东派琵琶艺术》，《齐鲁艺苑》1994 年第 4 期。

丝""细乐"等不同的称呼。

弦索乐是伴随着说唱艺术发展而形成的,菏泽的弦索乐自元、明、清以来,一直在山东及中原地区流传着《木兰花慢》《锁南枝》《山坡羊》《驻云飞》等大量的俗曲小令,由于它风格典雅而享有"雅乐"之称,又由于历史悠久而享有"古乐"之称。在菏泽市主要起源于郓城县、鄄城县和牡丹区。

菏泽弦索乐有着较高的教学和学术研究价值,一些高等音乐艺术院校,均把其列入教材。国家艺术科研重点项目《中国民族民间器乐曲集成·山东卷》收录的4首弦索乐曲有3首是菏泽的弦索乐曲。[①]

2. 艺术特色

"菏泽弦索乐有古曲十大套,每一套均是'八板体'的套曲形式,民间俗称'碰八板'。又因其每个曲子的八个乐句各有八板,全曲另加四板的结构形式,而被称为'六十八板'。民间艺人们说,六十八板是先人们根据《周易》六十四卦加上春、夏、秋、冬四季制定的,其旋律音调优雅柔美,既有古色古香的风格,又有鲜明的地方色彩。"[②]

菏泽弦索乐通常有筝、扬琴、琵琶、如意勾、坠琴、擂琴等丝弦乐器合乐演奏,有时只有筝、扬琴二者合奏,或是筝与扬琴、琵琶合奏,亦有加入软弓二胡、坠胡等合奏的形式,乐器组合灵活多样,演奏乐器可增可减。艺人们常利用赶庙会、过节或是冬闲时期,在寺庙、家庭院落等处演奏。在弦索乐中,筝占有较突出的位置,扬琴是弦索乐的主要乐器之一。[③]

代表性曲目有《乡音和鸣》《山东汉子》。

3. 传承现状

胡化山、王振刚均是山东琴书省级非物质文化遗产传承人,他俩是一对几

[①] 张红艳、马琳:《菏泽弦索乐从民间庙会走向国家级舞台》,《菏泽日报》,2013年6月4日。
[②] 同上。
[③] 同上。

十年的老搭档，配合默契。郝红梅是赵登山言传身教的学生，是山东古筝乐第八代传人。①

(三) 鲁西南鼓吹乐

鲁西南鼓吹乐被列入国家级非物质文化遗产名录。

1. 起源流变

鼓吹乐是以管乐器、打击乐器相结合的一种民族器乐传统演奏形式，在我国有着悠久的历史。山东各地的鼓吹乐，按流行地域和演奏特点，可以分为三个部分。流传于烟台、莱阳地区的鼓吹乐，演奏形式多以管子领奏为主；流传于昌潍、章丘地区的鼓吹乐，多以笛子领奏为主；流传于菏泽、济宁、聊城地区的鼓吹乐，演奏形式多以唢呐、锡笛领奏为主。流传于菏泽、济宁等地的鲁西南鼓吹乐，是山东鼓吹乐中最重要、最具有代表性的一部分。鲁西南鼓吹乐曲目丰富，技艺高超，手法纵横奇崛，风格朴实挺拔，乐曲具有强烈的生活气息、浓郁的地方色彩和广泛而深厚的群众基础，在我国享有"唢呐之乡"的盛誉。②

2. 艺术特色

"鲁西南鼓吹乐的名称与它的曲调来源有着密切的关系。鲁西南鼓吹乐的名称，实质上反映了民间声乐艺术（特别是戏曲音乐）的器乐化、器乐曲牌的地方化。根据目前采集到的一百多首唢呐曲分析，鲁西南鼓吹乐的曲调来源，绝大部分来自地方戏曲曲牌（特别是梆子戏、大弦子戏及柳子戏曲牌）和唱腔（主要有山东梆子、豫剧、两夹弦、四平调、大平调唱腔），其次来源于民间小曲和小调。在这些曲调的基础上，各地区积累了一批具有一定艺术高度的唢呐曲目。因此，鲁西南鼓吹乐有以下一些特点：依照传统习惯，民间将以一支唢呐为主奏，另配以笛、笙、小镲、鼓等乐器者，称'单大笛'（唢呐，当地俗

---

① 张红艳、马琳：《菏泽弦索乐从民间庙会走向国家级舞台》，《菏泽日报》，2013年6月4日。
② 袁静芳：《鲁西南鼓吹乐的艺术特点》，《音乐研究》1981年第3期。

称大笛）；以两支唢呐为主奏，另配以小镲、云锣、大锣、乐鼓等乐器者，称'对大笛'。此外，还有以锡笛为主奏的乐队和'卡戏'乐队等。"①

代表性曲目有《百鸟朝凤》《一枝花》《风搅雪》和《抬花轿》等，总数超过三百首。

3. 传承现状

鲁西南鼓吹乐的演奏家以任同祥、贾瑞启、袁子文等为代表，乐班仅嘉祥一县就有"杨家班""曹家班""赵家班"和"贾家班"等。这些乐班的演奏风格各具特色，杨家班古朴庄重，曹家班甜美纯正，赵家班高昂宽厚，贾家班激荡起伏。多年来，这些乐班引领其他鼓乐传人活跃于当地民间生活中，得到了民众的喜爱，嘉祥县也因此成为誉满中国、闻名遐迩的"唢呐之乡"。

（四）祭孔乐舞

祭孔乐舞被列入国家级非物质文化遗产名录。

1. 起源流变

中国古代的宫廷祭祀很早就有使用乐舞的传统。孔子作为礼乐教化的倡导者和后代的文圣，也从较早时期开始便已享受伴随乐舞的祭祀。据载，东汉元和二年（85），章帝刘炟亲临曲阜祭孔，作"六代之乐"，为孔庙用乐之始。有关乐舞并用的记载，最早见于《南齐书》。永明三年（485），南朝齐武帝"从喻希议，用元嘉故事，设轩悬之乐，六佾之舞"。

隋唐时期，祭孔礼仪趋于制度化，形成了一套被后代沿用的释奠礼规则，包括将乐舞穿插在献祭过程各个环节之中的形制。

宋、元、明、清几代多沿用前制，但对乐舞的形制、内容均有所改革。我们现在所能找到的乐舞舞谱，大多出自明、清两代，舞生分东西两班，八佾有64名，六佾有48名或36名，手持的舞器为龠和翟，另有两名引队的"节生"。有几十人一起演奏的"大和乐"，分六章，配以四言词句，届时舞者随着音乐

---

① 袁静芳：《鲁西南鼓吹乐的艺术特点》，《音乐研究》1981年第3期。

的节拍和歌词，遵循"一字一音，一形一容"的规则做出相应的动作，所以这种舞蹈又被称为"字舞"。①

到了民国，特别是南京政府成立后，国家不再直接扶持和干预孔庙的祭祀行为。为了保证把丁祭的仪式及其相关的礼乐文化传承下去，第77代衍圣公孔德成曾在20世纪30年代，在曲阜成立了一个古乐传习所，专门研究祭孔雅乐，培养乐舞生。由这个机构传习下来的《祭孔乐舞》，在1957年中国舞蹈研究会编写《中国舞蹈史》时得以重新记录和整理。当时拍成的一个20分钟左右的黑白纪录短片，是目前保留的唯一的旧影像资料，也是曲阜等地恢复祭孔仪式时所依赖的重要参考文献。②

随着孔庙一年一度举行的"祭孔大典"的正常化和合法化，有关部门为操办祭典和演绎《祭孔乐舞》而专门成立了一个曲阜孔子文化艺术团。此艺术团纯属私营性质，采用签订合同的形式，一届一届地承办孔子文化节。从2000年起，曲阜孔子文化艺术团排演出了在当地引起强烈轰动的《杏坛圣梦》，作为新建的杏坛剧场的固定节目，每天面向来自世界各地的游客上演。从2005年起，曲阜孔子文化艺术团负责每年9月28日在孔庙举行"祭孔大典"。③

2. 艺术特色

整个祭孔典礼仪式用时60多分钟，其音乐贯穿了仪式的始终。流传两千余载的音乐艺术形式并非是仪式的陪衬，而是由宫廷雅乐管理机构统一制作并钦定施行，为大型套曲形式。祭孔音乐可分为六乐章：第一章《迎神》，第二章《初献》，第三章《亚献》，第四章《终献》，第五章《撤撰》，第六章《送神》。

其对应的曲目分别是：

---

① 王宵冰：《从〈祭孔乐舞〉看"非遗"的舞台表演及其本真性》，《民族艺术》2014年第4期。
② 同上。
③ 同上。

迎神　奏《昭平》之章

初献　奏《宣平》之章（有舞配之）

亚献　奏《秩平》之章（有舞配之）

终献　奏《叙平》之章

撤馔　奏《懿平》之章

送神　奏《德平》之章

（五）宁阳朱氏唢呐

1. 起源流变

宁阳朱氏唢呐系家族传承，于清同治年间由朱序河家人一代代传承下来，距今已有100余年的历史。经过几代传人的学习钻研和发展革新，宁阳朱氏唢呐演出范围进一步扩大，在鲁中、鲁西南地区都有很大影响。朱氏唢呐最初是在各村红白喜事时奏，宁阳、汶上、肥城、曲阜、兖州等地无论红白喜事都必请朱氏唢呐吹奏。肥城唱四根弦的外号为半碗蜜戏班的家住孙家滩的孙云清、孙云腾外出演出木偶戏时常请朱振山（第三代传人）吹奏唢呐。朱振山也经常与外地唢呐高手（巨野的袁子文、吴心起，嘉祥的任同祥，兖州李继堂、刘景阳，汶上刘章印等）相互切磋交流技艺，将朱氏唢呐技艺又提高了一个档次。为使唢呐艺术发展后继有人，朱振山对他四个儿子（朱殿臣、朱殿军、朱殿义、朱殿齐）进行苦心培养，言传身教，四兄弟也不负众望，个个成才，组成古乐队，演出各种唢呐吹奏剧目，如《花木兰》《拷红》《百鸟朝凤》，山东梆子传统剧目《两狼山》《三请樊梨花》《五凤岭》等，中华人民共和国成立后，朱氏一家成立了唢呐剧团。朱殿军吹奏的唢呐，多次获得省市级荣誉。1994年在山东省"薛国杯"金唢呐民间演奏家邀请比赛上获一等奖；1996年代表泰安队独奏唢呐曲《春回》参加首届山东省农民文化艺术节，并在民族器乐比赛中获金奖。

2. 艺术特色

唢呐发声嘹亮高亢，音域宽，富于变化，有很强的表现力，可独奏或伴奏，可运用在民间秧歌会、鼓乐班、戏曲和歌舞表演中。

宁阳朱氏唢呐,其表演技巧独特,气息要求收放自如,舌工讲究双吐、三吐、反吐、正吐等技巧。宁阳朱氏唢呐吸取了各地各派所长,经过多年推敲和演奏,形成了柔和细腻、刚劲有力、别具一格的风格。宁阳朱氏唢呐每首曲牌的音节都不算多,往往是在不断的反复中表现情绪及情感,并渲染气氛。指法灵活有力,表演充满激情,富有感染力,其吹奏曲目众多,继承了《花木兰》《拷红》《哭长城》《百鸟朝凤》等多种传统曲目,还自编了很多唢呐独奏曲,在社会上具有极大影响,并得到业界同人的称赞。

3. 传承现状

唢呐乐班的艺人们主要的传承方式为家族传承,朱殿军师承他的父亲朱序河,多年来收授学徒200多个,为社会培养了许多唢呐高手,在社会上引起较大影响。宁阳朱氏唢呐主要传承人有:朱振山、朱殿臣、朱殿军、朱殿义、朱殿齐。

三、豫东地区

豫东地区的器乐主要有河南的筹音乐、大相国寺梵乐、开封盘鼓等。

(一)筹音乐

筹音乐被列入省级非物质文化遗产名录。

1. 起源流变

筹是一种罕见的乐器,它的历史悠久,在北魏时期已进入上层的宫廷乐队中。北宋时期河南开封铁塔的琉璃砖上有了吹筹人的形象,可见,此时筹音乐已经传入民间。清道光以来的近200年间,由于天灾人祸,加上时局动荡的影响,筹音乐经历了坎坷曲折的发展变化。

1986年,在河南省舞阳县贾湖村新石器遗址发掘出至少16支骨笛,质地是用鹤类尺骨制成,大多有7孔,吹之,七音齐备,声音响亮,音域可以达到两个半八度以上。专家认为筹之祖是古龠,并认为"筹"是古南龠在汉族民间的一种变体,是中国吹管的乐器之祖,吹奏的方法少则也有八九千年的历史可考,有着重要的文化价值。随着河南贾湖新石器遗址骨笛的出土,其历史也逐渐彰显。

许昌的筹音乐自清道光年间至今已有近200年的历史。在《音乐辞典》《乐器法手册》等音乐工具类书籍中,找不到关于筹和筹音乐的阐释。历经千年还存活于汉族民间的顽强特性说明它具有独特的文化价值。

2. 艺术特色

筹与竹笛和箫相像,直径约3厘米,长约46厘米,身有9孔,下端的2个是调音孔,吹奏的时候竖着,把上端放置在口中,右斜约45度角。音质兼有笛音的清亮与箫声的柔美。《道德经》中的"天地之间,其犹橐(du)乎"即为筹。筹所奏之声,很有风情韵味,兼有箫的哀婉与笛的悠扬,听其演奏,有飘飘欲仙之快感,被誉为"世界之绝响,佛家之仙乐"。

许昌的"筹"乐曲丰富,从形式上看主要分为民间音乐、佛乐和道乐三大类。曲调理论也自有特点。乐队的规模很庞大,乐器也有多种,从功能上看有三大类:吹奏类、打击类和装饰类。演奏时,主持左手持炉,右手持法铃(炉上龙头供奉烟火),作用是尊道、供佛和驱邪气等。按笛、管、笙、箫等旋律性乐器,以及手擦、木鱼、碰钟、手鼓、云锣等节奏性乐器按次序前后排列,既体现出宗教里凝重、庄严、神秘、肃穆的风格,又融合了民间喜庆、欢乐的气息。

许昌群众艺术馆整理出来的30多个道教曲牌,有欢快、活泼的《小开门》《隔巴草》,悠长、恬静的《伴妆台》《三宝赞》,鲜有宗教音乐的幽深、神秘,而是洋溢着浓浓的乡土气息,近似汉族戏曲曲牌与民间小调。

3. 传承现状

传承人张福生1919年在尉氏县出生,从小即入道教,熟读四书五经,文武兼备,通融儒、道、佛三教,跟着父亲学会了筹的演奏技巧。1939年黄河决堤时，跟着父亲流落到鄢陵县境内，后居住在马坊乡的广福寺。他一直主持广福寺的佛事，也一直恪守着道士的身份。在此期间，他经常受到出门做道场的邀请，热情奔放的小铙舞伴随着悠扬婉转的音乐，给乡亲们送来了美的享受。

（二）大相国寺梵乐

2008年6月，大相国寺梵乐被列入第二批国家级非物质文化遗产名录。

1. 起源流变

大相国寺梵乐是历史悠久的汉族宗教音乐。梵乐，别称"佛乐""梵呗"，是佛教弘扬教法和诵佛等的一种具有宗教特色的汉族声乐。大相国寺的音乐包括"梵呗"和"劝世曲"两种，演奏乐器有法器和乐器两种。至今，大相国寺还保存着很多较为完整的古乐谱，在汉族传统音乐方面有广泛的代表性，经整理诠释出来的106首梵乐，吸取了汉族民间音乐和宫廷音乐的精华，结合现代的演奏技巧，让梵乐重现昨日的辉煌，具有很强的艺术性和艺术感染力，体现出中国佛教以"世界和平，生命和谐"为中心的文化价值。

对大相国寺梵乐的最早记录是宋朝梅尧臣的《宛陵集》。"刘原甫观相国寺净土院吴道子画，杨惠之塑像，又乐僧鼓琴，闽僧写真，予解其诧。"吴道子和杨惠之皆为唐代著名艺术家，都曾在大相国寺塑像和作画。宋代后，大相国寺成了骚人墨客听琴聚会的场所，苏东坡、王安石等都曾留下足迹。《东京梦华录》卷六记载了正月十六名流骚客游大相国寺赏梵乐的场景。

2002年，为使濒临失传的大相国寺佛乐恢复活力，大和尚成立了大相国寺佛乐团，亲任团长，并开始了大相国寺传统佛乐的挖掘整理工作，先后聘请十几位音乐教授指导和培训乐僧。至2002年底，已培养了20多名专职乐僧。同时，寺院佛乐文献的整理工作也有不少成就，基本上能适应各种场合、规模的演奏。2003年，在大和尚的精心操持下，寺院佛乐团走出寺院，参加国内外重大佛事活动以及慈善活动的演出，受到了社会各界广泛的好评。

2.艺术特色

大相国寺梵乐的演奏主要有六种场合。一是日常佛事，一般只唱念咏赞等声乐曲。逢初一、十五进香献乐，则增加乐器以表示隆重。二是佛教盛大节日，如释迦牟尼圣诞等。寺院住持向各个寺院都发出邀请，数百名乐僧集中在一起演奏梵乐。这时，笙管齐鸣，钟鼓震天，几日内余音绕梁。三是为皇帝祝寿献乐。四是汉族民间节日，如春节、元宵节、端午节、中秋节等，此时的梵乐欢快热烈。五是法会时演奏。六是做水陆道场时演奏。

大相国寺演奏乐器包括法器和乐器。法器是用于念经时的发声器，如振金铎、木鱼、钟鼓等；用于单独演奏或诵经时伴奏的是乐器。

代表性曲目有《洛阳伽蓝记》《驻云飞》《耍孩儿》《普庵咒》《水先枝》《柳含烟》。唐崔令钦撰《教坊记》以及明永乐年间《诸佛世尊如来菩萨尊者名称歌曲目录》等音乐典籍中，就有30余首（部）唐代大相国寺梵乐。

近年来，大相国寺充分挖掘优秀传统文化，在释隆江法师等的努力下，久已失传的梵乐表演得以再现，《白马驮经》《相国霜锺》《菩提树》等40余个乐曲得以恢复。

3.传承现状

释隆江法师1932年于民权县白云寺出家，1938年师从著名佛乐大师研习佛乐。2000年入开封大相国寺佛乐团，传授佛乐技艺。2008年6月，被确定为国家级非物质文化遗产代表性传承人。

（三）开封盘鼓

1.起源流变

开封盘鼓是一种单纯的鼓乐形式，鼓队由十几人到几十人不等，乐器仅有打击乐器大镲、人鼓、马锣三种。该种形式的乐队起源于古代军队中流行的一种鼓乐形式——迓鼓。考古发现，早在1400年前的北魏，迓鼓就已流行于我国北方地区的军队中。河北磁县的北魏墓葬中出土过一批军士打扮的击鼓俑，与开封盘鼓很接近,该鼓乐还在磁县流行,被称为"迓鼓"。

2.艺术特色

开封盘鼓以鼓为主,兼有大镲、马锣等乐器。鼓队编制不定,规模大小不一,一般以"鼓二镲一"组合。最小的鼓队有十几人,大的鼓队可达几十人甚至上百人。鼓队所用木框扁鼓皆为同一形制:鼓面约45厘米,高约30厘米,木框,形似棋子。演奏时,将鼓的背带斜挎于左肩,鼓放在腰前,鼓面朝上,双鼓槌击奏。有击鼓面边缘、击鼓面、击鼓框、双槌互击等几种击鼓方式。铜器多用大镲(民间称之为"帽儿镲")或配手镲、水镲。传统鼓队中还配有四面或八面的马锣。演奏时,锣手将马锣抛向空中,等马锣落下后接在手中继续演奏,为"撂马锣"。

"无论规模大小,各鼓队都有一人持写着'令'字的三角形小旗进行指挥,称作'令旗'。平时鼓队的训练中,'令旗'负责向年轻鼓手传授鼓谱,讲解各种技巧。正式表演时,则通过手中的小旗指挥鼓队的起、止、强弱、快慢等,同时还要指示鼓谱的节奏特征,以保证鼓队鼓点清晰、整齐。因此,'令旗'在鼓队中的作用十分重要。开封盘鼓有'原地演奏'与'行进演奏'两种表演方式。原地演奏时,鼓队常围成一个圆圈,'令旗'位于圆心,鼓手们面向'令旗'而背对观众。当鼓队为民间舞蹈伴奏时,鼓队位于表演场地的一侧,面向表演场地。'令旗'位于鼓队与舞蹈演员之间。行进演奏时,小的鼓队常走成四横排,第一、四排是镲,中间两排是鼓,'令旗'位于一、二排之间。为了能看到令旗,第一排镲手常面向令旗,退着步子行进。较大的鼓队常排成四路纵队,中间是鼓,两边是镲,令旗在最前面,面向鼓队,退步行进。开封盘鼓的演奏属齐奏方式,但鼓与镲的节奏不是完全相同的。鼓的节奏急促而稠密,镲的节奏稀疏而简洁,二者融在一起便形成强与弱、全奏与分奏等不同的音响色彩。"[1]

---

[1] 马振林:《开封盘鼓及其音乐特征》,《中国音乐学》1996年第S1期。

"开封盘鼓是一种行进中表演的鼓乐,民间称之为'走街鼓',但其鼓谱的节奏形态并不具有规整的节拍形式。各套鼓谱之间所含鼓点的数量多少不等,最少的有三或五个鼓点,多的有十几个鼓点。如最有代表性的'老得胜会鼓谱'就由［老得胜］［头道花］［二道花］［三道花］［架三棒］［葫芦炮］［羊抵头］［双嘟噜］［抽梁抽柱］［单游四门］［双游四门］［十六棒］［狗咬狗］［花三点］［凤凰单展翅］［凤凰双展翅］［凤凰三点头］［狮子滚绣球］共十八个鼓点组成。"[1]

开封盘鼓所用的大扁鼓属低音鼓,所用的镲也多为大镲。因此,当几十面鼓、几十副镲在一起敲响时,气势十分宏大,远听像惊雷,近听如万炮轰鸣,颇有排山倒海之势,惊天动地之威。加之鼓点复杂多变、节奏强烈,表演热烈、粗犷豪放,具有一种近于原始、粗放、拙朴的艺术风格。同时,变幻莫测的鼓点和整齐而清晰的演奏,又使之带有一种细腻的、成熟的韵味。开封盘鼓这种融粗放与细腻、器乐演奏与舞蹈表演为一体的独特的艺术风格,使得它无论是在听觉上,还是在视觉上都给人以极强烈的、震撼人心的感染力。这正是开封盘鼓艺术魅力之所在,也是它深深地扎根在开封民间、久盛不衰的原因。[2]

代表曲目有《鼓钹争春》等。

3.传承现状

开封盘鼓主要的代表性传承人有王国海等。

四、皖北地区

皖北地区的器乐主要有砀山唢呐。

2008年底,砀山唢呐被列入安徽省第二批非物质文化遗产名录。

1.起源流变

唢呐在砀山县的普及,历史悠久。"明代有'律圣'之称的著名律学家朱

---

[1] 马振林:《开封盘鼓及其音乐特征》,《中国音乐学》1996年第S1期。
[2] 同上。

载堉，虽身为皇族宗亲，却长期在怀庆府（今河南沁阳）黄河沿岸，深入民间唢呐班子，潜心从事民间音乐的挖掘整理和校勘。他大胆改革音律，先后写出《乐律全书》和《律吕正论》等多部专著。由于历史上黄河多次泛滥成灾，一部分经朱载堉亲授的唢呐艺人，随流离失所的难民一道辗转来到砀山县境内定居。据民间艺人口传，最早来砀山落户的唢呐艺人有张、刘、王、陈等几个家族。经过数百年的传承，慢慢形成今天的砀山唢呐艺术。"①

砀山唢呐是流传于安徽省砀山县的一种汉族传统音乐形式，属安徽省省级非物质文化遗产。它是婚、丧、嫁、娶、礼、乐、典、祭及民间歌会、舞蹈、社火、节庆等的必配乐器，更是各种剧种、戏曲、舞蹈、乐队不可缺少的领奏乐器之一。②

2. 艺术特色

唢呐的传统曲牌有［狮子岭］［下江南］［唤妹子］等几百首，本身是由民歌演变而来，经过漫长的时间，完全去掉了歌词，从民歌母体中脱胎而出，作为专门的唢呐曲牌流传下来，并得到人们的公认。唢呐发音高亢、嘹亮，过去多在民间的吹歌会、秧歌会、鼓乐班和地方曲艺、戏曲的伴奏中应用。经过不断发展，丰富了演奏技巧，提高了表现力，已成为一件具有特色的独奏乐器，并用于民族乐队合奏或戏曲、歌舞伴奏。③

唢呐的板式有［慢板］［原板］［中板］［流板］［快板］［二流板］［煞头牌］等。［原板］比［慢板］稍快一点。［中板］均为2/4拍；［中板］还包括［二流］和［垛板］；［快板］包括［二流板］。吹奏基本上遵循慢起、中续、快结尾这一规律。［慢板］后接［流水］，［中板］后接［二流］，最后用煞头牌。

代表性曲目有《百鸟朝凤》《叫句子》和《水落音》。

3. 传承现状

砀山唢呐的传承人主要有张团结、单古军和朱海宽等。

---

① 胡迟：《砀山唢呐：唢呐的江湖》，《江淮文史》2013年第6期。
② 胡远佤：《浅谈砀山唢呐之发展》，《戏剧之家》2016年第18期。
③ 况俊改：《唢呐表演与演奏》，《考试周刊》2014年第17期。

第四节　传统舞蹈

舞蹈是舞者以人体动作作为主要表现手段，运用舞蹈语言、节奏、表情和构图等基本要素塑造出直观而生动的艺术形象，从而表达思想感情的一种艺术形式。我国传统舞蹈由各族人民根据现实生活直接创作，反映了本民族的社会生活，内容丰富、形式多样，并具有集体性、自由性、普及性和娱乐性的特征。同时，它还不同程度地凝聚和渲染着民族精神和民族意识。

淮海地区传统舞蹈种类繁多，由于这一地区民风淳朴，人们大多具有豪爽、奔放的性格特点，由此产生的舞蹈也都具有刚健、粗犷、朴实的风格。

一、苏北地区

苏北地区舞蹈主要有宿迁洪泽湖渔鼓舞、睢宁落子舞、睢宁云牌舞和宿迁洪武花棍舞。

（一）宿迁洪泽湖渔鼓舞

2014年宿迁洪泽湖渔鼓舞被列入第四批国家级非物质文化遗产名录。

1. 起源流变

洪泽湖渔鼓舞是江苏省的一种汉族传统舞蹈，是早期洪泽湖流域湖区神头（神汉）为渔民烧纸还愿或者在神坛祈祷时所用的一种祭祀性舞蹈形式。分布于江苏省泗洪、泗阳、洪泽、盱眙等地。它最初产生于江苏省泗洪县半城（今半城镇）一带。半城镇位于洪泽湖西岸，春秋时期，是徐国国都所在地，也是中华徐姓和中华徐文化的发源地，这里有徐城埂、挂剑台、鹄苍冢等古徐文化遗址。特殊的地理环境和深厚的文化背景，使渔家传统的祭祀活动得以普遍存在，当地老百姓以这种方式请神驱鬼，祀求神灵保佑渔民出湖捕鱼平安，欢庆收获而归等。

2. 艺术特色

洪泽湖渔鼓舞的主要道具是渔鼓，渔鼓的边框为铁制，外形为圆形，形如蒲扇，直径约35厘米，沿圆边框蒙上一层羊皮，也可以用狗皮或鱼皮。现舞台表演多用厚皮纸制成，鼓上有柄，柄长20厘米左右，通长在70厘米左右，柄尾有一直径15厘米的圆形铁环，环周有4个铁环，每环再串系两三个小铁环，柄尾圆环上系上大红丝带，表演者表演时，左手持鼓，右手执键，随表演者的动作和音响效果需要，或摇动渔鼓，或用竹键有节奏地击打渔鼓，便会鼓声咚咚，环声叮当。鼓键一般长4厘米，宽1厘米，由竹篾制成。键尾柄处软布缠绕，以便手执，柄末系有丝质须子或彩色布条，舞动时绸带飞扬，增加观赏效果。

洪泽湖渔鼓舞表演者均为男演员或男扮女装，演员着装艳丽，演出的场地在船上，观众多时有七八条船并在一起，合成一个简便的水上舞台。洪泽湖渔鼓舞艺人，在生产生活实践中不断演变，唱腔不再是迷信中的嚷神和念佛，而是融入了曲艺演唱和肘鼓调，同时吸取了渔家号子和渔歌等唱腔和韵律。表演的内容多是湖上渔家儿女以轻歌曼舞的形式表现渔民的劳动场景和丰收的喜悦心情，增加了激昂奋进、热情奔放的旋律，将山清水秀、百舸争流的湖上自然景观作为舞台天幕，烘托壮观的捕捞作业场面阵容。表演的舞蹈也不再是简单的伴舞动作，出现了前后游、左右摇等舞姿，模拟撒网、下簖、摇船的打鱼动作。

3. 传承现状

早期渔鼓舞的传承体系仅为家族式，即父传子、长辈向晚辈手传口授，代代相传，但到了清末民国时期，随着渔鼓在湖区的繁荣，传承形式打破了家族体系，出现了收外族徒弟的现象，当时的渔鼓班子达到100多个，参与的人数达到1000多人。

中华人民共和国成立后，专业文化工作者付出了不懈的努力，吸收了传统舞蹈的艺术和技巧，特别是改革开放后，经过长年累月的整理、演出和创新，使这一湖区古老的文艺表演形式传承至今。主要传承人有张坤、王林翠、陈长莲等。

（二）睢宁县落子舞

2006年10月，睢宁县落子舞被列为首批省级非物质文化遗产名录。

1. 起源流变

"睢宁的民间舞蹈'落子舞'起源于明代，当时下邳的汤姓艺人继承了汉代乐舞形式，同时将三国时期的武艺动作和宋代的莲花落子舞等元素巧妙地融合在一起，创造出一种独具特色的民间舞蹈，流传至今已有400多年的历史。"[1] 据《明史》和《睢宁县志》记载：明嘉靖年间，抗倭名将汤克宽升为广东总兵，为感谢皇恩，在下邳老家门前隆重举行十日大庆，从众多民间艺人中，发现汤家落子演艺超群，随之收留几位艺人并帮助搭班组社，定居下邳半戈山下。从此，汤家落子便在下邳州扎下了根。后经世代有序传承，又由下邳落子形成了今日睢宁落子舞。

2. 艺术特色

传统落子舞由一个长相英俊的少年手持花伞领舞，两名白衣少男打连厢和舞动霸王鞭，两名红衣少女打竹板和耍红撒巾；五名少男少女分别以跑跳步、搓跳步、花梆步等不断变化队形，舞动有序，高潮迭起。舞姿优美而粗犷，既有轻盈的韵致，又具古朴的风姿，充满着浓厚的青春活力与阳刚之气，又表现出浓郁的乡土气息和地方特色。伴奏的乐器有大锣、二锣、大钹、小钹、堂鼓、唢呐和笙等，伴随着演员手中的竹板、连厢的律动拍打发声，风格质朴、欢快。

落子舞分文落子和武落子。舞蹈的动作幅度小，且表演文雅、细腻、活跃的称为文落子（也叫小架落子），以古邳镇半山村艺人卢修田为代表。舞蹈的成分重一些，且动作幅度大，表演热烈、奔放、粗犷的称为武落子（也叫大架落子），以睢城镇五里堂的艺人刘资侠为代表。

代表性曲目有《儿童花伞落子》《三人落子舞》《九人落子舞》《闹洞房》《丰收落子》。

---

[1] 姜玉梅：《"落子舞"的传承与发展需从娃娃抓起》，《剧影月报》2013年第3期。

3. 传承现状

"2006年，睢宁落子舞被江苏省人民政府批准为省级非物质文化传承保护项目，并在全县设立了5个落子舞传习所。"[1]这些传习所都负责少儿落子舞的培养传承任务。在传统落子舞的基础上，"融合文武落子的表演形式，重新编排出既有虎跳、单双扫腿、打螃蟹、劈叉、小翻等舞蹈技巧，又有寒鸭凫水、鹞子翻身、凤凰夺窝、白鹤亮翅等曲线优美、柔情似水的形象化动作，同时参加表演人数增加到30人、40人、60人、80人"[2]。

（三）睢宁县云牌舞

2013年，睢宁县云牌舞被列为第四批省级非物质文化遗产名录。

1. 起源流变

睢宁县云牌舞是徐州东南一带具有浓郁地方特色的传统舞蹈。据《古邳镇志》《睢宁县志》等资料记载，睢宁县云牌舞起源于清康熙年间。康熙二十八年（1689）康熙皇帝南巡至邳州（即今睢宁古邳镇），当时邳地因连年遭受黄河多次决口泛滥的水灾，人民生活十分艰难困苦。邳州人陈肇宪为拦道上书灾情，组织了十多名女童以表演民间云牌舞的形式，巧妙打出"水患无情皇上有情"的字样。康熙皇帝观看后，迅速责成江苏抚臣洪之杰率州牧孙居煜再度调查复奏，结果获旨免去邳人二十年所欠赋税银两。从此，邳州云牌舞轰动中原地区，后随世代有序传承，又改称为睢宁云牌舞。[3]

2. 艺术特色

传统云牌舞的道具为"云牌"，它是由竹篾编制的云朵状牌子。通常由八位女童表演，每个演员手持两块，通过不断变换队形，从而表现出天空中云彩飘动的景象，由浮云变换到接云，再变换到捵云、乌云、卷云、蹲云等，再将不同的云图组成吉祥文字，突出舞蹈主题，以此表现人民安居乐业、生活幸福

---

[1] 姜玉梅：《"落子舞"的传承与发展需从娃娃抓起》，《剧影月报》2013年第3期。
[2] 同上。
[3] 张甫文：《睢宁四个"非遗"项目获省级保护》，《农民日报》，2009年6月20日。

的心情。

睢宁云牌舞表现风格独特，舞姿造型美，节奏感极强，表现力明快。舞者妩媚多姿、娇柔轻盈，充满了青春活力。舞蹈配以音乐伴奏，表达比较细致复杂的思想感情和广泛的生活内容，起乐以咏言、舞以尽意的作用，有着感人的强烈艺术效果。

3. 传承现状

20世纪70年代，在学习小靳庄的"繁荣农村文艺"的全国性运动中，沙集中学音乐老师张朝恩组织学生重新创排云牌舞，再次亮相彭城和南京城，观看的观众拍手叫绝。至今，云牌舞在睢宁东部地区被传承下来。

2016年1月25日，由国家教育部、全国妇联、国家综治办、共青团中央、国家关工委、中国下一代教育委员会等联合举办的"2015闪亮新星全国青少年才艺展示活动"总决赛，在北京星光电视节目制作基地隆重举行。古邳中学云牌舞表演队勇夺银牌，并获得"十佳组织奖"。

（四）宿迁洪武花棍舞

2007年12月，洪武花棍舞被列为第一批宿迁市级非物质文化遗产名录。

1. 起源流变

洪武花棍舞是长期活跃于江苏省泗洪县境内及淮河沿岸，具有鲜明地方特色的汉族传统舞蹈，有的地方也把该舞蹈称"连厢""金钱棍"或"霸王鞭"。它以动作豪放、阵容庞大、节奏明快、气氛热烈在当地群众中得到普及和传习。流行于宿迁一带的洪武花棍舞，源于其独特的历史背景，至今已有600多年的历史。据蔡东藩《明史演义》介绍，元末至正年间（1335—1340），农民起义风起云涌，朱元璋（祖居泗州）因家贫雇给财主刘大秀家放牛，后与吴良、吴祯兄弟结成好友，每日一起玩花棍（牧棍），编歌谣，逐渐形成了节奏明快、姿势优美的花棍舞，引来了很多牧童跟着学习。朱元璋投军后，此舞的要诀由吴良兄弟在家族中传承。明洪武三十五年（1402），燕王朱棣发动"靖难之役"，推翻明朝第二代皇帝建文帝，夺取皇位，恢复"洪武"年号。原辅佐建文帝的吴良之孙吴升恐受牵连，逃到泗洪潼河一带乡下教书。后来吴升把花棍舞融入了体操的形式，以丰富课余生活，并被定名"洪武花棍操"。自此，洪武花棍舞在淮河沿岸有了更广泛的传承和发展。

2. 艺术特色

洪武花棍舞的道具主要为"花棍"。它是用一根细木棍、细竹竿或干透的荆条制作，杆长80—100厘米，直径2.5—3厘米，在距两端5—10厘米处各有一个长10厘米、宽1.5厘米或三四个较短的透气孔，从侧面钻一小孔穿入铁丝作为轴，再分别嵌入四五个小铜钱或小铜钵。当摇动花棍时，铜钱撞击孔壁发出哗哗的响声。花棍表面着红、黄、蓝等色彩，棍两端系扎彩色绸布，作为装饰。每个演员手持两根棍，根据内容可分可合。

洪武花棍舞的基本技巧是：用棍端磕打四肢为基本动作，分为"八拍法"和"四十拍法"。"八拍法"具体形式为：一拍磕左手，二拍磕右肩，三拍磕左肩，四拍磕左大腿，五拍磕左小臂，六拍磕右大腿，七拍磕右小腿，八拍磕左脚掌。"四十拍法"则是在原"八拍法"的基础上又加了三个"八拍"和两个"四拍"。磕打的位置扩大到手腕、腰、腿外侧、后肩等部位，还有双棍互磕、触打地面等。

洪武花棍舞可二人对打，也可多人齐舞，大型表演时，可多达上百人。无须固定的音乐伴奏，可任意选用相关曲子、歌谣。其节奏明快，依次拍打人体各个部位。双棍时而单打，时而双打，时而交叉打，姿势优美、舒展、大气。可作文艺表演，也可作体育活动锻炼身体，具有"舞"和"操"的双重特点。

目前，洪武花棍舞的阵法分四个部分，共9节，272拍。第一部分展示上肢，以舒展大气的动作单打左右肩，后双棍交叉打，计2节，64拍。第二部分展示躯干，以体侧、转体左右打，打背花，计3节，96拍。第三部分展示下肢，包括踢腿，双棍从腿下交叉穿打；下蹲，棍于脚踝部接地面盘打；跳跃，双棍交叉打连环，计3节，96拍；第四组字造型，计16拍。全舞场面宏大，主题突出，大气磅礴。

代表曲目有《祖国你好》《锦绣中华》。

3. 传承现状

洪武花棍舞原由牧童玩耍的牧棍演变而来，其最初无完整的传承谱系，仅为牧童伙伴们相互效仿，或者家庭晚辈向长辈们模仿。清代以后为师徒传承，今已传承至第十四代。

主要传承人有孔令法、吴昌銮等。

二、鲁西南地区

鲁西南地区舞蹈主要有山东商羊舞、莱芜和庄蹉地舞和莱芜颜庄花鼓锣子。

（一）山东商羊舞

2008年山东商羊舞被列入第二批国家级非物质文化遗产名录。

1. 起源流变

山东商羊舞是发源于鄄城县北部李进士堂镇、旧城镇的一种古老的传统舞蹈，是鄄城人民传统文化的表现形式，富有鲜明的地域特色，内容涉及鄄城习俗的各个方面，也是被广泛认同的中华民族具有美好象征意义的舞蹈形式之一。

2. 艺术特色

商羊舞属于集体舞，一般由12—16人组成（男女各半）。每人上穿彩衣，下穿彩裤，腰系彩带，手拿响板，上系一对铜铃和一朵红缨结成的花，脚脖上各系一对铜铃，在乐队的伴奏下，舞蹈队员们手里拿着响板跳舞，模仿商羊鸟的各种行为动作，伴着响板有节奏地撞击发出的脆响声进行表演。舞蹈主要队形变化有"下山""上山""卷箔""二龙吐须""交麻花""商羊戏水"等。表演的动作主要有行走动作、泰山压顶、抵头、前仰后合步、前跳步、后弓步等。

3. 传承现状

陈凤娥、陈泽川均为商羊舞代表性传承人，为重新演绎商羊舞做出了艰辛的工作。目前商羊舞处于后继乏人的境地，急需采取有力的保护措施，把这种原生态的舞蹈继续传承下去。

（二）莱芜和庄蹉地舞

莱芜和庄蹉地舞被列为省级非物质文化遗产名录。

1. 起源流变

莱芜和庄蹉地舞属山东民间古老的汉族舞蹈，流传于莱芜市和庄镇一带。它起源于清乾隆年间的平洲原山庙会，形成于清嘉庆年间的原山求雨，盛行于抗日战争、解放战争时期原山一带常（庄）、文（字）老区，距今已有200余年的历史。嘉庆二十三年（1819）山东四乡百姓在原山庙会举行了盛大的求雨仪式。年老体弱者在山下列队跪拜，青壮年男女则头戴柳枝草帽[①]，一步一磕头到达山峰以后，以舞蹈的形式在玉皇庙祈神降雨，当地居民如痴如狂，手舞足蹈，把生计之难、祈求之苦、神恩之深等深切情怀集于一"蹉"，蹉地舞就形成了。一年一度的原山庙会，跳蹉地舞成为庙会的主要活动，每年农历二月十九的原山庙会日为蹉地舞的活动日期。

2. 艺术特色

蹉地舞突出一个"蹉"字，表示登山下滑动作。要点是上身前倾，双脚后蹬，一步半个蹉，似把原山登。主要有单脚蹉、双脚蹉、单交叉蹉、双交叉蹉、蹦跳蹉等一些动作。队形多以直线或斜线为主，这是根据上山下山的特殊环境决定的，很少有圆形的变化。在直线或斜线的运动中，又多以双线运动为多，这是由上山下山互相搀扶、相互照顾而演变成的。

莱芜和庄蹉地舞以其鲜明的地域特色，反映了莱芜和庄地区的乡土风情、民风习俗。随着时代的变迁，又增加了表达男女爱情的内容和情节，并使队形

[①] 戴柳也属于当地赶庙会的一种民间习俗，表示对神的尊敬，寓意免灾驱毒。

变化保留着"直线不弯曲,队伍不相离"的艺术特点。蹉地舞具有自娱性,舞台上、家中院子里、大街上、田间地头等娱乐场合均可跳蹉地舞。

表演时,男舞者戴夹鼻胡,头戴用高粱秸编制、帽檐插柳枝的六角形尖顶草帽,穿白色对襟上衣、浅蓝色彩裤、黑色拖鞋,扎黄绸腰带。女舞者头梳一根长辫,插小红绒花,穿深绿色镶粉红色花边的偏襟褂、深绿色印白梅花的彩裤、深绿色割花鞋,鞋面上用大红色棉线绣花后,再将凸起的部分用剪刀剪平,使花朵图案呈现绒乎乎的效果。

代表性曲目有《登山曲》《保佑百姓不受灾》。

3. 传承现状

蹉地舞出自民间,流传于民间,是汉族民间祭祀与自娱的产物。和庄乡和庄村的民间老艺人崔敬堂(男,1920年生于本村,12岁跟随他的祖父崔修同学艺,1946年为常文老区蹉地舞学习班的主要传授者)及其传人郭文焕、郭庆功、黄淑珍以及黄向浩等均是蹉地舞的组织者、传授者,为蹉地舞的流传和发展做出了贡献。

近年莱芜市艺术馆的舞蹈工作者组织专门力量,在蹉地舞原来的基础上进行了深加工、精加工,使其达到规范化、专业化标准,使这一舞蹈形式在当地民众中得到了广泛的传承和普及,丰富和活跃了农村文化生活。

(三)莱芜颜庄花鼓锣子

2006年莱芜颜庄花鼓锣子被列入第一批省级非物质文化遗产名录。

1. 起源流变

花鼓锣子为莱芜市颜庄村所独有,由于以花鼓、铜锣为主要演出道具和伴奏乐器,故取名"花鼓锣子"。颜庄位于莱芜、新泰路之要冲,既是商贾来往、匠人聚散的重要集镇,又是迎神赛会、焚香祭祀的主要场所。清末民初,张凤旨、苗传美、刘俊田、杨春庆等村民酷爱民间艺术,常常聚在村头唱跳玩耍,自娱自乐,是本村春节年关、迎神赛会等娱乐活动的核心人物。经过多年的发展，他们逐渐地把敲花鼓（乞丐）、打铜锣（艺人）、耍旱伞（卖鼠药人）和打夹板（磨剪刀人）等艺术技巧合为一体,演变成一种别具特色的歌舞说唱形式。

2. 艺术特色

颜庄花鼓锣子早期形式为5名演员说唱表演。领队者腰系腰鼓，为戏曲中的小武生打扮；第二人为打小铜锣者，花旦装束（男扮女装）；第三人是打夹板者（夹板是用两条长1.2米，宽6厘米，厚1厘米的竹片制作，每片下端用火烤成弯度为25度角作为把手，上端横穿一条皮条将两片上端联结，并安上两个弹簧，弹簧上各系一个绒球作为装饰，每片夹板上各安装5枚圆形铁片，铁片可晃动，击打夹板时，铁片随之响动，为丑角装扮；第四人打小镲（男扮女装），扮相与第二人相同；第五人握油布伞，扮相同第三人。每年春节前农历的腊月初八，他们5位艺人一起带香火纸钱到村中庙内烧香磕头，以祈求神灵保佑（他们选择腊八有两种含义，一是腊八谐音"拉把"，拉把拉把他们自己本身；二是拉把拉把花鼓锣子这门民间艺术）。拜完神灵后，花鼓锣子队便集中排练，5位老艺人各献技艺，唱小曲，对台词，凑戏文，并置办道具、服装等，进行演出前的准备工作。此时，本村的村民可根据自己的经济情况，给他们送一些米、面、粗布料等，有物送物，有钱送钱，图个祥和吉利。过了春节，正月初六，先在本村演出3天，全村老少欢天喜地，热闹非凡。正月初九，再按请帖的顺序到外村演出，直到正月十六掩箱息鼓，花鼓锣子的演出方告结束。

花鼓锣子舞蹈动作的基本特点是：拧腰扭胯风摆柳，抖肩缩脖脚步轻，两腿靠拢弹跳步，身斜碎步一溜风。其中再伴有翘胡子、调情等滑稽可笑的动作，形成了自娱娱人、插科打诨、风趣幽默的演唱形式与风格。

常用乐曲有拜年歌、画扇面等，数板多以民间故事、历史传说、日常生活等为内容的唱词，富有浓郁的乡土气息和生活情趣。表演时见景唱景，见物说物，时歌时舞，穿插进行，即兴性很强。后来也唱一些表现某种情节的固定唱词。

3.传承现状

花鼓锣子已有四代传人。活跃于20世纪三四十年代的杨振秋、李圣儒、杨振文、崔庆吉、吴式松等老艺人和在五六十年代知名度很高的朱光富、魏振玉、魏振贵、李中庆等在唱词及表演上都有了较多的改进。唱词以庆丰收、祝捷等为主要内容。原男扮女装改为由女性登场,演员也由5人逐步发展成10人、20人、40人等。

三、豫东地区

豫东地区的舞蹈主要有官会响锣、大仵传统舞蹈和担经舞。

（一）官会响锣

官会响锣被列入国家级非物质文化遗产名录。

1.起源流变

官会响锣是活跃在红白喜事、庙会庆典活动中的舞蹈艺术,在豫东农村流传甚广,深受群众的喜爱。

2.艺术特色

官会响锣的演员以铜锣为道具,边打边舞,并用锣组成各种造型,变化多端,有一种似是而非的艺术境界。锣阵大小不一,最小的两人就可以表演,最大的60多人。传统官会响锣表演形式有多种套路,如"青蛙啃泥""天女散花""狮子滚绣球""小两口亲嘴"等。塑造的形象丰满逼真,有很强的乡土气息。

时任项城市文化馆馆长的崔洪斌等人在传统官会响锣的基础上大胆创新,在艺术形式上借鉴了戏曲、盘鼓等打击乐的演奏技巧,在乐器配合上加进了大鼓、大镲、大铙等打击乐器,表演上融入了原始和现代的舞蹈文化,形成一套完整的表演节目。代表曲目有《锣龙》《中原锣舞》等。

3.传承现状

王金亮,官会镇文化站原站长,官会响锣省首批非物质文化遗产代表性传承人,自幼跟随父亲参与响锣表演,随后一直从事该项目的收集和整理工作。

1990年组织人员整理出了官会响锣打击乐谱，并搜集和收藏传统的音像资料，由此，王金亮于1999年获得了中国民间文化艺术山花奖，同年还获得了"国安杯"中华舞龙大赛金奖。

（二）大仵传统舞蹈

柘城大仵传统舞蹈是首批河南省省级非物质文化遗产。

1. 起源流变

豫东商丘柘城县大仵乡古往今来是商家云集之地，大仵乡传统舞蹈艺术最早起源于明末清初，距今也有350年的历史，它是村民自发组织的传统舞蹈艺术，属于自娱自乐的舞蹈形式。柘城大仵传统舞蹈分为"不带说唱舞蹈"和"带说唱舞蹈"两种。其中，"不带说唱舞蹈"分为龙灯舞、狮子舞、竹马、高跷、鬼会五类。"带说唱舞蹈"分为小车和旱船两类。龙灯舞主要表现火龙和青龙一起搏斗和戏耍（戏珠）的生动场面，狮子舞主要是通过大小三个狮子的滚绣球、啃痒、踩步等可笑滑稽的动作姿态来吸引观众。

2. 艺术特色

柘城大仵传统舞蹈的形式有单独表演，也有多人共同出场的形式，而全套民间舞蹈的大演出有180余人，其表演既有粗犷豪放的场面，也有嬉戏滑稽的场面。商丘柘城大仵传统舞蹈艺术特色非常鲜明，具有浓郁的地域特征，几百年来，深深根植于商丘民间，一直伴随着人们的繁衍生息传承发展。传统节目有《水漫金山》《金刚斩秦桧》《唐僧取经》等，同时，也衍生出了一批现代节目，如《丰收乐》《辣椒赞》等。

3. 传承现状

改革开放后，为了传统舞蹈艺术发扬光大，退休工人王国明、老支书邵振山及村民吴振江、李付林、赵红军等人一起，于1995年发起并成立了"大仵乡北街村传统舞蹈艺术团"。如今年龄最大的艺术指导教练王国祥已85岁高龄，团长王国明也已77岁。随着老艺人逐年离世，年轻人多外出打工，民间舞蹈队伍逐年缩小，柘城大仵传统舞蹈已处于濒危状态。

(三) 担经舞

1. 起源流变

担经舞起源于伏羲庙会，据考证和文献记载：塔桥伏羲庙有画挂亭、蓍草圃。传人祖伏羲曾画卦于此。汉置庙建亭，时有兴衰。唐、宋为鼎盛时期，庙会上香客云集，达10余省市。明代被列为官庙，并建有接官厅。担经舞最初在伏羲庙会上表演，后逐渐发展，清同治年间已在上蔡广泛流传，有时多达数十班。1949年前曾传入项城、淮阳、周口、开封、漯河、许昌及湖北、安徽等地。

2. 艺术特色

担经舞为汉族民间舞蹈，有广泛的群众基础。它融舞蹈、戏曲、音乐为一体，在民间舞蹈中独具特色。保护开发担经舞，对传承优秀民族文化、服务经济建设、促进社会和谐发展，有着重大作用。

担经舞人数不限，少则3至5人，多者十几人，或数十人，皆为中老年妇女，个别庙会有男性参与。表演者穿便衣、便裤、裹头巾、扎裹腿，或着彩衣、彩裤。一部分人担经挑，一部分人列队打瓦子伴唱。由送经人领唱，率担经人走"十字花""剪子过"等队形，边舞边唱，演唱为无伴奏演唱。担经时穿插有瓦子舞、花伞舞、花篮舞、跑旱船等。担经舞步伐轻快，舞姿优美，节奏明朗，唱腔悦耳。唱词诙谐风趣，集舞蹈、戏曲、音乐为一体，深受群众喜爱。

3. 传承现状

担经舞历史悠久，与古蔡文化、伏羲文化相互生辉，主要活动在古庙会与集镇节日庆典期间，其表演庄重热烈，有歌有舞，倍受群众欢迎。1949年后，古庙被废，庙会和担经舞随之被取缔。20世纪80年代以来，古庙会活动有所恢复，但担经舞因缺少文字资料，老艺人健在者越来越少，已经濒临失传境地，如再不及时抢救发掘，这一古老的传统艺术将不复存在。

四、皖北地区

皖北的舞蹈主要以花鼓灯为代表。

2006年花鼓灯被列入第一批国家级非物质文化遗产名录。

1. 起源流变

花鼓灯是汉民族传统舞蹈艺术中历史最为悠久、内容最为丰富、系统最为完整且旋律极为优美的杰出代表。"花鼓灯艺术是农耕文化的产物，其艺术群体是广大农民，表现内容是农村中体现农民耕种收作、婚丧嫁娶、情感宣泄、审美娱乐等的各种形式。"[1]花鼓灯有着强大的生命力，在世界上享有崇高的声誉，被中外人士称为"淮畔幽兰""汉民族民间舞的国宝"。

花鼓灯是安徽省流传较广、参与人数较多、内容较为丰富多彩的一种民间歌舞艺术。《凤台县志》有载，"花鼓灯宋代就流传于安徽凤台、怀远一带"。民间传说，包公放粮赈济，百姓为感恩德，以"玩鼓灯"的形式欢庆，相沿至今。

花鼓灯"发源于淮河中游一段约三四百里的河滨，流传于淮河上游颍上、凤台和怀远三地。这是三个沿淮淮北连体的县域，现在分属于阜阳、淮南和蚌埠的皖北三个市级行政区"[2]。

2. 艺术特色

花鼓灯表演时角色多、分工细，主要表演者的女角称"兰花"，男角称"鼓架子"。1949年前，兰花也由男人扮演，那时的兰花脚穿"木跷"和"挂垫子"，模拟小脚女人，后逐渐弃之，表演时，手持折扇、手绢，或打小铜锣。鼓架子分为大鼓架子和小鼓架子，前者擅长上盘鼓的表演，表演者肩上顶着舞者，要顶得多、顶得稳、顶得久，需要有气力和很高的技艺；后者专演小场，擅长武功技巧和身段表演。《抢板凳》《游春》《火老虎》和《大鼓镲》等是其中的代表。

---

[1] 陈晰：《皖北花鼓灯保护的思考》，《牡丹江师范学院学报》（哲学社会科学版）2013年第5期。
[2] 同上。

3. 传承现状

花鼓灯的主要传承人有冯国佩和陈敬芝。冯国佩是花鼓灯表演者，又是向国际上介绍花鼓灯的先导者；陈敬芝现为中国舞协会员，安徽省舞协理事。

第五节 传统曲艺

曲艺渊源已久，《礼记·文王世子》有关于"曲艺"一词最早的描述，"曲艺"一词在历史的进程中，虽然内涵与外延不断产生变化，但大致还是围绕着与艺术表演相关的内容与形式；至民国时期，"曲艺"一词的内涵具体指向曲艺与杂技两个艺术门类；1953 年 9 月在中国文学艺术工作者第二次全国代表大会上，成立"中国曲艺研究会"，"曲艺"一词成为曲艺艺术的专有称谓。

淮海地区的曲艺大致以说唱长篇"大书"的鼓书类为主，说唱相间，根据故事内容及情绪的变化，决定唱与说的比重的多寡。

一、苏北地区

苏北被列入非物质文化遗产的曲种主要有连云港地区的肘鼓子、渔鼓、打连厢、海州五大宫调、连云港苏北大鼓、连云港工鼓锣，徐州地区的徐州琴书、沛县荷叶落子、徐州丰县坠子，宿迁地区的苏北琴书、苏北大鼓。

（一）肘鼓子

肘鼓子被列入市级非物质文化遗产名录。

1. 起源流变

肘鼓子是一种古老的曲艺演唱形式，因演员在表演时用肘部击打太平鼓而得名。据《赣榆曲志简志》一书记载，明崇祯年间赣榆出现艺人演唱肘鼓子，又因一周姓尼姑演唱最动听，所以又名"周姑子"。

2. 艺术特色

肘鼓子是一种以方言唱为主、唱念相间的民间曲种。主要唱腔有"大花腔""小花腔""四平调""阴阳腔"等。"大花腔"长于抒情;"小花腔"多用于叙事;"四平调"又称"老头腔",一般为男性艺人选用;"阴阳腔"多用于表现悲凉凄惨的情绪,别名"哀怜腔"。

肘鼓子的板式有［慢板］［散板］［垛子板］［流水板］等,伴奏乐器一般采用柳叶琴或板三弦,唱者则手持太平鼓击节。

3.传承现状

肘鼓子的演唱班组多以家庭班社为主,历史上以赣榆县门河镇纪瓦沟的"封锅班"、大岭乡的"帮友社"和马站乡的"仲家班"等最具影响力。现有王起娥、吴隆柯、鼓仁善等民间传人仍在乡间、集市行艺。

(二)渔 鼓

2010年渔鼓被列入第一批连云港市级非物质文化遗产名录。

1.起源流变

传说,"八仙"之一的张果老怀抱渔鼓倒骑毛驴所唱的曲调,后被道教道士传教时所采用,称为"道情",也即"渔鼓"。据说在清朝时期,赣榆艺人郑培民赴邻近的山东临沂学习渔鼓,把渔鼓的技艺带回家乡,成为赣榆的第一代渔鼓传人。被引进赣榆的渔鼓采用地方方言演唱,同时又融入赣榆的地方小调,成为当地颇具影响力的曲种。

2.艺术特色

渔鼓乐器主要为渔鼓、简板。表演中说唱结合,艺人右手拍打鼓皮,左手夹击两块简板,有时坐唱,有时站唱。

3.传承现状

渔鼓的传承现状较为尴尬,目前只有东海县石湖乡的孙宝龙尚可以演唱。

(三)打连厢

连云港打连厢被列入市级非物质文化遗产名录。

1.起源流变

打连厢,早期是乞讨的一种行为方式。大约在600多年前,由于战争原因,百姓生活无以为继，就以一根竹竿作为表演道具，打出各种花样，以此卖艺求生，后来成为一种传统的曲艺形式。至20世纪初，艺人为打连厢配上《杨柳青》的音乐，加上唱词，使得此曲种焕然一新。

2. 艺术特色

打连厢只用竹竿击节，形式上过于单调，有艺人在竹竿上做文章，把铜钱缀到竹竿的槽上，舞动时会发出金属碰击声，以及竹竿挥动时发出的风声，非常动听，颇受百姓喜爱。

3. 传承现状

打连厢在当下颇受百姓追捧，原因是此艺术形式除了陶冶情操，还能锻炼身体。这也是淮海地区内唯一不用政府倡导，依靠曲种自身魅力仍具传承力的非物质文化遗产项目。

（四）海州五大宫调

2006年海州五大宫调被列入第一批国家级非物质文化遗产名录。

1. 起源流变

海州五大宫调通行在连云港及周边地区，这种曲艺形式以"软平""叠落""鹂调""南调""波扬"等小曲为基本腔调，用曲牌连缀体来演唱。明末清初，海州五大宫调逐步形成并走向成熟。因海州交通相对闭塞，地区内的小曲相对保存完整。

2. 艺术特色

海州五大宫调风格古朴，是淮海地区一种较为少见的唱曲类的曲种。有些曲牌历史悠久，由于较少受到外来音乐影响，曲牌仍旧保持明、清时期的遗风。其他地区一些失传的曲牌也可以在此觅到踪迹；而一些具有相当难度的曲牌，在这里仍有传唱。因此，海州五大宫调具有较高的研究价值，从中可以窥探明、清小曲的原有面貌。

海州五大宫调分为大调与小调两类。大调字少腔多，细腻抒情，用以表现舒缓的段落，常用的曲牌有［满江红］［叠落］［南调］［马头调］等；小调节奏明快，用于叙事；两者既可独立，又可连缀说唱故事，常用的曲牌有［叠断桥］［凤阳歌］［闹五更］［杨柳青］等。

3. 传承现状

20世纪80年代后，由于外来文化的入侵，五大宫调逐渐走向濒危，只有一些老艺人在传唱，年轻人不愿主动加入传承队伍。当前国家级传承人主要有赵绍康、刘长兰、徐毓芳、刘洪网。

（五）连云港苏北大鼓

连云港苏北大鼓被列入省级非物质文化遗产名录。

1. 起源流变

连云港苏北大鼓是苏北地区一种主要的曲艺形式，由一名艺人击鼓、打镰同时兼演唱。苏北大鼓历史悠久，属南宋丘祖所创门派，宗谱已排30个辈分。如从南宋算起，迄今已有800多年的历史。

2. 艺术特色

苏北大鼓采用赣榆与东海北部的方言演唱。表演中，艺人一般站唱，身前立一面鼓，右手持鼓槌敲击鼓面，左手击打简板或钢镰，以唱为主说唱故事。

3. 传承现状

中华人民共和国成立后，在党和人民政府的关怀下，涌现出一批影响较大的大鼓艺人，如许家昌、孙书芳、许冰清、宋永胜等，他们不仅演唱一些拿手绝活——传统书目，而且还创作演唱了一批反映现代生活的新书目。但由于文化的多元化发展，苏北大鼓传承面临窘境。

（六）连云港工鼓锣

连云港工鼓锣被列入省级非物质文化遗产名录。

1. 起源流变

连云港工鼓锣，又称"淮海锣鼓"，是苏北地区广为流传的一种曲种。连云港工鼓锣起源不详，相传大约在清代中期，工鼓锣就已经形成程式化的表演形式。"工鼓锣最初演唱为两人档，一人打鼓，一人敲锣；到清末民初才渐渐变成单人说唱，先是站立演唱，后来改为坐唱。其锣鼓音域与艺人深沉、沙哑的嗓音演唱相匹配，浑然一体，别有风味。"①

据灌云县第七代老艺人张学余先生计算，按照30年为一代，工鼓锣大致有200余年的历史。

2. 艺术特色

工鼓锣的说唱接近口语化，似唱非唱、说唱相间。"唱腔主要有［开篇］［悲调］［喜调］［刀马词］［匝流水］等多种曲牌。其中［开篇］多用于开场；［刀马词］多用于矛盾双方交战时。工鼓锣演唱方法大致有两种：一种唱法带腔音（即沙哑音），如唱［刀马词］［喜调］，艺人称之为［老官嗓］；另一种唱法不带腔音，艺人称之为［浮调］。"②

由于以锣和鼓为主要伴奏乐器，因此，工鼓锣形成程式化的锣鼓经，有"开场锣""收场锣""唱腔锣"。开场锣又分"凤凰三点头""三垛脚""长番锣""短奋锣"等，唱腔锣中分成"老八板""慢流水""点点花""一盆水""鱼喷嘴"等几种锣鼓经。淮海鼓锣的唱词分三字、五字、七字、十字四种句式的唱法。三字称"赞"，五字叫"垛"，七字叫"韵"，十字叫"清"。

连云港工鼓锣曲目分为四类，一是有版本曲目：有《封神演义》《东周列国》等；二是无版本曲目：皆为艺人自创，有《义气图》（涟水县杨口袁池编）、《水汉山》（沭阳高万友编）、《十三宝》《七义梅》（灌云孙立同编）等；三是移植曲目：有《九莲灯》《六珠楼》等；四是近代和现代曲目：有《野火春风斗古城》（改编本）、《三对红星》《上海奇案》等。

3. 传承现状

"连云港工鼓锣沭阳县有东汪门、西汪门、郯门和方门四大家，每个门

---

① 霍波：《浅谈工鼓锣的艺术特色》，《剧影月报》2006年第6期。
② 同上。

派都涌现出一批领衔一方的知名艺人。民国年间,灌云县艺人形成东西张、南北徐四大门派。"[1] 目前,由于受到外来文化影响,连云港工鼓锣生存受到威胁。

(七)徐州琴书

2007年徐州琴书被列入国家级非物质文化遗产名录。

1. 起源流变

徐州琴书是徐州地区居民农闲时的自娱活动,人们聚在一起打扬琴,拉胡琴、坠琴,敲碟子,围坐演唱明、清以来的时调小曲,后来逐渐形成曲牌连缀的说唱故事的艺术形式;后因采用扬琴伴奏,故称"打扬琴""唱扬琴"。20世纪50年代后定名为"徐州琴书"。

2. 艺术特色

徐州琴书唱腔常用曲牌除［四句腔］［剁子板］外,尚有［叠断桥］［满江红］［上河下河调］［呀儿呦］［银纽丝］等。在唱腔开始前,使用坠胡演奏［八板］等曲牌,借以吸引观众。以扬琴为主奏乐器后,开始说唱长篇故事。表演中,以唱为主,兼有道白或说白,唱词以七字句和十字句为主,讲究合辙押韵。［四句腔］多用于叙事、抒情;［剁子板］似说似唱,说中带唱,两者浑然一体,难分彼此。徐州琴书表演形式多样,有单人唱、对唱、三人坐唱和多人联唱等。

经典曲目有《王天宝下苏州》《张廷秀私访》《李双喜借年》《巴儿狗告状》和小段《马前泼水》《猪八戒拱地》《王二还家》等。

3. 传承现状

20世纪50年代前的代表性艺人有魏兴岐、杨士喜、张二妮等,之后出现崔金兰、崔金侠、孙成才、魏云彩、惠忠刚、王秀梅等人。当下,徐州琴书的国家级传承人为魏云彩。徐州琴书虽然被列入国家级非物质文化遗产,但是由

---

[1] 霍波:《浅谈工鼓锣的艺术特色》,《剧影月报》2006年第6期。

于保护措施与保护力度不够,艺人传承面临断代。

(八)沛县荷叶落子

2016年沛县荷叶落子被列入第四批省级非物质文化遗产名录。

1. 起源流变

沛县荷叶落子,也称"莲花乐",俗称为"光光书"。因唱词中反复出现"落莲花、莲花落"这一衬词而得名。翟灏《通俗编》引宋代僧人普济《五灯会元》云"俞道婆常随众参琅琊,一日闻丐者唱莲花落,大悟",由此可知,荷叶落子本来是僧家警世的歌曲,在元、明时期流行甚广。

2. 艺术特色

沛县荷叶落子属于北方曲种,以唱为主,兼有说表,吸收了南方曲种演唱、表演的特色,兼有南雄北秀的艺术风格。荷叶落子艺人撂摊演出,唱腔接近口语化,沛县方言与曲调紧密结合。

表演时有单人站唱和对口唱,演员不用化装,舞台不用道具,表演时左手大拇指顶着荷叶(铙),其余四指夹持着小木棒,击节发声;右手打呱嗒板,边打边唱。为了吸引听众,艺人把顶在左手大拇指上的荷叶(铙)使劲一敲,四指配合猛地向空中一抛,荷叶飞快旋转,颤音在空中飘荡,待荷叶落在大拇指上,再敲再抛,如此反复,听众便一起聚拢过来。

3. 传承现状

1949年前荷叶落子艺人多为生计无着落之人,传承队伍基数较小;现在面临后继无人的窘境。

(九)徐州丰县坠子

徐州丰县坠子被列入省级非物质文化遗产名录。

1. 起源流变

丰县坠子,也称"徐州坠子",源于渔鼓、渔鼓坠,在渔鼓的基础上,结合丰县方言,吸收地方小调与戏曲唱腔,形成具有浓郁地方特色的丰县坠子。

清末民初，丰县渔鼓坠艺人王本来、孙合生，为了丰富渔鼓坠的唱腔音乐，增强渔鼓坠的艺术表现力，在传统的伴奏乐器渔鼓的基础上，增加了坠胡为主要伴奏乐器，丰县坠子应运而生。

2. 艺术特色

丰县坠子的表演形式有单人档、双人档、多人档。在保留了渔鼓坠和渔鼓传统的基础上，同时兼收并蓄民间小调和地方戏曲的曲调，形成了集清丽、秀美、火爆、泼辣于一体的艺术风格。

坠子源自民间，演唱内容非常广泛，以生活伦理、社会公德和惩恶扬善题材见长，以《呼延庆打雷》《兵困天官府》《三侠五义》《隋唐演义》等为代表的长篇曲目深受广大人民群众的欢迎。现代曲目有《咱们和灾区心相连》《计划生育好》《贤妻良母张玲兴》《拥军模范马新存》等。

3. 传承现状

丰县曾涌现出一大批优秀的坠子艺人，老一代著名艺人有王本来、孙合生、李秀荣等。当下最具名气的丰县坠子艺人为华山镇大王庄的黄小玲、王德伦夫妇。由于传承人年近古稀，又无新生力量的加入，丰县坠子传承面临断代的危险。

（十）苏北琴书

苏北琴书被列入省级非物质文化遗产名录。

1. 起源流变

苏北琴书，亦称"打扬琴"或"打蛮琴"，是以宿迁方言说唱的一种曲艺形式。它源自明末清初的民间小调，清道光年间（1821）形成于宿迁一带，当时称为"打扬琴"。之后苏北琴书不断向周边地区传播和发展，广泛流传于苏北的宿迁、淮安、徐州、连云港以及皖东北、鲁东南等地区。

2. 艺术特色

苏北琴书的音乐结构为板腔体，清末民国初年已形成固定的唱腔，曲调主要有"凤阳歌""银钮丝""穿心子""莲花落"等，以［四句牌］［垛子］（快流水）、［二板］（慢流水）和［悲调］（哀怜口）几个曲牌为主。［四句牌］四句一番，有时发展成六句或八句一番；［二板］和［垛子］为上下句，一气呵成，结尾时拖腔回到调式主音。20世纪30年代前后，苏北琴书的唱腔也由曲种形成初期的单调"凤阳歌"发展演变成固定的［四句牌］［二板］［垛子］等曲牌，后来在［四句牌］中又吸收了"银钮丝""淮红调"等曲调，发展成"四平调"和"悲调"，［二板］中揉进了"杨柳青""穿心子""莲花落"等曲调。

苏北琴书有单口、对口、群口三种形式，伴奏乐器以坠胡、扬琴、木板为主。句式结构有十字句、七字句、五字句、三字句。花板和打花舌是苏北琴书演唱的特点。

苏北琴书短篇、中篇、长篇一应俱全。中长篇以《打蛮船》《王天宝下苏州》《李双喜借年》《张秀才赶考》《金镯玉环记》等为代表性曲目。1949年后又陆续创作《借驴》《林海雪原》《烈火金钢》等20多部现代书目。

3. 传承现状

清光绪二年（1876），琴书艺人在宿迁县（今宿迁市）皂河镇西王春圩设香堂，创门户为柴门，订门规、设字号（字辈），其字辈号为"道清通玄静，远长守太清，忠礼智诚信，何教永元明"20个字。推李义成为教主。光绪末年琴书分为柴门与陆门两大门派。目前，宿迁本地的琴书艺人主要有第六代的张银侠、张金侠、陈绵荣和第七代的唐玉侠、周银侠等。

（十一）苏北大鼓

苏北大鼓被列入市级非物质文化遗产名录。

1. 起源流变

苏北大鼓，又名"宿迁大鼓"，民间惯称"说大书"，是苏北地区主要的一种曲艺形式，主要流布于宿迁、徐州、淮阴、连云港及鲁南、豫东、皖东北等广大区域。它是用宿迁方言进行说唱，深受人民群众喜爱。

2. 艺术特色

一般为一人表演，演唱者身前支一面鼓，右手持棒，左手握板，击节用以营造故事气氛。苏北大鼓"似说非说，似唱非唱"，拥有众多的传统书目和现代书目，深受苏北地区广大群众的喜爱。

苏北大鼓以长篇书目为主，据不完全统计，约有 280 部长篇传统曲目，如《说唐》《月唐》《岳传》《五艳春秋》《灵宵汉》《五梅反唐》等；新编曲目 60 多部，如《林海雪原》《敌后武工队》《湖畔枪声》等。

3. 传承现状

苏北大鼓传承方式为师传，也有极少数为父传（俗称"父子腿"）。苏北大鼓有十大门派，但跑字辈相同，即张、沙、杨、韩、邵、李、高、兰、柴、桂十大门派，设家谱跑字为：之、一、吾、尚、道、承、教、衍、全、真、称、合、德、正、本、仁、义、礼、智、信、清、静、腾、玄、德、已、心、悟、称、能 30 个字。著名艺人有许家昌、孙书芳、许冰清、宋永胖等。其门派中以沙门最盛，现在影响较大的沙门传人有宿迁刘汉飞、牛崇光等。

二、鲁西南地区

鲁西南曲种品种较为多样，济宁地区有山东渔鼓、山东花鼓、山东八角鼓、谷山调，临沂地区有三弦平调，菏泽地区有十不闲，泰安地区有祝阳渔鼓，微山地区有端公腔，另外还有流布于全省的山东莺歌柳书、山东落子与山东大鼓。

（一）山东渔鼓

1. 起源流变

渔鼓，亦名"道情"，因用渔鼓和简板为伴奏乐器，因此也叫"渔鼓"。渔鼓以道教故事为题材，宣扬出世思想。明清以来流传较为广泛，题材从道教的教义延伸到世俗生活，内容主要以历史传统与民间故事为主，宗教色彩日渐淡薄。

2. 艺术特色

济宁地区的山东渔鼓是寒腔渔鼓，流传于鲁中、鲁西南各地。渔鼓演出形式简单，唱腔较为自由，渔鼓作为伴奏乐器有时还兼带道具之用。

山东渔鼓曲目内容主要有四类：一是升仙道化的曲目，具有浓郁的宗教色彩；二是修贤劝善的曲目；三是民间生活的曲目；四是历史故事和传奇公案的曲目。现流传曲目多为反映家庭伦理的民间故事，如《擀面汤》《蒙正赶斋》等小段，《双锁柜》《龙三姐拜寿》等中篇曲目。渔鼓道情进入济宁等城市后，又增加了不少公案、袍带书，如《大红袍》《西华街》《月唐传》等。值得注意的是，各地渔鼓仍保留《韩湘子上寿》《三渡林英》等传统书段，从中可以追溯渔鼓与道教残留关系的痕迹。

3. 传承现状

山东渔鼓艺人尊道士丘处机为师祖，为"丘祖龙门派"。代表性艺人有翟教寅、王永田等。由于曲艺市场受到外来文化的冲击，山东渔鼓后继无人，濒临灭绝。刘炳金现为山东渔鼓非物质文化遗产传承人。

（二）山东花鼓

2014年山东花鼓被列入第四批国家级非物质文化遗产名录。

1. 起源流变

宋时已有花鼓的文字记载，至明清时发展极为广泛，因形式欢快、有歌有舞，逐渐遍及全国。流传在山东境内的称为"山东花鼓"，亦称"花鼓丁香""花鼓腔""打花鼓""花鼓秧歌"等。花鼓在流传中，与各地俗曲小调结合，发展成为许多新兴地方剧种。

2. 艺术特色

花鼓的二人对唱最具特色。男角（俗称"鼓架子"）挎花鼓、身着便装，双手舞动鼓槌，击鼓配唱，插科打诨。女角（男人装扮，俗称"舞桩"）包头，古装粉面，头顶特制绣球，两条飘带垂于胸前，长辫子垂于脑后，着彩衫、彩裙，手持折扇（或罗帕），扶男角肩，边唱边舞，所唱多为爱情故事。

花鼓最初的伴奏乐器为鼓。后来增加人数，发展为分角色化装演出，并增添了大锣、小锣、铙钹、梆子等打击乐器，演出场面有"紧七慢八，六个人瞎抓"之说。

3. 传承现状

因花鼓逐渐向花鼓戏方向转变，花鼓艺人大多组建戏曲班社进行演出，民间以唱花鼓为专职的艺人逐渐减少。目前农村的集市庙会上，也少有花鼓艺人表演，濒临灭绝。山东花鼓当下的传承人为第四代传人何昌田与王福云。

（三）山东八角鼓

1. 起源流变

八角鼓，因伴奏的乐器为八角鼓而得名。八角鼓传入山东后，多在民间进行自娱性的演出。传来山东之初，用北京话演唱，后逐渐改为当地方言，但仍残留京音痕迹。音乐上，因其封闭式的传唱，也基本保留了原始曲调，因此山东各地八角鼓各分支间，虽很少交流，甚至是绝无往来，但同名曲牌的曲调却基本相同。仅为适应各地方言语调，在旋律进行及装饰音上小有变化。

2. 艺术特征

山东八角鼓为曲牌连缀体，当年曾有曲牌300余支，现多已散失。目前收集到的仅有90余支。演唱形式主要为坐唱，多一弹一唱，间或有数人分角联唱，并曾有拆唱，类似地方小戏演出者。主要伴奏乐器为三弦，演出人多时可加四胡、月琴、扬琴、琵琶等，击节乐器为八角鼓，有时加入小钹、玉子等。

八角鼓传统曲目非常丰富，大致可分为三类：一是抒情小段儿，如《爱山居》《踏雪寻梅》《莺莺五更》等；二是取材于民间传说，如《借年》《水斗》《追舟》《钱别》等；三是取材于民间生活故事，如《母女顶嘴》《亲家母顶嘴》《喝淘》等。共300余段。

3.传承现状

山东八角鼓当下传承人较少,只有李以章与逯焕斌两位男性艺人。

(四)谷山调

1.起源流变

谷山调,原名"唱三弦",均为盲艺人演唱,系济宁三弦平调传至阳谷的一个分支。因该形式流行于阳谷县境内谷山一带,定名"谷山调"。

2.艺术特色

谷山调的传统演出方式是,盲艺人自弹三弦,腿上绑节子击节演唱。唱腔为六声徵调式,以流水板为主,有时亦有长达十几板的婉转拖腔和俏口垛句,并可任意穿插民间曲调。

谷山调曲目与三弦平调大致相同。短篇曲目有《唐王探病》《包公夸桑》《八戒拱地》等30余个,中长篇曲目有《五女兴唐》《西游记》等。

3.传承现状

谷山调的艺人王代云,从14岁起就学习谷山调,至今有30多年的演唱经验,可以完整地传唱谷山调的传统曲目和现代曲目。

(五)三弦平调

三弦平调被列入市级非物质文化遗产名录。

1.起源流变

三弦平调,又名"三弦书",俗称"瞎汉腔",临沂地区称为"脚打鼓",是盲人说唱的一种鼓曲形式。主要流行地区为鲁南临沂地区以及济宁、菏泽、聊城部分地区。

2.艺术特色

三弦平调一般为盲艺人自弹自唱,艺人怀抱三弦,脚踏脚梆用以击节。唱腔1/4拍,徵调,偶有转调,两段体,第一段较为舒缓,第二段为垛板,乐段中间落音自由,但是结束音一定为徵音。三弦平调经常上演的曲目有《古城会》

《唐王探病》《夫妻争灯》等小儿书，还有《龙凤镯》《卷箔记》《陈三两爬堂》《王二姐思夫》等中篇书目。

3. 传承现状

三弦平调的艺人中影响最大的是"阊门"。临沂、兖州一带为"东阊门"，济宁一带是"中阊门"，郓城、巨野至聊城一带为"西阊门"。现已寻觅不到传承人。

（六）十不闲

十不闲被列入市级非物质文化遗产名录。

1. 起源流变

据说20世纪中期，郓城县陈河口村陈德先（1912—1985），可手脚并用操作十种乐器，十不闲因此而得名。

2. 艺术特色

十不闲表演时，是一人利用一木制固定支架，有规律地操作演奏十种不同乐器：板胡（左、右手），大锣（右手），二锣（右手），战鼓（左手指帽），边鼓（右脚尖），梆子（右脚跟），铙钹（左脚跟），小钹（右脚踏板），二板（左脚尖），唢呐（支架、右手五指）。

代表性曲目有《宋江坐楼》《二进宫》《三娘教子》《杀庙》等。

3. 传承现状

由于十不闲的表演难度较大，目前菏泽地区的十不闲已无传承人表演。

（七）祝阳渔鼓

1. 起源流变

渔鼓，又称"道筒""竹琴""简板"。关于渔鼓的历史，无文字可考，它的由来众说纷纭，据传起源于商末周初，起初叫"三根木"。祝阳渔鼓用方言演唱。那时泰山东麓泰莱平原一带几乎每个集市上都有渔鼓表演。渔鼓因乡土气息浓郁，曲调抑扬顿挫，形式活泼而深受百姓喜爱。

2.艺术特色

传统演唱形式是单人行艺,坐站不拘泥,有紧板、慢板、哭板、普板等板眼。道具有吊板、渔鼓、简板,表演时,艺人击打吊板,右臂抱着渔鼓筒,左手拿简板,摇动手腕,使简板上下相击,右手手指击打渔鼓筒皮膜,发出"嘭嘭"的响声,用以给唱白击节。

渔鼓曲目内容多为艺人自创,清道光至光绪年间,渔鼓艺人除演唱传统的道教故事之外,还移植历史演义书目,如《呼家将》《杨家将》等八部传统长篇曲目。

3.传承现状

祝阳渔鼓由邹县传入,邹县艺人杨德山把渔鼓引入祝阳,后以陈氏家班为主要传承人,第二代传人陈谭和第三代传人倪清河,在当时都很有名气。据倪清河讲述,以前几乎每个集市上都有渔鼓表演,观众一般都在千人以上。但目前由于曲艺市场萎缩,祝阳渔鼓兴盛不再。

(八)端公腔

微山湖端公腔被列入省级非物质文化遗产名录。

1.起源流变

端公腔,又名"端鼓腔"。据说起源于唐朝,唐王李世民死后,皇族为给他超度亡魂,唱的就是"端公腔",当时为了超度他的亡魂演唱端公腔的艺人有杨龙、化凤、沈四海、胡清、胡岚五人,他们被后人称为端公腔的祖师爷。端公腔曲牌丰富,演出的剧目多样,其过程包括民间音乐、民间舞蹈、民间剪纸和绘画等艺术形式,是一种独特的综合性艺术。

2.艺术特色

端公腔一般是在逢会时演唱。微山湖地区几乎每月都有会,农历正月灯会,二月土地会,三月圣母娘娘会,四月泰山大会,五月太平会,六月雷祖会和马王会,八月祈祷平安会,九月大王会,十二月封湖冬会、鹤造船会等。

端公腔分四节，每节又有不同的表现形态。其程序是开坛、展鼓、拜坛、请神。表演时有说有唱、有坐有舞，一唱众帮，一领众合，一人说众人唱。端公腔舞步轻盈别致、步伐独特，包括"二龙出水""穿花""圆场""走灯""走八字"等多种步法形式，演唱的具体内容要根据设坛的目的而定。

端公腔唱腔结构为板腔体，调式为宫调、徵调；词格为七言或十言的诗赞体，唱腔音调表现力丰富，可容纳悲、喜、忧等多种情绪。

端公腔曲目众多，约有300多个，既有传统的曲目，也有现代的新创曲目。大体可分为三类：一是短篇，如《小秃闹房》；二是中篇，如《刘文龙赶考》《张郎休妻》等；三为神话故事，如《魏征梦斩小白龙》《五鬼昼夜闹皇宫》《闯龙宫借马得鞍》《魏九官巧得神鞭》等。

3.传承现状

端公腔主要由微山县昭阳街道爱湖村杨家六代传承。笔者在首届大运河曲艺节曾目睹微山地区艺人表演的端公腔，表演者均为男性，右手持鼓，左右击打鼓面，边唱边舞，颇具特色。由于端公腔已在微山地区的各种"会"上演出，近似一种祭拜活动，所以，在各种曲艺衰微的时候，端公腔依旧活跃在各种民俗活动中，成为当地人民自发的一种活动。

（九）山东莺歌柳书

2010年山东莺歌柳书被列入第二批国家级非物质文化遗产名录。

1.起源流变

莺歌柳书，又名"莺歌柳子"，据传系由产生于明代的柳子戏曲牌［莺歌柳］演变而成的一种民间说唱形式。莺歌柳书唱白相间，为反复使用的单曲演唱体，类似分节歌。

2.艺术特色

莺歌柳书演唱形式较为简单，多为一弹一唱的双档。莺歌柳书基本唱腔为四句腔，其余唱腔在此基础上变化而来。四句腔后，必有衬词"哪、哎、哎呀、哎哎、嗯"。

莺歌柳书的主要曲目有中短篇《偷诗》《妙常产子》《卷箔记》《兔子拐当票》等；长篇《龙凤镯》《汗衫记》《杨宗英下山》等十余部。

3. 传承现状

鲁西南百年来最有影响的莺歌柳书艺人是曹县仲堤圈的张瞎子。其弟子为张保亮，再传弟子为郑玉昆，张瞎子的另一传人曹志田是目前唯一能唱此曲种的艺人。

（十）山东落子

2008年山东落子被列入第二批国家级非物质文化遗产名录。

1. 起源流变

山东落子是一种流传于山东境内的曲艺形式，宋代已在民间流传，元、明流行甚广，它源自古代的"莲花落"。山东落子也称"莲花乐"，俗称"光光书"。因唱词中反复出现"落莲花、莲花落"这一衬词而得名。

2. 艺术特色

山东落子乐器主要是大钹（俗称"光光"）、竹板、节子，以其流行地域、语言、唱腔不同，又分为三种口。泰安以南流行的为"南口"，影响较大；济南及鲁西北的为"北口"；潍县、平度一带流行的为"东口"。演唱时一人左手自打铜钹，右手以大竹板击节演唱的叫"荷叶吊板"；一人敲钹，一人打竹板演唱的叫"擎板"。"老口"落子行腔速度慢，较为婉转动听，后适应说书需要演变为平腔快口。

传统曲目有《大关西》《黑松林》《周仓偷孩子》《四环记》《薛礼还家》等。

3. 传承现状

山东落子历史上艺人众多，但是近几十年由于地方曲艺文化衰微，山东落子也逐渐衰败。当下的传承人为一名男性艺人张青敏与一名女性艺人张元秀。

（十一）山东大鼓

山东大鼓被列入国家级非物质文化遗产名录。

1. 起源流变

山东大鼓是我国北方现存最早的曲艺鼓书及鼓曲形式，相传形成于明代末期，已有350多年的历史。它发源于鲁西北农村，又名"犁铧大鼓"，或作"梨花大鼓"。"山东大鼓直接促发了山东快书的形成，并对'乔派'河南坠子和西河大鼓等的形成与发展产生过重大影响，具有很高的历史文化价值。"①

2. 艺术特色

山东大鼓最初采用山东地区的时调小曲，伴以敲击犁铧碎片，用山东方言说唱，后逐渐发展为板式变化体的成套唱腔，艺人敲击矮脚鼓与特制的半月形梨花片，在三弦伴奏下进行说唱的曲艺形式。②

山东大鼓传统节目繁多，曲本有短篇、中篇、长篇三种类型。"短篇唱段尤为丰富，以《三国》题材的唱段最多，有《东岭关》《长坂坡》《河北寻兄》等六十余段；其次是《红楼梦》题材的唱段，有《黛玉葬花》《宝玉探病》等十余段；中篇《三全镇》《金锁镇》《大破孟州》《大送嫁》《范孟亭推车》等数十部；《水浒》唱段有《李逵夺鱼》《燕青打擂》等。另外还有一些根据戏曲故事、民间传说故事编写的唱段，以及由子弟书移植过来的唱段等，共计200余段。"③1949年后，又编演了不少现代曲目。

3. 传承现状

清末以前，山东大鼓一直活跃于农村，著名艺人有郭老占、何老凤、范其凤、李老凤等，后来出现了女艺人，享誉盛名的有"上半截""下半截""盖山

---

① 郭昕：《"非遗"巡礼——国家级"非遗"项目中的汉族曲艺》（上），《音乐时空》2015年第11期。

② 同上。

③ 同上。

东""白菜心"等。20世纪30年代以后出现了"四大玉",即谢大玉、李大玉、赵大玉、孙大玉。之后,杜大桂、姬素英、鹿巧玲相继而起。山东大鼓流传地区由山东城乡向外扩展,南到徐州、南京、上海、郑州、洛阳、汉口、重庆,北至北京、天津和东北各地,盛极一时。[①]

三、豫东地区

豫东地区的曲种主要有郸城大鼓、画锅、仪封三弦书、永城大铙、渔鼓道情与豫东琴书。

(一)郸城大鼓

2011年郸城大鼓被列入第三批省级非物质文化遗产名录。

1. 起源流变

北方的大鼓书流入郸城后,郸城艺人不断吸收融合,在北方大鼓书的基础上,改用方言演唱,形成了具有地方特色的郸城大鼓。

2. 艺术特色

郸城大鼓的表演形式为徒口讲说和说唱相间。徒口讲说,是指艺人不借用任何道具,通过口头语言及肢体语言表现故事中人物的喜怒哀乐;说唱相间,是指艺人借用道具,由乐队伴奏说唱故事。演出可以不受舞台限制,演出人员可多可少,是一种演出机动灵活的曲种。

郸城大鼓的曲目有短篇、中篇、长篇三种。内容以传奇、武侠、公案讲史以及反映百姓日常生活为主。

3. 传承现状

郸城大鼓艺人张德志(1941—   ),男,自幼学习大鼓书,是当地著名艺人,擅长《说唱三国》《大红袍》《大明英烈传》《杨家将》等曲目。

(二)画锅

画锅被列入市级非物质文化遗产名录。

[①] 郭昕:《"非遗"巡礼——国家级"非遗"项目中的汉族曲艺》(上),《音乐时空》2015年第11期。

1. 起源流变

画锅来源不明，从艺人描述的表演形式及内容来看，应为艺人根据自己的特长，画地为圈，在圈中卖艺表演，俗称"画锅"。

2. 艺术特色

表演者用白沙土在空地上画出一个直径约一米的圆圈，象征一口饭锅，意为卖艺赚钱，以便养家糊口。艺人站在圈中进行表演，观众则站在圈外观赏。

3. 传承现状

1949年后，随着人民生活品质的改善与提高，画锅这种曲艺形式已绝迹。

（三）仪封三弦书

2009年仪封三弦书被列入第二批省级非物质文化遗产名录。

1. 起源流变

据说三弦书产生于秦朝。三弦书流布于河南全省，因把三弦作为伴奏乐器而得名。河南省内，三弦书因行政区划不同，又名"铰子书""洛阳琴书""三弦平调""鹦哥柳"或"小鼓三弦"，仪封地区则称为"仪封三弦书"。仪封三弦书艺人以三皇（天皇、地皇、人皇）为始祖，每到三皇生日之际，艺人们焚香敬祖、演唱三弦以敬三皇。

2. 艺术特色

仪封三弦书的唱腔音乐以中原民歌、民间小调的曲调为基础，为板式变化体结构。仪封三弦书的唱腔曲牌音调特点是由高到低，拖腔尤为如此。唱腔主要有"大仪封腔""小仪封腔"。实际演唱中，往往因人物、情节和感情的不同变化，大口唱腔和小口唱腔可以交替或混合使用。

仪封三弦书的演出形式采用单档（坐唱）和双档（站唱）。单档的坐唱形式为一人独自怀抱三弦、腿缚竹节（或脚梆），自击节、自弹自唱；双档由一人主唱，左手操作简板，另一人弹三弦，蹬脚梆，兼插科打诨与帮腔。

3. 传承现状

20世纪中期，方城、唐河、桐柏、南阳、南召、新野等地就有300多个三弦书艺人。但至2008年，兰考县境内只有仪封乡东老君营村的老艺人刘景付会唱仪封三弦书，仪封三弦书后继无人。

（四）永成大铙

永城大铙被列入省级非物质文化遗产名录。

1. 起源流变

永城大铙，又称"落子""荷叶吊板"，因其伴奏乐器为大铙镲而得名。据史料记载，我国早在北宋时期就出现了一种和钹相似的打击乐器。明、清时期，铙开始用于地方戏曲的伴奏。大铙究竟是怎样从一种伴奏乐器成为一个曲种，历史上没有确切的记载，据大铙艺人们口头传说：大约在清光绪八年（1882），大铙曲种在鲁西南地区初具雏形。

2. 艺术特色

铙的音质洪亮，富有节奏感，善于表现阳刚之勇。在演出前，艺人击奏大铙吸引观众，俗称"打闹台"。永城大铙在发展中，唱腔不断创新和完善，表演形式也由早期的双股件演变成当下的单股件。

永城大铙曲目丰富，有短篇、中篇、长篇之分。传统曲目有《马前泼水》《诸葛亮打狗》《刘邦斩蛇》等。抗日战争期间，由艺人自编《打败鬼子兵》《日寇火烧裴桥》等曲目，受到当地老百姓与抗日军队的欢迎。

3. 传承现状

民国时期的著名艺人为韩凤魁、程元方。程元方所传衣钵中，卞明坤技艺最佳。当前，王玉玺是永城大铙第五代传承人。但由于曲艺文化市场的萎缩，卖艺入不敷出，王玉玺以经商谋生。

（五）渔鼓道情

2011年渔鼓道情被列入第三批省级非物质文化遗产名录。

1. 起源流变

渔鼓，又称"竹琴""道筒""梆梆筒子"。据说起源于唐代，至南宋时开始用渔鼓和简板为伴奏乐器。

2. 艺术特色

演奏时，演员左手竖抱渔鼓，右手击拍鼓面，配以简板作为伴奏。渔鼓道情曲目丰富，贴近百姓，乡土气息浓郁。由于渔鼓的唱腔是口传身授，没有文字与乐谱唱腔的记录，再加之学艺周期长，导致这门民间曲种濒临灭绝。

3. 传承现状

河南省商丘市夏邑县胡桥乡赵楼村，年已七旬的赵平是商丘市这一非物质文化遗产项目的唯一一位艺人。

（六）豫东琴书

2011年豫东琴书被列入第三批省级非物质文化遗产名录。

1. 起源流变

豫东琴书是商丘的地方曲种，主要流布于以商丘为中心的豫东、皖北、鲁南一带。豫东琴书起源不明，应是由外来曲种的地方化而形成，目前有两种说法。一是发源于周朝，这是宁陵县琴书老艺人张继孔的说法，相传称为大曲子，在宫廷里演唱，后来逐渐走入民间。二是琴书外来说，根据《商丘地区曲艺志》记载，琴书流入豫东后至今有100多年的历史。

2. 艺术特色

豫东琴书唱腔长于叙事，表演中有说有唱，一般以唱为主。

琴书表演的人数不固定，一般为1—5人；乐器摆放的位置固定，如扇面状分布，主奏乐器扬琴居中，软弓京胡、二胡在左，曲胡、三弦置右。豫东琴书的表演形式有单口、双口和群口三种，多为群口，分角色演唱。

3. 传承现状

豫东琴书是柘城县、民权县两县共同的非物质文化遗产。1988年，商丘文化部门曾对当地琴书艺人进行普查，获得的数据是登记艺人972人，而豫东琴书艺人233人，占登记艺人总数的24%。当下，豫东琴书艺人有民权县王庄寨乡的肖书太，宁陵县的张继孔，永城市的万新太、苏登海等，虞城县的孙广灿、张玉兰等。

四、皖北地区

皖北的曲艺主要有淮北大鼓、淮北琴书、渔鼓道情以及大鼓书。

（一）淮北大鼓

淮北大鼓被列入国家级非物质文化遗产名录。

1. 起源流变

淮北大鼓起源于淮北市濉溪县。明末清初时初步形成，说书时手鼓伴奏、说唱结合。清代中期形式上有所革新，把原有的手持鼓走场的表演形式改为固定支架、固定场地的表演形式。19世纪末，淮北大鼓艺人逐渐增多，1949年后曾一度发展到鼎盛期。

2. 艺术特色

淮北大鼓以唱为主，说为辅，唱腔高昂，婉转动听，形式上兼取地方小调和地方剧种的曲调，语言诙谐幽默，深受当地群众的喜爱。淮北大鼓的伴奏乐器有大鼓、鼓架和檀板。

淮北大鼓一般为单人演唱。演唱者一手击鼓，一手打板，边说边唱。唱腔包括［慢板］［快板］［花板］等几种板式。唱词一般不固定，由艺人即兴发挥，虽然如此，艺人还是要熟记一些常用的场景描写、人物形象等"赞赋"。

3. 传承现状

国家二级演员曹廷虎是淮北大鼓的传承人。在非物质文化遗产保护工作的推动下，王敏与豫剧演员姜玲慧，拜曹廷虎为师学习淮北大鼓，传承其衣钵。但从传承队伍来说，还难以担当传承的重任。

（二）淮北琴书

淮北琴书被列入市级非物质文化遗产名录。

1. 起源流变

淮北琴书是地方曲艺的大曲种之一，约形成于 19 世纪中叶，最早流行于泗州府地区，因此又称"泗州琴书"。淮北琴书是在原泗州地区的凤阳歌、泗州调与小调的基础上发展起来，以前无扬琴伴奏时称"丝弦""瞎腔""三张嘴"，加上扬琴为主要伴奏乐器方改称"唱扬琴"。后因唱扬琴以说唱长篇曲目为主，又有"琴书"之称，流行在苏西北、豫东、皖北、鲁西南一带。

2. 艺术特色

淮北琴书唱腔旋律优美，板式多样，曲牌音乐创腔空间大，既可抒情，又可叙事。

淮北琴书有［大八板］［小五板］［垛子板］［慢板］［快板］［喜调子］［哀调子］等曲牌。前奏音乐即"闹台曲"为［大八板］，然后再开始"开正本"（进入故事说唱）。

淮北琴书曲目多以人文戏为主，当地百姓称为"鞋筐子戏"。传统曲目有《王华买爹》《王天保下苏州》《李双喜借账》等，1949 年后，也陆续创作过一些反应新生活的现代曲目。

3. 传承现状

安徽灵璧县人高成富（1946 年—　），男，是目前可以寻找到的唯一的淮北琴书艺人。由此可见淮北琴书传承队伍的匮乏与窘境。

（三）渔鼓道情

渔鼓道情被列入国家级非物质文化遗产名录。

1. 起源流变

渔鼓道情，又称"梆梆筒子"，是安徽省的传统曲艺。原为道家宣扬道教教义与思想的说唱，后演变为世俗说唱，因说唱故事时以渔鼓、简板作为击节乐器而得名。清乾隆之后，由于民间艺人的加入，道情曲目有所拓宽，其唱腔也逐渐由道教音乐转变为世俗音乐。

2. 艺术特色

渔鼓道情音乐与节奏、节拍变化十分灵活，基本为一板三眼与一板两眼节交替出现。板式有［慢板］［平板］［数板］［三拔气］［便白］［上场引子］［上场诗］等几种。

3. 传承现状

目前所有的资料中，没有找到皖北渔鼓道情艺人的信息。

（四）大鼓书

2014年大鼓书被列入第四批省级非物质文化遗产名录。

1. 起源流变

大鼓书，又称"鼓儿词"，是我国一个古老、独特、稀有的说唱剧种。它是一种以鼓、板击节并用的曲艺形式。

2. 艺术特色

伴奏乐器的鼓为直径约27厘米的专用书鼓，板即月牙形钢板，通常一人演唱。表演者左手夹钢板变化板式进行击节，发出清脆悦耳的声响；右手击鼓，鼓点的厚重与钢板的清脆相得益彰，形成变化多样的节奏，同时结合说唱，形成大鼓书的特有风格。

3. 传承现状

目前寻找到的皖北的大鼓书艺人只有李宝聚，再无其他大鼓书艺人的信息，由此可见皖北大鼓书艺人传承工作的艰巨性。

淮海地区内曲种的起源、发展有一定的相似性。曲种大部分起源于民间小调、歌谣，[1]经过艺人的遴选逐渐曲牌化，为了表现更为多样的故事情节与故事

---

[1] 于雅琳：《淮海地区曲艺类非物质文化遗产现状的思考》，《艺术评鉴》2016年第21期。

内容，诸多曲牌连缀起来，成为曲牌体，多说唱短篇；专职艺人出现后，为了应对市场需要，又开始说唱中、长篇曲目，长篇曲目说唱使得音乐性有所降低，提高了"说"的比例，曲种音乐为了适应变化，开始向板腔体转变。20世纪30年代前后，在逐渐成熟的音乐与曲目的推动下，各曲种开始向戏曲形式转化，从小曲子到说唱曲种，再发展到戏曲，是淮海地区内曲种较为普遍的发展历程。还有一种相似性，则是地区内曲种的悲哀，这就是地区内曲种纷纷走向衰败。大部分曲种已经被挤压至最小化。这些古老的承载着农业社会文明的艺术形式，由于社会的变革、人们文化水平的提高、城镇化的进程、娱乐形式的多元化选择等因素，逐渐被抛离，渐渐淡出人们的视野。[①] 它们生存的原有土壤已经消失，如何在当下划好它们的生存圈子，是一件迫不及待的举措。除了政府的文化导向与资金支持，还需要全国人民主动形成保护民族文化精神之力，这样，才能形成一股强大的力量，方可对淮海地区内的被边缘化曲种造就有力的保护环境。

淮海地区内的传统音乐（民歌与器乐）、传统舞蹈在表演形式上基本为单一状态，而曲艺则为两种或以上类型的整合状态，如琴书、大鼓、渔鼓等曲种为器乐、民间歌曲的结合体；花鼓为民间歌曲、器乐与舞蹈的结合体；整个民间音乐在分分合合中形成多元化的表现形式，丰富了我国的民间音乐表现形式。

淮海地区内的民歌曲牌在不同的曲种中名称各异，但其音乐结构与调式主音则基本一致：淮海地区内由民歌发展而来的声乐曲牌，如小调［凤阳歌］，在徐州琴书中称为［四句腔］，在苏北琴书中称［四句牌］，一般为徵调式，四句一番，四句落音分别为商、徵、羽、徵。估计为不同地区的艺人为体现出自己曲种的独特性加以冠名。器乐曲牌也有换地而更名的情况。

---

① 于雅琳：《淮海地区曲艺类非物质文化遗产现状的思考》，《艺术评鉴》2016年第21期。

总体看来，淮海地区内的民间音乐整体体现出端庄、大气的风格，虽然也有抒情柔美的曲调，但是受千年来地域文化气质的影响，音调往往以宫调、徵调等明亮的调式为主，表现出淮海地区人民豪爽的气质风范。即使有抒情柔美的曲调，但在表现力上也不及南方民间音乐的发自骨髓的千娇百媚。这就是所谓"一方水土养一方人、一方文化成就一方音乐特质"。

第三章
淮海地区传统戏曲类非物质文化遗产

淮海地区传统戏曲类非物质文化遗产项目较多,层次较高,各剧种受地方民俗文化的影响形成了独特的风格。当前,由于各地保护政策和发展模式不同,戏曲传承方式也多种多样,由最早的戏班传承、师徒传承发展到现在的教育传承、高校传承、剧团传承。

淮海地区所属苏、鲁、豫、皖四省边界,虽文化底蕴深厚,但由于地域环境复杂、经济相对落后等原因,传统戏曲类非物质文化遗产在挖掘、整理、传承和保护的过程中仍面临着许多问题。

第一节 概 述

淮海地区地跨苏北、鲁南、豫东、皖北四个区域,共20个地级市,人口稠密,经济相对落后,但交通便利,文化底蕴深厚。苏北为交通枢纽地区,其中心城市徐州是两汉文化的发源地;鲁南人口占到山东省总人口的三分之一;豫东为黄河文明的发源地,中原文化源远流长;皖北则属于安徽一带一路的区域,地势平坦,文化具有兼容性和过渡性的特点。总之,优越的地理条件和深厚的文化底蕴使得传统戏曲在这片广袤的土地上得到很好的孕育和发展;不同的文化特色和风土人情对戏曲的发展起到了极大的促进和传播作用。总体而言,淮海地区传统戏曲类非物质文化遗产有如下几个重要特征:

(一)戏曲种类较多,各具特色

淮海地区国家级、省级传统戏曲类非物质文化遗产项目数量如下表:

淮海地区传统戏曲类非物质文化遗产项目一览表

	国家级项目				省级项目			
	苏北	鲁南	豫东	皖北	苏北	鲁南	豫东	皖北
数量(项)	8	11	7	9	6	4	11	7
合计(项)	35				28			

由上表可知:在淮海地区共有国家级非物质文化遗产项目35项,省级项目28项,豫东地区戏曲类非物质文化遗产项目最多。由于政策和经济的支持,现今非物质文化遗产的申报数量越来越多,项目申报采取国家、省、市、县四级保护政策,且不可越级申报,因此淮海地区传统戏曲类非物质文化遗产的数量较多,而本章将主要介绍市级以上项目。

淮海地区传统戏曲类非物质文化遗产项目较多,层次较高,各剧种受地方民俗文化的影响形成了独特的风格。另外,许多剧种在不同文化土壤上传承和流变,大都带有并不完全相同的地域色彩,因此同一剧种在不同地域成功获得

"非遗"项目的审批的现象较为常见。譬如,最被众人所熟知的拉魂腔就产生于苏、鲁、豫、皖交界区,因受到不同文化的浸染而形成淮海戏、泗州戏和柳琴戏,而且在苏北、皖北、鲁南、豫东四地都有传承和发展。

（二）传承模式多样,有一定的发展空间

由于各地保护政策和发展模式不同,戏曲传承方式也多种多样,由最早的戏班传承、师徒传承发展到现在的教育传承、高校传承、剧团传承,再加上地方的各项支持和专业学校不断输送戏曲人才,大量现代戏和改编戏曲的出现,使得部分曲种得到更大的发展空间。部分曲种结合当地情况创新发展模式,如淮安京剧有淮安京剧团作为传承保护基地,并因宋长荣的名人效应将剧团更名为江苏省长荣京剧院,2010年被评为国家级非物质文化遗产保护单位,这对淮安京剧的发展起到极大的促进作用。此外,多地设立"非遗"保护专项资金,用于戏曲的表演、研发以及影像、音像的制作等方面,还有网络传播、电视频道和播音频道的扩散,使得传统戏曲"非遗"项目被更多人熟知。

（三）各地政策和保护措施不一,发展不均衡

淮海地区四省相继出台《江苏省非物质文化遗产项目保护条例》《河南省非物质文化遗产项目保护条例》《安徽省非物质文化遗产保护条例》《山东省非物质文化遗产条例》等政策,在非物质文化遗产项目的保护上起到积极作用,各市也结合自己的特色提出一系列的保护措施,戏曲博物馆、戏曲艺术节、剧团高校联合培养、文企联姻、政府专项演出费用支持、送戏下乡、新人培训工程等各类措施的实施不断推动各剧种的保护、创新和发展。但是淮海地区在行政区域上分属不同省份,政策上缺少一致性和连贯性,政府的支持方式和力度也有很大差异,"非遗"项目的传承情况受到各种制约,发展并不平衡。不同地区同一剧种,同一地区不同剧种发展都不均衡。

2004年我国正式介入地方非物质文化遗产的保护,不断推出各项保护政策,在2011年出台的《非物质文化遗产保护法》中,传统戏曲成为非物质文

化遗产项目的重要组成部分，国家、省、市、县四级保护制度的落实也使得更多的传统戏曲项目得以保护、传承和发展。作为地域广阔、文化积淀深厚的大国，中国的传统戏曲在政策和资金的支持下得以继续发展，被越来越多的人熟悉和喜爱。淮海地区所属苏、鲁、豫、皖四省边界，虽文化底蕴深厚，但由于地域环境复杂、经济相对落后等因素，传统戏曲类非物质文化遗产在挖掘、整理、传承和保护的过程中仍面临着许多问题，主要有如下几种：

1. 同剧种申请单位多，个别剧种归属不明确

国家对非物质文化遗产在政策和资金上的大力支持，促使各省、市、县更加积极地整理、挖掘和保护各类非物质文化遗产项目，不论是哪类非物质文化遗产项目，都必须有其发展的历史，而地处四省边界的淮海地区，地理环境、人民生活方式和习惯有很多相似之处，虽然各类戏曲在传播和发展过程中受到当地文化和人文环境的影响，在不断变化中形成独特的艺术特色，但从历史发展的角度看，许多戏曲非物质文化遗产项目都有相似的历史背景、文化背景，因此在申请非物质文化遗产项目过程中，就会出现同 戏曲项目在多地均被列为非物质文化遗产的现象。不同区域同一剧种，如苏北地区的徐州梆子和鲁南地区的山东梆子、枣梆均属梆子剧种，宿迁泗州戏、蚌埠泗州戏和宿州泗州戏都属泗州戏；同区域的相同剧种，如连云港淮海戏和淮安淮海戏、盐城淮剧和淮安淮剧均被列为国家级非物质文化遗产项目；同一剧种在同区域不同地方列入项目不同，如苏北地区淮安淮海戏和徐州柳琴戏为国家级非物质文化遗产项目，而宿迁淮海戏、宿迁柳琴戏和新沂淮海戏为省级非物质文化遗产项目，皖北地区蚌埠泗州戏和宿州泗州戏为国家级非物质文化遗产项目，利辛泗州戏为省级非物质文化遗产项目，类似现象在淮海地区还有很多。同一剧种多地申请，同被列为"非遗"项目，而单个项目的归属地不明确，地方申报项目时缺乏沟通，在整理和保护的过程中有时显得混乱和不太规范。

2. 保护和传承方式不同，发展现状各异

民间传承和师徒传承作为最常见的戏曲传承方式，几乎是之前所有戏曲的

主要传承途径，随着国家政策的保护和地方经济支持力度的加大，很多剧种的传承方式也变得多样化。以徐州柳琴戏为例，由最早的戏班传承，到后来的戏曲培训班，再到专业的戏剧学校，培养了大批优秀的人才，为柳琴戏的发展打下坚实的基础。四省相继出台的非物质文化遗产保护条例、各市级专项基金和政策支持都起到一定的促进作用，虽然如此，仍有一些项目存在着传承人少，剧目逐渐流失的情况。出于传承人的年龄和身体的原因，以及学的人数逐渐减少，再加上时代的不断发展，改编戏曲、现代戏的演出不断冲击，部分项目出现无专业传承人，仅有个别人凭爱好学习的情况。

3. 各地重视程度不同，传承现状各异

虽然各省都相继出台非物质文化遗产项目保护条例，但出台时间早晚不一，再加上市级和县级各"非遗"项目的保护方式和手段不同，对传统戏曲的传承也会产生影响。如连云港市淮海剧团制定文企联姻定向戏的发展道路，以"非遗"铺路，继承和发展淮海戏，积极编排一些折子戏和现代戏，扩大淮海戏的影响；淮安市设立戏曲博物馆，不仅向观众展示淮安戏曲的历史和成果，也承担排演、交流戏曲发展的重任；盐城市成立江苏省淮剧艺术研究会；淮北师范大学音乐学院与宿州淮北花鼓戏剧团开展校团合作，形成教学、表演、演出、人才培养模式，演出 20 余场，取得了很好的效果；菏泽市为加强对地方戏曲的保护与传承，把地方戏剧院更名为菏泽地方戏曲传承研究院，并以此为平台致力于包括枣梆在内的地方戏曲的保护、研究和展演工作；江苏省淮海剧团"周末剧场"，加大淮海戏宣传力度。此外，随着时代的不断发展，很多剧种能够不断吸纳人才，在传统的剧目上改良创新，广受赞誉，呈现出欣欣向荣的局面，但仍有一些传统戏曲项目存在着传承难的现状，有些民间剧团仅有 20 余人，在民间演出以爱好者为主；有些戏曲的传承以家庭为主，对剧目的保护力度不足；有些则是以传承人自费教学演出为主，随着传承人年龄的不断增长，只能以刻录的光盘作为主要传承形式，发展前景堪忧。

第二节 苏北地区

苏北地区包括徐州、连云港、宿迁、盐城和淮安五市，交通便利，为江苏交通枢纽地区，人口稠密，经济较苏南地区落后。苏北地区地处苏、鲁、豫、皖四省交界之地，因此传统戏曲类非物质文化遗产各曲种关系错综复杂却又各具特色。最被众人所熟知的拉魂腔就产生于苏、鲁、豫、皖交界区，而后随着时代的推移，因为各地语言和声调的变换而形成五大系。一是东路，从山东省郯城县东至江苏连云港、海州、淮阴；二是南路，从运河至安徽省泗阳、宿县、蚌埠、滁县一片；三是西路，安徽省蒙城、涡阳区域；四是北路，在山东境内，包含临沂、郯城、苍山、枣庄、滕州等地；五是中路，包括徐州、沛县、郑县、新沂、安徽砀山、萧县等地。五地因声腔和语言的特点，形成具有明显地域性色彩的戏曲种类。20世纪50年代，经过不断改革，1951年南路和西路拉魂腔被命名为泗州戏，1953年北路与中路拉魂腔被正式命名为柳琴戏，1954年淮海戏的出现则是由东路拉魂腔命名，而苏北地区五市徐州、盐城、连云港、宿迁、淮安的戏曲都深受其影响，在不断的改革中吸收与融合，结合当地语言和声调特色，形成苏北地区独有的戏曲形态，多被列为非物质文化遗产保护名录。

苏北地区传统戏曲类非物质文化遗产项目共有14项，其中国家级非物质文化遗产项目8项，徐州梆子、徐州柳琴戏、连云港淮海戏、盐城淮剧、淮安淮剧、淮安京剧、淮安淮海戏入选第二批国家级非物质文化遗产名录，宿迁泗州戏入选第三批国家级非物质文化遗产名录。省级非物质文化遗产项目6项，丰县四平调、连云港童子戏、宿迁淮海戏、宿迁柳琴戏被江苏省列为第一批省级非物质文化遗产项目，新沂柳琴戏和连云港吕剧被江苏省列为第三批省级非物质文化遗产项目。

这些闪耀在历史上的文化瑰宝，有着许多相似之处，在发展之初皆为小曲小调，没有固定的演职人员，演唱内容多为民间故事和日常生活小事，无固定演出场地，伴奏简单等，但随着历史的发展和时代的变迁，各类戏曲都在不断吸收当时地域内各种优秀曲目的长处，结合自身的曲调和语言特色，形成独具一格的戏曲风格，演员也实现了由农民到半农半艺再到职业艺人的转变，舞台开始多元化，伴奏乐器的种类也越来越丰富，受到当地群众的欢迎。当然这些戏剧也存在一定的困难，经费不足、创新较少、传承现状堪忧等多方面的因素使得其传承愈发困难，近年来党和政府以及社会各界人士对它们的帮扶，使得它们逐渐摆脱生存窘境，走上了良性发展的道路。

一、梆子戏

（一）发展历史

徐州梆子在江苏北部已流行三四百年，以枣木梆子为打击乐器，以鼓板和梆子指挥曲调快慢，因此得名梆子戏。最早由于人员流转、灾民流动等因素，将陕西、山西梆子与苏北地区的曲艺、小调、说唱等艺术形式及当地的方言俚语、风俗习性相融合，又经过时间推移和几代艺人的潜心钻研，逐渐形成以徐州为中心的苏北地区最具地方特色的剧种。

清咸丰五年（1855），艺人殷凤哲落难至沛县，作为当时曹州梆子戏的代表人物，在沛县时被请去开办戏班，后逐年扩大，影响深远。演出期间，与同在沛县演出的河南梆子演员相互传艺，因此演唱风格变得既刚烈又柔美。后来，经历了辛亥革命、抗战时期的动乱，徐州梆子在动荡中缓步发展，在声调和唱腔上得到改变。

1957年在徐州成立剧目工作委员会，成绩显著，整理改编《胭脂》《战洪州》等经典剧目，颇具代表性，在江苏省第一、二届戏曲观摩演出大会上斩获剧本整理改编奖、音乐奖、演出奖三项大奖，参演演员徐艳琴、郑文明、赵金声等获得表演一等奖的殊荣。1958年7月，经江苏省人民政府批准，徐州梆子戏建立了全民所有制的省级专业艺术表演团体，1959年11月更名为江苏省梆子剧团。2008年，徐州梆子戏入选第二批国家级非物质文化遗产名录。

（二）艺术特色

徐州梆子戏歌舞结合，既有文学底蕴，又有音乐、舞蹈技艺，相互融合，自成一体。表演情感强烈，激情高亢，感情真实动人，节奏强烈有序，程式严格规范，嗓音决定行当，表演虚实相合，角色分工精细，大段唱腔突出人物性格，真假声相互融合，唱腔慷慨激昂。剧目多正剧，如对英雄人物的宣扬以及对历史事件和激烈军事斗争的描述等，尤擅悲剧。

徐州梆子戏历史悠久，雅俗共赏，文化价值和历史价值都很高，受到广大人民群众的喜爱，其音乐属板式化体，板式变化带动情感的变更，音乐形式分为唱腔音乐、曲牌音乐、打击乐三部分。

（三）传承现状

"蒋门"蒋花架子为徐州梆子戏有史可考的创始人之一。其祖籍山西洪洞，随祖辈迁徙落户在丰县蒋单楼。蒋花架子自建戏班，为梆子戏的发展倾尽全力，形成独具特色的蒋派。此外，还有殷派、戴派、贾派等颇具影响力的派别。

蒋云霞作为徐州梆子蒋门第六代传承人，1935年2月出生，现为中国戏剧家协会江苏分会会员，国家二级演员。

1958年徐州地区成立徐州专区实验豫剧团，1959年市豫剧团并入，被正式命名为江苏省梆子剧团。在建团初期，剧团整理改编《香囊记》《白莲花》《红梅》等剧，广受群众欢迎。"四人帮"倒台之后，剧团重新登上舞台，除了传统剧目《十五贯》《红楼梦》之外，还编排了大量现代剧，具有代表性的有《银杏坡》《四方楼》《心事》等，在省内轮番演出，深受好评。1991年改编自《金瓶梅》的梆子戏《李瓶儿》在京演出，取得轰动效应。1996年创作的《华山情仇》在全国梆子戏剧种新剧目交流演出中斩获优秀演出奖、优秀表演奖、优秀导演奖、优秀舞美设计奖、唱腔音乐设计奖等多项大奖，并在2000年获江苏省"五个一工程"奖。2002年由该剧团摄制的《三断胭脂案》《又一村》在中央电视台戏曲频道连续播放。江苏梆子剧团作为梆子戏的主要传承基地，培养出一批又一批的优秀演员，张虹（1992年第九届戏剧梅花奖）、燕凌（1999年第十八届戏剧梅花奖）等在国内外享有盛誉，此外一批优秀的青年演员、编剧、导演、舞台设计等人员也在为梆子戏的发展和壮大努力奋斗着。

二、柳琴戏

（一）发展历史

江苏省柳琴戏主要流传在徐州地区，其下辖铜山、睢宁、沛县、新沂市都是柳琴戏广泛流传的区域。晚清时期花部（指昆山腔之外的各种传统戏曲剧种，有花杂之意，亦称乱弹）的兴起，使各地民间小调在农村中生根发芽，伴随着歌舞、音乐的发展，促成柳琴戏的产生。柳琴戏的发展，主要经历了六个阶段。

1. 柳琴戏初期腔调是由临沂城北庵堂尼姑周姑子在乞讨时向灾民教唱的小曲小调而来。乾隆中期，来自临沂的难民向新沂、邳州流散，以周姑子所教小曲小调作为乞讨的方式，又加入当地吉利话，结合说唱形式，逐渐形成连套唱腔。

2. 第二阶段为说唱阶段。在内容上已经有简短的民间故事和民间传说了。乾隆中期，柳琴戏不断吸收徐州地区花鼓戏、柳子戏和梆子戏等艺术形式，加上自身的不断融合，唱腔、表演都得到改进。到乾隆后期，又有俚曲、民歌的不断融入，开始形成以第一人称为主的情节铺陈，有了上下场的舞台变换，同时以唱为主，辅助以说和动作表演，伴奏有了简单的木条和竹板，唱腔也基本形成"拉魂腔"的唱腔体系。

3. 在概述中所提到的五路拉魂腔的分流便是柳琴戏形成的第三阶段。在徐州、新沂、邳县（今邳州市）、睢宁、临沂、枣庄、藤县、淮北、永城区域附近的艺人，吸收本地各类民间曲种的长处，在融合中不断摸索创新，形成柳琴戏，而这些民间艺人由当初的乞讨唱曲者转变为职业艺人，也推动了柳琴戏的进一步发展。

4. 角色、演出场地和演出人员的变化是柳琴戏发展的第四个阶段——跑破阶段。角色出现以小生、小旦为主的两小戏，或是再加上小丑一角的三小戏。演出场地由流动区域变为固定地点，可以农村晒谷场或是地垄边为舞台，道具也有了农家的长凳、方桌，观众形成围坐的形式，演员出现家庭式的组合，以演艺为生，成为职业艺人。

5. 清末民初到中华人民共和国成立，是动荡的年代，却是柳琴戏发展的关键时期，也是戏班的形成期。吸收各地优秀的民间艺术丰富自己，形成独特完整的唱腔体系；由简单的形体动作表演变为各类动作的整合和分解，表演风格形成；不再拘泥于小戏，形成本头戏、幕表戏与连台本大戏。在舞台、伴奏、剧本、演员多种元素的促成下，徐州周边"同义班""常胜班""义和班""长春班"应运而生。

6. 中华人民共和国成立后，1953年2月该剧种正式定名为柳琴戏；1956年6月经徐州市人民委员会批准，组建徐州市柳琴实验剧团；1958年7月，江苏省文化厅将徐州市柳琴实验剧团定名为江苏省柳琴剧团。1956年在相关政府部门的主持下，徐州市开办了首届戏曲青年培训班。"文革"以后，柳琴戏又一次焕发了生机，1985年在专业艺术学校中创建了柳琴专科；此外，政府多次选派专业文艺工作者对柳琴戏的发展进行指导，引导该剧种在编剧、导演、作曲、舞美等方面进行创新，极大地增强了柳琴戏的艺术感染力和创作实力。

经过长时间的探索和尝试，柳琴戏艺术在改革创新的过程中积累了深厚的艺术表演经验，涌现出大量的优秀剧目。广受群众欢迎的经典曲目《状元打更》《走娘家》《追谷种》《灵堂花烛》《枣花》《小燕和大燕》多次参加全国、省级会演，获得多项殊荣。而江苏省柳琴剧团也不断融入新兴元素以吸引更多观众群体，高雅艺术进校园系列活动则在高校中不断普及戏曲知识，发挥了巨大作用。

2008年，江苏柳琴戏入选第二批国家级非物质文化遗产名录。

（二）艺术特色

柳琴戏的唱腔既有用五声音阶的，也有用七声音阶的，还有部分唱段中五、七声音阶交替使用的。男女各有自己的腔体，在演唱时男女调高相同。男腔粗犷雄浑，乡土色彩浓厚；女腔婉转俏丽，丰富多彩。

柳琴戏的腔体以基本腔为主，其中有穿插色彩腔、民歌小调的板式结构。

1. 基本腔。其特点一是切分音的频繁出现；二是以闪板起唱，配有大跳音程；三是频繁的转调和离调；四是徐州柳琴戏的标志性特色——在男女下句腔结尾处的拉腔。

2. 色彩腔。无论是男腔还是女腔中都有，只是互用较少，因腔调短小，多为一或两个乐句，最多为四句头小乐段。色彩腔快慢不一，音域较之基本腔宽广。从其命名就可看出，色彩腔个性鲜明，生动绚丽，能够引起节奏、腔调的不断变化。

色彩腔分为有板色彩腔、散板类色彩腔和花腔类色彩腔。

有板色彩腔包含拉腔、扬腔、涯子、四句腔、含腔、叶里藏花、立腔等七种唱腔样式；散板类色彩腔包含四句构成的连板起、导板及顶簾子、找弦，定音高的哈弦，紧打慢唱的哭皮、哭腔；花腔类色彩腔也是一个乐句，长短不一，上句腔、下句腔上皆可用，但多加入在下句腔的拉腔前，表达人物开心、喜悦的情绪。

3. 调子。包含怡心调和唱腔调子。对于怡心调，艺人们的解释是想怎么唱就怎么唱，顺心而歌，这也是柳琴戏唱腔的特色。对于基本腔中的乐句，常被人称为调子，两个乐句的则被称为上句腔调子和下句腔调子。

（三）传承现状

1. 民间剧团。柳琴戏在1949年之前主要是以民间戏班的形式存在，1949年后则是以民间剧团为主。据《江苏戏曲志·柳琴戏志》记载，中华人民共和国成立前江苏省境内共有十个柳琴戏民间戏班。睢宁县双沟镇的吴克志班是有文字记载的最早的民间柳琴戏班，组建于清同治四年（1865）。演出时间主要集中在农闲时节，农忙时节则自行解散。第二个也在双沟镇，叫张树礼班。随后成立的戏班有：民国初年铜山董四班；1913年铜山县前后八段村柳琴戏班；1940年成立的同义班、姚家班；1942年宣传抗日的季良奎班、1942年成立的徐州义和班（在1953年编入徐州柳琴一团和二团）；1943年成立的丰县义和班（在1953年加入徐州柳琴一团）；1944年以宣传抗日为主的新沂宿北抗日四庆班。

中华人民共和国成立后，据相关史料记载，江苏省境内柳琴戏民间剧团也有十个之多。在1938年联合剧团的基础上，于1949年成立的睢宁县双沟镇民间剧团在20世纪80年代停办；以古装戏为主的1955年成立的李集镇民间剧团在1985年停办；徐州铜山的汴塘、郑集、朱湾三个民间剧团中有两个在"文革"时期被迫解散；1951年成立的邳州八路民间剧团和1953年成立的邳州铁佛寺民间剧团也先后停办；新沂高塘乡、墨河乡、代希贤家庭剧团三个民间剧团，除1996年成立的代希贤家庭剧团外，其余情况不明。

2. 专业剧团。据《江苏戏曲志·柳琴戏志》记载，1953年政府对民间戏班进行了整合，当时江苏地区有七个专业剧团，在1958年进行第二轮整合后留有五个。这五个剧团一直保留至今，即江苏省柳琴剧团、睢宁柳琴剧团、新沂柳琴剧团、邳州市柳琴剧团和龙王庙行宫柳琴戏剧团。

江苏省柳琴剧团：1958年7月以徐州市柳琴实验剧团为基础的江苏柳琴剧团，经江苏省文化局批准成立，性质为全民所有制。该团实力雄厚，产生了一大批优秀的柳琴戏演员，如演员王晓红，2005年获第二十二届中国戏剧梅花奖，为观众奉献了一大批优秀的剧目，如传统剧《拦马》，历史剧《解忧公主》《彭祖》，现代戏《枣花》《大燕和小燕》《相逢在每一天》《马孤驴换妻》和折子戏《回娘家》等都成为经典剧目被传唱。

睢宁柳琴剧团：1955年7月经江苏省文化局批准，在古邳柳琴剧团的基础上成立睢宁县大众柳琴剧团。1957年因种种原因，剧团开始整顿精简，最终保留骨干演员约29人。1960年6月睢宁县大众柳琴剧团更名为睢宁县青年柳琴剧团。该剧团经历了约30年的发展变迁，于1989年先后把徐州地区杂技团、睢宁县梆子剧团收归麾下，壮大了力量。

新沂柳琴剧团：1955年7月由季良奎"拉魂腔"班组建成立。在"文化大革命"期间，先后与新沂吕剧团、文工团合并，更名为新沂文工团，主要进行样板戏的学唱与展演。1973年新沂文工团解体，重新组建新沂柳琴剧团。新沂地区柳琴戏创作多与群众日常生活息息相关。1991年新沂柳琴剧团排演的剧目《不见硝烟的战场》公演，赢得了较好的社会反响，仅在新沂地区就公开演出达100余场。该剧目在徐州市专业剧团新剧目观摩演出中，先后获得优秀演出奖、优秀导演奖、优秀剧本奖、美术设计奖、音乐设计奖、服装设计和伴唱奖等七项大奖；1999年新沂柳琴剧团演出的剧目《大地儿女》荣获徐州市颁发的"五个一工程"奖，后被江苏电视台、南京电视台拍摄成4集戏曲电视片。2005年柳琴戏《望星空》参加中国柳琴节公演并获奖。

邳州市柳琴剧团：1955年4月邳县柳琴一团、二团，即新生剧团和运河人民剧团合并为邳州柳琴剧团。该团共有演员44人，在很短的时间内排演了大量优秀剧目，如《喝面叶》《相女婿》《红桃图》等，受到了广大群众的热烈欢迎，至今仍然广为传颂。

龙王庙行宫柳琴戏剧团：宿迁地区柳琴戏发展经历了许多波折，其前身是1954年成立的皂河国营柳琴戏剧团，1970年更名为皂河公社文艺宣传队，直到2004年宿豫区博物馆出于保护文化遗产的目的，组建龙王庙行宫柳琴戏剧团。2005年排演《墙头记》参加宿迁市戏曲小品大赛，荣获二等奖，同时剧团参加文化下乡活动，演出百余场，观众数十万。

3. 教育机构。据《江苏戏曲志·柳琴戏志》等相关史料记载，中华人民共和国成立后江苏柳琴戏教育机构得到了很大的发展，先后共有六个柳琴戏教育培训的专业机构：徐州市戏曲青年训练班（1956—1958）、徐州文化艺术学校（1958—　）、睢宁县戏曲培训班（1982—1985）、睢宁县双沟戏曲学校（1956—

1958）、邳县柳琴戏学员训练班（1959—1988）、铜山县戏曲训练班（1958—1960）。

1959年徐州市戏曲学校正式成立，这所专门进行戏曲人才培养的教育机构由徐州戏剧学校和徐州专区文化艺术学校合并组成，学校专门设立柳琴班，学制三年，授中专学历，之后改学制为四年，增加文化课程。柳琴戏名家相瑞先、历仁清等都曾在校担任教师。直至1958年更名为徐州文化艺术学校，学校培养的学员多在江苏省柳琴剧团、新沂柳琴剧团、睢宁县柳琴剧团工作。

三、淮海戏

（一）发展历史

淮海戏已有240年的发展历史，对其产生说法不一，主要有三种：一是乾隆年间山东历城唐大牛、唐二牛兄弟，因遇灾荒，带着三弦大鼓到沭阳一代乞讨卖唱，邱、葛、杨姓三人跟随兄弟二人学艺，为淮海戏的发展埋下种子。二是大约200年前，海州民间地区"太平歌"和"猎户腔"两种民歌较为盛行，经过邱、葛、杨三人不断改造，形成怡心调和拉魂腔。后来三人分别流浪卖艺，经过不断的改革和创新，形成今日的泗州戏、柳琴戏和淮海戏。三是淮海戏的秦腔说，认为淮海戏源于秦腔，经徽戏、京剧和柳琴戏的不断融合后而形成的新的曲种。

清乾嘉年间，流浪艺人以卖唱的形式走家串户，换取食物，内容以民间传说和故事为主，伴奏乐器为三弦，这种形式持续80余年，因此淮海戏又被称为"打门头词""三刮调"。

清道光年间，开始有几个艺人组成的班组在村头、街头、庙会、集市或节庆日演唱，有一定的演出规律，这在当时被称为唱小戏。

唱小戏的形式在光绪初年的沭阳、泗阳一带较为盛行，当时沭阳吴集镇、西圩乡演出场次频繁，艺人过百，被称为小戏窝。

清宣统二年（1910），淮海戏出现了第一代女艺人，吸收当地琴书和民间小调，形成独具特色的唱腔，经改革后形成东北、西南两个流派。东北流派所在地位于沭阳和连云港相邻地区，以唱腔闻名；西南流派所在地位于泗阳与沭阳相邻地区，以做工为专长。

1940年，由沭阳县抗日民主政府牵头，淮海戏成立实验小组，随后在淮海地区成立了抗日艺人救国会，搬演许多抗日剧目，用作当时的宣传；1946年，淮海戏实验小组创作了剧目《三星落》《柴米河畔》等，伴奏增加了二胡、月琴、笛子等，对当时的曲调和唱腔进行了革新，取得良好的效果。

中华人民共和国成立后，各类剧种都得到蓬勃发展，淮海戏也仿效其他剧种，开始进入剧场演出，硬件设施也得到改善，舞台灯光、布景、演员道具和服装都得到改善。直到1954年，在参加华东戏曲会之前，才正式被命名为淮海戏。

改革开放之后，淮海戏得到空前发展，1980年沭阳县淮海戏剧团，以及沭城、龙庙、湖东、南关、钱集、塘沟等公社成立了18个淮海戏剧团，演出频繁，深受群众喜爱。

2007年，淮海戏入选江苏省首批非物质文化遗产保护项目；经政府部门和相关社会文化团体的大力扶持，连云港市淮海剧团获得了很大的发展，成为国家级非物质文化遗产"海州五大宫调""淮海戏"传习、传承保护基地。

2008年6月，淮海戏入选第二批国家级非物质文化遗产名录。

（二）艺术特色

早期淮海戏使用的伴奏乐器为三弦，后又增加了一些打击乐器，有大小锣、铙钹等。角色有生、旦分工，旦角由男性反串，舞台道具有扇子、裙子、假须等简单物件。随着时间的推移，多元素融入到戏剧之中，男女都有主体唱腔，人物唱白以当地方言为主，道白有大韵、小韵、本韵三类。

淮海戏为板腔体的唱腔。男女唱腔同位不同腔。女角唱腔由最早的"二泛子"改为后来的"好风光"，"好风光"是在淮海戏原有唱腔的基础上，逐渐吸收当地民歌和小调发展而形成，板式有［慢板］［慢二行板］［中二行板］［大二行板］［快二行板］［炸板］［散板］［风搅雪］等。女腔中有"彩腔""起腔""八句子""悲调""喜调""扬子""劝妹调""陪嫁妆调""满台腔""打鱼船"，及叙事唱腔"串十字""七字弹唱""五字夺""三字赞"等。男腔早期以"金凤调"为基本腔，后深受京剧西皮的影响，进行了创新和改革，1957年谷广发创造"东方调"，成为男唱腔的基本腔，"串十字""七字弹唱""五字夺""三字赞"等唱腔与女唱腔相同。[1]

淮海戏传统剧目以历史和民间故事为主要题材，内容以宣扬传统美德为主，剧目分类以大、小、花、骂、关、记为主，有"32大本、64单出"之说。"大"字有《大赶脚》《大隔帘》《大佛殿》；"小"字有《小赶脚》《小金镯》《小燕山》；"花"字做尾，有《大葵花》《小葵花》；"骂"字有《骂灯》《骂鸡》；"关"字做尾，有《雁门关》《北平关》；"记"字做尾，有《金锁记》《琵琶记》《金钗记》《罗鞋记》等。

（三）传承现状

淮海戏早期的传播以家庭传播为主，后经过历史的变迁，师徒传承成为其主要传承途径，颇具影响的有"于登元班""杨如刚班""王春宝班""王玉帮班""葛兆田班""霍启台班"等家族班社。随着时间的推移，政府更加重视淮海戏的传播，各地也建立了许多剧团，不断革新和搬演淮海戏。

1956年经江苏省人民政府批准成立的江苏省淮海剧团，是国家级非物质文化遗产淮海戏的代表团体和传承基地，其前身是1948年组建的淮海区第三中心县委大众淮海剧团和沭阳县艺人小组部分艺人组建而成的淮阴专区大众淮海剧团。战争年代以革命现代戏为主，经典剧目有《劝子参军》《妇女解放》《抗日打东洋》《白毛女》等，以前沿阵地为主要演出场地，起到宣传和鼓舞士气的作用。现在江苏省淮海剧团在苏北地区长期搬演经典剧目，深受群众喜爱，

---

[1] 季婷婷：《谈淮海戏艺术的传承和发展》，《戏剧之家》2014年第12期。

现有演职员90余人，一级演员13人，副高级以上专业技术职称30余人。50年来，经过改良和创新的剧目有200多部，其中《十里香》《儿女情》《临时爸爸》《永恒的彩霞》《秋月》等30多部剧目先后多次参加全国巡演，多次获"五个一工程"奖和优秀剧目奖。除此之外，2009年4月，杨秀英入选第三批国家级非物质文化遗产项目代表性传承人，2007年演员魏佳宁荣获第二十三届戏剧梅花奖表演奖，2011年许亚玲获第二十五届中国戏剧梅花奖表演奖，2011年吴玲荣获第二十一届上海白玉兰戏剧表演艺术奖主角奖。

淮海戏在连云港地区传播也较为广泛。现在活跃在连云港地区的民间班社有20多个，规模不一，多以公益的形式演出，演员多为业余爱好者，演出时间多为工作之余，地点多为社区、街道、公园、乡村，群众接受度较高，代表剧目有《代代乡长》《老好门》《左邻右舍》等，多次荣获省、市级奖项。2009年连云港市对辖区内淮海剧团、歌舞剧院和艺术学校进行了整合，取长补短，资源共享，为继承和发展淮海戏奠定了良好的基础。

此外，淮安市注重淮海戏文化的保护，建立淮海戏博物馆，成立淮海戏研究会，确定淮海戏继承人，举办淮海戏艺术节，以江苏省淮海剧团为推广和演出单位创办周末剧场，加大淮海戏的宣传和演出力度，每年召开淮海戏学术研讨会，使得淮海戏被更多人关心和关注，影响深远。

1958年建立的淮阴音乐专科学校，后更名为淮安文化艺术学校，为江苏省人民政府批准、教育部备案的中等专业学校，学校设立戏曲表演专业，着重培养淮海戏、京剧的表演人才，学制六年，学费由淮安市人民政府承担，招收14周岁以下的小学应届毕业生和部分专业优秀的五年级学生，对当地戏曲的传承起到推动作用。

四、淮　剧

2008年，淮剧被列入第二批国家非物质文化遗产名录。

（一）发展历史

淮剧起源于江苏省盐城和淮阴部分区域，流行于江苏北部、安徽北部、上海市及沪宁沿线地区。淮剧历史久远，发展路程漫长，曾有江淮戏、盐城戏和江北小戏以及三可子等类型。在盐城、阜宁地区乡村，历史上有僮子做香火的巫觋活动记载，清同治年间发展为香火戏。随着徽戏的传入，香火戏深受其影响，两剧种经常同台共演，在那段时期被称为"徽夹可"。由于群众接受度高，香火戏的队伍不断扩大，一些徽戏艺人融入其中，使香火戏在表演、乐调方面得到很大的改变。表演程式逐渐走向一引二白三笑四哭样式，香火戏的表演原为只唱不做，徽戏的融入使得香火戏融入表演成分，融入武术和杂技，并出现了武戏专业演员。另外，经过多年演艺经验积累，剧目也逐渐形成了"九莲、十三英、七十二记"的雏形。随后若干年香火戏在村镇演出的过程中不断地进行改良和创新，在19世纪60年代逐渐摆脱了巫觋活动的束缚，完成了向独立戏曲形式的转变。

清光绪三十二年（1906），江苏北部遭遇洪灾，许多香火戏艺人背井离乡，流浪到上海地区，以最原始的搭墩子演出开始演艺生涯，直到1914年开始拉围子售票，香火戏在不断的发展中开始有了简单的化装表演，因梨园世家的何孔德将各路艺人组合形成班社，此时这种演出被称为"江淮戏"。

1916年，上海闸北长安路开办了本地区首家江淮戏群乐戏园，开办者为当时江淮戏著名演员陆小六子。1917年，南市三合街开设三义戏园，标志着江淮戏正式进入剧场演出。

20世纪20年代，由全国各地辗转而来的京剧艺人不断加入淮剧各类班社。这类不同剧种的交流和融合不仅给淮剧带来京剧的表演艺术，更使淮剧有了较为丰富的音乐特色，也丰富了淮剧的剧目。在这样不断吸收和融合的阶段，淮剧被称为"京夹淮"，也称"皮夹可"。

对江淮戏推动较大的两个时期，一是1931年苏北遭遇严重的水患，二是

1945年抗日战争的胜利。艺人的不断涌入，使得上海成为许多江淮戏班的落脚地，当时颇具影响力的江淮戏戏班主要有"何孔德的何家班、武旭东的武家班、骆步兴的骆家班、谢长钰的谢家班、单连生的单家班、顾汉章的顾家班、马麟童的扶风堂等"[①]。此时戏班也开始团结起来，江淮戏联谊会在1945年成立，1946年改为江苏戏公会，一直延续到1949年后才改名为淮剧改进协会，社会组织在组班邀角、福利待遇、社会活动、创新改革等多方面发挥作用，规范化的管理使得淮剧声振沪上。

中华人民共和国的成立对淮剧起到极大的推动作用，成立了许多知名的剧团，有上海市人民淮剧团、江苏省淮剧团等。无论是剧本导演还是舞台演员，淮剧在各个方面都得到提升。

随后淮剧经历了"文革"时期的解散风潮，但仍有部分剧团组织演出《红灯记》《沙家浜》《智取威虎山》等革命样板戏，因受京剧的巨大影响，淮剧出现唱腔京剧化倾向。

1978年，淮剧得以恢复和发展，被解散的剧团逐渐恢复。得以重新焕发生机的淮剧不断改良创新，剧目上有了诸多新变，在现代戏的改编、演出方面也取得了相当不错的成就。当时由于《金色的教鞭》《打碗记》和《一字千金》等优秀剧目的成功展演，使得盐城小戏一时名声大噪，被称为小戏之乡。另外，淮安市的戏曲发展势头也很好，淮安市淮剧团、楚州淮剧团和涟水淮剧团一直坚持演出，颇受好评。

经过历史的发展和淮剧自身的变革，淮剧既有以传奇故事命名的剧目，又有以真人真事编演的"四大奇案剧"，而剧目所反映的多以抨击当时不正之风，描写男女间感情为主。20世纪20年代的剧目多取自历史故事和民间传说，如《封神榜》《杨家将》《孟丽君》等，40年代经常搬演的《三女抢板》《舍妻审妻》等剧，一直演出至今。中华人民共和国成立后，戏剧节最早被搬上电影

---

① 秦来来：《穿越写在舞台边上》，上海文艺出版社2011年版，第87页。

银幕的地方戏作品也出自于淮剧,如《蓝桥会》《女审》。2004年盐城淮剧《十品村官》获曹禺戏剧文学奖,2005年《太阳花》获江苏省"五个一工程"奖,2008年《唢呐声声》《马代表进城》两部剧作由江苏省淮剧团和盐城市淮剧团联合出演,在第三十一届世界戏剧节分获世界戏剧节创新剧目奖、优秀演出奖的殊荣,盐城市淮剧团创作演出的《二饼上城》获2009—2010年度江苏省舞台艺术精品工程"精品剧目"称号。

（二）艺术特色

淮剧唱腔为板腔体,其中"淮调""拉调"和"自由调"为其三大主调。其中"淮调"多用于叙事,以诉说为主,调子激昂高亢。"拉调"以抒情为主,细腻柔和,清晰明朗。"自由调"表现出极强的综合能力,流畅通顺,应用较广。另外,围绕三大调为主调,还衍生出一些小调,如"一字腔""叶字调""穿十字""南昌调""下河调""淮悲调""大悲调"等,以民间小调演化出来的"蓝桥调""八段锦""打菜薹""柳叶子调""拜年调"等,都有各自表现性能的辅助曲调。[①]据统计,淮剧共有各类曲调100多种,以徵调式、商调式、羽调式三类为主,与淮剧特有的锣鼓打点相得益彰。

香火戏阶段的淮剧,其声调基于语言风格的差异,主体曲调氛围逐渐区分为东西两派。其中东路曲调旋律丰富,音调纯正柔和;与之迥然有异的西路则以口语为主,调短语快又强硬。中华人民共和国成立后,主体曲调又有诸多区域性变化,譬如有江南、淮北之别。其中江南淮剧更多情况下是以自由调为主体,贯穿整剧始终,主要曲调特色表现为清新亮丽,明快爽朗。而流行在苏北的淮剧,以淮调和拉调为主要曲调,地方特色、乡土气息浓郁。随着淮剧内容的不断创新,唱腔和声调也随之不断深化和改变,许多知名的淮剧演员就创造出新的声腔,较为知名的有自由调的筱派筱文艳、马派马麟童等,拉调的李派李少林、何派何叫天等。

---

① 马凤红:《苏沪大戏:江苏上海戏曲与艺术》,现代出版社2015年版,第130页。

在伴奏方面，淮剧分为管弦乐和打击乐。其中管弦乐主要有传统乐器，例如二胡、三弦、扬琴、唢呐等，而打击乐则以铙钹、堂鼓、扁鼓为主。由于淮剧流传区域大多在基层乡村，一些民间打击乐器，如麒麟锣、盐阜花鼓锣，经过演变也被用于淮剧的演出。

淮剧表演上因与徽戏和京剧同台演出，相互吸收融合，并多有借鉴，加上淮剧本身文武兼备，古装剧、现代剧皆可，还保留一些地方小戏及说唱的表演特色，从《滚灯》一戏中顶碗、钻凳、倒立等武打动作，火流星、踩球、转盘等杂技技艺中，足见其对徽戏吸收之多。

淮剧的角色以传统的生、旦、净、丑为主，各行当又有分支，在早期仅有小生、小旦、小丑三行当，因受徽京两剧种的影响，才有大花脸、二花脸、三花脸、老旦、少旦、父旦、母旦之分，但好多演员可一专多能，甚至堪称全能，可担任淮剧中所有行当。

（三）传承现状

淮剧剧团在淮安市有淮安市淮剧团、楚州淮剧团和涟水淮剧团；盐城市目前有盐城市淮剧团、阜宁县淮剧团、建湖县淮剧团、射阳县淮剧团、滨海县新盐淮剧团等。

淮安市淮剧团为西路淮剧的代表，也是国家级非物质文化遗产保护单位。在编人员62人，高级职称15人，中级职称22人，初级职称12人，专业技术无职称人员12人。西路淮剧则有著名演员荣光辉（省级传承人）、柏华（市级传承人）、李春栋、韩丰萍、周小贵、乔艳红等，他们演技精湛，德艺双馨，广受赞誉。

盐城市淮剧团，拥有国家一级演员4位，国家二级编剧3位，国家一级导演1位。由他们编导的《鸡毛蒜皮》《心的承诺》《是是非非》《来顺组长》《今夜星辰》《凡人三章》《二饼上城》《特殊来客》等大型现代淮剧剧目被广泛传演，影响巨大。2002年淮剧演员王书龙主演的《十品村官》获得广泛好评，荣获第二十届中国戏剧梅花奖，而该剧编剧陈明则获第十六届中国曹禺戏剧奖剧本奖。

1956年组建的江苏省淮剧团演出剧目也多为传颂。2004年陈芳主演的淮剧《孟丽君》被录成VCD发行；音乐民俗戏剧《小豆庄风情》由吕辅国、梁国英主演，演出效果良好，后来该剧被拍成电影，搬上了银幕。另外，由刘少峰、周海臣等骨干演员主演的《金色的教鞭》也被江苏电影制片厂拍成电影。江苏省淮剧团又将《打金枝》《珍珠塔》《福寿图》《半把剪刀》等经典传统剧目搬上舞台，把淮剧推向新的高度。

此外，淮安戏曲博物馆不仅向大众展示淮安戏曲历史和成果，而且也承担排演、交流戏曲发展的重任。博物馆设有戏曲知识厅、淮剧厅、京剧厅、淮海戏厅，通过这些公共文化空间的拓展，许多淮安戏曲相关的实物、图片、模型、书画、音像资料都被呈现在大众面前，起到了很好的展示效果。博物馆还综合利用多媒体、网络等现代科学技术来呈现淮安地方戏曲发展概貌，很好地向民众普及了非物质文化遗产的相关知识。

五、京　剧

（一）发展历史

清乾隆末年至嘉庆初年，四大徽班沿大运河北上进京，徽班艺人与汉剧艺人同台演出，因两剧所擅腔调不同，徽班以二黄调为主，汉剧则擅长西皮调，两者相互吸收融合，形成独具地方色彩的徽汉合流的声腔——皮黄腔。

到清光绪及宣统年间，以皮黄腔为主要唱腔的北京戏班到南方演出，为区别原徽班声腔，当时被称为"京调"，后经多年演变，最终被称为"京戏"。

清光绪年间，淮安清江浦的同庆楼逐渐成为专门上演京戏的文化场所。这一时期，两淮地区京戏演出比较活跃，渐渐形成许多较有影响力的京剧戏班，其中比较有名的戏班有远香班、安澜班、普庆班、长春班等。

抗战时期，为配合抗战宣传，中共淮海专署特意组建了淮海实验京剧团，借传统戏剧形式，唤醒民众，参与抗战。解放战争时期，淮海实验京剧团跟随部队进入上海，更名为华东京剧团。1960年，沭阳、泗阳、泗洪、宿迁、涟水、盱眙六县京剧团整合成立为全民所有制的事业单位——淮阴地区京剧团，1963年改为集体所有制。随后经历自然灾害和"文革"，演职员多数被下放，又经历缩编，几乎中断正常的演出活动。1983年因淮阴建市，再次更名为淮阴市京剧团。2011年淮阴市更名淮安市，剧团随之改为淮安市京剧团。2002年，剧团改名为江苏省长荣京剧院，起因于荀慧生先生的徒弟、著名京剧大师宋长荣先生的名人效应，主要是想更好地弘扬国粹，打响地区品牌，传播京剧的影响力。2010年被定为国家级非物质文化遗产保护单位。

（二）艺术特色

淮安京剧的发展是以荀派艺术为主。荀派京剧艺术以花旦为主，娇媚柔美是其主要表演特色，在四大名旦中独树一帜。荀慧生先生演出经典剧目数百出，影响颇深的有六大喜剧、六大悲剧、六大武剧、六大传统剧、六大移植剧、六大跌扑剧之说。1961年宋长荣正式拜师荀慧生先生后，专攻荀派表演和研究，在当今有突出成就的荀派传人中，宋先生是唯一的乾旦代表。而荀派艺术的表演特色为：

1. 舞台形象娇媚柔美。表演风格的差异使得四大名旦表演中所扮演的人物性格迥异，相同剧目同一人物，展现给观众的人物性格也有不同的侧重点。梅派《贵妃醉酒》中人物庄重典雅，荀派却醉意朦胧、妩媚动人。宋长荣先生饰演红娘一角，被后人赞为"活红娘"，也是具备了荀派娇媚柔美的特征性格和气质特色。

2. 戏剧内容和人物的底层化。荀派京剧艺术所展现给观众的多数以社会底层人物为主，反映底层人物的生活状态，所塑造的女性形象也多为底层社会中受压迫和迫害的类型，如霍小玉、杜十娘、晴雯、金玉奴、春兰等。宋长荣改编剧目《桃花酒店》《鸳鸯帕》中的人物角色亦是如此。

3. 唱腔温婉圆润。荀派声腔以温婉柔顺为总体格调，但为了在特殊情境中突出人物性格和表现人物感情，也需要强力和柔美的收放来做对比。宋长荣就以加快节奏和唱速的情境，对比原有的柔美基调，突出人物的情感。

4. 表演注重以动作出感情。在京剧表演的各式动作中，荀派独具一格，为表现人物的妩媚神采，荀派独创一些身段程式来丰富人物的情感，如斜身侧颈、垂首晃肩、咬唇衔帕、绢巾横膝等，这些经典的荀派舞台表演动作都能将人物的神情和神态融入其中。宋长荣在原有的动作程式上加以处理，在动作的幅度、速度和表演的区分上都形成自有的特色，为荀派艺术的传承增添了新样式。

5. 念白京韵相间。为充分表现社会底层人物的特征，念白以韵白和京白相间，充分体现出京剧的艺术性，人物也更加艺术化，符合人物身份。

（三）传承现状

淮安京剧以荀派为主，其主要传承人为荀慧生的徒弟宋长荣。宋长荣，荀派表演艺术家，市级非物质文化遗产代表性传承人，江苏省长荣京剧院名誉院长。宋长荣是荀派传人中唯一的乾旦代表。他能在传承荀派技艺的同时，结合自身特点，对荀派艺术进行丰富和创新，现在荀派的再传弟子学演经典的荀派剧目，走的多为宋长荣演的路数。宋长荣还新编《桃花酒店》《鸳鸯帕》《紫钗记》等经典荀派剧目，扩大荀派的影响力。

淮安京剧以荀慧生、宋长荣师徒传承为主，设置"小长荣培养工程"，培养年轻的荀派艺术传人，出现朱俊好、张乔迪、郭晓婕、武自强等年轻艺人，其演出享誉国内外。

淮安戏曲博物馆通过实物、图片、模型、书画、音像等资料向众人介绍淮安地区各类戏曲的发展概况。淮安文化艺术学校着重培养淮海戏、京剧的表演人才，对当地戏曲的传承起到推动作用。

江苏省长荣京剧院1979年奔赴苏南巡演，产生轰动效应；在中南海怀仁堂向中央首长汇报演出，受到文化部嘉奖；1989年新编历史剧《桃花酒店》

由中央电视台拍成电视剧；1990年传统剧《鸳鸯帕》获广电部星光奖，同时期创作的名剧《红娘》《霍小玉》《紫钗记》《勘玉钏》被搬上银屏，声名大噪；2002年轻喜剧《葫芦架下》获省首届农民艺术节二等奖；2003年儿童京剧《闪闪的红星》获省"五个一工程"奖和2004年中国第四届京剧艺术节儿童题材京剧特别奖；2006年历史京剧《主仆奇冤》入选江苏省十大舞台艺术精品工程；2008年现代京剧《扁担谣》获中国第五届京剧艺术节和江苏省（2009年）新剧目展演评比银奖。剧院还致力于年轻演员的培养，为京剧荀派的传承起到有效的促进作用。

六、泗州戏

（一）发展历史

被众人所熟知的拉魂腔因各地语言不同和声调的变换分为五大路系，南路和西路的拉魂腔被命名为泗州戏。泗州戏已有200多年的历史，从清乾隆年间开始，泗州戏的流传区域以洪泽湖和淮河西岸地区为主，因演唱艺人多为古泗州人，而唱腔以泗州调为主，1952年被命名为泗州戏。

泗州戏起源于江苏海州（现连云港）、沭阳区域。当时流行的曲调，一是以收获季节反映劳动人民欢快喜悦心情为主的太平调，一是以描述猎户满载而归后兴奋心情的猎户调。正是这两种曲调的不断演化和丰富，才有了最早期的拉魂腔。

清乾隆年间，由海州和沭阳一带传入的拉魂腔已从说唱的形式发展为戏曲形式，而在淮北的泗州（现泗洪县），已经出现专业的戏曲艺人。

清咸丰年间，泗州戏多在庙会、集会的空旷地演出，也有简单的舞台搭设，戏曲的表演形式既有说唱，也有表演，当时戏曲角色也有生、旦、丑，男生反串旦角。

在1902年间，大锣班创始人于登元、于二娘夫妻到泗州一带演出，已有三弦、锣鼓等伴奏乐器。

抗日战争时期，淮北抗日民主根据地在1941年组织拉魂腔艺人进行抗日宣传剧目的演出，1943年至1949年，淮北行署多次组织培训，对戏曲的发展起到促进作用。此外李家戏班（李彩凤一家）与新四军拂晓剧团经常合演，经典剧目《劝夫从军》《送子参军》《小二黑结婚》《白毛女》在当时产生了轰动效应。

1953年泗洪县泗州戏剧团成立，由原来的两个戏班李家班和丁家班（丁万余一家）合并而成。当年9月，大型现代戏《小女婿》在泗洪剧场上演，广受赞誉。随后，霍家班（霍从友家）并入剧团，实力大增。

1961年泗洪县泗州戏剧团与当地黄梅戏剧团合并，并更名为泗洪县地方戏剧团，剧团包含泗州戏和黄梅戏两个团队。1965年再次进行整改，更名为泗洪县泗州戏剧团。"文革"时期，又改名为泗洪泗州戏剧团。1969年，改名为泗洪县文工团。

"文革"结束后，剧团以培训班的形式培训学员，实力得以增强。剧团保留剧目《罗元下山》在1980年演出时取得轰动效应；1984年《母女的命运》获淮阴市现代戏创作一等奖；1986年传统剧目《走娘家》在苏鲁豫皖首届柳琴戏剧节斩获七项大奖；2003年现代戏《湖畔人家》在淮海艺术节获优秀演出奖；2005年现代戏《青阳红霞》获市调演一等奖。

2011年，泗州戏获批第三批国家级非物质文化遗产保护项目。

（二）艺术特色

泗州戏的唱腔深受当地民间艺术、劳动号子和田间小调的影响，在形成和发展期间吸收花鼓、琴书等戏曲形式的曲调，并加以改造创新和丰富，形成其独具特色的曲调。泗州戏的语言以苏北方言为主，唱白口语化，通俗幽默，观众易懂，在反映日常生活的小戏中加入地方方言，唱腔也用地方方言，观众接受度较高。其主要唱腔有"泗州调""海州腔""主腔""射腔""衣呦调""雷得调""扬腔""基本腔""叶里藏花"等，因其是说中含唱，唱中带说，被人称为"怡心调"。

泗州戏的花腔调门和板式丰富多样，包含［慢板］［二行板］［数板］［垛板］［紧板］［死板］［连板起］等。泗州戏同一调门，可任由演员发挥，无规范和定型，因演员的唱法不同，同一演员唱同一唱词都略有不同，这也是泗州戏的声调特色。落音处女腔小嗓高八度，男腔加衬词拖后腔。伴有连续切分的节奏变化，带来一种跳跃、欢快、明朗的感觉。泗州戏转调频繁，加上地方方言浓郁，让听众感觉自然舒适又新奇多趣。

泗州戏被搬上舞台之后，开始有了角色分工，主要有生、旦、丑等角色，生有大生、小生、老生；旦有老头、二头和小头，即老旦、花旦和青衣；丑有文丑、武丑和老丑。

泗州戏的舞蹈形式多样，多源于泗洪县当地的民俗和民间乐舞，如"压花场""旱船舞""花灯舞""跑驴"等，都透露出当地特色的舞蹈表演形式。

泗州戏传统剧目近200个，大戏60多出，其中较为出名的有《鲜花记》《钓金龟》《樊梨花点兵》《破洪州》《三打薛平贵》《罗鞋记》《六月雪》《鞭打芦花》等；小戏有40多出，较出名的有《挡马》《双下山》《喝面叶》《打干棒》《走娘家》《站花墙》《英台劝架》《拾棉花》等；经过整理加工的剧目30多出，如《恩仇记》《双玉蝉》《白蛇传》《十五贯》《蝴蝶杯》《模范山乡》《合家欢》等；另外还有独立创作完成的新剧目，如《杨排风挂帅》《风展红旗》《稻花香》《战斗在洪泽湖畔》《情结》《湖畔人家》等。

（三）传承现状

早期的泗州戏艺人以家庭为单位在庙会或公众节日演出，随着历史的进步，泗州戏有了独立的演出剧场和舞台，但是其传承形式多以家族式传承为主。清末出现第一代泗州戏女艺人。第二代艺人都是泗洪县人，包括刘金玉、刘继英、汤小喇叭、周玉英、吴彩侠、李桂枝、石锦红。其中班子传承有：李彩凤班子家族传承至第三代李洪，师徒传承至第三代李洪湘；汤伯响班子家族传承至第二代汤桂庭、汤桂霞、汤修文、汤修武；尹家班子家族传承至第三代尹东升；张家班子家族传承至第二代张德功、张德琴、张德领；丁家班子家族传承至第三代丁运生。

霍桂霞为汤伯响次女，原名汤桂霞，是淮河两岸著名的泗州戏表演艺术家，唱腔自成一派，嗓音甜美柔润，字正腔圆，风格纯朴独特，经典剧目《大书观》《四告》等被奉为泗州戏的经典之作。

李彩凤是泗洪泗州戏发起人之一，是泗州戏唱腔的传人之一，主演的《五吊钱》《挖野菜》《拾棉花》《茶瓶记》等剧家喻户晓，被誉为泗州戏界的艺术皇后。

此外，宿迁市泗洪县泗州剧团入选第一批江苏省"非遗"传承示范基地。剧团也是宿迁市国家级"非遗"保护项目泗州戏的保护单位，致力于泗州戏的保护和传承。近年来剧团对泗州戏的传统剧目进行了改编，同时创作编演了许多新剧目，开展送戏下乡活动、泗州戏新人培训等工作，效果显著。

七、四平调

（一）发展历史

丰县四平调起源于明末秧歌，内容多反映当时的农村生活风貌，以徐州为中心，经过不断改革和衍化后形成苏州花鼓、皖北花鼓、砀山花鼓、徐州无弦梆、河南溜等曲艺形式，而徐州花鼓戏以鼓和梆子伴奏，唱白以徐州方言为主，广受群众欢迎。

丰沛县地区在明崇祯年间就已出现花鼓的曲艺形式，清光绪年间在丰县赵庄镇就已有专业的戏班——宋楼花鼓班，而徐州花鼓就是丰县四平调的前身。宋楼花鼓班培养了一批在当时具有影响力的艺人，持续时间较长，直到1947年才停办。最终将花鼓搬上舞台成为花鼓戏的是1943年甄有明花鼓班在丰县梁砦乡的演出，这也是《徐州曲艺考》中记载的在丰县地区最早被搬上舞台演出的花鼓戏。

丰县的花鼓艺人接连创办了在当时颇具影响力的戏曲班社,有三教堂戏班、李路口戏班、赵庄戏班等。值得一提的是,成立于1913年的丰县三教堂班,班主张兆修在演出同时还承担教学任务,形成教演兼备的团体。成立于1949年的丰县李路口花鼓班,据记载有教师三人、学员十一人,学制两年,课程涵盖唱腔、身段、锣鼓等内容,这在当时已属难得。据《徐州曲艺考》记载,在抗战结束之后,丰县、沛县、萧县、砀山等多地都出现了在花鼓戏基础上进行改良和革新的四平调剧团。

中华人民共和国成立之后,尤为重视地方戏曲的保护和发展。1953年转为县办剧团的丰县四平调剧社,成立之初就有演职人员30余人。1960年该剧团由丰县代管,但已改为徐州地区四平调剧团。此后的一段时间内,剧团遭到破坏,在特殊的历史环境下有了新的使命,1971年与当地丰县梆子剧团合并,改名为毛泽东思想宣传队。这是四平调剧团的最后整合,之后所属演职员都离散或转行,剧团也再没有重组。

丰县四平调发展300多年,产生了大量优秀剧目,有家庭伦理、男欢女爱、民间百态的生活剧,也有历史事实、绿林好汉、帝王将相的历史剧。中华人民共和国成立之后,又开始结合史实编排大量的现代剧目,一些经典剧目被众人所熟知,例如古装剧《杜十娘》《白蛇传》《白绫扇》《薛平贵征西》《珍珠塔》等,现代剧《焦裕禄》《红灯记》《江姐》《沙家浜》《年轻的一代》《两面红旗》等。许多经典剧目或被电台录音播放,或被收录江苏地方戏曲丛书付梓,取得累累硕果。

(二)艺术特色

作为板腔体的四平调音乐唱腔,主要板式包含［流水板］［慢板］［垛板］［非板］［清板］［连板］等。四平调的演唱和念白多以当地方言为主,徐州话与丰县方言属北方方言,与普通话接近,只是在字、词和一些言语中融入地方色彩,因为语言和音调的不同,带动腔调和音调的变化,而恰恰是这些变化赋予了四平调独特的音律色彩和浓烈的地方情调，也更易被广大群众所理解和接受。

丰县四平调在长期的改革和变化中不断融入当地民歌特色，又兼具舞蹈动作和唱白相间的风格，因此其表演风格和演出形式都独具特色。丰县四平调唱腔用真声，男声浑厚豪放、刚柔并济，女生细腻多情、圆润纤细。因为唱白语言接近生活，表现感情真实质朴，同时保留说唱的风格，节奏唱腔变化灵活，表演有虚有实，加上在演唱中运用丰县当地方言，补以哎、呀、啊、嗯、哪等助词来引唱和衬托，这就使得四平调腔调更有韵味。在不断吸收梆子剧及其他剧种的优势后，服装、道具、化装、舞台效果都有较大改变，众人熟知的水袖功、跟头功、刀枪、身段等表演样式融入其中，角色除生、旦、净、末、丑之外，演出还有文场和武场之分，文场高胡伴奏，武场板鼓打点，至于锣鼓、铙钹、三弦、琵琶、唢呐等常用伴奏乐器的配合，就使得四平调的演出更加生动规范了。

（三）传承现状

中华人民共和国成立初期，商丘四平调剧团由邹玉振和王汉臣两位艺人在河南省商丘县（今商丘市）组建；成武县四平调剧团由甄友明和邹庆兰在山东省成武县组建；金乡县四平调剧团由曹桂新在山东省金乡县组建；丰县四平调剧团由燕玉成在丰县组建。

因"文化大革命"时期被撤销专业建制，四平调演员被分配到其他岗位，只有少数仍从事原工作，分配到原丰县梆子剧团（今江苏省梆子剧团），所以当前四平调的发展面临演员老龄化，其他设施难以配备，后继乏人的困境。

丰县四平调的代表性传承人为曹秀珍。

曹秀珍，江苏省丰县人，12岁随爷爷曹桂新学唱花鼓，随后学习四平调，角色擅长彩旦，系丰县四平调二代传承人。曹秀珍14岁开始便在徐州胜利剧团与梆子一起演出，随后进入萧县梆子剧团深造，17岁担任萧县梆子剧团团长。

1957年曹秀珍在丰县四平调剧团担任业务团长。1959年由曹秀珍领衔主演的《四珠宝》荣获徐州地区戏曲会演二等奖。剧团解散后，她自费教学8年，促进丰县四平调的传承，丰县三代四平调演员中多数都是曹秀珍的弟子。

八、童子戏

（一）发展历史

连云港童子戏是省级非物质文化遗产。在连云港锦屏山将军崖遗存的原始社会岩画中，考古学家就发现"皇舞祭天""执干戚舞"的上古傩舞画面，这些画面，可将童子戏的起源认定为与上古时期巫觋的各类祭祀舞蹈关系密切。到汉代，盛行一时的童子傩祭中就有"侲子"这一角色，而汉书中所记载的"侲子万童"恰恰是对童子傩祭的最好介绍。明代海州地方志，对傩戏均有记载。真正演变成现代童子戏是从清乾隆之后，而童子戏的演出目的也得到改变，从早期形成过程中以娱神为主，转变为后期以娱人为主要目的，后来逐渐演变为戏剧形式，使童子戏广被大众接受。连云港童子戏的兴盛，在当地就有许多记载，连云港卸甲坊村，童子戏演出的道具、服装、乐器等物件一应俱全，被称为"童子窝"。童子戏在连云港受众较广，班社十多个，艺者千人。2007年，连云港童子戏入选第一批省级非物质文化遗产名录。

（二）艺术特色

童子戏的演出多在农村进行，因此田间地垄或村头晒谷场是常用演出场地。舞台搭设比较简单，以车轮为边，排成正方形状，顶以白布遮住，地铺秸秆再覆泥土，设施简便，但可三面观戏，如无周边设施，则在空旷地覆以泥土，也可称为简易戏台，演出就更为方便。受早期傩舞的影响，童子戏的服装也较为简单，随后受到京剧的影响，主班也有官衣、摺子等服装，常用道具也有刀、枪、鞭、锤等，而角色化装也较为简单，铅粉底色，朱砂腮红，花脸的化装根据人物的不同都有不同勾法。

童子戏的音乐以打击乐为主，有自制的特色乐器童子鼓（狗皮鼓），其他伴奏乐器为鼓、锣、筒板等。童子戏的唱腔也沿用祭祀仪式的曲调，有"童子调""起鼓调""拉马调""升文调""出关调"等曲调，俗称"九腔十八调"。童子戏声腔粗犷有力，雄浑高亢。

深受上古巫觋舞蹈的影响，《设坛》《请亡》《踩门八字》等剧目都带有古代祭祀的色彩。而在剧目设置方面，以广大人民群众为主要观看群体的童子戏，剧目也多以民间故事和神话故事为主，群众易于接受。前期受傩戏的影响，剧目多含有宗教色彩，如《洪山捉妖》。后来受京剧影响，开始偏向历史剧，如《刘秀下南洋》《吴汉三杀》《三岔口》《十字坡》等。此外还有生活剧《夜送》《汾河湾》《双富贵》《蔡平凤回家》《药茶记》等，神话故事剧《韩湘子度妻》《莲花庵》等。童子戏有"三生三花四旦，十大行当"之说。具体为老生、小生、正生，大花脸、猫头花、小花脸，正旦、老旦、闺门旦、武贴旦，后又根据所需增加了武生和武旦。

（三）传承现状

曹秀芝是童子戏省级代表性传承人，1936年出生，自幼学戏，曾出演《赵匡胤下河东》《双联帕》《洪山捉妖》《张强打嫁妆》《天缘配》等经典剧目。其女曹艳林为童子戏市级传承人，主工青衣花旦，演出《曹庄打柴》《蓝继子讨饭》《李迎春出家》等多个剧目，1983年组建连云港市曹艳林童子戏剧团，以家庭成员为固定演员，收徒曹海燕、严小蛾、黄巧来等，传承童子戏。

九、吕　剧

（一）发展历史

吕剧起源于山东省北部黄河三角洲地区，由山东琴书演变而来，后经民间传播，在苏皖部分地区也逐渐流行起来。吕剧作为在民间传播较广的剧种，以游走于村镇间的形式，将演出地点设在田间地垄，虽受群众喜爱，但传播范围较小。1953年在戏曲改革中被定名为吕剧，随后在全国逐渐被大众熟知。因连云港西北部与山东接壤，所以吕剧的传播在连云港颇受欢迎，成为享誉地方的戏曲剧种，也为其成为江苏省省级非物质文化遗产打下根基。东海吕剧团于1960年成立，是目前江苏省唯一的吕剧演出团体。该团成立以来，注重吕剧的改革和创新，不断创作新的剧本，一批现代戏的演出也被众多媒体关注。被中央电视台拍摄成四集电视戏曲片的现代吕剧《春打六九头》在戏曲频道播放后，取得了很好的效果；小吕剧《称爹》问鼎中国戏剧奖小戏小品奖；现代吕剧《红丝带》荣获省"五个一工程"奖；小品《戳喜窗》获中国曹禺文学戏剧大奖；电视艺术片《五九看柳》获中国电视戏剧片金鹰奖进取奖。各类奖项的获得也代表着吕剧在创新中不断前行。

2011年，连云港吕剧入选第三批省级非物质文化遗产名录。

（二）艺术特色

和众多地方戏曲相同，吕剧演唱所用语言多为当地方言，尤其是现代吕剧中道白全部使用方言且偏上韵，表现出极其浓烈的地方色彩。吕剧演唱时虽然男腔女腔同声同调，但演唱方法却有区别，女腔用真假声结合处理声音，音调要比男腔高五度，而男腔则只是用真声演唱。吕剧以字设腔，有唱有说，自然圆润，演唱时字正腔圆，咬字清晰，情声结合，听起来舒心爽意。正是因为这种不同的唱腔技巧和音调处理，能用不同的唱腔在舞台上塑造不同的人物形象，反映不同的人物性格。

吕剧音乐由三部分构成：一是以四平腔为基本腔形成的板腔体结构；二是两句对仗体结构，以二板为基本腔；三是以曲牌形式，曲牌可单独使用，也可穿插在四平腔和二板腔之中使用。

早期的吕剧表演形式单一，几人围坐，演些故事简短、人物较少的剧目。吕剧曾名"化装扬琴""琴戏"，因此演唱时乐器扬琴居中，其余伴奏乐器在两旁。演员自弹自唱，这样更易突出人物。吕剧艺人常说吕剧有角色没行当，意思是说吕剧虽有生、旦、丑等角色，但却无严格区分。以反映日常生活为主的吕剧，表演时动作成套较少，简单的生活动作较多，虽然后期受到其他地方剧种和京剧的影响，吕剧也得到不断的创新，角色也形成生、旦、净、丑四大行当，但仍以生、旦、丑三小戏为主体，演出风格依旧贴近生活，深受群众喜爱。

（三）传承现状

许素平和苏美高是吕剧市级传承人。许素平，1965年出生，1977年进入东海吕剧团，在山东惠民吕剧团深造后，回到剧团担任剧团导演，多次参加省市级比赛，成绩显著，2008年担任东海吕剧团副团长，国家二级演员。苏美高，自幼随母学习吕剧，2000年自己组建赣榆县夕阳红吕剧团，排演吕剧，传授吕剧爱好者。2004年成立塔山镇庄吕剧团，演职员24人，多次在乡镇演出经典剧目，广受群众欢迎，2010年获连云港特色文化团队称号。

第三节　鲁南地区

山东戏曲艺术历史悠久，形式丰富多彩。既有中国传统四大声腔中的"东柳"和"西梆"，即山东柳子戏和山东梆子剧种，又有具有浓郁地方特色的大平调、柳子戏、枣梆、柳琴戏、吕剧、茂腔、五音戏、四平调、两夹弦、柳腔、渔鼓戏、八仙戏、蓝关戏等剧种。[①] 其中活跃在鲁南地区的主要有：大平调、两夹弦、柳琴戏、柳子戏、山东梆子、枣梆等。20世纪90年代之前流行于山东各地的戏曲剧种共有30余种。这30余种戏曲几乎都是植根于乡土的戏剧形式，无论是演员，还是演出内容以及演出场所都和农村密切相关。但随着全球经济一体化进程的加快，农耕文明正受到空前的冲击，而农耕文明的消解，正在从根本上蚕食这些植根于乡野的艺术形式。鲁南地区虽然因为其经济相对落后，相对的闭塞环境缓冲了工业文明的蚕食力量，使得剧种得以较好地保存，但是同样也不可避免地走上了衰微的道路。

---

① 安啸梅：《山东戏曲生态现状研究》，《戏剧丛刊》2012年第1期。

要想使传统的戏曲形式得以传承和发展，首先要解决的就是谁来演和谁来看的问题，而解决这两个问题的前提是要激活两个媒介——演什么，怎么演。因此，传统戏曲的保存和发展是一个系统的工程，既需要外界力量推进和保障，更需要传统戏曲自身的自强自立。

列入非物质文化遗产名录是外界力量推进和保障传统戏剧生存和发展最为利好的消息。鲁南地区被列入国家级非物质文化遗产名录的传统戏剧有11项（其中6项被列入扩展项目名录），被列入山东省非物质文化遗产名录的传统戏剧有4项（4项均在扩展项目名录中）。被列入国家级非物质文化遗产名录的传统戏剧有：柳子戏（山东省）、柳琴戏（山东省枣庄市）、两夹弦（定陶县）、山东梆子（菏泽市、嘉祥县）、枣梆（菏泽市）。被列入国家级非物质文化遗产扩展项目名录的传统戏剧有：大平调（东明县、菏泽市牡丹区）、四平调（金乡县、成武县）、定陶皮影（定陶县）、大弦戏（菏泽市）、柳琴戏（临沂市）、大平调（成武县）。被列入山东省非物质文化遗产扩展项目名录的传统戏剧有：柳子戏（定陶县）、山东梆子（汶上县）、两夹弦（郓城县）、周姑戏（莒县）。

列入"非遗"名录意味着对其文化、社会、历史等诸多方面价值的肯定，换言之，是对其存在和发展的合理性和必要性的确认，这也正是孔子的"名正言顺"之谓。另外，它还意味着是资金和人力的投入。以山东梆子为例，在列入非物质文化遗产名录以后，2006年，嘉祥县率先成立了"山东梆子戏剧研究会"，山东省艺术研究所所长孟令和任会长，并举办了一系列的研讨和演唱活动。在系列的研讨和交流活动的推动之下，山东梆子这个剧种又重新焕发出了生机。汶上、嘉祥、曲阜、梁山等地的梆子剧团纷纷加入复兴的浪潮中来，积极演出，努力创作，可以称得上是佳作又出，喜讯频传。2007年10月，汶上剧团演员刘太华出演的梆子戏剧目《两狼山》参加全国戏曲红梅大赛总决赛，经过激烈的角逐，该剧最终获得红梅金花奖。资金和人力的投入，为鲁南地区剧种的存活提供了基本的保障，使得各个剧种有一批较为稳定的研究者、创作者和演出者。立其足而徐图发展，后面要做的就是如何壮大演出者和观众的队伍。鲁南地区在这方面的举措很多，并且已经取得了一些初步的成效，如人们对这些传统剧目的认知度有所提高，演员和观众的队伍都有所壮大。但是，和其他地区一样，鲁南地区传统戏曲的传承和发展依然任重道远，有许多需要解决的问题。

一、大平调

（一）发展历史

大平调属于梆子系统，因为比河南豫剧、河北梆子、山东梆子音调低，被称为"平调"。又因大平调伴奏所用的梆子（该梆子长大约50厘米，由枣木做成）体积较大，又称"大油梆""大梆戏"，现在通称为"大平调"。

"大平调流传了500年，流行于以山东菏泽和河南濮阳、滑县为中心的鲁、冀、豫、苏、皖五省的边缘地带，如鲁西南、豫东北、冀南、皖北等地。向西传播到郑州、淮阳，南到徐州、亳州，北到大名、磁州，东到济宁、兖州，这就是俗称的流行于五省八州。"[①] 在流传的过程中，大平调受到当地的风土人情和姊妹艺术的影响，各具特色，形成了不同的流派，如以山东菏泽为中心的"河东平"；以河南滑县为中心的"西路平"；以濮阳为中心的"东路平"或"开周平"，也称"北路平"。

大平调被观众认为是"大戏"，行当划分较为细致，现在较为流行的是"五旦五生一花脸"的划分方法，也就是将"丑"纳入了花脸，将"末"归入生行。大平调各个行当都有出色的演员，比如有"旦角"陈贵馨（艺名"传斗""双角"），"黑脸"田金祥，"小生"王可义，"武生"沈金贵（艺名"金豆子"），"红脸"姬天荣（艺名"麻年"）等。大平调在演出过程当中糅合了武术、杂技等艺术成分，许多行当中都有绝活。"比如在花脸行当中，有一种以铜铃、长

[①] 闫永丽、程晖晖：《大平调、梆子腔与古代军乐》，《艺术百家》2008年第5期。

獠牙为道具的'铜眼獠牙'的特殊扮相，在演出过程当中，演员要在口中装2至6颗獠牙，在口中有异物的情况之下仍挥洒自如，唱、念、做、打样样不误。在剧目方面，过去曾有'大平调俩教员，三百本戏一个单'的说法，大平调的演出剧目达700余个。在这其中，既有可以连续演出一个月以上的'连本戏'，也有'单本戏'和'折子戏'。"①

大平调被老百姓视为"大戏"，剧目内容多为朝纲戏，少有民间生活故事。朝纲大戏多来源于历史演义小说和公案小说。"上演剧目多为朝纲大事，其内容也多取材于《东周列国志》《三国演义》《水浒传》《隋唐演义》《杨家将》《说岳全传》《包公案》《大红袍》等历史古典小说，民间生活故事戏较少，被群众视为大戏，剧名多用'铡''斩''收''反'等字眼，正如俗语所说'拿不住奸臣不煞戏'，让观众看得十分过瘾。大平调现存传统剧目200余出，有《收吴汉》《收姚旗》《收坏彤》《铡美案》《铡赵王》《铡郭槐》《反徐州》《反洪山》《辕门斩子》《临潼关》《包公坐牢》《张飞敬贤》《大登殿》《闯幽州》《挡马》《秦宫月》《哭头》《雷振海征北》《天水关》《困河东》《陈平打朝》《东昌府》《战洛阳》《百花亭》《白玉杯》等。"② 粉末油彩、蟒袍皂靴，方寸舞台演绎千年历史变幻、王朝兴衰。无论是奸臣贼子的狼子野心，还是忠臣义士的忠肝义胆；无论是治国能臣之经世之才，还是佳人之婉转桃花面，都活灵活现地展现在观众面前，引得人们如痴如醉、如梦如幻，以至于民间有"不吃饭，不睡觉，也要看看大平调"的说法。将看戏和吃饭、睡觉并提，可见当年人们对大平调热爱之深，也从一个侧面折射出人们对大平调演出内容和演出水平的认可。

（二）艺术特色

大平调是公认的典型的梆子腔剧种，具有梆子腔系的几个共性特征：(1)总体风格特征为高亢、激越、悲壮、粗犷。(2)伴奏乐器中有两件有代表性的

---

① 闫永丽、程晖晖：《大平调、梆子腔与古代军乐》，《艺术百家》2008年第5期。
② 同上。

乐器，一是硬木梆子（一件打击乐），"梆子腔"因此而得名；二是作为主奏乐器的板胡，尽管在各剧种里板胡的形制略有差异，但都属板胡家族的乐器。（3）唱词主要为七字或十字的上、下时称句体式。（4）以七声音阶为主，旋法多跳进，音程常用四、五度和六、七度的大跳，音域非常宽，常在两个八度左右。（5）整板类腔句常常是在眼上起。①

粗犷豪放是大平调的主要特色，唱腔刚劲有力。刚劲之余，大平调的唱腔又不乏优美典雅、雍容舒展，堪称刚柔并济，于流派特征之外，兼具自身特色。大平调的音乐遗产丰富，约有100余支唱腔和曲牌，有较高的研究价值，"唱腔大多为花脸、红脸唱段，音乐属于板式变化体，主要板式有［二八板］［慢板］［流水］［散板］,这些板式均有快慢之分，此外还有［栽板］［起板］［导板］［非板］［倒三拨］［一串铃］［金钩挂］［拐头钉］等特色板式"②。曲牌有［朝阳歌］［二凡］［一枝花］［五字开门］［六字开门］［大开始］［小开始］［五马］等，另外还有带花腔的"双过板""秋风凉""打枣杆""哭剑调""昆调乱弹"等专用曲调。演唱时，大平调采用真假嗓结合的方式，即"用大本腔（真嗓）吐字，二本腔（假嗓）行腔。在男腔中，有一种特殊的发声方法，称之为'立嗓'，也叫'哎腔'，即用假声倒吸气唱法发出极高的哨音（海豚音），发声高亢激昂，难度较大，需要很高的技巧。大平调伴奏乐器有大梆子、唢呐、笙等，以'老三把'——大弦（九品八棱皮弦月琴）、二弦（桐木蒙面，短杆皮弦）、三弦（钢弦弹拨乐器，桐木蒙面）为主，打击乐器中最具特色的是用直径一尺有余的音色低沉洪亮的大铙、大钹各一对，称为'四大扇'，另外还特别加入四五尺长的两支长尖（亦称'尖子号''长尖子'）以制造激烈的气氛"③。

---

① 闫永丽、程晖晖：《大平调、梆子腔与古代军乐》，《艺术百家》2008年第5期。
② 同上。
③ 同上。

（三）发展与传承

经过数代艺人的努力，大平调无论是在剧目方面，还是在演出方面都取得了骄人的成绩。中华人民共和国成立后，国家先后兴建了菏泽大平调剧团、滑县大平调剧团、内黄县大平调剧团、东明县大平调剧团等，在发掘整理大量传统剧目的同时，又上演了许多优秀的反映时代风貌的现代戏，为大平调的发展注入了新鲜的血液。在传统剧目的整理方面，以菏泽东明县大平调剧团为例。东明县政协组织相关专业人员收集整理大平调传统剧目42出，对《雷振海征北》《琥珀珠》《禅宇寺》等传统剧目进行挖掘整理，使得即将湮灭的珍贵资料得以保存。[1] 在新编现代戏的演出方面，以菏泽市（今牡丹区）大平调剧团为例。菏泽市大平调剧团排演的大型现代戏《后娘心》，参加1982年山东省第一届戏剧月的展演，获优秀创作奖、音乐设计奖、幻灯绘制奖。马家振创作的现代戏《张三李四》在1991年的山东省首届戏曲艺术节上获得优秀剧本奖、演出奖。此外，菏泽地区还引入现代的传播方式，灌制CD将传统优秀剧目以声像形式固化下来，如菏泽东明县大平调剧团就投入近20万元，组织相关人员投入搜集整理工作，最终出版发行了《地方戏汇编（大平调卷上下）》，另外还特别刻录了《大平调传统剧目》VCD十套。

二、两夹弦

（一）发展历史

两夹弦起源于河北，发展于山东菏泽，流传于冀、鲁、豫、皖、苏等省的交汇之处，是一个拥有200余年历史的地方戏曲剧种。"山东地区多称为'两夹弦'，河南和安徽地区多称为'二夹弦'，也有地方群众称之为'大五音'或'半碗蜜'。两夹弦主要的伴奏乐器'四胡（也称四弦）'有四根弦，两股马尾分别被四根弦所夹，也就是每两根弦夹着一股马尾，用以拉奏，故因此得名。

---

[1] 闫永丽、程晖晖：《大平调、梆子腔与古代军乐》，《艺术百家》2008年第5期。

在鲁西南有'拆了房子卖了梁，也要听两夹弦的《站花墙》'之说。"①

两夹弦分布于以菏泽为中心的鲁西南一带。流传范围较广，东至济宁；西至河南的延津、开封、清丰、濮阳，遍及三省、八市、四十六个县（区）；南至河南的扶沟、商丘、芥县、兰考等豫东一带，安徽亳州亦有两夹弦的身影；北至河南的台前及豫北、河北省的广平一带。辐射到东至青岛沿海一带；西至山西省的大部；南至河南的郑州、洛阳、新乡、驻马店、信阳、安阳，安徽的阜阳、砀山皖北一带，江苏的徐州、丰县、沛县；北至河北的大名、馆陶。②

两夹弦是在歌舞并重的民间小戏的基础上发展而来的，带有浓郁的泥土气息，地方特色显著，剧目内容大多与农村生活相关，具有丰富的喜剧色彩。剧情多和男女爱情、家长里短、神话传说有关，与老百姓的生活息息相关，可以说是想百姓心中事，发百姓心中愿，因此深得百姓喜爱。两夹弦在200余年的流传过程当中产生了许多优秀的剧目，有传统的"老八本"和近代的"新五本"之说。"老八本"指的是《头堂》《二堂》《休妻》《花墙》《大帘子》《二帘子》《花轿》《抱牌子》③，这些是传统的几近失传的老剧本。"新五本"指的是《货郎翻箱》《丝绒记》《打狗劝夫》《赶女婿》《墙头记》。

两夹弦戏还有一些独有的剧目，如《王小过年》《打老道》《吃腊肉》《唐二卖秆草》《穷劝》《富劝》《贾金莲拐马》等。还有一些从兄弟戏曲当中移植过来的剧目，如《康府吊孝》《海潮珠》《王莽篡朝》《斩杨人》等。在新时代，两夹弦还编写了一些反应新社会、新风貌的百姓风情戏，例如《离婚》《河畔新图》《一条鲤鱼》《相女婿》《红果累累》《拾爹嫁娘》《愣姐让房》《向阳人家》等。④

---

① 朱路阳：《山东两夹弦的生态现状调查与保护对策研究》，曲阜师范大学2012年硕士学位论文。
② 同上。
③ 同上。
④ 同上。

218

（二）艺术特色

两夹弦演唱剧目喜剧色彩浓厚，表演过程中"声""形"并重，风格婉丽、抒情，相应地其板式也较为灵动、活泼。它的基本板式有［大板］［二板］［三板］［双北词］［单北词］［砍头句］［大板娃娃］［二板娃娃］［撅子］［赞子］等。［大板］与豫剧中的［慢板］相当，旋律优美、抒情、舒缓又敦实开阔。［双北词］的旋律在优美、细腻、抒情方面与［大板］相同，旋律在华丽高亢方面不及［大板］，适合表达娴雅忧郁的感情。［大板娃娃］也有相似的表现力。［单北词］［二板］（娃娃）和［砍头句］等板式的旋律则较为委婉、华丽、流畅，色彩以欢快、明亮、轻巧、活泼为主。［撅子］和［赞子］的旋律则适合表现气愤、恼怒等激昂有力的情绪。在实际的演唱过程中，不同地区、不同的艺人又有自己的发挥和创作，形成了不同的风格。两夹弦的唱腔咬字清晰，尾声华丽，清新、活泼、朴实、优美动听。

两夹弦的伴奏分为"武场"和"文场"，"武场"是打击乐一类的伴奏，"文场"通常是指吹、拉、弹的乐器伴奏，它们统称"文武场"。虽说伴奏是给唱腔搭配旋律的辅助艺术，但它的重要性同样不输于唱腔。俗语说"七分场面三分唱"，伴奏配合的好坏，直接影响唱腔表达的效果，在某些时候伴奏甚至可以弥补表演者的表演错误和缺陷。两夹弦声腔的主要特点是"大口小腔"，即吐字用"大本腔"（真声），拖音用"二本腔"，因此在演出过程中"对'文场'伴奏有更高的要求。比如伴奏中的灵活运用和一些即兴的、有创造性的演奏，在突出唱腔的基础之上，使用更多的技巧，如滑音、颤音、装饰音等，与唱腔融合在一起，整体更加丰富、优美、动人。'武场'的主要作用就是烘托气氛，唱腔锣鼓和身段锣鼓互相配合、环环紧扣，渲染气氛，达到声情并茂的境界。它的伴奏乐器有坠琴、四弦和柳琴，在传统的乐器中被称为'三大件'。中华人民共和国成立之后，琵琶基本替代了柳琴"[①]。

---

① 朱路阳：《山东两夹弦的生态现状调查与保护对策研究》，曲阜师范大学 2012 年硕士学位论文。

（三）传承现状

两夹弦是在菏泽民间小戏"花鼓丁香"（"花鼓丁香"因鲁西南地区经常上演《休丁香》而得名）的曲艺形式基础上发展而来的，1910年前后开始职业演出。两夹弦遵循民间戏曲发展的"农闲唱，农忙散"的路子一路迤逦走来，到拥有职业演员、建立班社制度，逐渐成熟并成为跻身艺术殿堂的戏曲形式，经历了漫长的发展过程。

清咸丰初年，菏泽鄄城引马集穷秀才白殿玉，通晓音律、爱好诗词，痴迷"花鼓丁香"，受妻子纺车启发，他突发奇想，发明了类似二胡的"弦子"为"花鼓丁香"伴奏，取得很好的音响效果。白殿玉又在"花鼓丁香"基础上，依据其诗歌、音律基本功，融入当时其他唱腔，丰富了"花鼓丁香"的艺术形式，新"花鼓丁香"迅速蔓延开来，为广大人民群众所喜爱。"白殿玉也索性下海，在引马集、大徐庄广收门徒数十人，在菏泽部分县城及梁山、东平一带农村，以'打地摊'的形式卖唱。随着演出人数的增加和收入的提高，演出形式也有了改变，行当也逐渐丰富起来，由一人清唱慢慢发展成为七八个人分包赶角的形式"[①]，初具完整的戏剧形式之雏形。角色行当和经费的增加，使得他们可以搬演人物较多、情节较为复杂的戏曲故事，逐渐摆脱了说唱的单一形式，向成熟的代言体发展。搬演方式的改变使得白殿玉的戏曲演出团体走上了良性发展的道路：一方面，观众的增加、收入的提高使得他们有较为充足的资金去改善行头、道具等基本的演出条件；另一方面，演出条件的改善、艺术水平的提高又使得他们能够吸引更多的观众来观看他们的表演，从而提高他们的收入。在这种良性循环的推动下，白殿玉的徒弟们开始在山东菏泽建立起班社，由打地摊演出走上了农村的演出舞台。

"光绪四年（1878），在菏泽东关泰山奶奶庙大会上，两夹弦正式从村镇舞

---

① 朱路阳：《山东两夹弦的生态现状调查与保护对策研究》，曲阜师范大学2012年硕士学位论文。

台走向了城市舞台。光绪六年（1880），戚成兴的传人带领戏班进入开封，在相国寺市场演出，震撼了当地群众。宣统二年（1910）左右，曹县马楼一带组成了'洪兴班'，这是两夹弦戏曲的第一个职业班社，开始进行具有营业性质的演出，即看戏要收费。这一时期，两夹弦再次进行改革，对个别行当进行细致分工，增加剧目，并于1911年左右，在曹县招收并培养了第一代女演员，轰动一时。"[①]

在两夹弦的发展过程当中，它还注意吸收姊妹艺术的精华，如山东梆子和柳子等，丰富唱腔，增加伴奏乐器。中华人民共和国成立后，两夹弦专业表演团体纷纷建立起来，山东菏泽地区就有：菏泽县（今菏泽市）新艺剧社、单县新民剧团、东明县两夹弦剧团和巨野县新艺剧团等。

1951年以"共艺社"（即洪艺班）的演艺人员为主体的菏泽县新艺剧社成立。经过3年的发展，新艺剧社吸纳了大批青年演员，全团演职员扩张到50多人，1954年成为国家正式的职业艺术团体。在政府相关部门的扶持下，尤其在"百花齐放、百家争鸣"文艺方针的指引下，两夹弦这样一种民间戏曲艺术得到了长足的发展，演出质量上有了很大的提高，培养了一大批德艺双馨的优秀演员，譬如艺名"小白鞋"的著名演员黄云芝，就以细腻的舞台表现、婉转的唱腔深受广大观众的欢迎。尤其是黄云芝将舞蹈的成分融入两夹弦的表演当中，使得两夹弦唱、念、做、打诸功兼备，在很大程度上提升了两夹弦的艺术水平。1952年与1954年，山东省第一、二届戏曲观摩演出大会期间，黄云芝出演的《离婚》与《站花墙》得到观众及评委的好评，获得演员一等奖，后来黄云芝还参加了全国群英会。1959年新艺剧社成为菏泽专区两夹弦剧团，两夹弦艺术的发展进入到新的历史阶段。

"文革"期间，两夹弦剧种和其他传统戏曲一样，遭受到严重的破坏，许

---

① 朱路阳：《山东两夹弦的生态现状调查与保护对策研究》，曲阜师范大学2012年硕士学位论文。

多传统戏曲团体包括菏泽专区两夹弦剧团都濒临绝境，后都被迫解散。"文革"结束以后，两夹弦剧种重新焕发生机。1979年，定陶县编演的两夹弦剧目《相女婿》参加国庆三十周年献礼演出，编剧王岳芳和定陶县两夹弦剧团分获文化部剧本创作二等奖和演出三等奖，取得了很好的成绩。1982年定陶县两夹弦编演的《红果累累》在山东省戏剧月演期间，分获剧本创作奖、优秀表演奖，又一次证明了定陶两夹弦艺术发展的实力。最近几年，由祝兆明编导的《拾爹嫁娘》《愣姐让房》等具有新时代生活气息的优秀剧目，参加省地艺术节时都获得了优异的成绩。

改革开放后，随着生存环境的变迁，两夹弦发展走入低谷，经费短缺，缺乏创新，观众流失，剧种徘徊在被历史湮灭的边缘。2008年，经国务院批准，两夹弦这样一种传统戏曲艺术形式入选第二批国家级非物质文化遗产名录，这是两夹弦艺术发展中的重要契机,为两夹弦艺术的保护与传承创造了必要条件。2007年，菏泽开工建设了菏泽大剧院，两夹弦又重新走上了宽敞明亮的大舞台。2010年两夹弦剧目《三拉房》在菏泽市两代会期间的文艺演出中获得了巨大成功，受到了观众们的热烈欢迎。

两夹弦艺术发展在最近一些年越来越受到重视，相关的研究者还深入两夹弦流行区域进行田野调查。通过走访两夹弦剧种的老艺人，系统整理现存剧本，并投入大量人力物力挖掘剧目、曲牌，将其出版发行，有效地保护了这一珍贵剧种的相关资料。

三、柳琴戏

（一）发展历史

柳琴戏是在鲁南的民间小唱"肘鼓子"和"拉魂腔"的基础上发展演变而来的。在定名为柳琴戏之前，又被称作"肘鼓子"或"拉魂腔"，较常用的名称是"拉魂腔"。

大约在200多年前，临沂一带有些敲着狗皮鼓的乞丐、尼姑、巫师，他们唱着内容各不相同的带有表演成分的歌谣，群众将这些歌谣称为"肘鼓子"或"锣鼓冲子"。在"肘鼓子"流行的同时，薛城地区的"四句调"又流行起来。"四句调"是由一人叫起腔来唱三句半，后半句由其他人齐声帮腔拉尾音，正是因为拉的这个尾音，老百姓将其称为"拉魂腔"。当时的肘鼓子不弹弦子只打锣鼓，而最早的拉魂腔则只弹弦子不打锣鼓。后来这两种民间戏曲形式在临沂、枣庄等地，因为演出的交叉和人员的互相学习，逐渐合二为一。因其是一种合流的艺术形式，已经无法去考证孰为主次，谁决定了谁，谁处于主导地位，它的名称在一段时期内也比较不稳定，时而被称为"拉魂腔"，时而称作"肘鼓子"，但在当时这两种名称所指代的内容是一致的。在这两种戏曲形式合流后，丝、竹、锣鼓等众多乐器伴奏才逐渐地完善起来，行当分工也逐渐细致起来，这也为柳琴戏的进一步发展准备了最基本的条件，或者说为其成为一个独立的剧种准备了条件。

肘鼓子与拉魂腔相结合初步形成戏曲剧种以后，又逐渐流传到皖北、苏北、豫东地区，因这些地方方言、民俗、文化、生活习惯等的不同，柳琴戏在剧目、唱腔等方面的发展又出现了分野，具有流传地自己的特色，有了中路、东路、南路、北路之分。由枣庄、徐州而到涡阳、蒙城的为中路；从临沂起到沿海为东路；经郯城、邳县、新沂转向泗阳、灵璧一带为南路；从滕县北到徐州和丰县、沛县、萧县、砀山等地为北路。中路与东路唱腔基本相同，因为地区方言和文化差异较大，唯南路，生、旦的唱腔有较为明显的区别。

在柳琴戏流布和发展的过程中，除了与当地文化和人民的喜好相结合外，还吸收借鉴了京剧、梆子等剧种剧目、唱腔、表演艺术、音乐伴奏等方面的营养，逐渐发展成为一个成熟剧种。1952年，依据其伴奏乐器主要是柳叶琴的特点，正式将其定名为"柳琴戏"，并先后建立了公立性质的江苏省柳琴剧团和山东省临沂地区柳琴剧团等演出团体。"文革"前，山东省已有四五个专业剧团，而临沂、枣庄农村则是业余剧团林立。

山东柳琴戏的传统剧目相当丰富，仅据1957年山东省戏曲研究室调查、抄录所得，就有160多出。如《西厢记》《七装》《金锁记》《仙花记》《大赶脚》《小机房》《思春》《桂花亭》《铡美案》《酒楼》《锦香亭》《金凤》《红罗帐》《西岐州》《断双钉》《钓金龟》等。

在这160多出剧目中，剧本比较固定，经常上演的大戏不多。老艺人有"出来进去十八出戏"的说法，这"十八出戏"的具体名称有不同的说法。比如临沂苍山老艺人李忠志说的"十八出戏"是:《珍珠衫记》《四宝山》《金镯记》《玉环记》《丝鸾记》《桂花亭》《蓉花记》《状元打更》《西厢记》《锦香亭》《油山》《罗通扫北》《铁牌关》《红罗帐》《白罗衫》《点兵》《四告》《大花园》。冯士选等人说的"十八出戏"中还有《仙花记》《罗鞋记》《四屏山》《八盘山》《西岐州》《三反》《五反》《周公赶桃花》《北齐国》等。

除了戏曲剧目，柳琴戏还有近200个"篇子"，目前保留下来的有《凤仪亭》《陋巷》《芒砀斩蛇》《贪花段》《大烟段》《单刀会》《周游列国》《孟姜女哭长城》《王二姐做梦》《货郎担》《倒十字》《十不足》《马前泼水》《酒色财气》《耕读渔樵》《三皇五帝》《黑驴段》《风花雪月》《小二姐劝夫》等100多个。

中华人民共和国成立后，山东省内各地专业柳琴剧团，都十分注重剧目建设。如临沂市柳琴剧团在建团第二年（1953），即以《小书房》《打干棒》等传统剧目，参加了山东省第一届戏曲观摩演出，并获得奖励。1956年，又以整理、改编的传统剧目《休丁香》参加了山东省戏曲会演，获得成功。在"文革"开始之前，已上演了大量经过整理、改编的优秀传统剧目和新创作的现代戏，如《丝鸾记》《秦香莲》《三不愿意》《打干棒》等。1964年以来，剧团还编演了建设新社会、新农村的剧目，如《青石峪》等。

新时期以来，苏、鲁、豫、皖各省的剧团，在纷纷恢复上演遭禁的传统剧目的同时，创作了大量优秀的新编传统剧和现代戏。比如在传统剧的创作方面，滕县柳琴剧团改编了聊斋故事剧《瑞云》，该剧参加了山东省庆祝中华人民共和国成立三十周年的文艺演出活动，并受到好评。临沂地区的柳琴剧团，在恢复演出优秀传统剧目的同时，还编演了许多反映新生活的现代剧目，如《虚实图》《蟹子湾》《沂蒙霜叶红》《彩石峪》等，另外还有新编历史剧《卧龙求凤》等剧目投入排演，也获得了良好的反响。

2007年，临沂市柳琴剧团创作、上演了大型新编历史故事剧《王祥卧鱼》（编剧张彭、张铁民）。同年，该剧参加中国戏剧家协会和苏、鲁、豫、皖四省区共同举办的"中国柳琴戏剧艺术节"，荣获优秀编剧、优秀导演等13项奖励。2008年，《王祥卧鱼》代表山东省参加了在北京举行的"中国非物质文化遗产展演"，在民族大剧院演出后，得到了普遍的肯定和称赞，并获得了山东省艺术节银奖，2010年山东省精神文明建设精品工程奖。

枣庄市滕州柳琴剧团的《瑞云》《山乡锣鼓》《匡衡进京》也频频在山东省戏剧演出月中获奖。现代戏《山乡锣鼓》、大型新编历史剧《墨子》还曾进京演出，受到首都专家的赞许和观众的欢迎。

（二）艺术特色

在传统的唱腔之中，和其他许多地方剧种一样，柳琴戏的唱腔也都是不定型的。即使是同样的唱词、板式，也会因为演唱者各自不同的表演特点，唱腔往往会有不同的表现形式。即使是同一段唱词、同一种板式，同一个演唱者在不同的时间、不同的地点、不同的情况之下也会有不同的处理方式。因此，柳琴戏的腔调又有所谓"怡心调"之称，即是指其唱腔在某种程度上的随意性。但应当指出的是，柳琴戏的唱腔在具有随意性的同时，仍然要遵循最基本的唱腔和板式。

柳琴戏的唱腔曲调有"导板""连板起""哈弦""起板""拉腔""射腔""起腔""含腔""平腔""停腔""柔腔""叶里藏花""雷对调""一哟调""老公调""回龙调""垛板""调板""闸板""冒调花腔""四六长腔""男女拉拉腔"等。此外还有从民间小词变化而来的"赶脚调""送郎调""过河词""补缸调""叠断桥""打牙牌""千金小姐进花园调""小放牛""八段锦""调兵调""叶落金钱"等。①

另外,系统梳理柳琴戏的板式可以发现,其"大致可分为［慢板］［二行板］［吞板］［紧板］［垛板］［炸板］［散板］等。现在的柳琴戏除了［慢板］的腔调变化比较快之外,腔调基本相同"②。

柳琴戏在表演过程中,其板式的主要特点是:

［慢板］,一般来说,［慢板］主要用在人物陈述、抒发情感等情境。唱词可以用［二行板］。［二行板］又分为［慢二行］［快二行］。［二行板］在柳琴戏中的运用仅次于［慢板］,演唱时大多数紧随［慢板］之后,一般在比较紧迫的情境中适用。与［慢板］相比,旋律骨架比较简洁。③

［吞板］,柳琴戏在传统的唱腔之中,［吞板］出现的时间比较晚。［吞板］主要是一些知名演员为了大段唱腔感情以及节奏变化的需要,吸收其他剧种的唱腔并结合柳琴戏自身的特点,经过长期揣摩而创制出来的一种比较新颖的板式。［吞板］的节奏较为缓慢,多是一字一音,旋律主要由小切分节奏来支撑,一般在每个词节前都会有十六分休止符出现,因此显得十分的轻巧。④

［紧板］,［紧板］是柳琴戏基本唱腔中唱腔速度最快的一种板式。［紧板］的主要腔调在［快二行板］的基础上用了简字的方法。要求演唱者字字清晰,音不能跑,字不能糊,能够充分展示出演唱者的演唱功力。⑤

［垛板］,［垛板］比［吞板］出现的时间更晚,是演员由于演出的需要受京剧的影响及启发,经过不断的探索与实践而创造出的一种新的板式。男腔主要以宫调式为主,女腔主要以徵调式为主。［垛板］男女腔的旋律以及节奏都

---

① 侯贺水:《柳琴戏唱腔特征探微》,《中国—东盟博览》2013年第4期。
② 同上。
③ 同上。
④ 同上。
⑤ 同上。

是一样的，[垛板]的节奏性十分强，铿锵有力，具有极强的表现力。①

[炸板]和[散板]，演唱[炸板]时，主要将唱腔拉散，往往会随着唱腔的尾音而发生变化。[散板]则将唱腔拉得更散，在演唱时要保持气氛的紧张度。柳琴戏的唱腔主要以基本腔为基础，中间往往穿插色彩腔以及民歌小调，对唱腔旋律的板式结构进行丰富。②

（三）传承现状

柳琴戏最早是贫苦农民在农闲时乞讨的工具。直到20世纪80年代，在和鲁南接壤的江苏赣榆、东海等地方仍然能够看到怀抱柳琴逐村演唱乞讨的山东农民。植根于贫瘠土壤中的柳琴戏，最初采用的是沿门说唱的形式，说唱内容多和农村生活密切相关，伴奏工具极其简陋，更别说道具行头了。如此艰难的境遇，并没有扼杀柳琴戏的发展，相反到了清咸丰年间，柳琴戏出现了专业的艺人和班社。专业艺人的出现和班社的成立，标志着柳琴戏摆脱了单一的乞讨功用性，成为具有较强独立性的戏曲形式。

柳琴戏早期戏班以峄县的拉魂腔"同义班"最具代表性。"同义班"时期以演出"对子戏"为主，在演出过程中有女性演员加入。女演员的加入打破了戏班子男扮女装的传统，性别角色逐渐合一。性别角色的合一，由女性来扮演女性角色，因为自身对于性别心理极其熟悉，使得戏曲形象更加生动，更加符合生活的原貌，更加深入人心，增加了戏曲的感染力，这也为柳琴戏走向繁荣奠定了良好的基础。

清末民初的时候，柳琴戏的发展逐渐走向繁荣，尤以峄县的柳琴戏发展最为迅速，出现了十人以上的职业柳琴戏大剧班，比如有刘家班、马家班、杨家班、周家班等，另外还有20余个小型班社。演出形式多样，既有其他剧种较为普遍采用的"堂会戏"形式和"会戏"形式，也有带有浓郁草根气息和地方风俗

---

① 侯贺水：《柳琴戏唱腔特征探微》，《中国—东盟博览》2013年第4期。
② 同上。

色彩的"愿戏"形式。随着班社制度和角色行当配置的日益完善，柳琴戏出现了戏院演出形式。戏院演出形式的出现，标志着柳琴戏由农村走入城市，一方面扩大了柳琴戏的生存空间，另一方面使得柳琴戏具备了和大剧种比肩的特质。1931年，郯城艺人梁学会曾带领一个小型戏班在上海演出将近一年的时间，在当地反响较好。[①] 在和鲁南接壤的徐州城，当时分布着包括同兴戏院、民众戏院等十余家戏院。这些既是当时柳琴戏发展繁荣的表现，同时也为20世纪五六十年代柳琴戏的发展走上巅峰奠定了良好的基础。

中华人民共和国成立后，在政府的支持和扶植下，柳琴戏走上发展历程的巅峰。1950年，以张善营、王廷义等人为骨干成立了"群众剧团"，这个剧团在1953年改名为"峄县柳琴剧团"，是首个由政府主办的专业艺术剧团。虽然人员较少，仅有30余人，行头、灯光等硬件设施较为简陋，但是其演出活动频繁，活跃在滕县、苍山、徐州等中小城市。1962年作为行政区划的枣庄市成立，峄县柳琴剧团也相应地升格为枣庄市柳琴剧团。规格的提高，为剧团的发展以及柳琴戏这个剧种的发展提供了良好的平台。剧团逐渐发展为设备齐备、行当齐全、阵容强大的专业化剧团，活动范围也日益扩大。除了枣庄柳琴剧团外，在鲁南地区活跃的柳琴剧团还有很多，比如临沂柳琴剧团、苍山柳琴剧团、郯城柳琴剧团、台儿庄柳琴剧团等。除了这些专业剧团外，鲁南地区的业余剧团也相当活跃。在专业剧团和业余剧团的共同努力下，柳琴戏深入到了人们的生活当中，民间甚至有"三天不看拉魂腔，吃饭睡觉都不香"的说法。这个阶段柳琴戏演出的剧目除了传统的剧目之外，还出现了一批反映新社会、新生活、新人民的新作品。

近年来，随着新的传媒形式的介入和社会环境的变化，柳琴戏逐渐陷入困境。但自2006年随着柳琴戏入选第一批国家级非物质文化遗产名录，它又一次迎来了发展的契机。鲁南地区各地方政府纷纷抓住这一有效契机，采取相应

---

① 山东省枣庄市驿城区史志编纂委员会：《驿城区志》，齐鲁书社1995年版。

措施，努力振兴柳琴戏。临沂市在 2012 年组建了"临沂市柳琴戏传承保护中心"，该中心是副县级事业单位，在岗人员 100 余人，其中国家一级演职员 12 人，二级演职员 20 人，三级演职员 32 人，四级以下 39 人。该中心下设柳琴戏展演、歌舞演艺、舞美技术服务、演出联络、艺术创作、培训学校等专业科（部）室，并有大型水上实景演出《蒙山沂水》演艺项目、蒙山沂水大剧院专业剧场。该中心各个科室各司其职，相互协作，开拓思维，抓住新形势下人民对文化的新需求，力图为柳琴戏的生存和发展寻找新的出路。

政府也为柳琴戏的发展提供各种扶持政策，如举办柳琴节，整理旧剧目，创作新剧目等。但这些外在的力量只能起到辅助的作用，要想实现柳琴戏的振兴，关键还需要柳琴戏自身的改进与宣传。

四、柳子戏

（一）历史发展

在苏、鲁、豫、皖、冀五省交界的区域流行一种汉族地方戏曲剧种——柳子戏，又名"弦子戏"。该剧种的分布大致以鲁西南和苏北地区为中心。不同地域对柳子戏的称呼都有所不同，黄河以北多称柳子戏为"糠窝窝""百调子"和"吹腔"。这是汉族戏曲的古老声腔之一，具有相当珍贵的文化价值。中国戏曲史上所谓"东柳、西梆、南昆、北弋"中的"东柳"即为山东柳子戏。

山东民风自古尚武，尤以鲁西南地区为甚，这种民风给发源和流行于此地的柳子戏打上了深深的烙印。形成于山东西南部地区的柳子戏剧目主要以花脸、红脸戏为主，形式粗犷，重视打斗，场面热闹。而京杭大运河的开通，使全国各地的文化顺运河而下，这些文化迅速与柳子戏结合，在山东柳子戏本土尚武粗犷的基础之上又增加了阴柔婉转的气息，一时间柳子戏雄秀结合、文武兼备。

"纪根垠在《柳子戏简史》中曾提到，自辛亥革命至 20 世纪 30 年代，山东省的柳子戏职业班社以运河为界，分为四路。西路：曹县的大曾班、小曾班，定陶的宋楼班，巨野的孙家义班，以鲁西南为基地，经常赴豫东、豫北、冀南、苏北一带演出。东路：由李家班领班，在赞县、沂源、临沂、莒县等地活动。北路：济宁孙家班等，在济宁、兖州、汶上、曲阜、泗水、宁阳、章丘等地活动。南路：由张青云、张庆友、杨洪善、侯敬福等领班，活动在金乡、鱼台及苏北、皖北的丰县、沛县、萧县、砀县等地。"[1]

柳子戏的传统剧目有数百种之多，因历史上缺乏文字记载，有一部分现已失传，目前尚能演出和有资料可考的有200余出，其中不乏"化石"级别的剧目。这些"化石"级别的剧目较为直观地展示了北方戏曲的原始风貌，无论是在从剧本保存方面考量，还是从戏曲音乐、唱腔和表演方面考量，戏曲研究者都不可忽视。这些"化石"级的剧目有：《刘智远白兔记》《杀狗劝夫》《游西湖》《抱妆盒》《金锁记》《玉簪记》《白罗衫》《盗骨会兄》等。

鲁西有清朝道光年间的柳子戏手抄本的遗留，鲁南地区则没有发现柳子戏的古老抄本，其丰富的剧本资源主要依靠艺人们的口口相传。鲁南地区口述者口述的柳子戏剧本和鲁西地区遗留的柳子戏手抄本是当今流行的柳子戏剧目的主要来源。鲁南地区剧目口述者都是长期致力于柳子戏演出、教学的一线艺人。如致力于柳子戏教学的艺人王福润（山东巨野人），他11岁学戏，对柳子戏传统剧，无论哪个行当、哪段唱腔，全部"抱本"。王福润的口述剧目大部分记录在山东省戏曲研究室编的《山东地方传统剧目汇编——柳子戏》（共十集）中，十集76个剧目中从鲁西南记录的剧目占多数。由王福润口述的剧目有：《打登州》《鬏铁弓缘》《许田射鹿》《华容道》《董家岭》《金锁记》《战洛阳》《白门楼》《图书剑》《绣绒佛》《狮子洞》《挂龙灯》《秋胡戏妻》《大观灯》《桑棵寄子》《大书馆》《二冀州》《单刀会》《变羊》《绣袋记》《皮锦顶灯》《小书馆》《大河北》《祭旗》。王福润、李文远（长期生活于济宁汶上）两人口述的是：《霄霆庙》《打棍出箱》《鱼篮记》《罗衫记》《抱妆盒》。李文远口述

---

[1] 何丽丽：《山东柳子戏音乐文化研究》，福建师范大学2009年博士学位论文。

的是:《雀山指路》《红罗记》。王福润、王传明(山东郓城人)、何善芳(山东定陶人)口述的是:《徐龙打朝》《白兔记》《朱买臣休妻》《高魁抚琴》《虎牢关》《安南国》。张春雷口述的是:《鞭打督邮》《靳貂》《盗骨》。郑兰亭(山东定陶人)口述的是:《李亚仙思夫》《玩会跳船》《樊城关》《莺莺思夫》《龙宝寺》《莲帕记》《姑阻来迟》。苗悦芹(济宁嘉祥人)口述的是《马古伦换妻》。黄遵宪(山东郓城人)口述的是《三盗芭蕉扇》。杨汉春口述的是《陈妙常思夫》。①

（二）艺术特色

柳子戏的唱腔是由众多不同宫调、不同板式的曲牌所构成，这些曲牌按其来源可以分为明清俗曲类和客腔类两大部分。其中，明清俗曲类的曲牌可以称得上是柳子戏的本体，根据唱词结构的不同，这类唱腔曲牌又可分为两大类：一类是长短句为主的曲牌——曲子与小令，其中包含［五大曲］［复曲］［单曲］［小令］四部分。［五大曲］是柳子戏最常用的曲牌，包括［锁南枝］［黄莺儿］［山坡羊］［娃娃］［驻云飞］五大曲牌；［复曲］指同一个曲牌名包含两支以上不同的曲调或者是板式，如［驻马听］［桂枝香］［风入松］等；②［单曲］则是一个曲牌只有一种演唱方法，如［绣罗带］［四不像］［江流水］［二凡］等；［小令］指的是穿插在传统剧目当中的小曲牌，比如［纽银丝］［爱春风］等。另外还有一类是由七言或十言为主组成的一种上下对偶句结构的曲牌，例如［序子］［柳子］［赞子］［调子］等。客腔类曲牌所占比重相对而言就比较少，包括［青阳腔］［乱弹］［高腔］［罗罗腔］［昆调］［皮黄］等。

"柳子戏的唱腔曲牌，按其不同的宫音系统，分别划分为'四大调'（四种主要的宫调），即'平调''越调''下调'和'二八调'。"③如果进行深入的比

---

① 何丽丽：《山东柳子戏音乐文化研究》，福建师范大学2009年博士学位论文。
② 李爽：《山东柳子戏音乐研究》，武汉音乐学院2008年硕士学位论文。
③ 同上。

较，可以发现"四大调"中的"平调""越调"具有较为浓厚的山东地方音乐色彩，这样一种艺术特征与流布于山东地区的梆子腔所体现出的音乐风格相近；更有意思的是，通过认真对照，就会发现"下调"和"二八调"体现出较为浓厚的文人气质，这与昆腔剧种的音乐特点有诸多相似之处，这恰恰是运河文化给柳子戏打下的烙印。

"柳子戏的板式主要包括[原板][二格硬板][二板][无眼板][散板][紧打慢唱][滚板]等。在一些大曲子中，每支曲牌包含了上述各种主要板式，它们可以自成一套完整的唱腔。其板式展开的基本结构为：[散板]——[原板]——[二格硬板]——[二板]——[三板]（或[紧打慢唱]）——[散板]。为了塑造各种不同的音乐形象，在实际应用中，各类板式之间的转换灵活多样。"①

虽然柳子戏是由各种曲牌组合而成，通过不同曲牌的连缀来表情达意，塑造不同人物形象，表达人物内心情感，但是这种组合并不是一种简单的叠加，而是纵横勾连，甚至于同一个曲牌中的板式也会根据不同的情境和环节进行变化，灵活合作、首尾呼应来完成达意和抒情。如在《错断颜查散》中有一段唱腔的板式随着包龙图的情绪变化而不断变化。"这段唱腔仅有六句唱词，但却四易其板，旋律由繁到简，节奏步步加紧，唱词由疏到密，板式配合情绪峻急而上。在'莲台坐定，柳金蝉是何人害了，连累着公子偿命'这几句唱词中采用的是[原板]，属于了解案情和情绪的准备阶段。'叫判官张洪，你与我抬过来月镜'，此时的包公急于了解案情，情绪由缓向急转换，此时板式转为较急的[二格硬板]。'月镜昏花照字不清'，这时包公的情绪已转变为焦急，这时的板式也相应地变为[二板]。'看罢卯簿心头恼，卯簿摔在地留坪'，了解案情后的包公情绪极为恼怒，板式也变为适合表达愤怒、焦急、无措等情绪的[无

---

① 李爽：《山东柳子戏音乐研究》，武汉音乐学院2008年硕士学位论文。

眼板]。这种变化实质上是柳子戏板式化的一种反映,即柳子戏已经从较为简单的曲牌连缀体向音乐表现力更强的板式体迈进了一大步。"[1]

(三)传承现状

明末清初是柳子戏的产生阶段,入清之后是柳子戏的发展阶段。以文献(脱稿于乾隆四十二年(1777)的小说《歧路灯》)为佐证,有研究者认为,至晚在乾隆四十二年(1777)之前柳子戏就已经盛行于山东和河南一带。在乾隆时期四大徽班进京之前,柳子戏与昆、弋、梆相提并论,被列入一时称盛的剧种当中去。可惜风云变幻,际会难遇,柳子戏没有留住在京华的好时光,随着二黄的兴盛,柳子戏黯然回到地方发展,错失了一飞冲天的好机遇。这是柳子戏发展史上的一大挫折,另一挫折是抗日战争时期的凋零。抗日战争和解放战争时期,柳子戏的生存现状可以用"惨淡经营"几个字来概括。演出减少,剧社解散,艺人们为了生计,有的弃戏归农,有的演唱其他剧种。

中华人民共和国成立后,国家大力扶植地方戏曲,在这样的大好形势之下,鲁南地区的柳子戏却因资金和传承人的缺乏,加之其他剧种的冲击,一度走入发展的瓶颈。在这种低迷的形势之下,郓城县工农剧社脱颖而出,演了相当多的优秀剧目,为柳子戏的发展提供了强大的推动力,该剧社编演的《黄桑店》在1954年华东区戏剧观摩演出大会上分获演出奖和演员奖。因郓城县工农剧社较强的演艺实力,1954年被升格为菏泽地区柳子剧团。经历了五年发展,菏泽地区柳子剧团又一次升格为山东省柳子剧团。此时柳子戏迎来了发展的小高潮,1959年毛泽东在济南视察时,还专门观看了该团排演的《玩会跳船》和《张飞闯辕门》两出戏;1962年,该剧团的《孙安动本》被摄制成电影,后在"文革"期间受到重点批判,一个剧目的命运决定了一个剧种的命运,柳子戏的发展进入了低潮期。

"文化大革命"结束后,许多柳子戏的传统剧目得以恢复上演,其中《孙

---

[1] 李爽:《山东柳子戏音乐研究》,武汉音乐学院2008年硕士学位论文。

安动本》《张飞闯辕门》《玩会跳船》等优秀剧目又获得了与广大观众见面的机会。山东省柳子剧团还移植、改编、创作了一批优秀的剧目，如《王昭君》《花木兰》《琵琶遗恨》和《卧龙求凤》等。1979年10月，山东省庆祝中华人民共和国成立三十周年献礼演出中，优秀剧目《王昭君》参加演出取得了很好的成绩，获得该次会演的创作奖及演出奖。其后几年，山东省柳子剧团的发展更为喜人，他们排演的《琵琶遗恨》获得巨大成功，一举囊括改编、导演、音乐设计、舞美设计、表演、服装设计等六项大奖。1992年，传统剧目《张飞闯辕门》在全国优秀剧目展演中，分获剧目、表演两项最高奖。1998年，他们编演的剧目《法魂》获得了山东省精品工程奖。2002年《风雨帝王家》的演出获得成功，这是继《孙安动本》后又一部影响巨大的力作。2004年9月，山东柳子剧团再次赴京表演，将传统剧目《孙安动本》和新编历史故事剧《风雨帝王家》呈现给首都观众，受到了各界的广泛好评。

2006年，柳子戏入选第一批国家级非物质文化遗产名录，政府也不断增加对柳子戏的财政投入，柳子戏开启了发展的新阶段。山东省柳子剧团是山东省保留的唯一一家专业柳子剧团，上述的演出成果绝大部分都是该剧团的演出成果。该剧团每年的演出场次在60至70场之间，其中有一半的演出场次为政府扶持，一半的场次为商业演出。这从一个方面可以看出政府对柳子戏的扶持力度之大，另一方面我们也能看出柳子戏的发展对政府有较强的依赖性。是从别人扶着走慢慢变为自己走，还是永远都依赖别人扶着走，是柳子戏这个古老的剧种在今后应该考虑的问题。如果一味依赖政府，不谋恢复自己的生命力，不做强自己，那么柳子戏最终也只能以"遗产"的面目示人。相反，柳子戏如果能够以政府的扶持为契机，培养人才，创新剧目，与时俱进，专业剧团演出与业余剧团演出相结合，活跃于城乡，必将能为柳子戏的发展开拓出一片天地。

五、山东梆子

（一）发展历史

山东梆子，又称"高调梆子"，也有些地方称之为"高调"或"高梆"，主要流行于鲁中及鲁西南等区域，是一种古老的汉族戏曲剧种。山东梆子是在山陕梆子的基础上发展而来的。康熙年间山陕梆子由开封一带传入山东，迅速与山东的方言和文化结合起来，音随地改，韵随俗转，逐渐发展成为山东人民喜闻乐见的戏曲形式。另据史料记载，至清代乾隆年间，山东梆子已风貌初成，艺术形式逐渐成熟，并且已有山东梆子演员进京演出。经历了300余年的发展沿革，山东梆子在继承山陕梆子刚硬耿直的特点的同时，又和山东人鲁直的性格、尚武的风气相结合，形成了音乐激越高昂、动作粗犷、武场戏众多的特点。因其高昂激越的声腔，往往被人称为"舍命梆子腔"。

"山东梆子主要流行于山东菏泽、济宁、泰安等地的大部分市县，以及聊城、临沂等地区的广大城镇乡村。因流行区域的不同，群众对其称呼亦有不同。以菏泽曹州为中心的，被称为'曹州梆子'；以济宁、汶上为中心的，被称为'汶上梆子'（或'下路调'）。总称'高调'或'高梆'，1952年定名统称为'山东梆子'。"[①]

山东梆子剧目丰富，而且多为成本大戏，内容多以历史题材为主。以《山东地方戏曲传统剧目汇编》中收录的41部山东梆子戏剧目为例，该剧目中"说杨系列"有14部，还有一些是从杨家将故事中衍生出来的呼家将的剧目；其次包公戏有15部。这些历史故事大多来源于历史演义小说和民间说唱文学。

若以朝代划分，据老艺人讲述，汶上县大曹班经常上演的戏就有600出之多。谢小品先生历年抄录、掌握的山东梆子传统剧目以朝代计有：殷代故事戏25出，周代故事戏40出，秦代故事戏6出，汉代故事戏34出，三国故事戏65出，两晋及南北朝故事戏12出，隋唐故事戏120出，五代故事戏19出，

[①] 李英、魏忠友：《山东梆子"恋上"动漫艺术》，《走向世界》2014年第15期。

宋代故事戏125出，元代故事戏9出，明代故事戏76出，清代故事戏49出，朝代不明及民间故事戏102出，总计682出。

中华人民共和国成立后，山东省戏曲研究室挖掘记录的共437出，其中艺人通称的"老十八本"为：《春秋配》《梅降雪》《千里驹》《全忠孝》《江东》《战船》《宇宙锋》《玉虎坠》《百花咏》《老边庭》《金台将》《富贵图》《龙门阵》《佛手橘》《双玉镯》《虎丘山》《天赐禄》《马龙记》。①

"十七山"即：《老羊山》《临潼山》《铁笼山》《双锁山》《九里山》《天台山》《鸡宝山》《长寿山》《磨盘山》《滚鼓山》《二龙山》《豹头山》《翠屏山》《红罗山》《兰花山》《大佛山》《八卦山》。

"十二关"是：《反昭关》《过五关》《反潼关》《乱潼关》《晋阳关》《撑地关》《三上关》《打三关》《南阳关》《阳平关》《高平关》《天水关》。

"五阵"即：《五雷阵》《青龙阵》《阴门阵》《黄河阵》《梅龙阵》。

"六州"是：《反徐州》《安乐州》《平霍州》《头冀州》《二冀州》《破洪州》。

"这些戏在群众中留下很深刻的印象，故而民间编出一些很流行的顺口溜来，有'头冀州、二冀州，姚刚征南，对抓钩''打金枝，骂金殿，曹庄杀妻、牧羊圈'，等等。"②

中华人民共和国成立后，先后编创的现代戏有《白毛女》《父子婚姻》《小女婿》《老王卖瓜》《万紫千红》《万家香》《前沿人家》等。整理改编的传统剧目有《墙头记》《程咬金招亲》等。其中《墙头记》于1982年由中央新闻纪录电影制片厂摄制成彩色影片。③

山东梆子的传播实体是由艺人组成的戏班，可以说梆子的发展历史就是演员和戏班的发展历史。清代中叶以后，山东梆子步入繁荣时期，职业班社纷纷

---

① 李永：《鲁西南传统音乐史》，苏州大学出版社2014年版，第91页。
② 张学亮：《齐鲁儒风：齐鲁文化特色与形态》，现代出版社2015年版，第149页。
③ 李永：《鲁西南传统音乐史》，苏州大学出版社2014年版，第82页。

涌现。这些戏班主要有：汶上的大曹班、崇圣府班、大孔班、占里集宋义相班、岳楼岳家班、黄石店孔家班、陈村孔家班、萱楼班；济宁的财神阁五福班、孙家班、冯家班；滕县的东郭张天师府班、洼斗得胜班、龙峪福盛班、宁阳店班、东郭韩典班；曲阜的管庄孔班、圣公府班、新庄孔家班、吴村福盛班；邹县的全盛班、石祥庄班、双盛班（亚圣府班）、后屯班；兖州的歇马亭吉庆班、西关赵元琴班；嘉祥的曾班、吴侍尉班；金乡的大苏班、小苏班、羊山李家班、周班等。[①] 当时可以说"村村锣鼓响，庄庄梆子声"，不难想象当时山东梆子繁荣的盛况。

（二）艺术特色

山东梆子的唱腔音乐属于板式变化体结构，唱词为上下句式，各种板式均以七字句和十字句为主。唱腔中的基本板式有［慢板］［流水板］［二八板］［飞板］四大类，以及在此基础上发展而来的辅助板式。辅助板式有［起板］［非板］［栽板］［一串铃］［亢令亢］［倒反拨］等。山东梆子主要有两种板式运用方式：一种为单一板式的应用，即根据剧中情节和人物情绪，选用某一种基本板式作为一个独立唱段，主要适用于情绪比较单一的唱词。另一种形式则是通过不同板式的有机组合和转接，构成节奏变化明显、旋律对比鲜明的大段成套唱腔，这是山东梆子唱腔音乐的主要表现手法。专用曲调有"流水捻子"（《兰花山》）、"杀己调"（《哭剑》）、"叫门板"（《宇宙锋》）等。[②]

常用的唱腔板式可分为四大类：［慢板］［流水板］［二八板］［非板］，每一个唱腔板式又有不同的变化方式和表现手法。

［慢板］包括［慢板］［中慢板］［破字慢板］［上五音］［金钩挂］以及由它派生出来的［二凡］等衍生板式。［慢板］这种唱腔生、旦、净、末、丑各行皆可以运用，生行［慢板］音色高亢、声调激越、刚直有力，旦行［慢板］则委婉平稳，尽显女性娇柔妩媚，净行［慢板］质朴有力，丑行［慢板］幽默诙谐。

[①] 杨鑫：《山东梆子艺术的传承与保护研究》，山东大学 2009 年硕士学位论文。
[②] 李永：《鲁西南传统音乐史》，苏州大学出版社 2014 年版，第 83 页。

［二八板］分为［二八板］［慢二八板］［中二八板］和［紧二八板］，还有它派生的［一鼓二锣］［呱打嘴］［倒反拨］［嘟噜锤］等。［二八板］其基本腔格是上下两句皆为八板句幅，用 2/4 拍记谱，一板一眼。

［流水板］包括［流水板］［慢流水板］［快流水板］［一串铃］和由它派生的［一锣切］［仓令仓］［倒送板］等。［流水板］唱腔每句之后有很短的过门或者没有过门，节奏明显，其主要功能是用来叙事。

［非板］分为［飞板］［栽板］［滚白］［起板］。［非板］的节奏较为自由，常常用来表示人物极端的情绪，比如悲愤或者激昂的情绪。［非板］可快唱可慢唱，快唱字多腔少，近乎念诵。

除以上四大板式类别外，另有［导板］［哭剑］［叫板］［三哭腔］及演出神戏时用的［吹腔］等。

山东梆子非常适合舞台表演，它动作粗犷豪放，声调激越高昂，身体语言夸张，有着雄健的阳刚之美。行当以红脸、黑脸为主要角色。早些时候表演时全用"大本腔"（真嗓）来演唱，旦角尾音翻高，到后期随着舞台实践中的经验积累，为了追求更好的演出效果，唱腔有了诸多变化，多用"二本腔"（假嗓）去演唱。但在演唱中也有用"大本嗓"（真声）吐字，用"二本嗓"甩腔的表演方法。表演中净行的发音带有一些沙音和炸音，唱腔率性豪放，舞台效果更加明显。而女声各行当大都采用真假声相结合的一种特殊演唱方法，发音更多采用口腔共鸣的方式，使得声音更加圆润、音域更加宽广，体现了山东人粗犷、豪爽，一怀侠肝义肠的性格特征。山东梆子不同于其他兄弟梆子剧，它的地域特征非常明显，最为突出的特点是花腔多、甩腔多。另外山东梆子有一个鲜明的唱腔特征，就是其甩腔最后多落在"啊"音上。山东梆子在其发展的过程中，对周边兄弟剧种的发展均产生过较大的影响。

（三）传承现状

中华人民共和国成立前，山东济宁就逢春、大众、同乐、人民四个戏园（院）

专门演唱山东梆子。其中逢春戏园声誉最高，以山东梆子一代宗师窦朝荣创办的"窦家班"作为骨干力量。1948年济宁第二次解放，窦朝荣满怀胜利喜悦，把逢春戏园更名为"济宁胜利梆子剧团"，自任团长，以迎接新时代的到来。

中华人民共和国成立后，党和政府及济宁市文化主管部门对梆子剧团的发展给予了高度重视。一方面，专门抽调许多戏曲方面的专家组成工作组，对传统梆子戏剧目进行系统性的挖掘和整理；另一方面，相关政府部门还特别派员到各民营剧团任指导员，参与这些民营剧团的行政管理和业务指导及思想教育工作。在文化主管部门的统一组织下，各梆子剧团有计划地举行各类会演，除了奉献给广大群众丰富的精神食粮外，更对山东地方戏曲的发展与繁荣起到了很大的促进作用。

1954年8月，山东省第一届戏曲观摩演出大会上，梆子戏的一代宗师窦朝荣获演员奖。同年9月，第一届华东地区戏曲观摩演出大会上，梆子剧《两狼山》又获大奖，窦朝荣因扮演的杨继业生动传神、栩栩如生，获演员一等奖。

1956年6月，山东省文化局颁文批准济宁市山东梆子剧团为国营剧团，隶属济宁市文教局。

1956年9月，在山东省第二届戏曲观摩演出大会上，济宁市的窦朝荣参加演出并获得示范演出纪念奖，另有济宁梆子戏演员卢胜奎、王秀真获得一等奖，还有其他一些演员也取得了很好的成绩。除此以外，济宁市梆子剧表演集体还荣获剧本奖、演出奖、音乐伴奏奖及老艺人奖共13个奖项。在这次观摩演出的大会演中，济宁市山东梆子剧团为济宁地区争得了最高荣誉，展示出较高的艺术水准，同时也开启了济宁市山东梆子剧团的鼎盛时代。

1956年因行政区划调整，济宁市山东梆子剧团迁至嘉祥，更名为"嘉祥县山东梆子剧团"。"文化大革命"期间，和其他传统戏曲一样，山东梆子也日渐衰微。

1985年底，山东省山东梆子剧团撤销。

21世纪以来，随着国家对非物质文化遗产的重视，各种非物质文化遗产保护与传承保护措施不断出台，2006年，山东梆子成功入选国家级非物质文化遗产名录。

2006年，嘉祥县率先成立了"山东梆子戏剧研究会"，山东省艺术研究所所长孟令和任会长，并举办了系列研讨、演唱活动；曲阜市多次召开山东梆子研讨会；汶上县则逐渐开始恢复启动了汶上梆子剧种，并组织相关演艺力量排演了《两狼山》《老羊山》《铡赵王》等传统剧目，取得了良好的社会反响。2007年10月，汶上剧团演员刘太华参加全国戏曲红梅大赛，以山东梆子的经典剧目《两狼山》一举夺魁，获得了红梅金花奖。

2007年5月，济宁市豫剧团加挂济宁市山东梆子剧团牌子，并出大手笔，集中近4个月时间，聘请专家编排了《老羊山》等5台山东梆子经典传统剧目，于国庆黄金周期间，成功举办了山东梆子戏剧精品展演。

2008年7月，济宁市山东梆子剧团把以"百年老店"玉堂酱园为原型创作并精心打造的大型新编历史故事剧《运河老店》搬上戏曲舞台，同年10月在山东省第二届文博会闭幕式上演出，获优秀创意奖。

2008年，济宁市山东梆子剧团的杜玉珍、嘉祥县山东梆子剧团的李福全入选省级山东梆子传承人名录。

六、枣　梆

2008年枣梆被列入第二批国家级非物质文化遗产名录。

（一）发展历史

枣梆是山东省地方戏曲剧种之一，因其源自于山西东南部的上党梆子，因而又名"泽州调"，又因为该剧种的黑脸和红脸的拖腔中有"讴"音，有些地方又将其称为"讴腔"。对比枣梆《徐龙铡子》与上党梆子《徐公案》两剧可以看出，它们的剧情、结构、主要唱词基本相似，仅主要人物的名字不同（枣梆为徐龙，上党梆子称徐延昭），上党梆子和枣梆之间的血缘关系可见一斑。枣梆的形成与晋商有很大的关系，早在清同治年间，山西的梆子就已经随着山西商人名扬天下了。晋商是清代著名的商帮，他们的足迹遍及全国各地，在经商过程当中，为了娱乐，为了一解思乡之苦，大商人往往会携带梆子戏班，可以说凡是有山西商人处即有山西梆子。无意之间，山西商人成了山西梆子流传发展的媒介。山西商人在清嘉庆前后沿着运河将山西梆子带到了鲁西南的郓城，上党梆子在鲁西南地区生根发芽，与山东本土的文化结合形成了今天我们所说的枣梆。

枣梆主要流行于山东菏泽、郓城等地以及河北、河南、山西的部分地区。枣梆现存的传统剧目仅有 80 余出，数量非常少，而且演出的剧目大多取材于演义小说，称为"老八本"，主要包括《天波楼》《八仙头》《蝴蝶杯》等剧目。另一部分则反映民间生活情趣，如《晒鞋》《求妻》等，篇幅短小，诙谐幽默。

"枣梆继承了上党官调的传统，除去演唱梆子剧目外，过去还演出昆腔的《赐福长春》，罗罗的《时迁打铁》，皮黄的《桑园会》《击鼓骂曹》《黑风帕》等戏。"[1] 但这些取自昆、罗、黄戏曲的剧目，因为长期不传唱，现在大都已经失传。

在现代剧目的编排上，枣梆也做过一些探索，这些剧目的来源主要是现当代的红色文学作品，譬如《党的女儿》《红岩》《金沙江畔》等。

《华东戏曲剧种介绍》所记录的枣梆的传统剧目有 72 出，分别为：《天波楼》《亚郎关》《海棠关》《访四川》《彩仙桥》（秦英征西）、《审法司》《珍珠塔》（方公子投亲）、《代州愿》（代州观景）、《红石关》《蝴蝶杯》《对金刀》《小过山》《出岐山》（曹丕射鹿）、《荐诸葛》《三节义》（对罗裙）、《云台山》《迎风剑》《赤风剑》《徐龙铡子》《杀路》《连环计》《董家岭》《大金川》《绿牡丹》《桃山洞》《无底洞》《三山关》《双挂印》（穆桂英挂帅）、《杀寺》《狄青借

---

[1] 秦贝臻：《齐鲁戏台：山东戏曲种类与艺术》，现代出版社 2015 年版，第 153 页。

衣》《顶砖》《雷峰塔》《麒麟台》《三教堂》《青石岭》《铜花杯》《坐北楼》(乌龙院)、《金玉锁》《求妻》《送京娘》(倒送)、《晒鞋》《打城隍》《金水河》《斩韩信》《张万仓要饭》《大烟鬼游阴》《临潼山》《万历封神》《铡国太》(访山东)、《三开膛》《李八件闹店》《转向壶》《八仙关》(火烧余洪后部)、《背席筒》《五花马》(绣襦记)、《三疑计》《马方困城》《双绒花》《双别窑》《时迁打铁》《天水关》《取巴州》《沙陀国》《黑风帕》《翠屏山》《梅龙镇》《桑园会》《坐宫》《斩郑文》《李密投唐》《骂曹》《打渔杀家》。

(二)艺术特色

枣梆属于板腔体唱腔结构，有较为丰富的曲牌，丝弦曲牌有［降香牌］［拾番子］［肚里痛］等十四五个，唢呐曲牌有［倒春联］［滴溜子］［唢呐皮］等近二十个。由于受当地民间音乐及戏曲的影响，有些曲牌与上党梆子曲牌虽在旋律骨干音上仍保持一致，但已形成自己独特的艺术风格。枣梆是梆子系统板腔变化体的剧种，有丰富的唱腔板式，主要板式有［流水板］［二板］［二八板］［尖板］四大类。另外，还有一些专戏专用的板式，如［奉曲调］［娃娃调］等。[1]

另外，从枣梆的唱腔方面来看，也非常有特色。枣梆的唱腔既粗犷健壮、高亢激昂，又委婉活泼，与其他剧种的显著区别在于"拖腔"。枣梆男女都用真假嗓结合的方法，真嗓吐字、假嗓拖腔，拖腔可翻至八度或十一度（有时达到十五度）形成假嗓的"立嗓"。拖腔可在句中也可在句尾。旦角和小生用"咿呀"，老生先"哎"后"啊"，黑脸、花脸则先"呀"后"讴"，故当地人称枣梆为"咿呀腔"。枣梆的行当唱腔主要分为三种：小生和旦角是一种唱腔，老生、花脸则各为一种唱腔。[2]

枣梆在乐器方面，不同地域也有不同的特色。"枣梆最初用的丝弦乐器为：

---

[1] 张雁：《枣梆的历史渊源及其发展传承》，《艺术评论》2013年第8期。
[2] 同上。

头把、二把、三把。头把又名'锯琴',杆似板胡而稍短,椿木制筒,前后粗细不同,用梧桐板覆蒙,羊肠制弦,发音高亢尖亮,与山东梆子的'二弦'、莱芜梆子的'提琴'、章丘梆子的'胡琴'相似。二把的式样与头把基本相同,但筒子前后一般粗细。后又陆续增添了板胡、二胡、三弦、琵琶、低胡、笛、笙等伴奏乐器。打击乐器与山东流行的其他梆子大致相同,只是'锣经'中的小锣浪头(出场时用的)略有差异。丝弦乐器演奏时,有时配加霸王鞭伴奏,在其他剧种中较为罕见。"[1]

(三)传承现状

清光绪时期,山西发生了大旱灾,职业戏班纷纷外出演出以维持生计,在山西长治颇有盛名的"十万班"也加入到了谋生演出的大军当中,在鲁南地区活动长达一年之久。不久之后,山西梆子艺人、被枣梆后人称为"潘师爷"的潘朝绪来到鲁南地区开课收徒,传授技艺,他所传授的声腔就是"泽州调"。1871年前后,在授徒传艺的基础之上,潘师爷组建了枣梆历史上第一个职业班社"义盛班",将枣梆由票友性质的"围鼓清唱"正式推上了职业演出的舞台。在枣梆初期的班社演出中,依然用山西话演出和道白,随着枣梆地方化进程的加快,考虑到观众接受等诸多方面的原因,枣梆逐渐尝试用山东方言来演唱和对白,受到了人们的热烈欢迎,取得了更好的演出效果。方言的障碍去除之后,山东老百姓学习、演唱枣梆的热情高涨,拜师学艺,组建班社,从1915年到1938年,20多年间仅在郓城、鄄城两地就先后组建了五个科班,培养了一批优秀的枣梆演员。另外,1925年前后,河北大名等地许多上党梆子演员因种种原因,不断加入菏泽地区的班社,除了壮大演员队伍、丰富了表演之外,还带来了大量的剧目,如《海棠关》《徐龙斩子》等,极大地推进了枣梆剧种的发展。

1949年后,在党和政府的引导和关注之下,枣梆逐渐走上了正规化的发

---

[1] 李汉飞:《中国戏曲剧种手册》,中国戏剧出版社1987年版,第242页。

展道路。1956年,菏泽、济宁地区共有菏泽人民剧社二组、郓城县文娱剧社及梁山县大众剧团三个专业枣梆演出团体。1960年,菏泽地委决定将菏泽、郓城、梁山三个专业枣梆剧团统一整合,共同组建了菏泽地方戏曲院枣梆剧团,整合实力,谋求更大的发展。据老艺人们回忆,整合后的剧团演员达到87人,搬演剧目随之增加,达到了40多部。演出力量的增加,艺术水平的提高,演出剧目的丰富,使得剧团在鲁西南地区的巡演场场爆满,枣梆走上了其发展历程中的第一个高峰。

"文化大革命"开始后,枣梆剧团改唱京剧,枣梆剧团也随之更名为菏泽地区京剧团,演出四不像的"枣京"。

1975年枣梆剧团得以恢复演唱枣梆,在新老艺人的共同努力之下,枣梆渐有蓬勃发展之势。20世纪80年代以后,受到以电视为代表的现代娱乐方式的冲击,戏曲市场进入了普遍的发展低潮期。各地的枣梆专业剧团相继解散,许多专业演员不断流失,业余剧团也越来越少。2001年以后,菏泽市地方戏剧院成立,菏泽市政府对枣梆剧团给予了大力扶持,并尝试"文企联姻",试图为枣梆的发展注入新的活力,一系列针对枣梆生存、传承的举措陆续展开。2012年菏泽地方戏剧院更名为菏泽地方戏曲传承研究院,该院主要致力于包括枣梆在内的地方戏曲的保护、研究和展演工作。近年来,枣梆这个剧种长年在山东、山西等地演出,深获好评。

第四节　豫东地区

豫东是指河南省黄河以南、京广线以东地区,主要包括商丘、开封和周口在内的三个省辖市以及永城市、鹿邑县和兰考县在内的省直管县(市)。豫东属于黄河文明的发源地,也是中华文明的发源地之一,自古以来,开封、商丘、周口都曾是河南的政治、经济、文化中心,历史悠久,文化灿烂,是河南省戏曲最为繁荣发达的地区。目前豫东地区已经公布的非物质文化遗产项目很多，国家级项目7个，分别是永城柳琴戏、开封二夹弦、太康道情、豫东琴书、商丘四平调、周口越调、郸城坠剧（坠子戏）；省级项目11个，分别是周口柳琴戏、周口坠子戏、西华二夹弦、睢县二夹弦、睢县皮影戏、通许罗卷戏、商丘目连戏、商丘豫东调、虞城花鼓戏、豫东大鼓、商水渔鼓道情。此外还有很多市级、县级非物质文化遗产项目。

一、开封二夹弦

2007年，二夹弦被列入河南省非物质文化遗产名录。2008年，河南省滑县申报的民间戏剧二夹弦被列入第二批国家级非物质文化遗产名录。

（一）历史发展

二夹弦（两夹弦），也称"大五音"，是在花鼓丁香的基础上发展而成的地方剧种，主要流行于豫东、鲁西、苏北、皖北一带。因其主要伴奏乐器是由四根弦夹两束马尾进行演奏而得名。唱腔委婉柔美，板式多变，拖腔清纯流畅，是国家非物质文化剧种之一。

花鼓丁香的主要演唱形式是"清唱"和"演唱"，所用乐器为手锣和梆子，以及一个挂在腰侧的肚花鼓，其演出场地要求较为简单，随时随地可以演出，故又称"坐板凳头"和"打地摊"。

清咸丰八年（1858），白殿玉与徒弟戚成兴、梅福成等，在鲁西南一带农村打地摊卖唱。经多年的演变，这种坐板凳头的演唱形式渐渐由早期一人清唱发展为七八个人分包赶角，表演程式越来越复杂，但演唱剧目的故事性更强，也更加完整。另外从使用乐器发展来看，最初使用的是一个凸肚花鼓，后来在演出中又增加了两根弦的"弦子"作为伴奏，另外再加上手锣和梆子，至此二夹弦的剧种初具雏形。

约在1864年，戚成兴和梅福成二人在曹州城成立了二夹弦玩友班，二夹弦的演出开始走上舞台，所演剧目也多是以小生、小旦、小丑"三小"为主角的生活小戏，至此，二夹弦剧种逐渐成熟。

白殿玉的另一徒弟李季，在黄河以北的莘县、临清一带演出，被称为"北词二夹弦"，戚成兴、梅福成所在的曹州（菏泽）一带的二夹弦为"南词二夹弦"。从二夹弦的发展状况来看，南词二夹弦发展较为迅速，影响甚大，从艺者越来越多，其传播区域很快扩张到河南省的安阳、新乡、开封、商丘等地。

清光绪初年，戚成兴和梅福成在定陶县张湾村收徒传艺，教授二夹弦技艺。

1878年春，戚成兴的二夹弦班在菏泽东关泰山奶奶庙大会上搬演家庭小戏，二夹弦开始有乡村舞台走进城镇舞台。清光绪六年（1880），刘大焕、徐效言、王玉华、张惯通及其艺徒徐广远、徐广思、马天仓等人进入开封演出，名振豫东，当地群众称之为二夹弦。

清宣统二年（1910），曹县马楼创建了第一个二夹弦职业班社，时称"洪兴班"。这一时期的二夹弦表演艺术经过了诸多改良，对生、旦、净、末、丑各行当进行了更为清晰的分工，过去由小生、小旦、小丑独占舞台的表演场面有所改变。1911年徐广思收崔兰琴、大脚二妮为徒，培养了二夹弦第一代女演员。

1928年，徐广远的"共艺班"（洪艺班）在菏泽市安兴镇成立，它吸收了山东梆子、柳子戏的表演手法，舞台效果更臻完美。另外，在音乐上也有所改进，在"原北词"的基础上，又创造了"慢北词"和"连北词"，丰富了二夹弦的唱腔、板式。伴奏乐器增加了笛、笙、唢呐等。二夹弦最终走向了成熟。当时二夹弦的主要演员有王文德、王文胜、王文亮等人。

二夹弦的剧目将近百出，经典传统剧目有所谓的"老八本"。另外，"二夹弦戏种还有《站花墙》《梁祝下山》《安安送米》《吕蒙正赶斋》《小姑贤》《王定保借当》等，这些剧目内容主要是比较流行的民间传说故事。还有相当数量的民间生活小戏，其中丑角戏占有一定的比重，如《七错》《打老道》《打棒槌》

《打城隍》《打面缸》《打瞎子》《穷劝》《武大仁下工》《拴娃娃》等。另外，还有不少是从山东柳子戏、山东梆子等地方戏中移植过来的，如《背箱子》等"①。

（二）艺术特色

从二夹弦的表演习惯上来看，基本上是唱功重于做功。二夹弦的唱腔除了"大板""二板"等基本唱腔，另外还有"三板""北词""娃娃""山坡羊"等其他腔调。

"在唱法上，除老生受高调梆子的影响用'二本腔'（假声）外，小生、旦、丑、净均以真声为主，尾声翻高用假声，保持了传统的演唱特色。"②

二夹弦的伴奏乐器向来是以四胡和柳叶琴为主，再辅以二胡、板胡、三弦、横笛等其他乐器。另外，二夹弦文场乐器还配有笙、笛，以及大提琴、小提琴、电子琴、扬琴等乐器。武场音乐中的司鼓是文武场音乐的总指挥，兼奏手板、边鼓及堂鼓。

（三）传承现状

1949年后，开封、商丘两地区及延津县、台前县等不少地方成立了二夹弦专业剧团，二夹弦艺术得到了迅速发展。

"文革"期间专业剧团基本关闭，表演艺术家田爱云为了挽救濒临灭绝的二夹弦艺术，重新组建了开封市二夹弦实验剧团，到各地演出。

二、通许罗卷戏

2008年，汝南县和邓州市罗卷戏被列入第二批国家级非物质文化遗产名录，另外，通许县的罗卷戏也被列入省级非物质文化遗产名录。

（一）历史发展

罗卷戏，俗称"喇叭戏"，是流传于河南省汝南县及邓州市的戏曲剧种之一，

---

① 朱路阳：《山东两夹弦的生态现状调查与保护对策研究》，曲阜师范大学2012年硕士学位论文。
② 《中国大百科全书》总编辑委员会：《中国大百科全书：戏曲、曲艺》，中国大百科全书出版社1992年版，第213页。

247

是由两个古老剧种"罗戏"和"卷戏"融合而成的。罗卷戏是古老戏曲剧种，最初是由民间迎神赛会或者是举行酬神还愿的仪式演化而来，其唱腔粗犷豪爽、奔放高昂，具有典型的北方戏曲音乐风格。卷戏善演文场戏，罗戏善演武场戏，两个剧种经常同台演出，相得益彰，达到文武兼而有之的演出效果，得到了观众的认可，后来便直接称为罗卷戏。

罗戏的起源很早，据相关史料记载，罗戏最初流行于河南，《大百科全书》亦有其源于明、清的陈述。据传，罗戏创始于唐太宗时期，是为君臣娱乐而编的宫廷戏，故罗戏也叫作"乐戏"。

卷戏源于驻马店汝南县境内的道人所吟诵的经文，其产生无确切的文字记载。"和尚的经书称为《宣卷》，卷戏的'卷'就是《宣卷》的'卷'，和尚诵经，做法事等活动时用的音乐就是'卷调'。在流传到民间的过程中，吸收了民歌、小曲的旋律元素、方言及民间传说，逐渐形成了有故事情节的卷戏。在明末，卷戏已在代堂、楚卜姚湾等村镇流行，戏班非常活跃。"[1]

清康熙年间，盛行卷戏的汝南县传入罗戏，清乾隆年间，著名罗戏艺人郑月景到汝南县传授罗戏，以"文戏"为主的卷戏，便吸取了罗戏的"武"。而罗戏受卷戏等的艺术表演影响，在唱腔和表演等方面都得到了更好的改良，戏曲的行当也由最初的"三小"（小生、小旦、小丑）发展到后来的"四生""四旦"和"四花脸"。

罗、卷两戏经常同台演出，两派艺人的交流融合，达到两个剧种相互补益、文武兼备的演出效果，生活气息浓厚，因此，罗卷戏在诞生后一直深受人们的喜爱。在清雍正、乾隆等年间汝南罗卷戏盛行，民国以后，群众习惯直呼"卷罗戏"或"罗卷戏"了。

受更多剧种传入的影响，清末的罗卷戏已渐渐式微。及至民国，罗卷戏终于被梆子戏取代，失去了正台的主角位置。

---

[1] 涂江涛：《汝南罗卷戏的历史现状及对策思考》，《戏剧文学》2012年第11期。

罗卷戏所演剧目大都是讲《二十四孝》的传统故事、庙里墙壁上画的"显功"故事、佛教和尚们念的经文，还有傩戏中斩鬼驱邪的情节，以此教化善男信女们弃恶扬善，如《铡美案》《南阳关》等。[①]另外，罗卷戏也有许多关于俚语风情和男女爱情的剧目颇受民众欢迎，例如《吴汉杀妻》《刘金定下南唐》和《朱洪武吊孝》等。

（二）艺术特色

罗卷戏的角色行当很有特色，各行当表演从不同角度把武术、杂技、狮舞、竹马、高跷、旱船等民间艺术吸收到剧种里面来了。武打戏粗犷、奔放、真实，用的全是真刀真枪。[②]与其他剧种不同，红脸、黑头是罗卷戏剧中的主要角色，小生、小旦则处于配角从属地位，这是因为罗戏的传统剧目中，以歌功颂德、忠义孝烈的历史故事戏为多。

罗卷戏的传统表演艺术十分丰富，除讲究"四功五法"外，还有一些自己特有的表演技巧，如"拉三膀""圆场""走边""扎势""亮相"等。总体上来说，这种表演动作幅度大，粗狂、豪放，富有夸张性。

罗卷戏唱腔一般比较深奥，讲究音韵，词格为七、十字句，以婉转清新、优雅抒情见长，很有古老剧种昆剧、京戏的味道，却又固守着词牌的唱法。道白用语多使用当地的方言土语，具有十分鲜明的地方特色。[③]

罗卷戏的音乐自成风格，主要伴奏乐器有竽篥、大笛、唢呐、笙、闷子等。武戏时，还加有三尺多长的喇叭、羊角号。罗卷戏的打击乐器有鼓板、大锣、大镲、小镲、小锣、堂鼓、大鼓、梆子等，随着音乐的发展，不断加进了弓弦乐器，如二胡、板胡、曲胡及大、小提琴等，器乐之多为其他剧种所少见。[④]

[①] 郭学智：《罗卷戏及其演唱风格》，《黄河之声》2011年第3期。
[②] 秦贝臻：《中原曲苑：河南戏曲种类与艺术》，现代出版社2015年版，第132页。
[③] 郭俊民：《中原文脉》，河南人民出版社2009年版，第212页。
[④] 郭学智：《罗卷戏及其演唱风格》，《黄河之声》2011年第3期。

（三）传承现状

罗卷戏在 20 世纪 40 年代末已经进入日渐衰败的境地，中华人民共和国成立后基本上很少有职业演出团体了。20 世纪 50 年代中期以后，由于各方面的原因，罗卷戏渐渐从舞台上消失了。

据相关部门统计，目前汝南县会演唱罗卷戏的老艺人已经很少，估计人数不足 10 人，其中年纪最轻的罗卷戏传人也已逾六旬。曾经盛极一时的罗卷戏和许多其他珍稀剧种一样，正濒临灭绝的境况。

三、商丘四平调

2006 年四平调被列入首批国家级非物质文化遗产名录。2007 年商丘四平调被河南省批准为河南省非物质文化遗产。

（一）历史发展

追溯四平调的历史可以判断出它是由苏、鲁、豫、皖几省交界地区流行的一种民间花鼓演变而成的。这种民间戏曲的演出以花鼓为主，取众家之长，吸收评剧、京剧、梆子等剧种的特有曲调而成，因此四平调在民间流传的过程中，有人称之为"四拼调"，后改为"四平调"。也有一种看法认为，之所以称之为"四平调"，是因为其曲调四平八稳、四句一平的表演特色。

"四平调是由苏北花鼓（砀山花鼓）演变而成的。民国初年，邹玉振花鼓班已由一至二人挎鼓演唱发展为'紧七慢八，六人瞎抓'的多人演唱形式，即演唱者兼司锣鼓，用简易化装表明人物身份，如着便装、挂髯口，以示年老；戴绣球、系飘带，以示女性。1930 年曾尝试着戏装登台演唱。"[①]1931 年四平调在商丘曾以"咣咣戏"挂牌演出。

"1934 年，邹玉振的花鼓班（称大兴班）被群众呼之为'老梆子'。抗日战争爆发后，他们流亡到安徽的界首、阜阳一带，改名为'山东老调''山东

---

① 《中国戏曲志》编辑委员会：《中国戏曲志·河南卷》，中国 ISBN 中心出版社 2000 年版，第 94 页。

干砸梆'和'文明花鼓'。"① 后经长时间舞台实践,邹玉振于1945年探索出"四句一合"的唱腔基本格式,这算是四平调最初之雏形。1945年,燕玉成、李玉田、刘汉培和豫剧琴师杨学智等,对花鼓戏的音乐唱腔进行研究,相继吸收了豫剧、评剧、京剧的唱腔,增加了弦乐伴奏,形成为后来的四平调。②

四平调积多年演出经验,创作了越来越多的剧目。王照兰等人撰文称:"四平调演出剧目异常丰富。可分为原花鼓剧目、移植剧目、自编剧目和现代剧目四类。原花鼓剧目有《陈三两爬堂》《聚魁山》《三告李彦明》《访昆山》《安安送米》《小二门》《小借年》《高文举赶考》等100余部;移植剧目有《哑女告状》《还我台湾》《岳母刺字》《屈原》《文天祥》等50余出;自编剧目有《小包公》《斩天子》;现代剧目有《朝鲜儿女》《红旗谱》《红色种子》《焦裕禄》《扒瓜园》等30余出。其中十余部由中国唱片社、黄河音响社、山东电台及电视台录制音像制品,广为发行。"③

(二)艺术特色

四平调产生于民间,有浓厚的群众基础和地方特色,以鲜明的宫调式为特征;在曲调上,以五声音阶为主干;在语言上,具有典型的鲁西南韵味。它曲调优美,演唱特点更为突出,擅长演一些生活气息浓、性格鲜明的古装戏和现代戏。因为它生在基层,长在农村,对反映农村生活的现代戏,有它的独到之处,深受观众欢迎。④

四平调的旋律委婉缠绵、华丽多姿,适合表达多样的情感。京剧旦角行当的各个流派,都有别具一格的四平调唱段。四平调的唱腔和节奏的变化甚为自由灵活,女声在质朴之中不失委婉俏丽,男声则高昂豪放、刚柔兼备,保留着较强的说唱特征。⑤总之,四平调的戏曲语言,具有典型的中州韵味,在长期

---

① 蔡霞:《谈民间艺术之四平调》,《科技信息(学术研究)》2008年第12期。
② 同上。
③ 王照兰、王益平:《商丘四平调的整理与研究》,《法制与社会》2007年第12期。
④ 济宁市文化局:《济宁非物质文化遗产集粹》,山东美术出版社2008年版,第98页。
⑤ 蔡霞:《谈民间艺术之四平调》,《科技信息(学术研究)》2008年第12期。

的演出实践中,又重视吸收其他姊妹剧种的艺术特点,使得自身的发展更富生命力和表现力。

(三)传承现状

1949年,商丘市人民政府接管了由邹玉振、王汉臣、燕玉成、刘汉培等30余位演员组成的"昆仑剧团"。邹爱琴、王汉臣等主演的《陈三两爬堂》,在1956年河南省首届戏曲观摩会演中取得优异成绩。随着四平调剧种的影响越来越大,继山东成武、金乡之后,其他省份的一些地区,如河南省的范县、长垣,安徽省的砀山,江苏省的丰县、沛县纷纷成立四平调剧团。20世纪60年代初,商丘市四平调剧团,因为是四平调剧种的创始团而被誉为"天下第一团"。20世纪60年代后期,受"文革"冲击,四平调逐渐走向式微,演员不断流失,设备陈旧,演出空间不断压缩,已经难以进行正常演出。

2003年四平调剧种正式纳入河南省民间文化保护工程,它的保护和传承终于被提上了工作日程。四平调的主要代表人物有邹玉振、王汉臣、杨学智等。

邹玉振(1913—1988),男,安徽砀山人,艺名"五朝",花鼓班班首,四平调剧种主要创始人,自幼随父学艺,专功女角,演唱技能高超,而且将一个十余人的花鼓班社发展到拥有数百人的戏曲剧团。

王汉臣(1913—1984),艺名"大红脸",四平调主要创始人之一,在1945年对四平调进行改创,率先提出借京剧"反二簧"音调化入男声唱腔之中。后来他又在花鼓戏的旋律上进行移调处理,使改良后的四平调声腔刚柔相济、简练明快,更具演唱效果。

杨学智(1925—?),男,河南虞城人,四平调主要创始人,首任琴师。与刘汉培、王汉臣等研究为花鼓加入弦乐伴奏。他在花鼓平调的基础上,借鉴其他剧种特有的调式进行改良,形成了四平调的基本伴奏形式,可以说他是四平调器乐伴奏模式的开创者。除了上述的一些改良,他还确立了高胡为四平调乐队的领奏乐器，使四平调器乐伴奏取得了更佳效果。

四、太康道情

（一）历史发展

道情戏是在道情说唱基础上发展起来的民间小戏，属河南珍稀剧种。道情戏历史传承久远，据相关文献记载，其最初源于春秋远古时代的汉族民间戏曲艺术，因其主要分布在太康及其周边地区，故又称"太康道情"。

道情起源于唐代道士所唱的经韵，宋代发展成为唱白相间的曲艺形式道情鼓子词。清乾隆年间，流传于晋北的说唱道情被搬上戏曲舞台，成为深受当地观众喜爱的一个戏曲品种。[1]中华人民共和国成立以后，道情戏得到了很大的发展，逐渐完成了从班社到剧团的转变。后来流行于山西、河南和山东部分地区的道情戏也先后发展为舞台剧。

太康道情剧目丰富，"据普查统计，道情剧目中古装传统戏160多部（不包括移植剧目），现代戏60多部（不包括移植剧目）。这些剧目在长时期的流传中，有很多已失传。现仅存太康道情传统剧目70多部，现代剧目40多部"[2]。道情戏的早期剧目多反映道家生活和道教教义，后来发展为以修贤劝善为题材的故事，如《王祥卧冰》《郭巨埋儿》《小桃研磨》等。后期道情戏深入到民间生活中去，创作了一些反映底层民众生活的剧目，如《老少换妻》《打灶君》《顶灯》《打刀》《红尘》《走娘家》等。

（二）艺术特色

各地道情戏都有唱腔曲牌，如晋北道情有［耍孩儿］［西江月］［浪淘沙］等，临县道情有［七字调］［十字调］［终南调］［罗头纱］［一枝梅］［太平年］［燕子飞］等。[3]

---

[1] 张超：《中国戏剧文化入门》，北京工业大学出版社2012年版，第260页。
[2] 周和平：《第一批国家级非物质文化遗产名录图典》（上），文化艺术出版社2006年版，第467页。
[3] 同上书，第215页。

道情戏是在道情说唱基础上发展起来的。如晋北说唱道情就是与当地方言结合的曲艺形式。表演重文轻武，以唱功取胜，演唱时，主唱者怀抱渔鼓、手持简板击节说唱，并有五六人以竹笛、四胡、板胡等乐器伴奏和伴唱。它用曲牌连缀，进行各种抒情和叙事表演。[①]道情戏的角色主要分红（须生）、黑（净脚）、生、旦、丑五行。

道情戏音乐分四大类，其中弦乐包括道情胡、二胡、大胡、中胡；管乐包括唢呐、笙、横笛；拨弹乐包括琴瑟、棕软、三弦、筝；打击乐包括堂鼓、大掌鼓、小鼓子、锣、钹、铰、镲、木梆、碰铃等。[②]

（三）传承现状

随着社会现代化进程的加快，文化多元化的趋势越来越明显，传统戏曲受到了很大的冲击，太康道情与其他传统戏曲一样面临着传承的窘境。太康道情目前健在老艺人只有20余人，而从事太康道情事业的演员也越来越少。虽然党和政府做了许多发掘、抢救、继承、弘扬工作，但难以从根本上解决这一戏曲形式陷入式微的困境。2006年太康道情戏经国务院批准列入第一批国家级非物质文化遗产名录。

五、虞城花鼓戏

（一）发展历史

豫东花鼓戏是豫东平原极具民间特色演唱风格的稀有剧种之一，花鼓戏的最初说唱形式，以民歌、小调为基础，是艺人用来上门乞讨的演唱形式，表演形式有歌有舞，有说有唱。演唱者自敲自唱，装扮简单，女角（由男扮演）头顶彩球，男角身侧挎鼓，二人对唱，以鼓为乐，因而得名"花鼓戏"。

据《河南曲艺志》记载，清乾隆年间，豫东始有花鼓。商丘花鼓戏分为虞城花鼓和花鼓丁香两派。虞城花胡楼村的花鼓戏班子，已经有近60年的历史，

---

① 张紫晨：《中国民间小戏》，浙江教育出版社1989年版，第83页。
② 郭俊民：《中原文脉》，河南人民出版社2009年版，第216页。

曾经在豫、鲁、苏、皖等地广泛演出。民权县北颜集乡孙坡楼村的花鼓丁香戏班，自1942年演出《木兰从军》后，曾多次对花鼓唱腔进行改良，取得了很好的演出效果。这两派对商丘花鼓戏的发展都做出非常重要的贡献。

商丘花鼓的影响遍及苏州、皖北、鲁西、豫东地区。20世纪80年代后这一地方剧种逐渐没落，几乎处于濒危状态。虞城县花鼓戏入选河南省第二批非物质文化遗产。

商丘花鼓的传统剧目很多，较有影响的包括《千里驹》《休丁香》《花墙会》《端鞋筐》《站花墙》《担挑子》《小包公》《吕蒙正》《劝丈夫》等。

（二）艺术特色

花鼓戏的主体音乐是"山坡羊"，即民间所称的"羊子"和"娃子"。"娃子"的板式有散、慢、中、快、收等五类。在主体音乐之外，花鼓戏还有许多附加的唱调，如把"山坡羊"和"娃子"给其一定幅度的延展，延展的方法很多，如"过叙子""哭迷子""杂调"等。

曲牌音乐完全是由锣鼓组成的打击乐曲牌，曲牌有长有短，大小不一，有的曲牌节奏紧凑、铿锵有力，有的曲牌则平缓温和、细腻如诉，情绪极富变化。

花鼓戏没有弦乐，只有一套锣鼓相伴，伴奏乐器分别为花鼓、大锣、小锣、小钹及梆子。花鼓戏连唱起来，基本上是用干梆打节奏，另外在开头、间歇及尾处使用锣鼓补充，梆子也是花鼓戏的主要伴奏乐器。

从历史渊源上讲，花鼓戏显然是脱胎于民间舞蹈和小调，具体而言即是在丑、旦歌舞的基础上，加入了小生的行当，并经艺术改良后形成的。因此其舞蹈动作一般是根据民间生活创作的，其唱腔温柔、缠绵、语言风趣、幽默，有着浓厚的乡土气息。

（三）传承现状

由于新的文化传播形式的冲击和人们文化消费观念的改变，花鼓戏演出场次逐年减少，经费的缺失等诸多因素的限制，许多青年演员改学他业，一些花鼓戏老演员因年事已高退出舞台，豫东花鼓戏面临消亡的残景。近年来，虞城县认真做好非物质文化遗产的保护、管理等工作，支持引导花鼓戏健康发展。当前在商丘市文化局、文化馆、乡镇文化站的关怀下，组织剧团自编自演现代戏节目，并多次下乡演出。

六、永城柳琴戏

（一）历史发展

柳琴戏是滕州民间小调演唱"拉魂腔"和"肘鼓子"相结合而形成，是以徐州为中心的苏、鲁、豫、皖交界区域广为流传的地方戏曲剧种之一，又称"拉魂腔"。它形成于清代中叶以后，1953年正式定名为柳琴戏。2006年，柳琴戏入选第一批国家级非物质文化遗产名录。

柳琴戏的表演形式因场地、观众等各方面条件限制，只能各方面从简。"当时形式非常简单，只用竹板或梆子敲击节奏，演唱内容大多是充满生活情趣的'小篇子'，由于是讨饭之用又叫'门头词'，也叫'唱门子'；后来发展用柳叶琴伴奏，又和'肘鼓子'融合而有了打击乐器。演唱起初是俩人，一打一唱，后一人弹、另一人边打节奏边唱，再后来发展成带点歌舞表演性质的对子戏，如'压花场'，一人扮演多个角色的'当场变'，再发展到'七忙八不忙，九人看戏房'的家庭班社，直到20世纪二三十年代才产生了较大些的专业戏班。"[1]

中华人民共和国成立后，拉魂腔曾一度改为"四平调"。后来徐州市委宣传部与市文教局组织多名拉魂腔艺人多次研讨，反复磋商后，决定以拉魂腔的主奏柳叶琴为据，把它定名为柳琴戏。

柳琴戏共有传统剧目200多种，有小戏也有大戏。大戏中有各行当专工的所谓"台柱戏"，如《四平山》《八盘山》《鲜花记》《鱼篮记》《点兵》《观灯》

---

[1] 杜景茂、侯长侠：《柳琴戏的渊源与演变》，《艺术百家》2011年第12期。

《刘贵臣算卦》等。① 中华人民共和国成立后,整理改编的传统剧目有《喝面叶》《小书房》《张郎与丁香》等。

（二）艺术特色

从唱腔特征上讲,"柳琴戏的音乐唱腔非常别致,地方特色尤为鲜明,柳琴戏主要以唱功为主,突出其腔调的优美华丽,特别在女腔的下句腔后面有上行七度大跳的翻高尾音,被人们称作'拉魂腔',也有的叫'拉后腔'。男唱腔粗犷、爽朗、嘹亮；女唱腔婉转悠扬、丰富多彩、余味无穷"②。因为柳琴戏的唱腔结构自由,所以往往被人称为"怡心调"。

柳琴戏板式大致可分为：［慢板］（又叫［幽板］［澄清板］）、［二行板］（又叫［流水板］,其中还有快慢之分）、［数板］［紧板］和［五字紧板］等。柳琴戏的音乐工作者创作和改编了很多伴奏曲,有的已形成了新的传统曲牌。如：［苦中乐］［绣花牌］［水龙吟］［什样锦］［朝天子］［抱妆台］［走马出兵］［赏花］［娃娃令］［迎春曲］［传情曲］［鸳鸯戏水］［喜临门］［叶落金钱］［进花园］［会佳丽］等。③

柳琴戏在伴奏器乐方面也经历了许多改进,"从只有两根丝弦的土琵琶,通过改革相继研制成了三、四、五、六弦的多种高中音柳琴。柳琴戏'文场'有土琵琶、笛子、唢呐、笙、管、二胡、小三弦等,'武场'有'四大件'。伴奏音乐也运用了和声、配器等技法。还采用了一些西洋管乐和电声乐,使音色更加丰富,表现力更强"④。

柳琴戏的表演粗犷质朴、简洁明快,具有相当浓厚的乡土气息和地方特色。演员的身形步法显然深受民间歌舞的影响,演出时边歌边舞,乡土气息浓郁,深受农村广大观众喜爱。

---

① 王艳玲、颜冬青：《拉魂的柳琴戏——浅谈柳琴戏的历史演进进程及其艺术特色》,《艺术教育》2009年第10期。
② 曹天生：《淮河文化导论》,合肥工业大学出版社2011年版,第386页。
③ 覃琛、李游：《柳琴戏——一支根植于运河的艺术奇葩》,《中华民居》2012年第3期。
④ 同上。

(三)传承现状

正如柳琴戏新秀李霖所言:"柳琴戏在长期发展过程中吸收了各种姊妹艺术的优点,并与流行地人民群众的生活发生着密切联系,成为一种地域文化的载体。但20世纪80年代以来,随着人们物质生活水平的提高,电影、电视的迅速普及,以及多种娱乐样式的出现,使得柳琴戏观众逐渐减少,表演团体悄然萎缩,柳琴戏慢慢退出人们的视野。到今天,你很难再看到一场纯粹的柳琴戏演出,听到几句纯正的拉魂腔声调了。"[①]这种承载了苏、鲁、豫、皖等几省地方文化基因的珍贵剧种,已经面临着较为严重的发展窘境。

柳琴戏兼具历史、文化和艺术价值,更是许多地方的乡村记忆,弥足珍贵。各级相关部门和社会团体应该加大投入、积极引导,保护和传承好柳琴戏的资料,为后代留下这份宝贵遗产。同时结合国家非物质文化遗产保护与传承政策大力推进的契机,培养好专业后备人才,确保柳琴戏艺术后继有人。

七、商丘豫东调

(一)发展历史

豫东调,也称"河南梆子""河南高调",是豫剧的一种特殊唱法,也是豫剧中影响最大、流行区域最广的一个支派。

豫东调的形成历史众说纷纭,其中一种说法是豫东调由祥符调演变而来,说是清乾隆年间,著名梆子戏艺人蒋扎子在开封城南朱仙镇开门收徒,后来蒋扎子的门徒四方流徙,到商丘一代的门徒逐渐形成一种独特的艺术风格,称为豫东调。

另一种说法是,山东境内的梆子在清乾隆年间流入商丘,受当地民风俗、语言及乡土艺术的影响,形成了具有鲜明地方特色的"河南高调"——豫剧豫

[①] 李直:《国乐谈——当代青年民族器乐演奏家及乐坛新秀专访荟萃》,中国水利水电出版社2012年版,第270页。

东调。

  山东梆子科班大兴班、定陶东三义堂以及曹县三义堂班多年以来一直在商丘地区演出，影响颇大。这些梆子演艺团体培养了大量的豫东调演员，其中较为有名的演员有黄儒秀、孙照登、苗喜臣、赵义庭等。

  中华人民共和国成立前，商丘市先后建立了杨家戏院、大舞台、新华舞台、丹凤舞台、大众剧场、光复舞台、双凤舞台等戏剧演出场所，不少豫东调戏班和演员都曾在这些剧场演唱过。

  1940年，商丘县成立了一个大戏班，诸多演员长期在一起演出，相互之间取长补短，切磋技艺，使得豫东调、豫西调和祥符调一些地方戏曲相互融合、借鉴。豫东调在改良自身的基础之上，吸收了许多其他戏种的营养，增补了豫东调原来缺少的音乐形象，原先那种"男扮女"的陈旧演出模式也被打破，增加了许多女性演员，这些女角色被称为"坤角"。

  豫东调的剧目有几百个，大多是传统剧目，其中很大一部分取材于历史小说和演义，如封神戏、三国戏等；还有很大一部分描写婚姻、爱情、伦理道德的戏。比较有代表性的传统剧目有《对花枪》《三上轿》《三拂袖》《涤耻血》《宇宙锋》《地塘板》《提寇准》《铡美案》《十二寡妇征西》《跑汴京》《对绣鞋》等。[1] 中华人民共和国成立以后，在长期的演出实践中，又根据当时社会热点整理、改编了许多现代戏和新的历史剧，如《刘胡兰》《人欢马叫》《李双双》等。

（二）艺术特色

  豫东调是豫剧四大流派之一，是豫剧唱腔艺术中一种极具特色的剧种。周贻白先生对这一剧种曾有论及：

  "……豫东调和祥符调，基本上没有太大的区别，只是咬字发声各以地方语音为主。而豫西调和豫东调，则前者纯用真嗓，不带假声，当地名为大本腔，唱时尾音较低，咬字发声用中州韵，后则掺用假嗓，尾音或使用边音耍腔，当

---

[1] 蒋蓉蓉：《音乐基础》，广东高等教育出版社2014年版，第137页。

地谓之二本腔，其念白则带有土音。"①

豫东调的唱腔旋律受周边地域影响较大，在演出时多用真声吐字，假音拖腔，这是一种以商丘、开封为中心的语音语调。其音色明亮高亢、粗犷有力而富于变化。唱腔的句法结构一般是眼起板落，这些都是豫东声腔的主要特点。女声花腔较多，具有明快、俏丽的特点，男声则挺拔、昂奋。

（三）传承现状

总体而言，豫东调目前面临以下几个问题：首先，生活方式的改变，使许多豫东调逐渐失去了生存的土壤。其次，娱乐形式的多元化使得商丘豫东调失去了其原先的吸引力。第三，豫东调的传承后继无人。由于经济压力使得人们不再愿意从事豫东调的传承与发扬工作，豫东调出现了后继乏人的情形。

八、商丘目连戏

（一）发展历史

目连戏，是中国戏曲史上第一个有据可考的剧种，其以"目连救母"为题材，专演《目连救母》，因而也被视为戏曲的鼻祖。河南商丘目连戏是商丘戏曲的核心，有"戏胆"之称。

2006年，目连戏入选第一批国家级非物质文化遗产名录。

南宋孟元老所著《东京梦华录》曾对目连戏有所记述，算是文字上的记录。"目连救母"的故事源于《经律异相》《佛说盂兰盆经》等佛教经典，至唐、五代时，出现多种有关目连的变文，故事渐趋完整。

唐代目连戏变文被改编成说唱文学《目连救母》，北宋时开始有《目连救母》杂剧。据《东京梦华录》："构肆乐人，自过七夕，便搬目连救母杂剧，直至十五日止。"②到了明代，《目连救母劝善戏文》等传奇剧本相继行世，清康熙年间，皇家曾搬演《目连救母传奇》，乾隆年间内廷又编演了《劝善金科》，全

---

① 周贻白：《中国戏剧发展史纲要》，上海古籍出版社1979年版，第468—469页。
② 〔宋〕孟元老：《东京梦华录》，中国商业出版社1982年版，第28页。

剧240出，10天演完。现在其他剧种还都保留目连戏中的《双下山》《王婆骂鸡》等折子戏。

目连戏自宋代由开封流传到河南南乐。明初，安徽南陵已有以搬演目连戏为主的戏班。明万历年间，郑之珍根据杂剧、变文及传说的相关记载撰写出《新编目连救母劝善戏文》，十分流行，原有目连戏的声腔剧种多以之为演出蓝本，而且流传到北方。清代，目连戏的演出遍及全国，安徽、浙江、江西、湖南、四川、山西等不少地方都有目连戏班或目连戏演出。

随着佛教的传播，目连戏甚至传到东南沿海及川、滇等地。其流布"尤以南方流布最广，福建、浙江、江西、四川、贵州、湖南等省都有各自的目连戏。各地又添枝加叶，把与目连无关但与宣传忠、孝、节、义（或烈）有关的剧目组合拼装，成为目连大戏"[1]。

（二）艺术特色

目连戏唱腔比较古老，最初为花鼓调，自清代改为大平调。其唱腔大多为高腔，基本唱腔是弋阳腔，即徽州腔、青阳腔，后期有的也受徽戏和民歌小曲影响，改唱别调。另外，目连戏的许多唱腔深究起来，实质上是源于当地或外地流传的民间小调，因此其也算是一种多元体的戏剧形式，具有北宋杂剧的特征。

商丘目连戏的音乐主调是"梆子腔"，有［飞板］［栽板］［慢板］［流水板］［二八板］［哭滚］等板类，又杂以"太平年""花鼓""拉魂腔"等多种民间曲调，在音乐伴奏中有［五马］［二凡］［朝阳歌］等昆曲、南北曲曲牌。[2]商丘目连戏的唱词大部分通俗易懂，但多用方言、俚语，甚至有些荤词。

商丘目连戏在民间演出的过程中，形成了完整的角色体系，生、旦、净、末、丑五行俱全，人物造型奇特。脸谱画法夸张，但不失人物身份性格的表现。

---

[1] 杨在钧：《目连·目连戏·弘法之道》，《法音》1998年第9期。
[2] 邓同德：《传承中的繁华与梦想》，《商丘日报》，2009年3月3日。

区别于其他剧种的是，人物采用的是古老的"社戏"脸谱，世代相传，更趋于艺术化。表演风趣诙谐。最具特色的是丑行，表演滑稽。

目连戏集戏曲、舞蹈、杂技、武术于一身，有锯解、磨研、吞火、喷烟、开膛、玩水蛇、挖四门等舞蹈动作，以及金刚拳、武松采花拳、五龙出动拳诸多拳路，服装、道具、化装、表演均有独特之处。[①]

目连戏的演出有"两头红"的说法，即从太阳落山开始演，一直演到第二天的日出。它一共有100出戏，如果连续演出可以演七天七夜。目连戏演出中将唱、念、做、打融为一体，穿插以筋斗、跳索等杂技表演，在戏曲表演艺术上独树一帜，对其他剧种产生了较大影响。

（三）传承现状

从目连戏的传承来看，情形不容乐观，总体表现为目连戏艺人数量大幅下降，专业演职人员数量也不断流失，其保护与传承面临严峻挑战。

最近几年，国家出台了一系列旨在保护非物质文化遗产的相关政策，商丘目连戏又获得了新的发展契机。2008年，嵩山少林寺、商丘观音寺共同出资恢复目连戏，目连戏最终由商丘县豫剧团（今称"商丘市豫剧院三团"）恢复上演。

九、周口越调

（一）发展历史

周口越调是周口的传统戏剧，也是河南省的三大剧种之一。

周口越调主要在豫南、豫东、皖西北、冀南、晋东南、鄂西北、陕东南等地流传。其主奏乐器早期是象鼻四弦，后来一般用坠胡。越调除戏曲形式外，还有曲艺和木偶两个分支。

李荣华在相关文章中对越调起源有所总结，其在文章中认为："越调起源

---

① 解培红：《河南旅游民俗》，河南科学技术出版社2009年版，第134页。

有多种说法。一说越调原本被称为'月调',乃中国古代戏曲的一般地方剧种所共同拥有的'平、背、侧、月'的四种调门之一。根据现存的资料考察,清乾隆年间(1736—1795)月调已经在南阳一带广泛流行开来。尤其在南阳一带,其民歌小曲'四股弦'专门采用月调来进行演唱,之后慢慢演变为专门的戏曲,也就是现在所说的'越调',究其根源,实际是由南阳梆子的一种变体演化而来。"[1]

关于越调演唱实践中的变迁,相关文献也有阐释:"最早时候的唱腔是曲牌格式体制的,后来由于受到梆子等戏种的影响,在演出的剧目上逐渐正规化,其具体形式随着由'正庄戏'(也即袍带戏)到'外庄戏'(大多为汉族民间生活戏)的过程而发展变化。越调的表演开始由曲牌体向板腔体过渡,乐队也由以唢呐、竹笛为主过渡到以四弦乐器为主。"[2]

清乾隆年间,禹县衙及车马行会就专门创办了越调班,清同治和光绪年间周口下辖各县乡都有越调班社演出,清末时河南南阳及其他各县共有越调班社百余家。

越调在清朝末年发展到了鼎盛时期。民国成立以后,越调开始尝试向城市发展,新郑县越调演员和尚娃到郑州平阳里搭席棚栅暂作戏园,1917年,南阳大越调班子还曾经到过开封老羊市戏院演出。以舞阳班的老桂红为首的一批女演员如张秀卿、魏大妞、赵富兰等开始登上越调舞台。

1947年史道玉在邓县成立越调剧团。1950年前后,毛爱莲等人创建了红光剧社。同年,睢县整合一些县内演艺力量,创建了民生剧团,共有演职人员34人。1955年睢县文艺二团更名为睢县越剧团,属性为国营剧团。同年河南先后成立多个越调剧团,总数达16个之多。"文革"后绝大多数都被解散,直至1976年之后这些越调剧团才逐渐恢复。

---

[1] 李荣华:《周口越调唱腔音乐探微》,《四川戏剧》2009年第11期。
[2] 同上。

越调表演的剧目有《踢狮子》《秦琼卖马》《金蹬救主》《快活林》《文王吃子》《跑马跳坑》等"老十八本",以及《一捧雪》《十王宫》《乌江岸》《两狼山》《乳石关》《关公小出身》等"小十八本",除此之外还有像《打铁》《卖豆腐》《挫柱》《三哭殿》《摸楼》《官三怕》《民三怕》《送灯》等小戏。①

（二）艺术特色

从越调唱腔方面看,越调调式主要是宫调式,有"慢板""流水""铜器"调,[赞子][导板][飞板][哭腔]等板式,并时有"吹腔"和"杂调"穿插其间。演唱方法以真声为主,辅以假声。其唱腔风格质朴自然、婉转动人。河南越调又因地区不同而鼎足为三。②

越调伴奏乐器在文场一般以象鼻四弦为主,后逐渐改造成短杆形式,音弦定调也随之发生改变,再搭越调《尽瘁祁山》配上弹弦乐器月琴,就构成越调伴奏三大伴。除此之外的伴奏乐器还有诸如竹笛、三弦、唢呐、笙等。后来,越调又增加了二胡、中胡、中阮、古筝、琵琶、大提琴等。③越来越丰富的越调伴奏乐器大大增加了音乐表现力,使其演出效果更佳。

越调在唱词上也非常有特色,其语句相对比较文雅深奥,也按一定的曲牌和调门演唱。现代剧中大都是根据说唱的故事和小说新编的剧目,唱词多,道白少,通俗易懂。越调在唱腔曲牌上一向有"九腔十八调七十二调口"的说法。④

越调的角色行当齐全,包括大红脸、二红脸、文生、武生、大净、二毛、三花脸、正旦、花旦、闺门旦、浪旦、武旦、老旦等十几种,每个行当都有鲜明的个性色彩。⑤

---

① 孟智罡:《荆楚戏台:湖北戏曲种类与艺术》,现代出版社2015年版,第164页。
② 薛麦喜:《黄河文化丛书·艺术卷》,山西人民出版社2001年版,第92页。
③ 孟智罡:《荆楚戏台:湖北戏曲种类与艺术》,现代出版社2015年版,第12页。
④ 同上。
⑤ 周和平:《第一批国家级非物质文化遗产名录图典》(上),文化艺术出版社2006年版,第172页。

（三）传承现状

周口越调近些年专业演职人员不断流失，资金匮乏，鲜有人再愿意从事越调的传承工作。迄今为止，河南全省仅有河南省越调剧团和许昌市越调剧团两个专业演出团体。2008年，越调表演艺术家何全志被认定为国家级非物质文化遗产越调传承人。

十、郸城坠子戏

2006年5月，河南坠子入选第一批国家级非物质文化遗产名录。

（一）发展历史

坠子戏源于河南坠子，由传统的坠子书演变而成，起源于萧县。北方坠剧亦称"深泽坠子戏"，即由河南坠子演变而成，始称"化装坠子"，1950年形成。它吸收了京剧、豫剧的一些表演方法，有单唱、对口唱、多人分唱；唱腔流畅婉转，词句通俗易懂，为群众喜闻乐见，流传大江以北，长城内外。到1956年，"化装坠子"已发展为一种具有文乐、武乐、灯光布景、文戏、武打的非常完整的剧种。到1958年，河南省的坠子戏已经发展到了非常繁盛的程度，专业坠子剧团达12个之多。1962年，邢台市坠子剧团赴京参演，此剧由田汉提议，正式定名为"坠子戏"。

坠子在后来的发展中，向其他传统剧种吸取营养，尤其借鉴了京剧、河北梆子的一些特色，设置了生、旦、净、丑行当和表演程式。另外，坠子戏又移植了豫剧、河南曲剧等剧种的唱腔和板式结构，逐渐完成了戏曲化的进程，最终发展为一个独立的剧种。

坠子戏早期的一些剧目，大都是由中长篇的坠子书改编而来，所以大都是连台本戏。如《海公案》《刘公案》《回龙传》及《大宋金鸠计》等。另外还有一些新编历史故事戏，例如《审诰命》《杨金花夺印》《花木兰》《秦香莲》等。

（二）艺术特色

坠子戏运用豫方言唱念，音调婉转动听。艺人非常重视唱功，讲究吐字清

265

晰。河南坠子的唱腔音乐可归纳为起腔、平腔、送腔、尾腔四个部分。在主体唱腔进行中，根据唱词中不同句式的格律，使用三字崩、五字嵌、七字韵等唱法，产生节奏和旋律上的变异，表现不同的感情。"伴奏乐器坠胡独具特色，伴奏的主要部分是'拖腔'，是唱腔进行中的模仿性过门。"[1]

坠子戏的主要演奏乐器是坠琴，也称为坠胡，是一种由小三弦改制的拉弦乐器，面板原来多是蒙皮，后改为木，也有用铜板的。坠琴音色纯粹，柔中带刚，表现力强。另外，坠子戏的其他伴奏乐器还有二胡、笛子、笙、唢呐、大提琴等。

坠子戏的表演非常有特色，充满了浓厚的生活气息，许多唱腔和表演程式都来自于民间生活，有鲜明的乡土色彩，深受广大农村观众的欢迎。

（三）传承现状

经过百余年的发展，河南坠子享誉南北，流布全国，形成了不同的风格流派，作为传统文化瑰宝的河南坠子，已载入了河南曲艺史册。但到了当下，随着经济的快速发展，传习了一百多年的河南坠子和其他剧种一样，也面临濒危的处境，因此做好保护和传承工作十分重要。

第五节　皖北地区

皖北地区包括蚌埠、阜阳、宿州、淮北、淮南和亳州等地，它的地方戏历史悠久，且内容丰富。其中国家级非物质文化遗产项目（戏曲类）有：泗州戏（蚌埠市）、泗州戏（宿州市）、二夹弦（亳州市谯城区）、嗨子戏（阜阳市阜南县）、花鼓戏（淮北市）、花鼓戏（宿州市）、淮北梆子戏（阜阳市）、淮北梆子戏（宿州市）和坠子戏（宿州市）等9项6个剧种；省级非物质文化遗产项目

---

[1] 孙守刚：《山东地方戏丛书：蛤蟆嗡罗子戏渔鼓戏坠子戏扽腔》，山东友谊出版社2012年版，第155页。

有（不包括国家级"非遗"项目）：砀山四平调、淮北梆子戏（亳州市）、泗州戏（阜阳市利辛县）、推剧（阜阳市颍上县）、推剧（淮南市凤台县）、余家皮影戏（蚌埠市）和灵璧皮影戏（宿州市）等7项5个剧种。

这些传统戏曲多为民间小戏，种类繁多，以百姓的生产和生活为表现内容，形式多样，风趣生动，深受当地百姓的喜爱。随着现代社会的不断发展，传统的戏曲面临传承断层，后继乏人，受众减少和戏曲表演渐趋衰落的现状。目前各级文化站和文化局都已经为这些非物质文化遗产项目做了不少工作，如保护面临困境或者濒临消亡的非物质文化遗产项目，整理和建立保护的档案和音像资料，建立专项保护和传承机制等。

一、泗州戏

泗州戏，旧称"拉魂腔"，它是拉魂腔的南路分支，和淮海戏、柳琴戏都属于拉魂腔的体系，是安徽四大优秀剧种之一。2005年蚌埠、泗州的泗州戏和利辛县拉魂腔入选省级非物质文化遗产名录，2006年蚌埠市和宿州市的泗州戏入选第一批国家级非物质文化遗产保护名录。

（一）历史发展

泗州戏起源于江苏海州，原为用"猎户腔"和"太平歌"小曲演唱的小戏，后传入泗县、灵璧、宿州，形成泗州戏。据《中国戏曲音乐集成》载："约于清康熙年间，已开始在微山湖东岸的厉湾流传，然后向寄堡、邳城、韩庄、柳新等地发展。……据老艺人说，太平歌原是乡民农闲时自娱的一种文艺活动形式。其后活动范围日趋扩大，演唱人数增多，所唱内容逐渐丰富。由于使用月琴伴奏，发出叮叮咚咚清脆的音响，遂称太平歌为叮叮腔。"[1]1952年它更名为泗州戏。安徽的拉魂腔之所以改名泗州戏，这是因为在安徽演唱的拉魂腔艺人，多半是宿县地区泗县一带的农民，中华人民共和国成立以后，拉魂腔艺人为了

---

[1] 《中国戏曲音乐集成》编辑委员会：《中国戏曲音乐集成·安徽卷》，中国ISBN中心1994年版，第1771页。

使这个剧种更具有地方色彩，所以便把拉魂腔改称泗州戏。[①] 由于它的内容贴近生活，为当地百姓所喜爱。

泗州戏剧目来源于民间传说和百姓的生产生活，反映了皖北人民的民俗。《安徽省传统剧目汇编·泗州戏卷》记录皖北泗州戏的大剧目67出，小戏和折子戏80多出，"小篇子"200余篇。传统剧目有《樊梨花点兵》《拾棉花》《王二英思盼》《小园房》《小欺天》《东回龙》《剔火棍》《杨八姐下北国》《罗鞋记》《反莱州》《花亭会》《化仙庄》《野姑娘》等，新编现代戏有《烈火腾空》《选举》《女儿泪》《盼儿记》《摸花轿》《走娘家》《站下小店》《风雨之夜》《二嫂上轿》《迎妈妈》《赌场丢魂》等。

（二）艺术特色

泗州戏音乐是板腔体，同时还保留了说唱的特色。行腔较自由，有基本腔和花腔两种基本腔调，20多个调门。演员表演时可根据剧情和人物形象选择行腔和调门。它的板式以［二行板］为基础，有［慢板］［快板］和［非板］等8种衍生板式。伴奏乐器以土琵琶、三弦、柳叶为主，后增加了竹笛子、唢呐、二胡和板胡等乐器。《中国戏曲音乐集成·安徽卷》中列出了泗州戏的9个锣鼓谱和10种曲牌。

在表演上它吸收了民间压花场、花灯舞和旱船舞等舞蹈形式，风格明快粗犷，刚劲泼辣。压花场是泗州戏代表性表演，有单压和双压两类。"首先由一个花旦伴音乐节奏上场，做各种舞蹈身段，走出不同步法，接着唱个'八句子'，随后一个小生跟着唱腔舞上场，尔后双双起舞，且配合协调、匀称，满台飞动，异彩纷呈。"[②] 泗州戏的行当有生、旦和丑等角色，最初的表演角色为"二小"（小生、小旦）或者"三小"（小生、小旦和小丑），后来角色行当逐渐增多。它的语言以淮北方言为主，通俗易懂。

---

① 完艺舟：《泗州戏浅论》，安徽省艺术研究所1993年版，第4页。
② 同上书，第35页。

(三) 传承现状

泗州戏的国家级传承人有李宝琴、代兵、鹿士彬和陈若梅等，省级传承人有周斌、孙淑兵、李芳芳、苏静、陆为为、葛仁先、孙立海、李书君、苏婉芹和陶万侠等。李宝琴自幼学艺，生、旦俱佳，被誉为"泗州戏皇后"，有很多脍炙人口的代表作。省级传承人多数受过正规艺术学校的科班教育，目前很多人还活跃在舞台上。新时期泗州戏传承人的手稿和文献得到了整理和保护。鹿士彬整理出5万多字的泗州戏经典剧目唱词，捐献给安徽省泗州戏剧院，李宝凤的孙子吕咸蔚整理了其50多万字的剧本资料。

据泗县文化馆统计：2012年有泗州戏大小剧团、班社120多个，从业人员约2000人，剧团分为民营和国营两种，民营的演出是不定期的，春季是旺季，淡季则另谋出路。专业剧团配备了大篷车流动舞台、电子字幕机和高质量灯光音响等。专业剧团每年送戏下乡上千场，表演《大脚娘娘选总管》《二嫂上轿》和《迎妈妈》等新戏。同时在政府支持下，成功举办了泗州戏艺术节，加强了交流，扩大了影响。2006—2012年泗县政府和文广新局连续举办了泗州戏文化艺术节。2008—2010年利辛县文化馆连续举办了三届拉魂腔擂台赛。

现代传媒的发展使泗州戏传播到各地。2012年泗州戏《摸花轿》在国家大剧院音乐厅成功上演，新浪网、凤凰网、央视网等知名网络媒体纷纷进行文字、图片和视频的全方位立体式报道。2014年"情系拉魂腔·泗州戏传统剧目"在北京东城区文化馆演出，同年泗州《走娘家》在香港成功演出多场。安徽省泗州戏剧院曾赴匈牙利、塞尔维亚等地表演，并参加了第二十七届以色列国际民间艺术节和第二十六届土耳其国际艺术节，让泗州戏唱响中国和世界。

二、二夹弦

(一) 历史发展

二夹弦是流行于鲁西、豫东北、苏北和皖北一带的地方小戏，2008年亳州二夹弦入选第二批国家级非物质文化遗产保护名录。

二夹弦曾与鲁西南地区说唱艺术"花鼓丁香"有密切的渊源，原为农闲时的说唱娱乐，清末发展为"撂地摊"的地方小戏。"自清光绪初至民国初期，许多戏班先后进入城市，形成在城市和农村同时发展的局面。1916年秋二夹弦入亳（州）后，人员增加，组织稳定，有简单的戏箱和小型乐队，并吸收和借鉴梆子、京戏等大剧种的艺术营养丰富自身。角色已有明显分工，女演员也陆续登台，演出的公堂戏和连台本戏极受欢迎。"[1]1959年安徽亳县成立二夹弦剧团——"跃进剧团"，该剧团在"文革"时被解散，演员依附于亳州梆子剧团，新时期重新建团。

二夹弦有200多个剧目，分为传统剧和新编剧两类。《中国曲艺音乐集成·安徽卷》记载："二夹弦的传统曲（书）目颇为丰富。现存的短段子有《货郎段》《王二姐思夫》等百余篇。中长篇有《张郎休妻》(《休丁香》)、《陈三两爬堂》《梁祝》等数十部。不少深受观众喜爱的情节歌舞是与淮北花鼓、四句推相同的，如'大隔帘'(《梁祝隔帘相会》)、'二隔帘'(《王二姐思夫》)、《赶脚》等。"[2]

中华人民共和国成立后，亳州二夹弦剧团改编和创作了不少新曲目。《中国戏曲音乐集成·安徽卷》记载："20世纪50年代至60年代中期，二夹弦跨入了一个前所未有的蓬勃发展期。亳县成立了专业剧团，改编演出的《三进士》《大铁山》和《金龙盏》等优秀传统戏，《夺宋旗》《湖阳公主》等新编历史剧，以及创作演出的《赵德光》等数十出现代戏，分别参加了本省、地历届会演并获得好评和奖励，录音、录像在本省、地、市电台、电视台经常播放。"[3]新时

---

[1] 《中国戏曲音乐集成》编辑委员会：《中国戏曲音乐集成·安徽卷》，中国ISBN中心1994年版，第1887页。
[2] 《中国曲艺音乐集成》编辑委员会：《中国曲艺音乐集成·安徽卷》，中国ISBN中心2006年版，第729页。
[3] 《中国戏曲音乐集成》编辑委员会：《中国戏曲音乐集成·安徽卷》，中国ISBN中心1994年版，第1888页。

期的新剧目有《刎经堂》《谢瑶环》《东汉丞相》《曹操献酒》和《神兵道》等。

（二）艺术特色

二夹弦唱腔源于"纺纱小调"，融合了民歌、花鼓、梆子和琴书等音乐，形成了刚柔兼具的风格。曲调属于板腔和曲牌的综合体，有30余种。演唱灵活，真假嗓并用，真嗓吐字，假嗓送腔。表演重唱功，做和打次之，早期的表演甚至会出现一个角色站在舞台上用大段清唱来展现故事的场面。它有［大板类］［二板类］［三板类］和［捻子］等多种板式，伴奏乐器是手锣、棒子、花鼓、四弦胡琴、坠琴和柳琴等，后来出现了提琴和电子琴等现代乐器。《中国戏曲音乐志》中记载其锣鼓谱就有20多种，专用曲调3种，曲牌2种。它的角色行当有生、旦、末和丑，最初角色简单，后来逐步形成"六门十二行"。

（三）传承现状

二夹弦国家级的传承人有付红伟和孙大鹏，都师从名家，技艺精湛，多次演剧并获奖。付红伟2003年获得国花杯中青年戏曲大赛个人表演金奖，后被聘为亳州高等师范专科学校二夹弦艺术研究中心主任，传授表演知识。孙大鹏除了表演之外，还编写了70多万字的与二夹弦相关的书籍。

亳州市二夹弦剧团和安徽省艺术职业学院共同开办二夹弦戏曲和音乐表演专业，联合培养优秀的青年表演人才。学员在校期间能学到二夹弦的技艺和理论知识，还可以参加剧团的一些演出，学成后可留团工作或者改行自谋职业。

1999年亳州二夹弦剧团排演的《刎经堂》《寻妻》和《三更情缘》参加了安徽省折子戏小戏大赛并获奖。2004年该团在河南电视台《梨园春》栏目中表演了名段《十八里相送》。很多优秀演员在安徽电视台《相约花戏楼》栏目中录制节目。2009年中央电视台第四套《走遍中国》栏目，录播了二夹弦舞台剧《东汉丞相》。同年亳州成功举办"首届中国（亳州）二夹弦戏曲艺术文化周"，2013年又举办了"安徽·亳州·中国二夹弦第二届艺术节"。目前亳州市二夹弦剧团每年都有500场送戏下乡的演出,让农村百姓看上好戏。

三、花鼓戏

(一)历史发展

淮北花鼓戏是流行于苏北、皖北和豫东等地的剧种之一,因表演时以花鼓为主要乐器,故又称其为"花鼓"。1957年宿县淮北花鼓剧团成立。2008年它入选第二批国家级非物质文化遗产保护名录,2011年它选入第三批国家非物质文化遗产保护名录。

在明嘉靖年间,宿州已有十几个花鼓戏班子。"依艺人师承关系上溯推算,淮北花鼓距今已有200多年的历史。一种民间艺术的孕育成长,能在皖、豫、苏、鲁民间广为流传,至少要经过许多年在乡间的活动,才能逐渐为人所知所爱,并参与其中,成为这一民间艺术的欣赏者、自娱者与传播者。按此推算,淮北花鼓的起始年代,距今有300年的历史。"[1]它最初是百姓农闲时自娱的小唱加舞蹈,后逐渐形成表演丰富的地方戏。

淮北花鼓戏剧目丰富,主要以日常生产和劳动为题材。传统剧目有120多出,出现了《打蛮船》《摸花轿》和《砸棉车》等优秀剧目,还出现了《货郎段》《黑驴段》等独立演唱段子70多个。中华人民共和国成立后,整理演出本剧种的主要传统剧目有《四珠宝》《王小赶脚》《丝鸾带》《王婆骂鸡》,移植演出了传统剧目《天仙配》《姐妹易嫁》,现代剧目《江姐》《琼花》,创作演出了现代戏《卖鸡》《新人骏马》和大型传统剧目《穿金扇》。[2]新时期还出现了《出差记》《阳光下的召唤》和《俺从灾区来》等优秀剧目。

(二)艺术特色

淮北花鼓强调动作,演唱时配合舞蹈动作。"舞蹈和锣鼓融为一体,在长期的演出实践中,形成文武两派风格,显示出武派热烈红火、文派轻快活泼的

---

[1] 杨春:《淮北花鼓戏音乐研究》,人民音乐出版社2013年版,第2页。
[2] 娄天劲:《宿州文化志》,安徽文艺出版社1985年版,第29页。

不同风格与情趣。其中有生角的'盘鼓'独舞,旦角的'压花场'独舞、双人舞、三人舞和群舞,生、旦的双人舞,群舞'四门八叉'和'大武场'。表演上有上垫子、顶碗、跳门槛、三棒鼓、三把刀、窜刀、玩石磙、跳方桌等特技。"[①]它表演粗犷奔放,又朴实诙谐,咏唱和说唱相结合。"主要曲调有宿州调、浍北调、口子调、平板、寒板等。锣鼓经独具一格。……小戏载歌载舞,生活气息浓郁;大戏表演艺术也颇具特色。"[②]声腔有宿州调、浍北调和口子调等基本曲式,板式有［散板］［直板］［颠板］和［非板］等传统板,还有［平板］［摇板］［宿州调颠板］［浍北调颠板］［咏红灯三颠板］等创新板。

(三)传承现状

淮北花鼓的国家级传承人是周钦全和吕金玲,省级传承人有周玉玲、张华、吴月玲和牛正印等。周钦全年幼学艺,擅生、净行当,表演绝活是"绑垫子",唱腔独特,擅演众多剧目。吕金玲戏路宽,生、旦俱佳,在《新人骏马》《王小赶脚》和《站花墙》等戏中担任主角,后从事花鼓戏教学和传承工作。近些年安徽省各级文化部门拨出专项经费给剧团,用于创作新剧目、保护传承人和配置道具等方面,并建立淮北花鼓戏资料库,收集早年出版发行的唱片、专著、词典和论文等资料。

近年来淮北花鼓戏剧团定期下乡演出,排演了不少新剧参加戏曲大赛,扩大了影响。1992年《俺从灾区来》荣获多个奖项;2005年儿童剧《阳光下的呼唤》受到一致好评;2012年大老周花鼓戏剧团的折子戏《打蛮船》荣获省优秀剧目展演"十佳表演奖";1997年安徽电视台的《香飘花鼓》介绍了宿州花鼓戏剧团。目前宿州花鼓剧团和淮北师范大学音乐学院共建了花鼓戏实训基地,学员参与演出达20余场,实现了淮北花鼓戏在高校的活态传承。

---

① 杨春:《淮北花鼓戏音乐研究》,人民音乐出版社2013年版,第2页。
② 上海艺术研究所:《中国戏曲曲艺词典》,上海辞书出版社1981年版,第196页。

四、坠子戏

2008年坠子戏（宿州）入选第二批国家级非物质文化遗产保护名录。

（一）历史渊源

坠子戏以其主奏乐器为"大坠胡"而得名，分布在皖、豫、苏、鲁接壤的黄淮地区。1951年成立萧县曲艺实验剧团，1959年正式成立安徽省坠子剧团。

坠子戏源于晚清民国时期的道情，由民间说唱单口坠子发展而成，经历了由曲艺向戏剧的转变过程。清末民初山东女艺人韩教香来萧县演出，后李元灵等山东艺人来萧县演唱并招徒，使坠子逐渐发展成坠子戏。20世纪40年代宿州坠子成型，陈兴兰和王从金、赵尧顺等琴书艺人联合组成一个民间演唱班社"清音大扬琴班"。1949年前萧县李教令由道情改唱坠子的声腔，陆续有艺人沿袭此道；1949年后萧县成立曲艺实验剧团，后正式命名为"安徽省坠子剧团"。

坠子戏有剧目200多出，其中传统大戏140余出，如《小菜园》《潘金莲》《贵妃恨》和《白罗衫》等；现代戏和新编戏60多出，如《金妹和银娃》《白云五女》《人生配方》《故土情深》《歪脖子树上落凤凰》《八张村的笑声》《打工奇缘》《跪妻》《春风杨柳》和《认娘》等，这些现代戏多和现实结合紧密，是百姓喜闻乐见的题材。

（二）艺术特色

早期坠子是抱着渔鼓打重音，手拿简板打节奏的说唱曲艺。它的唱腔主要是板腔体，也有部分为曲牌体。以道情、莺歌柳的四句腔为基础强调，以［平板］为主要板式，根据情节的变化还会运用［寒板］［慢板］［踩板］［摇板］［散板］和［快板］等。"坠子的基本表演形式为一人站唱，一人伴奏。演唱者前方架有一面小扁鼓，右手执鼓条击鼓，左手持简板击节。伴奏者使用的乐器为大坠胡和脚踩梆。"[①] 坠子戏的表演身段和步法多是从当地节令习俗、农民生产劳动

---

① 《中国曲艺音乐集成》编辑委员会：《中国曲艺音乐集成·安徽卷》，中国ISBN中心2006年版，第256页。

中提炼出来的，唱词道白方言化。

（三）传承现状

坠子戏的国家级传承人是朱月梅，攻花旦，在剧团和学校进行坠子戏的传承工作，培养出一批坠子戏新秀。省级传承人有吴亚莉、张立峰、张莉、李连民、王芳、辛文亮和邢亚东等。李连民攻须生，演唱苍劲有力，2002年他表演的《推销》获中国"曹禺杯"小品大赛表演二等奖；2004年《一条大鱼》获中国博兴国际小戏艺术节表演金奖；2008年他导演小戏《阿里跪妻》和《打工奇缘》获宿州市艺术节奖励。

新时期宿州市坠子戏剧团一直坚持创作和表演，不少优秀作品脱颖而出。《魂诉》获第六届安徽省艺术节编导、作曲和表演一等奖。2002年坠子戏优秀剧目《魂诉》与《一条大鱼》赴北京参加会演，得到广大观众和相关戏剧专家的好评。2008年宿州市坠子戏剧团又推出了传统剧目《窦娥冤》和《人生配方》《打赌》《水晶颂》《大脚娘娘选总管》《今天是个好日子》等优秀剧目，并在中国第七届、第八届"映山红"戏剧节中获奖。它还参加各种展演活动，2015年《雪之夜》参加安徽省小戏折子戏优秀剧目展演，《歪脖树上》在宿州文化馆举办庆祝"文化遗产日"活动中展演，《窦娥冤》在宿州市文化局惠民戏曲大舞台上展演。中国唱片社、海威特音像公司和江苏音像出版社也录制了《小菜园》《智斩赵横》《包公赶考》《公主求情》《窦娥冤》《潘金莲》和《小包公》等戏的唱片和磁带。安徽人民广播电台、电视台和中央人民广播电台多次推出坠子戏表演的相关报道。

五、淮北梆子戏

（一）历史发展

淮北梆子，又称"沙河调"或"沙河梆子"，是流传于安徽省淮北地区的地方戏曲剧种，至今有200多年的历史，具有很强的地域特征。1960年安徽省淮北梆子戏剧团成立。2011年淮北梆子（宿州、阜阳）入选第三批国家级非物质文化遗产保护名录。

关于它的起源大致有两种。一种说法是山陕梆子传到淮北后演变而成，另一种说法是由河南梆子的一支"沙河调"传入后发展而成。"河南梆子流来淮北的具体时间，无法考证。据93岁老艺人王金法回忆：小时候听其师言，清嘉庆间有河南商丘唱梆子戏的杨坦等数人来亳县、临泉等地演唱，并没有科班传艺。此后便长期在沙河一带扎根发展，受到当地风俗、习惯和曲艺的影响，唱腔与原来河南梆子有所不同。"[①]1949年后，淮北、宿州、阜阳和淮南都有专业的淮北梆子剧团。

在20世纪60年代，淮北梆子剧团达到17个，而且表演剧目较多。淮北梆子戏的传统剧目，据初步统计，知名的将近800出，它们反映的生活面很广，内容大都是取材于民间故事和历史传说。这些优秀的剧目在艺术上最大的特点是结构严谨，人物形象鲜明，语言朴素、生动，并富于口语化，乡土气息十分浓厚，所以深受淮北广大群众的喜爱。[②]1949年后常演的剧目有500多出。传统戏有《劝夫》《醉打曹豹》《铡美案》和《老二黑离魂》等，现代新编戏有《上讲台》《窗外情》《平安是福》《楚宫恨》《画虎》《三个女人一台戏》和《南阳关》等。

（二）艺术特色

淮北梆子演唱时用梆子打出节奏，唱词多用衬字，风格高亢激越。它的唱腔丰富，基本唱腔有30多种，曲牌300多支，多用花腔和甩腔。它演唱时不分男角和女角，语言质朴通俗。淮北梆子在音乐挖掘方面也取得成就，记录传统曲牌达百种，如［五马］［二凡］［朝阳歌］［乐姬］［八板］［十番］［金叉］

---

① 《中国戏曲志》编辑委员会：《中国戏曲志·安徽卷》，中国ISBN中心2000年版，第121页。
② 阜阳专署文教局编：《淮北梆子传统剧目选集》，安徽人民出版社1961年版，前言第1页。

［苦中乐］等。① 板式主要有［慢板］［流水］和［二八］等多种。早期淮北梆子戏多在农村演出，道具、服饰、化装和乐器都很简单，以枣木击节，京胡伴奏，演员半说半唱，只能演二小戏，后来服饰、道具都得到改善，角色、行当渐全，大体分为生行、脸行和旦行三大行，发展成为民众喜闻乐见的地方戏。

（三）传承现状

目前淮北梆子戏的国家级传承人是张晓东，省级传承人有王永兰、蒋祥林、马步峰、张晓东、张福兰、朱琴、李金桥和营辉等。张晓东是"梅花奖"获得者，年少学艺，生、旦俱佳，曾主演过《穆桂英》《三休樊梨花》和《红娘》等剧目，后入河南戏校拜师学艺，得到常派传人陈小香的亲传，形成了独特的表演和演唱风格，同时她还收徒传技，培养年轻的梆子戏演员。其他省级传承人不仅常年坚持舞台演出，而且将自己的技艺教授新人，如王永兰教授的两名学生都获得了戏曲小梅花大赛金奖，马步峰也在梆子戏少儿兴趣班授课。

宿州市梆子剧团一直坚持创作和推出优秀的作品。1987年安徽省电视台拍摄了6集梆子电视剧《楚宫恨》，2007年排演的《夕阳清照》荣获"五个一工程"的作品奖，2013年推出《平安是福》，在安徽省进行巡演达百场。各级文化馆也举办交流展演活动，2014年宿州文化馆参加皖北市首届戏曲票友展演活动，《虢都遗恨》成为深受好评的剧目之一，文化馆还启用原坠子戏的小剧场进行表演，对市民低价开放。2014年宿州举办"首届文化惠民消费季·国家级非物质文化遗产戏曲展演"，梆子戏《薛刚反唐》和《何文秀私访》参演。

六、嗨子戏

（一）历史发展

嗨子戏是安徽省稀有剧种之一，它在发展过程中也逐渐形成独特的艺术形

---

① 《中国戏曲志》编辑委员会：《中国戏曲志·安徽卷》，中国ISBN中心2000年版，第122页。

式，而且充满了浓郁的生活气息，被誉为"天下独一戏"。它以优美的唱腔、动听的旋律，唱响淮河两岸。2011年嗨子戏（阜南）入选第三批国家级非物质文化遗产保护名录。

嗨子戏以其起腔多用"嗨"字而得名，形成于清嘉庆、道光年间。初期表演是围鼓坐唱故事性较强的小调，表演简单朴实，后来逐渐发展为有角色行当、载歌载舞的戏曲。它深受群众喜爱，流行于淮河沿岸地区。它表演形式以两小戏、三小戏居多，大戏和连台本戏次之。1958年阜南成立嗨剧团，1968年阜南成立阜南县嗨剧团，嗨子戏登上舞台进行表演，20世纪五六十年代平均每年演出达200余场。1982年嗨子剧团被迫解散，民间班社活动也萎缩，申请"非遗"后境遇才有所改观。

嗨子戏的剧目近200出，以爱情戏为题材的有《站花墙》《叶金莲抛彩》《放莺哥》《秦雪梅》《送香茶》《隔帘》《双担水》《三击掌》《吴三保游春》《下花园》等看家戏。也演了《劈山救母》《许状元祭塔》《张子贵赶考》《刘兰英闹书馆》等神话戏。生活戏有《安安送米》《白灯记》《打桃花》《王员外休妻》等。还有其他剧种移植过来的，如《斩黄袍》《地堂板》《破洪州》《三孝堂》《辕门斩子》《九江口》《红鬃烈马》等。[1] 新编剧有《阜南人民》《民生工程》和《王家坝之歌》等。

（二）艺术特色

嗨子戏最初为小调，随着剧情的需要出现了生、旦和丑同台的"三小戏"，后来行当细分，有的戏还出现了净角。演出形式自由灵活，三两个人用一套锣鼓，演员用一块手帕和一把扇子就可即兴表演。嗨子戏的音乐有唱腔和打击乐两部分，唱腔是板腔和曲牌相结合，以板腔为主。唱腔分为主调和花调两大类：主调有"老生调""喜娃子""苦娃子"三种；花调有"下陕西""放鹦哥""打

---

[1] 闫国栋：《阜阳文史资料》（第4辑），1999年版，第110页。

货""祭塔"等六七十个。[①] 伴奏乐器除了锣鼓外，还有丝竹乐器。表演风格有时婉丽柔美，有时古朴粗犷，语言多用乡音俚语。

（三）传承现状

皖北嗨子戏有代万青、孙利霞、李玉英和谢学芳等省级传承人。代万青在阜南县嗨剧团工作多年，退休后仍参加演出活动，并在嗨子戏学校执教。孙利霞唱腔高亢圆润，吐字清晰，多次表演获奖，也在嗨子戏学校执教。李玉英年少从艺，在阜南县文化馆负责嗨子戏培训班的工作，曾获全国小梅花指导老师金奖，多次荣获省市戏曲比赛和文艺会演的奖项。

阜南县政府高度重视嗨子戏的保护工作，近期每年拨款16万元，用于整理和保存嗨子戏的文字和音像资料，成立了阜南县非物质文化遗产保护领导小组，鼓励艺人和编剧编演新剧目。2009年大型嗨子戏《王家坝之歌》成功排演。2013年成立阜南县嗨子戏艺术学校，招收学生，排演了《阜南人》和《民生工程》等作品。艺术学校的师生定期到乡镇、社区和工厂进行会演，锻炼学员的舞台能力，传承了传统的戏曲文化。

七、四平调

（一）历史发展

四平调发源于安徽砀山，流行于皖北、苏北、豫东南及鲁西南一带。2007年它入选安徽省第三批省级非物质文化遗产保护名录，2014年砀山四平调入选第四批国家级非物质文化遗产保护名录。

砀山四平调前身是砀山花鼓，明代砀山花鼓演唱简单，道具男角为花鼓，女角手持彩球或彩带，边唱边舞。民国时期苏、鲁、豫、皖四省交界地区有三个著名的花鼓班，分别是砀山县邹玉振的邹家班、周寨燕玉成的燕家班、沛县甄有明的甄家班。1931年砀山艺人燕玉成等人在商丘表演时改用花鼓平调，

[①] 上海艺术研究所：《中国戏曲曲艺词典》，上海辞书出版社1981年版，第196页。

定名"四平调"。1955年周寨成立四平调剧团，1966年砀山成立安徽省四平调剧团。

最初四平调演角色简单的小戏，后逐步出现大戏、连台本和新编戏。它的剧目有近百部，安徽砀山县文化馆存档的小戏有《小借年》《蓝桥会》和《花亭会》等，大戏有《陈二两》《小包公》和《花为媒》等，连台本戏有《访昆山》《杨家将》和《王华买爹》等，现代戏有《白毛女》《焦裕禄》和《正义》等。这些剧目多以民间故事或传说、农村的现实生产和生活为题材，为当地百姓所喜爱。

（二）艺术特色

四平调运用砀山方言来演唱，多用俚语，质朴易懂，具有浓厚的说唱性。它的唱腔属于板腔体，共有［平板］［直板］［念板］［散板］和［慢板］等板式。"乐器原只有梆子和小锣，无管弦乐器，每出戏只有两三个人出场，后逐渐吸收评剧、曲剧和豫剧的部分唱腔，故名'四平调'。在乐器上又增加了二胡、胡琴、三弦、大笛和锣鼓等，并积累了一些固定的剧目。中华人民共和国成立后改编演出了《小二黑》《白毛女》等现代戏。"[①] 演唱风格上用真声演唱，女声委婉流畅、细腻俏丽，男声则高昂豪放，具有刚柔兼备的特色。

（三）传承现状

砀山四平调传承人有李素琴、宋雪梅和高晓玲等人，她们定期参加当地"非遗"戏曲展演的各种活动。2012年宋雪梅等人参加了"安徽肥东民间文艺广场演出周"的展演活动。这些传承人从2013年始连续三年参加了"砀山四平调传承人演唱会展演"的活动，表演的剧目有《杨家将》《报花名》《小包公》和《朝阳沟》等。

近年来砀山县四平调剧团排演了一些新剧，2010年排演了优秀曲目《小包公》，2013年排演的现代戏《正义》获得全省小戏调演的多个奖项。2014年

---

① 上海艺术研究所：《中国戏曲曲艺词典》，上海辞书出版社1981年版，第208页。

砀山市电视台拍摄了《砀山四平调》专题片。砀山文化局多次召开四平调专题创作研讨会，挖掘老唱腔和剧本，探讨新剧目创作的规律，同时还依托学校培养四平调的表演人才，面向全国征集四平调剧本，成立了砀山四平调戏曲社团和戏曲协会，鼓励传承人进校园做讲座传授技艺。

八、推　剧

2006年推剧入选安徽省第一批非物质文化遗产保护名录。

（一）历史发展

推剧，又称"四句推子"，是安徽省地方戏，属于我国稀有的戏曲剧种之一。它源于花鼓灯，是沿淮地区百姓喜闻乐见的一种剧种。

抗战期间花鼓灯歌舞表演衰落，一些艺人对其唱腔进行改革，形成了推剧。它流行于安徽淮河两岸的凤台、颍上和寿县等地，在民间歌舞"花鼓灯"的基础上，吸收了曲艺"琴书"和民间曲调于中华人民共和国成立后形成的。[①]1951年在皖北戏曲研究会上，高光照和朱禹等人据其演唱"一条线调"的特点，定名为"四句推"。1955年颍上县成立了推剧团；1957年凤台县成立推剧团，1959年更名为凤台县文工团，1977年恢复为凤台县推剧团。

推剧来源于民间小调，剧目大约四五十部，如《小圆房》《割股救母》《摘棉花》和《送茶香》等。有的剧目受花鼓灯影响，也演出花鼓灯舞蹈《大花场》《小花场》《抢板凳》《抢扇子》《盘板凳》《游春》等，仍以锣鼓伴奏。[②]后来出现了大戏《狸猫换太子》《龙海清吊孝》和《父子状元》等，连台本戏《刘公案》《皮氏女三告》和《圆圆出家》等，新编戏《女儿桥》《新春对歌》《送情郎》《双回门》《赶会》和《婆媳情深》等。

（二）艺术特色

推剧的唱腔为板腔体，以"清音调""四句推子"为主腔。由于清音在行

---

① 上海艺术研究所：《中国戏曲曲艺词典》，上海辞书出版社1981年版，第197页。
② 同上。

腔上的特点突出，故在花鼓小调中获得了领先地位。艺人们把清音作为花鼓灯后场小戏的主要唱腔，并伴随着花鼓灯影响的不断扩大，也逐渐为广大观众所喜爱。① 这种唱腔委婉抒情、流畅明快，唱词通俗、整洁连贯。四句推子唱腔灵活，表演细腻，后来又出现了"四月平""麦黄平""腊月平"等新唱腔和［新原板］［小快板］［导板］等新板式。伴奏以锣鼓为主，后增加了丝弦乐器，表演以生、旦为主，承袭了花鼓灯的动作和步法。

（三）传承现状

推剧省级传承人有曹树芝、岳文兰、张莉、杨敏和王德惠等人。阜阳曹树芝年少学艺，动作轻盈，善演生、旦，表演动作精彩，被誉为"大兰花"，多次参加安徽省花鼓灯和推剧会演并获奖，近期在颍上县花鼓灯艺术学校从教，培育和指导推剧新人。淮南岳文兰攻小生，扮相俊美，表演细腻，嗓音浑厚，是推剧舞台上著名的小生，曾多次率剧团参加全国、安徽省和市各类戏曲比赛并获奖，演出多达1000余场。

近年来推剧的专业和民间剧团都推出代表性剧目，并多次送戏下乡进行演出，出现了不少优秀的推剧团。淮新推剧团演员行当齐全，且表演剧目众多，在近百个社区进行了表演。2011年淮凤推剧团到淮南市巡回演出，表演了《罗元下山》《穆桂英挂帅》《游春》等曲目。2013年金传推剧团在凤台曹洼村表演了《全家福》。

凤台推剧团是推剧唯一的专业剧团，在演员、创作和表演上实力雄厚。近年来排演了《凤桥明月》《女儿桥》《乡长过河》和《桃花庵》等剧目，每年都会到各县市及农村进行展演和巡演，深受当地群众的喜爱。2013年剧团到韩国进行了为期一周的民间艺术交流，表演的《抢板凳》《双回门》深受欢迎。2012—2014年排演的推剧歌舞《淮河谣》《五彩淮乡好风光》和《淮河情》连续三年登上淮南百姓春晚的舞台。

---

① 王军：《推剧唱腔音乐的形成》，《中国音乐》1994年第3期。

九、皮影戏

（一）历史发展

皮影戏是集影像、演唱和表演于一体的综合艺术，是古老而奇特的戏曲艺术之一。1962年灵璧文化馆成立"灵璧皮影实验剧团"，2007年余家皮影入选蚌埠市非物质文化遗产保护名录，2008年余家皮影和灵璧皮影入选安徽省第二批省级非物质文化遗产保护名录。

灵璧皮影戏形成于清道光年间，脱胎于山东皮影。余家皮影则稍晚些，清末余井和在宿州芦岭镇进行皮影戏表演，民国时期余运身、余运兰和余运太组成皮影戏班跟随父亲从事皮影戏表演，后来余家皮影戏班搬迁到蚌埠，在蚌埠进行皮影戏表演。余家皮影由于演技精湛，迅速成为地方一绝。中华人民共和国成立后，余家皮影戏班加入了蚌埠市民间艺人曲艺协会，他们的表演风格独特，深受当地群众的欢迎。1958年余家皮影赴安徽省参加皮影戏会演荣获一等奖，"文革"期间余家皮影戏遭禁演，所有的历史资料剧本、剧照、奖状和皮影被毁坏，余氏兄弟被下放农村，"文革"结束后余家兄弟才由乡下重返蚌埠。

余家皮影以往多是口传心授，经历"文革"后，无文字传世。原来传统的剧目到现在很多已经不全了。"当年老剧目丰富多彩，代表作《东游记》《西游记》《南游记》《北游记》《白蛇传》《两面红旗》《海岛小姑娘》《封神榜》《小白兔采蘑菇》《鹤与龟》……常演不衰。如今我们见到的这些，都是残存的片段。"[①] 传统剧目还有《上游记》（孙悟空大闹天宫）、《下游记》（孙悟空大闹地府）等，新编题材《平原枪声》《烈火金刚》和《水漫泗州》等。目前传承人余家坤的代表剧目《西游记》中的《金兜山》，曾获得文化部优秀皮影戏剧目。灵璧马家皮影的代表作为《西游记》中的《真假美猴王》。

（二）艺术特色

皖北皮影戏是集雕刻、表演和唱白于一体的表演艺术。它影偶精细，美观

---

① 胡迟：《余家皮影戏：时代边缘的影像记忆》，《江淮文史》2011第6期。

流畅，用其表情和颜色表现人物的性格。其唱腔是在当地的民间小调和戏曲音乐的基础上，形成了皮影梆子调。板式根据剧情的发展有［慢板］［快板］和［流水板］等，用梆子击节，锣鼓伴奏。演员用竹签操作影偶，让影偶表演各种动作，还要演唱剧情，常用和声接腔、拖腔和帮腔等，影戏中的生、旦、净、末、丑各角色有时只有一个人演唱，表演的演员有时只有两个人，一锣一鼓，一镲一梆子，演奏帮腔为一人，表演主唱为一人。

（三）传承现状

目前蚌埠文化部门已恢复了传统皮影戏表演。灵璧皮影的传承人是唐兆福和尹成科。余氏皮影戏传承人是余家坤和余玉华。目前这些传承人正在对皮影戏进行拯救和挖掘，试图在舞台上再现皮影戏的独特魅力。余家坤1961年进入蚌埠市曲艺团工作，学习家传皮影戏，后曲艺团解散，调入蚌埠市纸盒厂，目前退休从事"非遗"的教学和传承工作。2011年他被确定为安徽省非物质文化遗产余家皮影戏代表性传承人，他将变脸技术运用于皮影戏表演，到学校为学生进行皮影表演，让年轻的观众感受到传统皮影戏的魅力。

第四章
淮海地区体育类非物质文化遗产

体育类非物质文化遗产作为我国传统文化的重要部分,它既具有民族特点,又充满浓郁的传统色彩。作为一种文化的表现形式,它可以说是我国不同民族在改造人类社会及人类自身的实践中留存下来的宝贵财富——这种财富兼有物质和精神两个层面的意义,因此对其进行保护和传承也是新时代社会发展的重要议题。

第一节 概 述

目前，国内外对于体育非物质文化遗产项目的概念并没有统一、权威的界定，只有少数学者根据自己研究的需要和理解对其进行界定。刘洋认为，体育非物质文化遗产是指各种以非物质形态存在的，与群众生活密切相关、世代相承的传统体育文化表现形式及文化空间。[1] 而李凤梅则认为："体育非物质文化遗产是被某一区域人口或固定群体主要用于健身、娱乐、祭祀、竞技等目的所遗存的各种身体活动形式和知识，以及与之相关的实物、器具和文化空间。"[2]而较权威和全面的解释则是国家体育总局文化发展中心提出的，即："体育非物质文化遗产，是指那些被各群体或个人视为其文化财富重要组成部分的具有游戏、教育和竞技特点的运动技艺与技能，以及在实施这些技艺与技能的过程中所使用的各种器械、相关实物和空间场所，它既有与体育活动相关的竞赛程序、器械制作等运动内容，又有与各民族的社会特征、经济生活、宗教仪式、风俗习惯息息相关的传统文化现象，是一种'活态人文遗产'。"[3]

我国自 2006 年公布了第一批非物质文化遗产项目，至今已经公布了四批，其中传统体育、游艺与杂技在第一批项目中，是以杂技和竞技命名，第二批项目中是以体育与杂技命名，在最近第三批和第四批的时候才将其更改并确定为传统体育、游艺与杂技，目前全国共有 82 项。

淮海地区的联合式发展不仅促进了地方经济的发展，对地域文化的传播发展也起到了促进作用。目前淮海地区国家级和省级体育非物质文化遗产项目共有 40 余项，如下表：

---

[1] 刘洋：《体育非物质文化遗产保护的路径研究》，北京体育大学 2012 年博士学位论文。
[2] 李凤梅：《我国体育非物质文化遗产的内涵与保护原则》，《山西师范大学体育学院学报》2011 年第 4 期。
[3] 全国哲学社会科学规划办公室：《国家社科基金项目成果选介汇编》（第 10 辑），社会科学文献出版社 2014 年版，第 455 页。

淮海地区体育类非物质文化遗产项目一览表

	国家级项目				省级项目			
	苏北	鲁南	豫东	皖北	苏北	鲁南	豫东	皖北
数量	1	2	2	2	7	13	7	7
合计	7 项				34 项			

由表可知,在淮海地区,国家级传统体育、游艺与杂技项目7项,省级项目达到了34项。据统计可知,山东南部地区体育类非物质文化遗产项目最为丰富。目前,我国非物质文化遗产的保护主要采取的是国家、省、市、县四级保护政策,由于人力、物力以及时间的限制,将主要介绍市级以上项目。根据非物质文化遗产项目申报程序,所有的项目必须逐级申报,不能越级申报,所以在统计"非遗"项目的时候,最低级项目的数量并没有排除上级项目。

通过整理发现,淮海地区体育类非物质文化遗产项目主要分为两类:一是武术类,二是狮舞类。武术类项目遍布淮海地区四个省份,其中周口市的心意六合拳、鲁南的佛汉拳和梁山武术是国家级"非遗"项目,除此还有皖北的晰扬掌、陈抟老祖心意六合八法拳、五音八卦拳、吴翼翚华岳心意六合八法拳、韩氏阴阳双合拳、李氏流星锤等;鲁南的文圣拳、菏泽牡丹区大洪拳、菏泽郓城大洪拳、菏泽鄄城二洪拳、菏泽鄄城大洪拳、菏泽曹县二洪拳、水浒拳、八卦拳、黑虎查拳、中国华拳、二郎拳、宋江阵、王氏内家拳、梅花拳、五步架、花棍舞、跑竹马、梁山中华子午门、岳王拳、滕州大洪拳、打花棍、宋太祖长拳(冷氏太祖长拳)、阴阳掌、夕阳掌、乾捶梅花炮拳、查拳、南湖武术等;苏北的沛县武术、彭祖导引术、铜山徐式北派少林拳、游身八卦连环剑、洪派陈氏太极拳、刘氏自然拳等;豫东的黄派查拳、象形柔拳、回族汤瓶七式拳、圣门莲花拳、两仪拳、伏羲八卦拳、乾门八卦拳、沈丘查拳、峨眉拳、梅花拳、忠义门拳术、大洪拳、解家大洪拳等几十项省、市级"非遗"项目。舞龙、舞狮是中华民族的特色项目,更是淮海地区乡会、庙会的必备项目,目前在淮海地区节庆时期还随时可见舞狮表演，在各个地方的"非遗"项目中，舞龙、舞狮也是其中重要的项目，其中苏北就有7项省、市级项目。淮海地区涵盖了江苏、河南、山东、安徽四个省市的部分城市，由于河南、山东地处中原，历史文化悠久，武术类传统体育项目较多，江苏北部和安徽北部地形复杂、地貌多样，属于山水城市，环境优美，舞蹈类项目较多。

我国从2004年开始正式介入地方非物质文化的保护，并出台了一系列保护政策，至今已取得了丰硕的成果。作为非物质文化遗产重要组成部分的体育类非物质文化遗产，当然也适用所有关于非物质文化遗产项目的政策、法规。2013年国家体育总局文化发展中心颁发了《中国体育非物质文化遗产保护与推广管理办法》，对体育非物质文化遗产项目的申报条件、要求以及申报程序做了详细的规定，并对传承人和传承地域的申报做了详细的要求，还明确了传承保护的职责。体育类非物质文化遗产项目是我国传统民俗体育的幸运儿，在政策、资金等方面都得到了政府的大力支持。但是由于淮海地区分属于四个省份，经济欠发达、人口多、地域环境复杂等原因，在非物质文化遗产的挖掘、整理、保护与传承过程中仍然存在一些问题。

（一）项目多，归属不清

非物质文化遗产项目的审批依据之一是拥有清晰可究的历史。淮海地区虽然囊括四个省份，但是地理环境相似，人们的生活方式类同。近年来，随着国家非物质文化遗产保护事业的发展和进步，各省都积极投入到整理、挖掘各自的体育类非物质文化遗产项目中去，但总体而言，虽然目标是一致的，但是由于各省具体情况不同，非物质文化遗产的挖掘、整理和保护的方式、方法和进度并不一致。各个地方县、市级项目的申报、审批不太规范，相邻市县之间的沟通交流少，未能集中挖掘、整理，实现联合申报，造成单个项目的归属地不明确，同一项目有多个审批单位。

（二）专项政策缺乏，传承手段单一

体育类非物质文化遗产项目是以人的身体运动和口头传承为主要特征的传

统项目，对其保护和传承发展应有专门的政策。但我国对已经挖掘整理出来的项目的保护支持力度远远小于其他国家。例如在日本，每个省级传承人保护资金折合人民币6000—9000元/月，而我国每个省级传承人的保护经费是5000元/年。在日本单个"非遗"项目都有立法，而我国2011年才出台了《非物质文化遗产保护法》。之后，依据国家的保护政策各省市才出台了本地区非物质文化遗产项目保护的政策，淮海地区的四个省份也均有相应的政策出台。但淮海地区四个省份实施非物质文化遗产保护政策的时间各异，对于各个项目申报的标准大同小异，均没有对体育项目做特殊的要求和设立专项保护政策。由于体育项目的特点，传承方式以师徒为主，造成项目传承和推广较有难度，随着传承人年龄的增加，很多项目面临失传。例如徐州的彭祖导引术，虽然被列为市级传承项目，但是由于传承人少，目前挖掘、传授的套路还不够完整，随着现代健身气功、太极拳、武术项目的冲击，人们对彭祖导引术的兴趣越来越低，学的人越来越少，很多套路已经失传。

（三）地域保护进程不均衡、保护手段各异

淮海地区的四个省份保护工作进程参差不齐，江苏省、安徽省以及河南省已经公布了四批省级非物质文化遗产项目，山东省才公布三批省级"非遗"项目，而且山东省2015年12月份才出台了《非物质文化遗产项目保护条例》。淮海地区包含有20个地级市，各个市县的保护手段各异，例如江苏省徐州市，不仅出台了完善的项目保护制度，而且开始对跑竹马项目进行数字化保护，并提供资金进行项目动作的拍摄。而同在江苏省盐城市，同是第二批国家级非物质文化遗产项目的建湖杂技，现有的保护政策还停留在刚被评为国家"非遗"项目之时。在这个信息社会，网络媒体的传播是重要的传承、宣传途径之一，有些城市的"非遗"网站做得非常完善，资料更新及时，可有的城市还停留在2009年，资料更新的速度相差甚远。

第二节　苏北地区

苏北位于淮海地区最东边，是淮海地区的交通、经济、文化中心。江苏省非物质文化遗产保护走在全国的前列，目前已经公布了四批省级非物质文化遗产项目，其中体育类非物质文化遗产项目总计 16 项，其中国家级 1 项，省级 15 项。苏北地区有 8 项，其中国家级 1 项，省级 7 项，占到了全省的 50%。

一、邳州跑竹马

（一）历史发展

徐州市是苏北地区体育类非物质文化遗产项目最多的城市。在这些非物质文化遗产项目中，邳州跑竹马是 2008 年国家公布的第二批国家级非物质文化遗产项目，把它归类为舞蹈类"非遗"项目，由于其是以"跑"为主要活动形式的身体运动，故将其列为研究对象。

邳州跑竹马的历史渊源可以追溯到 2000 多年前民间舞蹈艺人模拟武士骑马征战的舞蹈。随着朝代更迭，这种动作较为简单的舞蹈不断融入新的历史文化内涵，渐渐形成了跑竹马的雏形。时至今日，跑竹马经过长期的传承演变，终于形成了独具邳州地方色彩的民间舞蹈。20 世纪 50 年代，邳州地区仍有数十个"竹马会"。"文革"时期，跑竹马这种民间艺术形式被禁演，直至 20 世纪 80 年代才重新恢复演出。邳州跑竹马当年鼎盛时期主要流布于徐州境内的大运河两岸，如邳城、徐塘、燕子埠、官湖、滩上等乡镇，其中最具代表性的当属滩上跑竹马。可以说，后来许多不同形式的跑竹马都由此派生而出。

滩上跑竹马迄今为止已有 200 多年的历史，据相关记载，其应该始于清嘉庆元年（1796）；有种说法认为滩上跑竹马是一种邳人模仿宋朝兵士追打金兵的场面，借以庆祝抵御外族入侵的胜利；另外一种说法则完全相反，认为是金国人模仿皇帝围猎形式而编排的一种娱乐舞蹈，后这种舞蹈不胫而走，流传开来成为跑竹马的最初原型。"明、清《邳州志》都有邳州'跑竹马'演出盛况的记载，'春日赛会，鸣锣击鼓，作巨象、狮子、竹马、蹴鞠之戏，治容妖服，游演州间'。清邳州贡生黄奋基著《观乡会俚词》载：'狮子、竹马欢快雄健，落子、连湘轻捷多姿，独杆轿、大头和尚诙谐幽默，博得人人开口笑，相习成风今已久。'"[1]

（二）项目特色

早年跑竹马着装并不讲究，大都着上衣和彩裤，后借鉴说唱艺人的打扮，用古装戏的衣服作为跑竹马的表演服装。1920年，在苏州定制的第一批跑竹马的衣服，一直沿用至今。老鞑子：头戴大额子，插翎子，戴白胡须，上身穿黄马褂，披云肩；妃子：头戴小额子，插翎子，上身穿绣花豹衣；马童：戴罗帽，上身穿豹衣勒攀甲绦。马色与服装颜色一致，依次为黄、红、绿、白、黑五种。

"跑竹马的道具，以竹篾扎壳，用五彩纸、五彩布扎糊成马之形状，马壳分头、身两段，系于舞者腰间。老鞑子的道具：右手执云肘，双手托马或麒麟头。"[2]妃子的道具：左手握马鬃环，右手执马鞭，腰间系马壳，马壳周围有马围布；马童的道具：腰勒大带，背插双刀，双手执马旗。在配乐方面，经过几代人的演绎创造，邳州跑竹马又先后加入了打击乐、唢呐及歌唱等伴奏形式，更加具有乡村气息，终于形成了载歌载舞、气氛热烈的地方民间舞蹈形式，在传承发展中也派生出了多种不同的风格和流派。大体上来说，其伴奏乐器多为锣鼓和唢呐，起到烘托气氛、加强节奏的作用。鼓点则有"乡会锣鼓""起奏点""刹鼓点"等；唢呐牌有"桃红""开门""背宫绞笛"等。旧时跑竹马演出前要先举办"参驾"（上香）仪式，"参驾"后才能进场表演。首演时为五匹马一组，后根据需求增加为多组。有设计的跑阵路线，跑阵时，有锣鼓伴奏，要求演员按照节奏策马跑阵。邳州跑竹马艺术主要取决于"跑"的功夫，"阵法千变，一人不乱"，阵容要求棱角分明，距离均齐，舞姿要求稳、晃、变、快。

---

[1] 田青：《音乐类非物质文化遗产保护的理论与实践个案调查与研究》，安徽文艺出版社2012年版，第269页。
[2] 李林：《江苏邳州民间竹马舞研究》，《文学教育》2012年第9期。

（三）传承现状

在项目传承人的带领下，邳州跑竹马从 2006 年开始筹备、训练、演出，到 2008 年被评为国家第二批非物质文化遗产项目，开始走上了保护、传承之路。地方文化馆和传承人共同努力，成立了跑竹马协会，每年都会举行培训班，而且还建立了跑竹马传承基地。近两年，为了将跑竹马真正地植入人们的生活，让人们从小开始了解家乡的特色项目，邳州市滩上乡小学开设了跑竹马的兴趣班，组建了少儿竹马队，专门请人依据竹马特色改编了适合少儿习练的竹马舞，多次参加江苏省五星工程奖、民俗活动表演，取得了很好的成绩。

目前跑竹马项目有传承人 3 人，其中 2 个省级传承人和 1 个市级传承人。滩上乡跑竹马项目代表性传承人屈绍金，生于 1944 年 2 月，为邳州市滩上人。他还是江苏民间艺术家协会会员，同时也是邳州市竹马协会会长，为邳州跑竹马历史上有籍可考的第四代传承人，江苏省非物质文化遗产省级传承人。屈绍金幼年时受爷爷的影响，与跑竹马结下了不解之缘，12 岁跟随爷爷、父亲在跑竹马中串场，先学打马旗，后学跨马，跨达子带阵，把跑竹马的各门行当都细心地学习记录下来。1973 年，他被聘入公社文化站，从事民间舞蹈及群众文化的组织辅导工作。跑竹马是他多年来重点抓的项目，联络演员，制作服装道具，组织排练演出，50 多年的跑竹马演出和组织辅导工作的经历，使他积累了大量的跑竹马技艺资料和演出组织工作经验，对邳州跑竹马的传承与发展做出了贡献。

二、沛县武术

（一）历史发展

徐州历来是兵家必争之地，数经战乱，也形成了当地的尚武之风，史志就有"沛以勇武为俗"之言。然而由于年代久远，县城几次迁徙，大量文物古迹屡遭破坏，使沛县武术的渊源无据可考。但从其他地方史料中，仍可略知其梗概。乾隆《沛县志》就有相关记载，于学强在《彭城武林》中多有提及。"'自战乱以来，民喜佩剑以自卫，一旦与贼相遇，奋不顾身'说明沛县人习练武术自汉代就极为普遍。"①《沛县志》卷十三还记载民间大族习武成风的情状，"明代阎尔梅，阎家集人，故大族。曾祖勇，有隐德，以庐墓三年，壬年'团练乡勇，新教勾缩腾达之法'，逐使练武之风遍及城乡。清代张家弛，字逸珠，原沛县小闸人，性亢直，有胆略，幼习拳术，精技击，同祖兄弟23人，奋力拒匪保卫家园，皆以勇武出名当时。"②然而让人感到遗憾的是,漫长的封建社会，诸多武术活动大都隐藏于民间，有其自发性和盲目性的特点，不大容易形成体系。许多武术门类往往因门户之见不能发扬光大，更不能形成系统的文字资料，最终趋于消亡。

清末民初，民间武术流传极为广泛，是沛县近代武术活动的高峰期。各门各派，门户林立，许多武术名家开馆授艺，渐渐形成诸多流派。其中较为著名的有梅花拳李振亭、大洪拳张福顺、二洪拳田培祥、少林拳徐兴武、西阳掌丁修国等。

（二）项目特色

沛县武术分十二大门派，不同门派特点不同。徐派少林拳：注重技击，立足实战。其中李派梅花拳套路结构对称紧凑，一招一式层层叠叠，动静分明，快慢相间，刚柔相济，纵跳翻腾，连打带拿，招式朴实，变化多端。拳术套路布局多呈"中"字形，器械套路多呈"米"字形，各方位呈对称状，攻防意识强，使用价值高。③刘派梅花拳则"架势套路严谨，内容丰富，动作小巧紧凑，节奏鲜明，快慢相间，步法敏捷，进退有序，上下相随，形神兼备，别具一格"④。宋氏少林拳：注重技击，讲究实用，套路短小精悍，变化多端。武当大洪拳：接近于内家拳术的一个门派，其基本功架有关东架、关西架，以阴柔为主。西

---

① 于学强：《彭城武林》，北京体育大学出版社2005年版，第7页。
② 同上。
③ 肖东发：《特色之乡：文化之乡与文化内涵》，现代出版社2015年版，第76页。
④ 于学强：《彭城武林》，北京体育大学出版社2005年版，第39页。

阳掌拳：以柔克刚，意气相合，脚踏如棉，进如闪电。田派二洪拳：小架较多，以柔为主，动作灵活多变。大洪拳（三晃膀）：六路三晃膀动作整齐，朴实无华，套路严谨，刚劲有力，路线直来直往，短小精悍，易于练习，实用价值高。赵派大洪拳：潇洒舒展，动作低沉，灵活多变，刚柔相济，步法轻稳，有一定的实用价值。形意八卦拳：刚柔相济，严密紧凑，行如游龙，手眼相随，神、气、意、力合一集中，套路扎实稳定，技击性强。梁派少林形意拳：刚柔相济、阴阳交错、动作严密、攻防兼备。孙氏太极拳：进退相随，动作敏捷，舒展圆活，套路行如流水，绵绵不绝，集形意、八卦、太极为一体，有很高的健身和技击实用价值。

（三）传承现状

随着社会的发展，习练传统武术的人数越来越少。沛县武校、武馆也在逐年减少，现在正规的武校和武馆只有传承人开办的一家，在校生总计不到600人。

沛县武术省级传承人孟宪军，出身于武术世家，8岁开始随父练功习武，10岁入武术圣地——少林寺，拜师学艺，潜心修练少林真功，历经8个寒暑，练就一身好武艺，后又踏上道教重地——武当山，潜心修行，再攀武术高峰。为了发扬光大中华武术，倡导全民健身运动，1988年，他创办了沛县少林武术学校。

在孟宪军的带领下，学校汇集了一套强硬的领导班子，拥有一批高素质、高水平的教师职工队伍。其中，教师42名、教练20名、行政管理人员10名。目前，学校已成为江苏省同类学校中规模最大、条件最优、学生最多的学校。

三、彭祖导引术

（一）历史发展

彭祖导引养生术是中华养生文化的重要组成部分，是原始社会后期中国古老的体育医疗、保健、养生的一种方法。创始于4300年前的养生大家、大彭国始祖——彭祖。

《吕氏春秋·古乐》及《吕氏春秋·情欲》都肯定了彭祖导引养生的作用。导引养生术是适应当时社会环境需要而产生的,古人从实践中摸索出一些养生方法,彭祖着眼于人的健康长寿,将这些养生方法搜集、归纳、整理,创编出导引养生术,昭示后人。由于种种原因,彭祖的学说没有完整地流传下来,而历代道家与传统医学著作中,却零零散散地保存着彭祖养生学的内容。导引养生术自古就被民众所推崇,习之锻炼身体,疏通经络,提高抗病能力,以达健康长寿。据考证:"后世的易筋经、五禽戏、内外家武术,都是由彭祖的导引养生术演变而来。"[1] 彭祖导引养生术的功法文理,被后世佛、道、医、儒及武学家所引用,并迅速得到发展。从史料及民间流传的手抄本中可以看出,彭祖导引养生术因历史的诸多因素,在各个年代的发展过程中时隐时显,但从未中断,且文武并重地发展。从先秦到汉唐,从宋元至明清,历代都涌现出诸多养生大家。彭祖导引养生术不仅是吐纳导引、固元长寿的一门绝技,更是中华武术文化的源和根,东方文化宝库中的一颗明珠。

(二)项目特色

彭祖导引术是彭祖养生术的重要组成部分,主要特点是以动作导引配合呼气达到强身健体的功效。彭祖导引养生术包括:导引养生十二桩,仿生拳,导引养生拳,彭祖大彭鞭,导引养生剑、刀、棍、枪,长短单双器械,徒手对搏,器械对搏,彭祖逍遥杖,彭祖方竹竿等。

彭祖导引养生术器械动作简洁,姿态古朴,吐纳导引,内外合一,以动制静,动静兼练,文理清晰,功效神奇。彭祖器械养生的风格特点、演练方式都很特殊,强调内气运动和形体运动同步,内练真气,外练形体,内外兼练。锻炼筋骨皮肉,增强体质,吐纳聚天地灵气,补后天之不足。不勉强不特意,松静舒适,顺其自然。习练境界随修养而升降,研习与感悟方能得其大成。例如

---

[1] 唐颐:《图解彭祖养生经》,陕西师范大学出版社2009年版,第82页。

十二种桩法，动作简洁，功能神奇，对于增强体质，防治疾病，促进康复，疏通经络，促进气血流畅，提高技击能力，激发人体潜能，有明显功效。以动制静，运动中入静，动静适度，内外兼练。在练习桩法时，首先要全面了解桩法的内容含义，对理法名词要加深理解，避免练入误区。桩法中的导引、养生、阴阳、动静、调息、混元气等，这些与桩法有关的名词，应知其含义才能正确练习，感悟真谛。

（三）传承现状

历代都有对彭祖养生学的研究，近代以来，其传承谱系如下：

第一代：彭文昭（生卒不详）

第二代：杨国栋（1837—1925）

第三代：房庆云（1864—1948）

第四代：王秀山（1884—1971）

第五代：房丹才（1946年生）

第六代：王振海（1958年生）

第六代：达长钰（1965年生）

主要传承人房丹才，男，1946年生于江苏省徐州市。从小习武，拜南宗武学大师王秀山先生为师，系统学习形意、八卦、太极拳术与彭祖导引养生术的拳械套路与功法拳理，精武学和彭祖导引养生术，摔拿点打，神韵独特，穷毕生精力研习内家武术和养生术。对内家武术和养生术有独到的见解，现已编写《形意拳器械技法》一书九集，《中国彭祖养生武术》一部。

四、铜山徐式北派少林拳

（一）历史发展

铜山徐式北派少林拳始于清乾隆二十五年（1761）。河北沧州徐太清带艺皈依河南嵩山少林寺，师从寺僧痛禅上人，精修少林拳7年。他为人正直，匡扶正义，为民除害，打死了沧州恶霸"罗阎王"，为避难全家出走，于乾隆三十六年（1772）开始隐居于徐州西南三十里的焦山，开荒辟地，务农习武为生，至六世祖徐兴武时方独支迁居铜山区汉王镇班井村。此拳原传内不传外，在徐家连续相传五世，至徐兴武祖始传外，流传至今，门生众多，故称"徐式北派少林拳"。徐式北派少林拳从清乾隆三十六年（1772）流入徐州以来，历尽沧桑，发展至今已有240多年的历史。铜山徐式北派少林拳内容丰富，既有拳术套路，又有长、短、软器械套路；既有徒手对练，又有器械对搏；既有硬气功，又有养生功；既有点穴、擒拿，又有对抗散打。其特色套路为"三软三醉"，"三软"即乌龙鞭、三节棍、绳镖；"三醉"即醉拳、醉剑、醉棍。"双三套路"自古以来在武坛享有盛誉，参赛获取名次甚多。

（二）项目特色

铜山徐式北派少林拳的基本特点是：注重技击，立足实战。其套路短小精悍、严密紧凑、变幻莫测。一招一式，非攻即守，一拳一脚，非打即防。动作精干、朴实无华，善于指上打下、声东击西，佯攻而实退，似退而实攻，虚实兼用，故有"手打不见形、见形非为能、伸手不见手、见手不为精"之说。练法上注重基本功，讲究外练手眼身法步，内练巧妙精气神。总之，徐式北派少林拳套路严密紧凑，招式灵活多变，技击勇猛迅速，演练章法有制，是中华武术中的一朵奇葩。

（三）传承现状

徐式北派少林拳虽威名远扬，但近年来习练者越来越少，有濒于灭绝的趋势。目前在徐州徐氏家族中仍然传承，可是由于计划生育、传男不传女等问题，该项目开始由家族传承向师徒传承转变。目前该项目仅有一名市级传承人，是一位不满三十岁的小伙子，大学毕业后，他开始从事其他行业，仅在业余时间练习少林拳。

五、丰县六步架大洪拳

（一）历史发展

丰县六步架大洪拳起源于唐、宋时期民间的汉源拳。明初，丰籍武术家赵元信，将太祖长拳与丰县汉源拳二者技法融为一体，创编成一种独具特色的拳法套路，因练法分为六步功夫，又适值明洪武年间，故定名为六步架大洪拳。根据六步架大洪拳师徒谱系记载：清嘉庆年间，任禁卫军武教头的李泰（师承赵元信后代）因获罪逃避至丰县欢口镇仇庄村，为生计开场授徒，公开传授六步架大洪拳，至今已在丰县传承8代。丰县六步架大洪拳具有广泛的群众基础，县内习练者近5万人，尤其从清末至20世纪70年代，县内大多乡镇曾出现村村有大洪拳习练场，户户有人会练几招大洪拳的盛况，是苏、鲁、豫、皖毗邻地区最具影响力的拳种。

（二）项目特色

丰县六步架大洪拳内容丰富，技法全面，套路繁多，体系完整。基本内容包括三个方面：一是代表性动作为六种步型，即马步、弓步、十字步、虚步、仆步、歇步。二是练功步骤分为六步功夫，即马步架、弓步架、十字架、仆步架、虚步架、丁字步架。三是基本技法，含有手型、手法、腿法及器械技法。习练六步架大洪拳，既要注重基本套路和基本技法的全面掌握，更要注重内外兼修，追求意、气、形、神的统一，理论系统，武德规范，充分展现出六步架大洪拳朴实浑厚、大开大合、拳势威猛、刚劲稳健的特色和风格。

（三）传承现状

随着人们思想观念的更新和健身形态的多元化，传统武术习练人数日渐减少，尤其是县内较为全面系统地掌握丰县六步架大洪拳套路技法的拳师大多年事已高，难以从事拳路技法的传承，现活跃在习练场上的拳师仅有20多人，丰县六步架大洪拳亟待加强保护。

六、建湖杂技

2008年,建湖杂技被列入国家级非物质文化遗产保护项目。

(一)历史发展

建湖杂技属于国家第二批非物质文化遗产名录中体育与杂技之列,不仅是盐城市内唯一的一项体育非物质文化遗产项目,也是苏北地区唯一的一项国家级体育非物质文化遗产项目。

公元1—7世纪(汉唐时期),"'十八团'(盐城市所属的十八个村庄,过去统称'十八团')一带百戏艺人的角抵、冲狭、跳丸、寻橦、走索以及吞刀、吐火等技艺,就常在京城乐棚表演,有时还为宫廷演出,声誉颇佳。公元14世纪(明初),朱元璋实行移民垦殖,苏州有一部分杂技艺人被迁至'十八团',加上原在京受戏曲排挤的当地杂技艺人,陆续回乡安居。从此'十八团'成为杂技家族聚居之地,计有二百多户,其中高、吴、周、徐、陆、万、夏、董、廖、张十大姓,人丁兴盛,身手不凡,当时被称为'杂技十大家'。"[1]经多年发展,至明永乐年间,当地杂技实力有了很大提高,"杂技十大家"为了招揽观众,纷纷添置马匹,创设了马术、驯兽等新的表演项目,也就是在这一时期,人们才开始称有马的杂技班为"马戏班"或"马戏团",而那些实力相对弱小、无力购置马匹的杂技班则称"把戏班"。

据相关文献记载:"清代,苏北庙会盛行,'十八团'马戏班经常应邀表演,项目日益丰富。气功、顶技、蹬技、飞叉、杆子、爬杆、走索、舞狮、马术、戏法(幻术)等技艺,形象优美,难度较高。康熙年间,'十八团'举办马戏会,每年重阳节前后为会期,时间半月,会址设在古基寺(今庆丰镇、近湖镇交界处),届时凡流散在外地的'十八团'艺人都回原籍参加,群英兴会,各显其能,观者逾万,盛况空前。"[2]在庙会期间,流布全国各地的杂技艺人和杂技爱

---

[1] 张正勇:《"杂技之乡"诠释传统文化新魅力》,《大众文艺(理论)》2009年第4期。
[2] 同上。

好者都纷纷慕名而来，或交流心得、切磋技艺，或专为瞻仰杂技大家风采，一饱眼福。当时的杂技发展可谓盛况空前，至清代中期"十八团"马戏班已经发展到20余个，他们长年累月外出到沿海各省表演杂技，在当时可以说是享誉大半个中国。

（二）项目特色

从表演类型上看，建湖杂技以技巧型、柔韧型节目为主，如《走索》《串芦席》《抛球》《蹬技》《手技》《钻桶》《耍花坛》等。[1]这些传统技艺，无一不是从生产、生活中提炼而来，既具有相当的观赏性，又有一定的乡土特色，非常受欢迎。发展至今，好多节目已经成为盐城市杂技团的看家剧目。

建湖杂技在表演特色上也有相当多的独到之处，讲究细腻柔美，力求把高、准、险的杂技动作揉进轻松快捷的表演之中，让观众从演员的表演上体味生活的情趣。例如《转碟》，原是简单的转盘子表演，经过不断创新，加进了转身、下腰、踢腿等优美的肢体语言和叠罗汉的惊险造型，便成了十分叫好的节目。[2]

建湖杂技在综合艺术方面也颇有特色，注重音、舞、光、技的完美结合，打造高、新、美的艺术境界。建湖杂技的传统节目有《对手顶碗》《双人钢丝》《滚杯》《扛翻梯》《高车踢碗》《双人花坛》《敦煌造型》《变脸》《春江花月》等。建湖杂技是中国杂技艺术的重要组成部分，系南派杂技的代表，它内容丰富，形式多样，技艺精湛，具有极高的审美价值。[3]

（三）传承现状

2008年，建湖杂技被列入国家级非物质文化遗产保护项目，正式进入杂技与竞技类名录，该项目逐渐形成了自己的演出特色。政府保护机构完备，主要有盐城市杂技团对该项目进行传承，该杂技团有近百名演职员工。但经济、

---

[1] 何敏翔：《百个符号看江苏》，江苏人民出版社2014年版，第48页。
[2] 同上。
[3] 冯骥才：《中国非物质文化遗产百科全书代表性项目卷》（上），中国文联出版社2015年版，第553页。

社会、文化发展到今天,传统的建湖杂技套路已不能满足观赏者的审美要求,这一传统技艺同样面临着新的挑战。

七、刘氏自然拳

(一)历史发展

刘氏自然拳讲究以意导气,以气为本,只操功夫,不问打法,意到手随,自然而然,故称"自然门"。自然门渊源难以详考,至今只可溯至徐老师祖。徐老师祖传杜心五老师,少林拳传人刘培绍老师与杜心五老师互相切磋武技、相互学习,后投缘,结为盟兄弟。至此刘培绍老师开始传授自然拳,将其传给儿子刘善礼。刘善礼1944年参加新四军,1949年后在连云港工作,开始在连云港传承刘氏自然拳,后将其传给儿子刘家平。刘家平从小随父习武,2001年创建连云港市龙腾武术学校,以刘氏自然拳为主要教育体系,公开教学。

(二)项目特点

刘氏自然拳无固定拳套,主要有令牌式、雅雀式、回身式、长手推掌、捻步、翻锤、撩打、削掌、上山虎、靠打、炮闪、平胸掌收式等姿势。自然门打法概括为19个字,即生、擒、捉、拿、闪、躲、圆、滑、吞、吐、浮、沉、绵、软、巧、脆、化、妙、神。刘氏自然拳系自然门的分支,除具有以上特点外,还强调开合变化、打防一体,尤其强调自然应势,随机发力。另外,刘氏自然拳非常注重"调心养气、行气驱疾、外静内动、采练结合"的养生理念。

(三)传承现状

刘氏自然拳主要分布在江苏省境内的苏北地区。目前,该项目的主要传承地是连云港市龙腾武术学校,该校由刘氏自然拳传承人刘家平创办,主要目的是扩大该项目的传承群体,促进传承该项目,目前在校生200余人。另一个重要的传承途径是连云港市武术协会,有部分会员在习练刘氏自然拳。正如所有的武术类项目一样,由于时代的不同,人们价值观念的转变,习练武术的人群正在逐渐减少。刘氏自然拳也面临同样的问题，虽然开办了学校，但是招生存在很大的问题，在校生的人数逐年减少，而且很多学生只是为了强身健体，走出学校后，大部分学生放弃了练习。

八、灌云形意拳

（一）历史发展

20世纪初，灌云大伊山人马继福在河北拜名拳师李存义为师学习形意拳，并将所学拳术带回灌云。形意拳是中国三大内家拳（形意、太极、八卦）之一，位列中国四大名拳。据史料记载，形意拳为宋代岳飞所创，完善于元、明，清初山西蒲东人姬际得《岳武穆拳经》，悉心揣摩研习，得其精奥，传于河南曹继武。至此形意拳开始在河南、河北、山西等地传承。河南周口市的形意六合拳是国家级非物质文化遗产项目，而灌云县形意拳与河南的形意六合拳一脉相承。马继福将形意拳带回灌云后，只是在灌云的马氏宗族中传习，目前已有五代人习练形意拳，百年以来，一直没有广泛传播。近年来，灌云民间习武之风恢复较快，其孙马士峰、马士超、马强响应政府全民健身的号召，开始收徒授艺，逐渐形成了初具规模的习练形意拳群体。

（二）项目特色

灌云形意拳拳势舒展，拳法刚猛，硬打硬进。灌云形意拳基础桩法有浑元桩和形意三体式两种；拳法主要有形意五行拳（劈拳、崩拳、钻拳、炮拳、横拳）和十二形拳（龙、虎、猴、马、鸡、鹞、燕、蛇、鼍、骀、鹰、熊）。灌云形意拳的套路有单练套路和对练套路，单练套路有：形意拳五行连环、形意拳杂式捶、形意拳四把拳、形意拳八式拳、形意拳十二洪捶、形意拳出洞入洞拳、综合形意拳等；对练套路有五花炮、安身炮等。灌云形意拳的器械主要有形意刀、形意五行刀、形意剑、形意五行剑、形意十二形剑、九州剑、形意枪、形意五行枪、形意棍、形意五行棍、形意十二形棍、九州棍等。灌云形意拳外形模拟龙、虎、猴、马、鸡、鹞、燕、蛇、鼍、骀、鹰、熊等十二种飞禽走兽的动作形象。要求"起如风、落如箭",快速、稳健、严密、紧凑,刚柔相济,近身快攻,一发即至,一寸为先。气沉丹田,刚而不僵,柔而不弱,实战搏击性强。灌云形意拳的另一个特征是动作简单,易学易练,单个传授、集体习练皆可,易于传授,适合健身。

(三)传承现状

灌云的形意拳以往只在马氏宗族中传承,一直没有广泛传播。20世纪80年代中期,马士峰、马士超、马强打破家传祖训,在灌云收徒传艺。随后成立灌云县形意拳协会,开展形意拳进校园活动,建传承基地。

第三节 鲁南地区

鲁南地区传统体育游艺与杂技类非物质文化遗产主要分布在菏泽和济宁两市,其内容以武术类居多。鲁南地区历史积淀博大深厚,多元文化共存共荣,为传统体育游艺与杂技类非物质文化遗产的孕育成长提供了得天独厚的条件和土壤。根据普查资料,鲁南地区传统体育游艺与杂技类非物质文化遗产资源约有40余项选入各级保护文化遗产名录。其中国家级2项,省级13项。

一、佛汉拳

(一)历史发展

佛汉拳,亦称"佛汉捶",俗称"佛拳",又称"七二三八",主要包括七十二路佛汉散手和三十八路拳两部分,入选国家级非物质文化遗产代表名录。

根据山东菏泽市东明县高村《佛汉拳续谱纪念碑》记载:"盖佛汉拳乃如来三尊佛祖所创,兴于唐,备于宋。清道光十二年(1833),少林寺大禅师徐修文武艺高强,术身妙技,七二三八佛汉拳,四九(三十六腿法)兼通。云游至东明马头(当时称为杜胜集)一带,该地练武颇盛,当地民众多习练洪拳为主,时有马头贾庄贾公云露,安本屯田公魁皂者,皆好武,与大禅师较技不敌,遂共拜为师，二人均为少林寺俗家弟子，贾公施法号光明，田公施法号永明。二人随师赴少林寺苦学三年归里，广收门徒。"[1] 流传于山东东明一带的佛汉拳，相传是明末清初少林寺南院武僧普净大师（俗名徐修文）行至如今东明县马头镇贾庄村时所传。佛汉拳具有拳路简洁、朴素实用、不用器械、实战性强、近距离发力等特点，以铁爪硬功偎身，靠打为奇。[2] 因其实战效果好，在技击中往往能轻易取胜而备受推崇，从此佛汉拳就广为流传。

（二）项目特色

佛汉拳的主要内容包括套路、散手、功法三类练习方法：套路主要有三十八路佛汉拳，分上、中、下三盘，均为对打套路。以徒手练习为主要内容，以对打为主要形式，强调实用，独到之处在于破打一次完成。散手单练式有七十二擒拿手、三十六底盘腿，共一百零八式。一式跟三打，一打有三破。边破边打不顶不丢，一递一接，一来一往，递中见打，打中带防，出其不意，连绵不断。讲究稳、准、狠、快；强调一胆二力，三眼四疾，五说六讲，七传八练，九九归一。高低苗是指佛汉拳基本动作，是入门者必修的筑基功夫。练习时，身体重心一高一低，手法上也随之高戳低打，讲究"高棚下压中间截"，连环盘练不止，故曰"高低苗"。其主要是通过单架的训练，使练习者的手、眼、身、法、步，精、神、气、力、功等技击要素得以锻炼和提高，练习时自慢至快，每日数千捶，不过百日，自有灵验，有谱歌曰："伸手上打有人迎，换手变把下边通。真真假假人难认，虚虚实实见奇功。"功法主要为铁爪功、鹰爪力、盘手功、桩功等。[3]

（三）传承现状

山东省东明县佛汉拳第六代传人陈洪元和师弟李义军，广收门徒，其弟子

---

[1] 山东省《东明县志》编纂委员会：《东明县志》，中华书局1992年版，第33页。
[2] 冯骥才：《中国非物质文化遗产百科全书代表性项目卷》（上），中国文联出版社2015年版，第550页。
[3] 王文章：《第三批国家级非物质文化遗产名录图典》（上），文化艺术出版社2012年版，第236页。

学成以后散布全国各地。2003年"第二届亚太武术交流大会"上获得银牌的张少林即陈洪元、李义军的亲传弟子。但佛汉拳从清代自少林寺传出，历经民国战乱和"文革"动乱，第六代拳师已所剩无几，全面掌握佛汉拳的传人更是寥寥无几，佛汉拳面临后继乏人的困境。

二、大洪拳（菏泽牡丹区）

（一）历史发展

萌发于菏泽的大洪拳源远流长，内容丰富，自成体系，是优秀的民族传统文化，堪称中华武林中的一朵奇葩。

据菏泽《大洪拳拳谱》记载，明天启元年（1621），自幼习武的菏泽朱楼李庄李先明师从在本村讲经传艺的五台山高僧灵空禅师学习黑虎拳，经多年研习，终于悟得灵空禅师的黑虎拳的真髓，成为当地显赫一时的黑虎拳高手。其后几十年，李先明博采众长，经多年苦心钻研，以黑虎拳和自身的武术功底为基础，在套路、动作、方法各个方面进行了很大的改良，逐渐创造出一种新的拳种，也就是现在大洪拳的雏形。后经明、清历代大洪拳习练者的不断研习、改进，终于形成了内容丰富、特点鲜明的大洪拳，先后出现了朱贵昌、李建福、朱永康、朱凤君、赵登禹等代表人物。目前，萌发于菏泽的大洪拳，以菏泽城西北十八里朱楼李庄为核心，不但在济宁、枣庄、聊城、德州等省广为传播，而且在河南濮阳、鹤壁，江苏丰县、沛县，安徽萧县、砀山，山西运城、临汾，河北沧州、涿州，陕西榆林、汉中及黄河中下游地区颇有影响。

（二）项目特色

菏泽大洪拳包括：拳术套路、长短兵器、软硬兵器、徒手对练、器械对练、气功点穴、暗器、擒拿、散打等。单拳套路七十余套（五花炮、头套拳三十六路、洪拳架、斜文架、走二趟、四平架、十路弹腿等），徒手对练三十余套（连捶、穿花、跳楼、和协、挖梅、五虎群羊、三人打等），器械单练百余套（六合枪、单头双头母子棍、二龙刀、八面金刀、唐鞭、虎尾鞭等），器械对练六十六套（单刀进枪、三群吕布、捌子破枪、大刀进枪、四节镋进枪等）。①

在民间传习的大洪拳内容庞杂，共有套路、器械对练、气功点穴、暗器、擒拿、散打等近200种。大洪拳功架舒展大方，刚柔相济，是一个特点鲜明的拳种。

（三）传承现状

进入21世纪以来，受多方因素的制约，菏泽地区研习大洪拳的人已经寥寥无几，大部分老拳师年事已高，无力再继续弘扬大洪拳这门武术技艺，一些绝技也面临失传的困境，这一传统武林瑰宝的有序传承与可持续发展问题堪忧，亟须相关方面予以关注。

三、大洪拳（菏泽郓城县）

（一）历史发展

"《大洪拳拳谱》记载，明天启元年（1621），精通武术的五台山高僧灵空禅师，云游到朱楼李庄村旁洪庙内讲经传艺。李洪的后裔李先明自幼聪明好学，从其学习黑虎拳，经十几年潜心修炼，尽得灵空禅师武术绝技真传。在灵空禅师所授技艺的基础上，李先明结合自幼习练的武功，从动作、内容、理论、拳术套路等各方面予以革新，创造出一种新的武术形式，因练功地点在洪庙，取名为'大洪拳'，即现在流行大洪拳的原初形态。"②

大洪拳创始人李先明后在当地开馆授艺，一时追随者云集，登门拜师学艺者不计其数，其对来求学者不吝赐教，大力弘扬大洪拳的方法技艺。李先明还系统整理出相关典籍，计有《大洪拳练功秘诀》《药物治疗》《点穴法》等流传后世。

（二）项目特色

郓城大洪拳以五行为主，十二形为根本，经历代相传，到明天启年间（1621—1627），分为"乾、坎、艮、震、巽、离、坤、兑"八门。"离"门大

---

① 李成银：《山东传统武术文化研究》，北京体育大学出版社2009年版，第163页。
② 同上书，第161—162页。

师部黄代活动于河北、山东、河南一带。至清嘉庆末年（1796—1820），其真传弟子河南省清丰县孔昭武精研武术，并融入当地各拳种的精华，自编套路，形成了该拳种的独特风格。郓城大洪拳以五拳为根本：即龙拳练背、虎拳练骨、豹拳练力、蛇拳练气、鹤拳练精。其入门功夫，先练"五花炮"，身法讲究"起、落、进、退、反、侧、收、纵"八法，使手眼身法步运用自如。在此基础上，接着练单拳、罗汉架、跑步架（炮锤架）、二红架、身法架、大红架、四厢架、五行架、六合架、七星架、八卦架、九宫连环架等架势，然后练对打拳：窜花、跳楼、五凤赞、大小"二红"、大小"过桥"、二龙戏珠、三人打、拳打二人忙等三十余套。在拳术练到一定程度后，再练十八般兵器：枪、刀、剑、戟、鞭、铜、锤、抓、钩、镰、钺、斧、棍、棒、槊、靶、戈、矛，及绳、鞭、流星锤等软器械。现保留单人器械32套、对打器械41套。

（三）传承现状

现在大洪拳陷入尴尬的境地，洪拳武馆相继停办，部分老拳师年事渐高，一些绝技正在失传。

四、二洪拳

（一）历史发展

二洪拳是我国一种民间传统武术拳派。此拳乃宋太祖赵匡胤所创，《风尘拳术秘录》《老游残记》等都有记载。据故宫博物院藏《军机处录副奏折·农民运动》记载，在山东、河南、河北交界地区演习者较多。

二洪拳在鲁西南一带流传600余年，经历代拳师演练、传承，逐渐形成为一种民间传统武术体系。清末，二十七代传人于得水在山东鄄城一带授拳，其套路有关西、关东大架，又有七星、随手、文架、板架、四路小架，并有三番九转一百单八手的主派功法。大架舒展大方，大开大放，稳重有力；小架小巧玲珑，进退自如，机动灵活。

另外，曹县素有"武术之乡"的美誉，尚武之风代代相传。在当地民间，武术又被称为"功夫""把式"。特别是"二洪拳"这一拳种，在曹县民间也广为流传。当地关于二洪拳的始祖有多种说法：一说宋太祖赵匡胤传下大洪拳，二祖宋太宗赵匡义传下二洪拳；二说少林初祖达摩大师之徒惠可传下的洪拳称为二洪拳（见《老游残记》)，等等。

（二）项目特色

二洪拳的功法特点为调动自身潜力，以静为主，动静相兼，提练精、气、神。器械有刀、枪、棍、棒、剑、戟、斧、钺、钩、钗等；对练有徒手与徒手、徒手与器械、器械与器械和集体项目共计一百多种套路。它具有撑、斩、勾、掛、缠、托、跨、沾、拿等技法。出手多以拧腰探背、伸膀远击为特点，特别是托打、跨打、斜步板、单手捆绳更是二洪拳的技击精华。步法注重闪、展、腾、挪，劲力以脆快为主，兼有长劲、柔劲。因二洪拳将强身健体、娱乐技击融为一体，动作舒展大方，运动路线连贯，架势端正，适应于老、中、青演习锻炼。[①] 因此，它受到广大民众的喜欢。

山东曹县也广泛流传二洪拳，该地二洪拳与其他区域稍有差别。曹县二洪拳虽属长拳类别，但其套路短，难度小，风格古朴，以实战技法和功力训练为主，套路只作为初学者练习身法、步法、劲力、协调性的训练，同时套路也作为农村过会、摆场子表演时的一种娱乐形式。它偏重身法高低，步之进退，掌、肘、膝基本用法的训练，为初学入门奠基之拳。其拳势小巧玲珑，节奏严谨，技法刚健有力，朴实无花架，招含攻防，动作实战。它步步为营稳扎稳打，步幅小，连续上步返身顾后，平掌倒退皆严谨法度，注重实用性。

（三）传承现状

二洪拳是富有传统文化和民俗特色的一种传统武术项目，它与我国武术的

[①] 李宗伟:《山东省省级非物质文化遗产名录图典》(第2卷)，山东友谊出版社2012年版，第215页。

形成与发展有很深的历史渊源,对鲁西南地区的历史、人文和民俗状况具有重要研究价值,是传统武术文化的一种表现形式。但是现在能全面掌握二洪拳功法和套路的拳师都年事已高或去世,许多套路动作残缺,不能完整地演练或逐渐失传,出现濒临失传的境地,现急需进行抢救、保护和挖掘整理。[1]

五、水浒拳(菏泽郓城县)

(一)历史发展

水浒拳是郓城县古老拳种之一。据《郓城县志》载:"宋宣和三年二月,宋江率义军进攻沭阳、海州时,为海州知州张叔夜伏兵所败。"[2]一些溃败义军回到郓城,隐名埋姓于民间乡村,靠打拳卖艺为生。直到清光绪年间,水浒拳传人随着义和团运动的兴起,迅速壮大起自己的门派,才在社会上有了地位。1932年,第八代传人汪秀严尊祖师遗训,在郓城县潘渡村开馆传授水浒拳,授徒300余人。1970年,第九代传人谭连本响应国家号召挖掘和发展民间武术,开馆授徒5000余人。

(二)项目特色

此拳集众家之所长,击技性强,内容丰富,其特点大开大合,不耍虚招,随机应变,所有动作整齐划一,攻打四门,一气呵成,处处表现出一个"狠"字,手法清晰多变,腿法坚实有力。"相传水浒一百单八将中的三十六天罡每人有一绝招,合成三十六跌打法;七十二地煞每人有一绝招,合成七十二擒拿法,它结合了各家武功精华。其动作明快有力,没有花招,强调快攻猛打,连锁反应,在朴实中体现'旋动'和'寸力',要求快如疾风,力量勇爆刚强,起落轻巧稳健,身法自然。"[3]水浒拳有五个基本拳术套路,其中除水浒初势外,另外四个拳术套路各含一个辅助套路,叫"拆",每个套路配有一套拳术对练。

---

[1] 刘威、陈威:《郓城二洪拳发展研究》,《商丘师范学院学报》2015年第12期。
[2] 山东省《郓城县志》编纂委员会:《郓城县志》,齐鲁书社1992年版,第34页。
[3] 吴兆祥:《体育百科大全》(19),安徽人民出版社1998年版,第67页。

兵器多是纯铁打制，木质兵器多以白蜡杆为主。

（三）传承现状

由于受时代的影响以及人们生活方式的改变，水浒拳的传承出现习练人群减少、年龄偏大等低迷状况。水浒拳的传承面临着很大的挑战。

六、八卦掌（菏泽曹县）

（一）历史发展

八卦掌是传统武术中著名的内家拳法，自董海川先生创建并在北京首传至今，已有300多年历史。把八卦掌最早传入曹县的拳师为谢宝德，谢宝德于19世纪早期在旧军阀部队中学得八卦掌，后回家成为曹县有名的拳师，但他教授徒弟的时候从来不教授八卦掌，只把八卦掌教授给自己的侄子谢富德一人。谢富德后来讲：伯父曾跟他提到自己是八卦掌第四代挂名弟子，门规所限，所以不能摆场子教授八卦掌，叮嘱谢富德以后一定要真正拜在程式流派门下学艺。热爱武术的他下决心要完成伯父的遗愿，自此追随八卦掌第四代正宗传人程派大师刘兴汉先生，拜师学习八卦掌。通过3年多的考验，于1986年6月被刘兴汉师爷破例正式收入门下，递交了入门大帖，赐名永全。至此谢富德完成伯父的遗愿，成为八卦掌第五代正宗传人。

（二）项目特色

"八卦掌以走转为基本运动形式，各种掌法、身法、腿法和器械方法，都是在走转行进中完成的，突出了'走'的特点，其路线复杂，纵横交错，曲直交替，比单纯的直线步行更具有健身价值。"[1]八卦掌的古朴典雅、飘逸灵巧、快如霹雳、动若疾风、稳似磐石、轻如飞燕等特点，无不赋予其很高的美学价值。八卦掌通常被归纳为三大功能，即八卦掌的攻防性、健身性和娱乐表演性，然而它的另外一些属性却被世人所忽视，那便是其独特的文化价值——自强不

---

[1] 刘勇：《对八卦拳和八卦掌内容的考证与分析》，《上海体育学院学报》2002年第1期。

息的精神和厚德载物的思想。

（三）传承现状

随着历史的发展与人们生活方式的改变，练习八卦掌的人越来越少，很多掌法濒临失传。

七、梅花拳（菏泽定陶县）

2013年梅花拳被列入山东省非物质文化遗产名录。

（一）历史发展

定陶县是著名的戏曲之乡、武术之乡、书画之乡，儒商文化的发祥地之一，名副其实的"千年古县"。境内群众习武成风，武林流派众多，梅花拳是流传较广的拳种之一。

梅花拳自康熙年间传入，至清末民国达到鼎盛，这时期的代表人物是史金彪、李福田、吴体胖、杨士文、孔庆彪、孔凡玺等。1928年，杨士文、吴体胖等人赴南京参加全国武术擂台赛，荣获冠军，从此梅花拳威震全国，习练梅花拳的风气由此大盛。全国各地及海外二十余个国家的武术爱好者纷纷前来拜师学艺。"20世纪30年代，河北李金祥、王培增等，曹州杨士文、杨西第、丁金西、魏士可、贾龙生等在此授艺。定陶作为梅花拳主要传播地，先后接待海外梅花拳弟子寻根访祖代表团十余次，影响广泛。"[1]

（二）项目特色

梅花拳的内容丰富，主要包括文、武两大部分。梅花拳文部主要是指武德教育：敬天地，忠君爱国，孝敬双亲，尊敬师长，遵纪守法，刻苦习艺等，要求练者遵守门规，以强身健体为目的，保家卫国，扶弱除强等。武部主要包括架子、盘捶、器械、内功等部分。技法包括踢、打、摔、拿四击和上、中、下三盘练法。另外还有独特的武道理论：一元、两气、三点、四线、五行、六面、

---

[1] 李应松：《定陶县志》，齐鲁书社1999年版，第45页。

七星、八卦、九宫、十合等，练其外行其内，包罗万象，行变化之实，被誉为"文化拳"。梅花拳在教学上遵循"能者为师"和"因材施教"，有"学会梅花拳，衣服不值钱""珍珠倒卷帘，徒弟能把师父传"的说法。

（三）传承现状

梅花拳自明末清初开始，已历经300多年，在我国传统武术中占有重要的地位。改革开放以来，许多梅花拳的传承者为弘扬梅花拳做出了巨大努力，其中曹广超就广收门徒，投入巨大精力整理相关资料，终于使菏泽梅花拳在2011年被定为菏泽市非物质文化遗产。

但因社会环境、价值观念的影响，现在学习梅花拳的年轻人越来越少，老拳师相继去世，一些梅花拳的功法、套路、绝艺面临着不断湮没、流失的困境。

八、梁山武术

（一）历史发展

长期生活在梁山这片沃土上的人们崇尚武术，民间习武之风盛行，素有"喝了梁山的水，就会伸伸胳膊踢踢腿"之说。当地民间有句俗话，称"拳打卧牛之地"，意思是开展武术活动在场所要求上伸缩性较大，能有块可容牛卧之平地，即可具备先决条件；再者从设备、器械方面要求也不复杂，有日常生活中的棍、棒之类，就可以练武、习拳。武术不仅有强身健体作用，而且活跃了人民群众的文化生活。因此，每当农闲季节，当地便形成群众性的练武热潮。天暖时凑场院，天冷时找闲屋、挖地窖，切磋武艺，勤学苦练，几乎村村可以见到。梁山武术的源头可以追溯至新石器时期。当时已有先人在此稼穑狩猎、繁衍生息。那时兽多人少，自然环境十分恶劣。物竞天择，适者生存。一代又一代的梁山人在同自然界的严酷斗争中，自然产生了拳打脚踢、指抓掌击、跳跃翻滚一类的初级攻防手段，后来逐步练就了搏杀技能，又渐渐学会创造具有尖锋利刃的生产工具。人与兽斗争的工具和技能逐步转化为人与人斗争的工具和技能，原始武术逐步脱离生产活动而在适应原始战争的需要下转化为独立的社会活动，并代代相传。①到了北宋末年，武松、林冲等英雄好汉"聚兄弟于梁山，结英雄于水泊"，习武强身，除暴安良，逐步形成了武松"拳"、林冲"枪"、李逵"斧"、杨志"刀"、燕青"拳"等武术的基本套路，极大地丰富了梁山武术。

（二）项目特色

源远流长、历史悠久的传统尚武之风，海纳百川、对外开放的民间演武习俗，造就了水泊梁山流派林立、风格各异的武林格局。梁山武术的拳械技法以实用为先，擅长擒拿、跌打和近身短打。其基本技法为软硬兼施，强调快、准、狠，往往以巧制胜。据调查，梁山一带习练的拳术达十余种，其中梅花拳、子午门、太极拳、少林拳、佛汉拳、洪拳、三晃膀大洪拳、秘踪拳、黄氏二郎拳等不仅习练人数多，而且在梁山一带影响较大；像八极拳、螳螂拳、醉拳、脱铐拳、埋伏拳、查拳、猴拳等拳术在梁山一带弟子相对较少。

梁山武术器械众多，除常说的十八般兵器外，还有许多独创的罕见兵器，如：镗耙、燕翅镗、拦马撅、五虎神钩、流星锤、九环锡杖、梅花坤棍、林冲六合大枪、智深禅杖、李逵板斧、少林镇殿刀、少林五虎刀、九节鞭、绳鞭、八棱大锤、三节棍、凤拐、斧瓶拐、乌龙锤、剑镰等。②

（三）传承现状

梁山武术具有广泛的群众基础，尤其是20世纪七八十年代，不论城市乡村、田间地头，上至七八十岁的老人，下至四五岁的孩童，打拳踢腿，舞棍弄棒的习武之风随处可见。梁山人自古豪放粗犷，行侠仗义，这样的性格也融入武术之中，使之成为全国著名的武术之乡。随着时代的变迁，外来体育文化的冲击，社会转型，外出人员的增多等诸多因素，更随着一些老拳师的辞世，梁山武术

---

① 王振星：《水浒文化概览》（下），中国社会出版社2012年版，第472页。
② 《梁山县志》编纂委员会：《梁山县志》，新华出版社1997年版，第77页。

日渐式微,面临失传的窘境。

九、狮舞(梅花桩舞狮子)

(一)历史发展

梁山的"梅花桩舞狮子"是梁山地区一项拥有近 300 年传承历史的艺术绝学。"清末时期,针对梅花桩上练习舞狮子难度很大,身体条件要求高,不便于推广和对外表演等诸多因素,在桩上练习也逐步变为桩下练习,并从事一些表演活动。"[1]

现在,当地的梅花桩舞狮多与梅花拳二者合一,每每表演之前都是以狮子舞作为开场。最近几年,舞狮已经渐渐发展为一项独立的表演形式,而梅花桩舞狮多在婚丧嫁娶、贺年、贺岁等庆典活动中出现。

(二)项目特色

梅花桩舞狮子的演出形式有梅花桩上舞狮子、地上舞狮子。舞动时一般需要 8 头狮子、敲锣打鼓者 8 人。舞狮者在锣、鼓等各种打击乐器的有节奏的乐声中,通过动作将狮子喜、怒、哀、乐、动、静、惊、疑八态表现得栩栩如生,把狮子的威猛与刚劲融为一体,通过不同的马步配合狮头的动作,把各种造型抽象地表现出来。狮子在套路表演中是由引狮员与双狮共同完成,自始至终要求他们组成一个完整的画面。引狮员是表演者与指挥者,整个表演都在他的指令下进行。

(三)传承现状

梅花桩舞狮子历经百年传承,发展出形式多样的表演形式,深受广大人民群众喜爱。近些年来,随着文化的多元化,这项技艺渐渐失去了它的表演市场,越来越多的艺人放弃了舞狮子表演,这门传统技艺同样面临着失传的困境。

---

[1] 《梁山县志》编纂委员会:《梁山县志》,新华出版社 1997 年版,第 79 页。

十、文圣拳

（一）历史发展

据《汶上县志》记载："文圣拳起源于唐朝末年，由宋太祖赵匡胤所习的老洪拳发展而来。现以汶上县南旺为中心辐射周边县市区。宋朝灭亡之后，有一深得老洪拳真传的赵匡胤后裔秘传武功，后人称为'先天刘爷'。刘爷有皋南国、郭国元、陈南兴、张照祥、姬易学、刘兴邦、邱执奉、王国清八名弟子，其中皋南国是赵匡胤之后。皋南国将老洪拳与道家文功静坐之法相结合发展成文圣拳。乾隆年间文圣拳传至山东冠县文武双进士杨士海，杨士海传于山东嘉祥县的杜宏信，清朝末年，山东汶上的宋传平全面继承了文圣拳的文功和武功，将文圣拳逐一定架、定式，并和其子宋如一、其孙宋连洪共同编制了《文圣拳文稿》和《文圣拳头路、二路相稿》。"[1] 1984年宋传平祖孙三人共赴山东省武术挖掘整理表演大会，贡献出一场精彩的表演，其扎实的功法和精湛技艺受到了与会专家的高度评价。同年国家体委将文圣拳列为国家重点挖掘整理项目。

（二）项目特色

文圣拳包括文功、武功两部分，文武两功相辅相成。文功练习形式有盘膝、打坐，可以坐卧行走进行练习；武功可分为基本功法、单练、对练（包括刀、枪、剑、棍等器械）和实战四种形式，拳术有头趟架、二趟架，头趟是练习基本功，有八十四个动作，二趟架分六路对练和六路单练，每一路都有六式，每一动作又可拆分为实战技术、实战方法。文圣拳的基本功功法是由桩功、品劲、步法、腿法和发劲的单个动作操练组合而成。[2] 文圣拳的研习对内脏器官的各种功能有增强之效，长期习练对消化、呼吸功能的改善较为明显，所以文圣拳传人多长寿，向来有"八十出功，九十不松"的说法，所以民间往往称之为"长寿拳"。

---

[1] 《汶上县志》编纂委员会：《汶上县志》，中州古籍出版社1996年版，第55页。
[2] 李成银：《山东传统武术文化研究》，北京体育大学出版社2009年版，第171页。

（三）传承现状

文圣拳是中华武术体系中相当独特的一种，也是近些年来发掘出的稀有拳种，但是其流传范围不是很广。文圣拳的主要传人有宋传平、宋如一、宋连洪、王安林等，现在其主要传承人为汶上县的宋连洪。

十一、尚寨竹马

2013年6月，尚寨竹马被列入山东省非物质文化遗产项目名录。

（一）历史发展

尚寨竹马源于山东省邹城市中心店镇尚寨村。"'尚寨竹马'与荒王陵有着密切的关系。荒王陵位于尚寨村九龙山，明太祖朱元璋的儿子朱檀安葬于此。朱檀死后朝廷派兵守陵，守陵士兵每天都要排兵布阵进行操练，尚寨村的先辈们借用当地的民间艺术按照守陵士兵排阵演练的形式，历经数百年的演变，形成了今天的'尚寨竹马'。"[①] 尚寨竹马的角色有"兵""卒""将""帅"。队伍分列两队，进退有序，驰骋纵横，战鼓紧催，金角齐鸣，气氛活跃而紧张。表演中的伴奏乐器尖子号可模仿马的嘶鸣声及战场上的冲杀声，加以烘托激烈的战场气氛。

（二）项目特色

尚寨竹马共分十二阵，依次为：围城阵、四角合围阵、梅花阵、合兵会师阵、兵分三路阵、攻心阵、掏心阵、三才阵、探营阵、穿心阵、三鱼阵、迷魂阵。尚寨竹马以民间游艺中的"跑竹马"为手段，折射出明皇家的礼仪风貌，涵盖着礼仪与民艺的历史遗风。在表演中将明代守陵士兵的演练阵式融入民间舞蹈之中，这就使古代军事文化和古老的舞蹈文化结合起来，相互依存、相互融汇而相映生辉。在其产生、沿革、传承的历史进程中，始终表达着当地人民群众的心中愿望和精神世界，具有孔孟之乡浓厚的民风民俗，充分显示出孔孟之道的文化胎记。

[①] 山东省邹城市地方史志办公室：《邹城市志》，中国经济出版社1995年版，第19页。

（三）传承现状

同其他类型的非物质文化遗产一样，尚寨竹马同样面临着无以为继的窘境。这一古老的民间活动虽然有着几百年的历史，但是在现代多元化的社会中还是逐渐失去了吸引力。随着尚寨竹马老艺人的离世，这一精彩的民间文化活动逐渐被人们遗忘。

邹城市相关政府部门为了保护和传承好这种传统文化项目，制定了一系列政策，积极筹措，加大投入，发掘整理了关于尚寨竹马的相关资料，刊印了一系列书籍，也运用现代科技手段，建立了影音资料和网络档案。

2008 年，邹城市专门拨出资金培养年轻演员，购买表演设备和道具，积极组织尚寨竹马在各地的演出，很好地宣传了尚寨竹马这种古老的游艺项目。另外，政府还加大投入，在峄山、两孟等旅游景点及邹城市文化广场等公共场合开展尚寨竹马的演出，扩大了影响，使这项古老的运动形式成为邹城旅游的新亮点。

第四节　豫东地区

豫东是指河南省内黄河以南、京广线以东的广大地区。这一区域由于上千年的文明传承，蕴藏了丰富的体育类非物质文化遗产项目，其中包括 2 项国家级非物质文化遗产项目和 7 项省级非物质文化遗产项目。

一、撂石锁

（一）历史发展

撂石锁是一种古老的武术功力项目，产生于唐、宋时期。民间传说中，李渊之子李元霸少时顽劣，被铁链拴于石锁之上，每每行走之时，须得拖动石锁或抓握石锁，长年累月，练就一身神力，成为隋唐时期传奇英雄。后来，这种石锁则成为习武器具，并由此衍生出"撂石锁"的锻炼方式。北宋时期，习武之人以抓举石锁增加武功，元代时期石锁为开封回族所喜爱。开封回族具有尚武健身的优良传统，他们战时上马冲杀，和平时则下马屯田，一直保持着军士尚武的习气。撂石锁广泛流传于回族群众中。明朝时期，开封地区所建清真寺院里面大都开设有武馆，其中石锁为必不可少的锻炼臂力的器具，供回族子弟习武健身。

石锁功最早见于1934年金警钟编著的《少林七十二艺》一书。清末民初时期，开封回族人周开元（1873—1956）锁技高超，是大家公认的石锁高手。民国时期的开封，民间艺人招揽游人的传统项目就有撂石锁。1935年，北京天桥摔跤名师沈友三到开封开馆授徒，其子沈少三随周开元练习撂石锁，成为继周开元之后撂石锁的名家。清代及民国时期，开封回族中涌现出不少撂石锁高手，延续发展至今。

中华人民共和国成立后，第一届全国少数民族传统体育运动会于1953年举办，开封回族石锁队就代表河南参赛，取得了很好的成绩。后该石锁队多次参加民运会夺冠。自2004年以来，在历届武术功力大赛上，开封石锁队都力克强敌，取得第一的名次，名扬全国。

2009年开封撂石锁入选河南省第二批非物质文化遗产名录，2011年又入选国家级第三批非物质文化遗产名录。

（二）项目特色

开封撂石锁种类繁多，它的使用手法更是五花八门，花样达数十种之多，集练力量、身体的柔韧性、灵敏性、平衡性等众多好处于一身。

开封撂石锁按运动方式可分为翻花、接花、组合套花；按形态和肢体舒展程度可分为小花和大花。开封石锁的技法神奇绝妙、变化无穷、轻飘巧美，动作舒缓得当、动静结合、套路流畅，是一种技艺和力量完美结合的武术项目。石锁承载着丰厚的民族文化内涵，在强体健身的同时，会带给人以艺术的享受。[1] 在现代社会，人们对健康养生愈加重视，开封石锁作为一种强身健体的

---

[1] 田玉林：《开封年鉴2011》，北京燕山出版社2011年版，第305页。

方式，仍有一定的吸引力。人们可以通过名字就能想象出动作走势，石锁从拳到肩，跃顶穿裆，忽而脑后，忽而眼前，在练锁人手里犹如玩具一般。初学者练的石锁就有 7 公斤之重，功力深厚者要的足足 36 公斤。

目前摔石锁在原有基础上有新的发展，编制石锁基本功和套路组合训练大纲，将石锁分为花样类（以小石锁为主）和功力类（以大石锁为主）两种运动方式，凸显石锁功法的观赏性和功力性传统特点，石锁花样不断翻新发展。动作讲究动静结合，沉稳大方，舒展流畅，"高、飘、稳、活、巧"五字诀成为石锁运动技艺的新标准。

（三）传承现状

摔石锁项目具有很强的民族性，在民间自然传承，不同时期的高手有：清末与民国时期以开封周开元、马五庆等为代表，20 世纪五六十年代石锁高手有郑培文、沈少三（师承于周开元），20 世纪末涌现出石锁高手马子健、李宝润等，21 世纪初石锁高手有张利军、马水春、郭宝光、鲍峰等。

当前，开封市国家级非物质文化遗产项目摔石锁代表性传承人为郭宝光先生，他师从于李宝润，求教于沈少三，培养弟子有鲍峰、杨楠、高云龙、郭中正、谢昊辰、张语超等。

郭宝光自 1998 年随东大寺李宝润、马青海等习练石锁，2003 年以来求教于老教练沈少三。郭宝光能熟练掌握石锁动作花样，可自由组编复杂的石锁运动套路，对石锁运动原理和历史演变发展有较深入的研究和实践。

在郭宝光的推动下，2000 年成立开封回族石锁队，挖掘项目，培养人才，每年举办一届开封回族传统体育表演大会，在回族古尔邦节汇报展示石锁运动成果，发展民族体育，至今已连续举办了十一届，组织石锁队代表河南省参加了全国第六、七、八届少数民族传统体育运动会，获得金奖。2003 年参与国家武术运动管理中心科研部举行的全国武术功力大赛，起草编制了"石锁上拳"功法竞赛规则，连续 7 年组队参加了历届全国武术功力大赛，东大寺武术馆多次作为协办单位，并获得优秀组织奖，该项目的一、二、三名多为开封获得，郭宝光由石锁运动员转变为教练员和裁判员。在郭宝光的带领下，2014年东大寺武术馆被省民委、省体育局命名为河南省少数民族传统体育项目（石锁）训练基地，培养了一批年轻的石锁运动员，把该项目推向新的高度。2015年12月郭宝光获得开封市民族团结进步模范个人荣誉称号，有效推动了石锁运动的继承和发展。

郭宝光编撰了大量有关石锁运动历史、功法的学术性文章，积累了大量的资料。外地石锁爱好者慕名来访时，帮助他们提高技艺，进一步普及宣传了石锁运动。2010年同无锡、泰州、江宁、上海等地石锁协会和群体密切协作，在无锡市举办了300人参加的石锁友谊赛，2011年4月参加了在南京江宁举行的石锁交流大会，并联合各地石锁团体负责人、教练员，研究深论石锁运动未来发展的前景，加强了本领域的联合协作，推动了该项目的传播发展。

二、黄派查拳

（一）历史发展

中国武术博大精深，开封黄派查拳就是中华武术宝库中一颗璀璨的明珠。

查拳是武林之中影响深远、富有民族特色的回族教门拳法。明朝末年，由回族人查密尔在山东省冠县创立，以其姓氏命名，称之为"查拳"。数百年来，主要在回族中流传。清道光年间（1821—1850），河北沧州回族查拳大师黄明新，慕开封回族尚武之风，以武会友，来开封传授回族教门拳法——查拳，历经波折，三进开封东大寺，终以高超的技艺，得以在东大寺立足传授武艺，查拳也以其独到的技法深受开封回族人民喜爱。黄明新在东大寺立场授徒数年，培养了众多查拳高手，历经180余年代代相传，逐步演变发展形成了风格独特、内容丰富完整的开封黄派查拳。从此查拳在开封生根开花，辈辈相传，流传至今。

开封回族黄派查拳保持了查拳的精髓，历经数代繁衍发展，支脉繁荣发达，拳法、拳理日臻完善。现保存有完整的十路查拳和众多的器械套路，以及对练套路和技击方法，丰富了武术文化。

（二）项目特色

开封黄派查拳，保持了查拳的精髓，"重退法，多摔法"，讲究"手眼身法步，精神气力功"，抓打擒拿，闪展腾挪，攻防有法，使用性强。攻防特点概括为"缩、小、软、绵、巧、速、错、硬、脆、滑"。每个套路又各有特点，表现为小巧玲珑，干净利落；刚柔并济，快慢相间；上下相随，内外相合；动静相宜，形神兼备；功架严谨，节奏鲜明；刚劲饱满，舒展大方。查拳招法优美飘逸，招数姿势舒展大方，发力顺畅，节奏明快，每个套路环环相扣，变化多端，具有极强的实战性。查拳本身有10路基本传统套路，另外对练及器械套路也有很多，后来演变成了不少流派，体系也尤为丰富。查拳的10路传统套路分别是：一路母子拳，二路行手拳，三路飞脚拳，四路升平拳，五路关东拳，六路埋伏拳，七路梅花拳，八路连环拳，九路龙摆尾拳，十路串拳。

（三）传承现状

据相关史料记载："河南沈丘查拳，相传为清嘉庆年间由河北沧州大辛庄查拳名师石太春老师的高徒丁吉林所传。1813年，丁吉林老师来沈丘，在槐店镇旧清真寺传授查拳。后由徒弟郭登轩承师传授，教徒百余人。众徒中尤以马忠卿、马忠启、马忠立兄弟获艺最深，以后传人更多，遍布各地。"[1]

丁吉林与郭登轩开馆授徒，教授出一大批查拳高手，极大地拓展了查拳武术的影响范围，推动了查拳的创新与传承，同时也培养了开封地区的拳师人才队伍。武威县黄丙新即出自丁吉林门下，为丁吉林第四代传人。

20世纪20年代，来自山东张尹庄"张式查拳"流派的张凤岭也开始在开封传授查拳，使开封的查拳武术呈现出浓厚的张式查拳的风格特征。

1928年与张凤岭同出一门的常振芳开始在开封授徒，他年轻时就因精通拳术而享誉山东西部地区，是张氏查拳流派的杰出代表。常振芳定居开封通许，

---

[1] 王钧：《开封市查拳发展现状与对策研究》，河南大学2014年硕士学位论文。

广收门徒，子弟众多。在他的努力下，开封查拳武术在各个方面都取得了突破性的发展。常振芳也被后人视为开封查拳传播的最大贡献者。中华人民共和国成立后的第一位武术教授张文广即常振芳弟子，另外常振芳还培养出了杨宝、齐谋业、翟金生、董世明、孙长立、刑宝仁、路景臣、曹崇柱、杨茂林、张旭初、马金龙、张汝志等诸多查拳大师。开封查拳在历代传承者的大力推动下，得到了全面的发展和完善，形成了具有独特风格的拳法技艺，被武术界称为"开封黄派查拳"。

省级非物质文化遗产项目黄派查拳传承人李大明，习练查拳认真严谨，动作规范，姿势舒展，发力顺达，节奏鲜明。无论拳或器械，套路清晰，走势流畅，讲究"手、眼、身、法、步，精、神、气、力、功"。演练时刚柔相济，动静相宜，身法灵活，形神兼备。他还是一级武术教练员、裁判员，多次参与省级武术比赛裁判工作，2007年被授予中国武术七段。他从1979年开始授徒，30多年从未间断，辛勤耕耘，培养了众多弟子。由于他通晓查拳拳理，特别在武术教学中积累了丰富的实践经验，培养的弟子都有较好的武德和技艺。如弟子丁知非，不仅德行好，而且在多项比赛中获奖。

李大明还积极开展武术理论研究，比较全面地掌握了开封黄派查拳的历史渊源、技击方法和理论，掌握了黄派查拳的各路拳法、器械套路、对练组合、拳谱等，撰写了《开封市东大清真寺武术源流碑》《荣誉碑》，保留整理了珍贵的历史资料，论文《中国传统武术保护与发展的思考》获第八届全国少数民族传统体育运动会民族体育科学论文二等奖。①

三、子路八卦拳

（一）历史发展

相传2400多年前的春秋末期，大思想家、政治家、教育家孔子的弟子子路身材魁梧、体魄健壮，练就了一身好武艺。子路随从孔子外出，每遇危难，

---

① 李大明：《黄派查拳》，河南大学出版社2015年版，第56页。

常常挺身而出，抗击强暴，孔子依据其拳路特点定名为"子路八卦拳"。后子路八卦拳传入开封，由开封县袁坊村村民张建家投师于黄河北岸封丘县前清鳌老李朝德学艺师承。周边地区多人慕名前来，投师学艺，他在豫东地区亲传弟子多达 5000 人，不少弟子被聘到安徽、湖北、山西、陕西等地区为武术教练，再传弟子达 5 万多人。《开封县志》记载子路八卦拳在传入开封县袁坊村之后，又称"白拳"。

（二）项目特色

子路八卦拳由拳术套路、器械套路、医术、独门绝技等部分构成，这种拳术的基本特点体现为进退腾挪走阴阳八卦步法，拳脚攻防横竖交叉，阴阳并举，左右开花；进中带防，退中兼打，收放无暇；进退气势宏伟，大开大展，收放入磐石坚，御敌八面，拳脚刚柔并举，击点刁钻。常以后发制人，俗称"能打能挨"，誉称"你打我不护，我打你护不住"。

子路八卦拳由拳谱、拳谱招式图、器械拳谱图、练功秘籍、医术、医书、药方等组成。现有《子路八卦白拳密录》《子路八卦白拳秘籍》《增广灵验方新编》等印册、手抄本传世。子路八卦拳最先由清末张建家大师在黄河两岸传授发展，迄今为止，已逾百年。后来，子路八卦拳在多年的发展传承中，又逐渐分化为红拳、白拳两派。

子路八卦拳易学、易懂，内家功夫、外家功夫同时上进，上攻快，出人才，实战性强，集搏击、健体、祛病、养生于一体，一旦习练，终身受益。

（三）传承现状

子路八卦拳经百年传承，几经辉煌。经子路传于杨清天，杨清天又传于高士基，以后陆续下传，一直传到袁秀晨。民国时期名噪一时，当地先后获奖者有 70 多人，其中 4 人被授予"全国武士""全国甲级武士"等称号，张振房获南京全国武术赛金奖并被授予"全国甲级武士"。中华人民共和国成立前夕在河南省武术考试中获金奖者达 70 多人。中华人民共和国成立至改革开放前，习练子路八卦白拳者有 80 多人获市级以上奖项。

随着历史的发展与人们生活方式的改变,练习子路八卦拳的人逐渐减少,从鼎盛时期的 5 万人,锐减到现在的几十人。目前,当地精通该拳术的长者已风烛残年,中青年则寥寥无几,很多套路习练者仅一两人,濒临失传。

四、回族七式拳

(一)历史发展

七式拳,又叫"汤瓶拳",创于明末清初,为当时开封朱仙镇的大阿訇李拜斋所创,至今已有 300 年的历史。"汤瓶"是回族人每日礼拜前洗浴用的一种器具,是把宗教的器物和武功相结合的象形创意,不仅可以提高回族人练拳的热情,而且蒙上了一层浓重而又神秘的宗教色彩。

康熙五十六年(1717)春,由七式门第四代传人徐廷桢为七式拳写下诗谱歌论传承至今,乾隆时期七式拳已经发展到了鼎盛时期,此间涌现出了以金小亭、常玉亭为代表的一大批回族七式门武林高手。朱仙镇的"七式门"享誉武林界并在中原大地产生了巨大影响。

1842 年黄河发大水,数万朱仙镇人逃离家园,一大批朱仙镇人涌入开封,七式拳又在开封东大寺一代回族民众中广泛传播,经过数代人传承、丰富和发展,到了 20 世纪二三十年代,七式拳已经发展成为一支独特的武术流派,开封回族人称之为"回族七式门"。

(二)项目特色

七式门的功、法分为两大部分:第一部分是七式门的基本功,包括沿脚步、马步劈式、七式拳、六路转、站八肢、死功练习、八段锦、仙人气功等。第二部分为七式门的手法,包括手法的空手练习和手法对练。七式门手法的特点是彼不动我不动,彼若动我先动。近身贴拿、出其不意、后发制人,使用手法时讲究快、准、稳、狠。作为绝妙稀有的拳种,其风格独特,简洁、明快、刚猛、实用。

七式门拳具有系统的训练方法、精妙的技击方略、独特的修持方式，以及优秀的养生理念和健身内容。[1]

（1）七式、骑士，亦叫汤瓶势

劈式，抹手式，旱游船式，辘轳式，兽头式，夜行犁式，插花式。

（2）八法

二十四攻手，二十四截手，三十六手头，二十四跤，七十二小手，兵械搏斗法，内功修持法，站八姿。

（3）拳、械套路

有十三式（大十三式、小十三式、花十三式、小盘式），泰山游四门，六路钻，三路炮，二十四拱手，十八枪，三十六枪，五趟圣拳，对练有单刀破枪、刀砌片（亦叫自手持刀）、二十四截刀等。

（4）内功修炼

静功易筋经：霸王举鼎，阴阳掌，恨天无把，恨地无环，金钩倒挂，脑后掌，捧香炉，护心掌；动功洗髓经：金龙滚砂，倒曳九尾牛，翻江搅海，白猿扪桃，风摆荷叶，仙人指路，淑女洗纱，轻摇蒲扇。

要领：灵根动，意根守，慧功效。

（5）功法练习：殳、抓谭、软沙掌、沙包、搓功、鼎功、洗功、睡功、三分练、七分搓。

（6）拳谱、歌谣之一

"托天雷起真传，拔火烧天门户严，佯攻翻作鸳鸯腿，插花收头肘双箭，避法神奇鹊踏枝，秋风扫叶鹞步闪，巧女认针开四门，进步穿心顺风莲，玉兔奔月十字战，挂面脚下劈华山，单鞭救主蒙面沙，蛇步汤瓶辘轳转，铁帚手起三炮，反臂擒得鹞抓肩，销口带箭勒马势，怪蟒出洞鹤升天，二郎蹬山探海捶，蝎子步下走四拳，乌龙摆尾回身捶，策马喝令凯歌返。"[2]

---

[1] 郭桂荣、郭桂林：《回民七式门拳法简介》，《武当》2012年第8期。
[2] 同上。

（三）传承现状

据相关资料记载，1926年，杨茂松任穆家武备学堂大学长，其弟杨茂才随兄学艺，得到穆家先师的教诲和严格的训练，特别是七式门泰斗穆松林先生的真传，全面继承了七式门拳。期间，王子平、常振芳、查瑞荣、杨世杰等回族武林先辈与七式门拳师们常有往来。民国时期，杨茂才移居陕西，遂在秦地传播七式门拳。居陕后，杨茂才潜心研习七式拳，并培养出许多优秀弟子，有秦宝成、马保平、郭桂荣、郭桂林、侯玉顺等人。杨茂才具有丰富的实践经验，更可贵的是积累了大量的拳学资料，20世纪80年代整理了七式门的功法、资料，编撰成文，在陕西省体委的资料征集活动中荣获陕西省武术资料挖掘整理贡献奖。[1]在诸多七式门拳传承人的努力下，该门武术的保护与传承取得了一些可喜的成就。

最近一些年来，七式门拳术的继承者为拓展该项武术的生存空间，特别重视其套路的观赏性，渐渐出现一些忽视内功修持和实战技法的不良倾向，这样一种倾向在某种程度上制约了七式门拳术精髓的传承，致使该门武学的一些精良技法面临失传的窘境。

五、心意六合拳

（一）历史发展

心意六合拳是中华武术中影响较大的一个优秀拳种流派，具有较为实用的健身和技击功能。所谓心意六合拳，顾名思义，就是行拳与技击时要重心意、求六合。即以心行意，以意导气，以气运身。身一动就要六合，即手与足合，肘与膝合，肩与胯合，心与意合，意与气合，气与力合。内外六合要以心意指挥，以神气贯通。[2]

关于心意六合拳的起源，向来众说纷纭，莫衷一是。有的说："天竺僧人达摩，始挟其所谓西域技击者来传之中土，于是北方之强者群起而趋之，今独

---

[1] 郭桂荣、郭桂林：《回民七式门拳法简介》，《武当》2012年第8期。
[2] 李洳波：《心意六合拳》，山西科学技术出版社2003年版，第1页。

有所谓达摩拳、达摩剑流传于世,而心意拳亦其一也。"①该说法认为心意六合拳为达摩所传入。但是考证种种典籍,大致可以断定,作为中国佛教禅宗法门祖师的达摩与中国武术并没多大关系。还有一种说法认为:"心意六合拳为宋代岳飞所创。清乾隆年间,有姬隆丰访名师于终南山,得《武穆王拳谱》,遂逐步推广。"②目前,较有说服力的一种看法认为山西姬龙峰才是心意六合拳的创立者,"依据古拳谱记载,直到明末清初,才有西平阳府蒲州诸冯人氏姬际可,访名师于终南山,遇高人指教,得岳武穆拳谱,在心意拳的拳理基础之上博采武道之长,磨炼数载,形成了一套独特的拳路,后根据拳法特点,命名为心意六合拳"③。

(二)项目特色

心意六合拳由买壮图和李海深传入周口,经过多年的发展变化,逐渐在周口分化为两个流派,即河南派与河西派,分别以袁长青和袁凤仪为代表。

周口心意六合拳不同派别中拳法有不少差别,其中"河南派多练疾步小架,河西派多练过步大架。疾步小架和过步大架是指四把拳而言,这两种架子发展到目前,拳术动作、招式劲力和招式技击含义上出现了不同的习练观念,但心意六合拳总的指导理论还是一样的。"④总体而言,周口心意六合拳虽有各种化生,但其取法动物身形动作,融会贯通为步法拳式的精髓还是很好地传承下来,即"取十种动物的争斗特长而化为拳法,即龙有搜骨之法、虎有扑战之勇、猫有捕捉之妙、熊有守洞之威、鹰有捉拿之精、猴有纵身之灵、鹞有侧翅之力、马有奔腾之功、蛇有拨草之巧、燕有取水之能。"⑤

(三)传承现状

清真寺作为穆斯林同胞的宗教场所,经常有大型节日庆典及其他集体活动,

---

① 马琳璋:《心意拳》,安徽科学技术出版社2003年版,第1页。
② 《中华文化通志》编委会:《中华文化通志》(29),上海人民出版社2010年版,第295页。
③ 马锦丹:《回族传承的民间武术心意六合拳考述》,《回族研究》2012年第4期。
④ 黄东辉:《心意六合拳在周口市的传承与发展研究》,成都体育学院2013年硕士学位论文。
⑤ 任劢:《国家级"非遗"周口心意六合拳的价值》,《兰台世界》2012年第22期。

因而往往也成为教门拳的传承基地。周口地区心意六合拳的传承基地同样大多是当地清真寺。心意六合拳作为教门拳中的代表拳种，仅对一部分教众传授。周口市区现存清真寺七坊：河南的陈州清真寺、河西的西寨清真寺、河北的东大清真寺、怀庆清真寺、同志清真寺、天坊清真寺、荥阳清真寺。

周口市心意六合拳传承方式分为三个方面，一是口传心授，二是身体示范，三是观念影响。明朝解缙在《春雨杂述·评书》中说学书之法，非口传心授，不得其精。其实不只学书，学诗、学戏、学武等凡牵涉传统文化的内容，无不以口传心授之法为上。口传心授可以分为两个层面：一为口传，二为心授。二者所涉内容不同，前者授技，后者授法；二者所重亦不同，前者重模仿习练，练的是武术的"形"，即武术的表现手段和演练技巧；后者重"悟"，悟的是习武过程中产生的只可意会不可言传的韵味。①

周口心意六合拳的传承脉络大致为：（1）马学礼——张志诚——李政——张聚——买壮图——袁凤仪——尚学礼、杨殿卿、卢嵩高、宋国斌、宋国喜。（2）买壮图、李海深——袁长青——袁洪亮、买祥生、买致远、买金奎、马金敬、陈金坡、陈金聚、马存典、尤万顺、白权忠、杨树田、马仁才、马颜才。②

心意六合拳早在2008年就成功申报国家级非物质文化遗产保护项目。

六、圣门莲花拳

（一）历史发展

圣门莲花拳，又叫"圣门十字莲花拳"，在武林宗派中属于昆仑派，有上千年的历史，是中国一种古老的内家功派拳术，经过历代传承者的创新发展，这门武术技艺越发精妙深奥。

据传，此拳尊道、佛、儒三教为圣门。自谓其术出于圣门故名。1940年，河北沧州拳师将此拳传入河南。徒手套路有：圣门莲花十字传捶法、十字架

---

① 虞定海、牛爱军：《中国武术传承研究非物质文化遗产视角》，人民体育出版社2010年版，第65页。
② 王日新：《中原记忆：河南首批非物质文化遗产代表作》，大象出版社2013年版，第44页。

子、十二路形掌。器械套路有：日月牙子镰、九节连环枪、十字连环剑、青龙卧水剑、拐子钩、春秋刀等。对练套路有：连手八步对连散、连手后四对打、卜路排摇对打、十字操铲法对打、金蝉脱壳对打、十字拐铲对打等。该拳的全要手法有：冲、推、栽、砸、撩、横、架、插、分、合、托等。特点是多拳法，少腿法，手法多变，招式连环。练习时，要求拳打十字，冲、踢得法，手、脚、鼻三尖相对；拳打一条线，腿踢一条鞭；此外还和"五行运气，步到齐进，脚到步实，手到即拿，震脚齐发，功到技成"等临敌技法要则相配合。

（二）项目特色

圣门莲花拳套路繁多，套路中有套路，拳脚一旦展开，就如长江之水，绵绵不绝。

圣门莲花拳的兵器五花八门，奇形怪状，匪夷所思。当年陈忠德老人从战场死人堆中爬出，战乱之中不可能携带师傅所传兵器，十几年前，他根据记忆将师傅传的莲花拳兵器一一整理打造，令人大开眼界。像乌龟伸头、持满钢铃的降灵圈、圆形带刺的日月牙子镰、四角钩、拐子锚等，钩钩杈杈，锋锐刺尖，彼此制约，要想空手夺白刃，除非控制持有者大脑，否则几乎是不可能的，稍不留意即皮开肉绽，重则当场毙命。

圣门莲花拳的阵法图更是惊世之作，诸如一天景阵图、齐门阵图、七星练功图、五形阵图、四角阴阳阵图等，依据八卦太极之意，暗合生死命门。在远古冷兵器时代，如此阵法能困住千军万马，骁勇战将也上天无路，入地无门。尽管带有浓厚的宗教色彩，但仍不失为中华民族智慧的结晶。

（三）传承现状

至2010年，该拳法由汤庄乡陈庄陈忠德老人传承，实为河南省境内武术稀有拳种，经申报，2009年6月圣门莲花拳获得河南省非物质文化遗产称号。

七、两仪拳

（一）历史发展

两仪拳在传承过程中，有许多不同的指称，有称之为神拳、过气拳、玄武的，亦有称之为两仪点穴术、两仪点穴拳的。中国古代就有"阴阳合为太极，分开曰两仪"之说，以此命名两仪拳，显见其特色。两仪拳动作上时快时慢，时刚时柔，阴阳转换，各见所长，故曰"两仪"。

（二）项目特色

两仪拳是一整套完整的功法，按套路分主要有：一路两仪，二路两仪（两仪拳三十六式），六路先天八卦，二路后天八卦，二十四路操手，七十二路破手，十二大劲点打三十六大穴，一劲点三穴，点穴，解穴。按十二劲法分：捞劲，灵劲，寸劲，钉钉劲，里钩劲，外背劲，切背劲，篡劲，颤抖劲，根根劲。

两仪器械分：两仪棍术（起手棍、应手棍、六路棍、十八棍），两仪刀术（大刀、四路大刀、六路小刀、大刀进枪、小刀进枪），两仪暗器（流星子、飞刺），六路螳镰。

两仪拳属内功拳，其内容、手法、身法、步法等与太极拳类似，但动作较复杂、灵活，难度较大。两仪拳的含意：两者二数也，二者均衡也，仪者威也，威者仪态万千也。意疾则急，意缓则随，进退起伏，拧翻闪转，凌空奥妙，皆因英威之神态使然。两仪拳多是左右均衡，器度雍容，动作以腰为轴，上达于肩臂，上下相随，前后相连，左右相顾，连绵不断，身法、步法、手法浑然一体。[1]而两仪拳中最为精妙的则为两仪点穴拳，其"汇阴阳二气，聚无限能量，以迅雷不及掩耳之势，以不同力度击中对手任意穴位、阻断不同筋脉而呈现不同症状，且无药、无法可解，只有经点穴者一掌解穴迅即复原。制人而不伤人，故有一拳制人之威，又有一掌复原之能，堪称武林一绝"[2]。因而，在诸多武术

---

[1] 吴兆祥：《体育百科大全》（19），安徽人民出版社1998年版，第100页。
[2] 胡志腾：《指上乾坤点穴养生大师两仪拳传承人段保华画传》，中国广播电视出版社2012年版，第5页。

表演和交流的场合，这是令人感到神奇的一个武术项目，受到众多武术爱好者和观众们的热烈追捧。

（三）传承现状

中华人民共和国成立后，随着体育类非物质文化遗产保护和传承工作的不断推进，两仪拳逐逐步突破秘不外传的传统束缚，通过各种途径展现了其点穴、解穴的绝技，一时成为众人津津乐道的热门话题，尤其是CCTV《体育人间》、湖南卫视《天天向上》等栏目播出相关展示节目后，更是掀起了国内两仪拳学习的热潮，行拜师礼的弟子也越来越多。张震领，两仪拳名家，两仪拳十四代掌门人。因其年事已高，两仪拳培训基地各项事务已交于其嫡系传人张坤负责，张坤是张震领的长孙，自幼跟随张震领练习两仪拳，对两仪拳功夫、医术很是精通。十几岁时就跟随爷爷在各大电视栏目中展示两仪功夫，并协助培训两仪弟子，传授两仪知识。2015年张坤在两仪弟子们的协助下成立河南两仪武医文化传播有限公司，两仪拳进一步发扬光大。

八、余家杂技

（一）历史发展

余家杂技诞生于河南周口项城市秣陵镇，这里人杰地灵，是项城的政治、经济和文化中心。清乾隆年间，余家上祖余思明得祖传秘籍一册，上有30项杂技秘诀和图片。他苦心钻研、勤奋练功，终得要领。于是开始立门招徒，领余家杂技班江湖卖艺，扬名立万。其独门技艺，在余氏家族子孙中绵延传承12代，达240多年。民国期间，余家杂技因战乱而基本处于偃旗息鼓状态；中华人民共和国成立后，虽勃然兴起，但因种种原因，还是没能打出旗号。

（二）项目特色

余家杂技追求"验、奇、巧、新、美"的艺术特色，擅长以现代科技展示传统技艺。他们的节目丰富多彩，功夫超常，品类多，难度大，平稳中有惊险，平常中有神奇，平实中有巧妙。有30多个代表项目，有硬功、软功、气功，也有巧功；有高空表演，也有舞台百戏。如高空表演"空中芭蕾"，利用现代电动工具，将演员悬飞于空中，在多彩变幻的舞台灯光照射下，演员用变幻莫测的优美舞姿，惟妙惟肖地再现芭蕾舞《天鹅湖》中白天鹅的形象；"浪桥飞人""空中飞人"，则突出展现了人"飞"景观；还有"走钢丝"，在高架于空中的钢索上，演员用一个"走"字，包含了"舞""翻""跃"诸多惊险因素，步步危机四伏，令人惊心动魄。

（三）传承现状

改革开放时期，余氏兄妹鼓足勇气成立了项城市越野杂技马戏团，他们凭祖传绝技，艰苦奋斗20多年，不断发展壮大团队。现如今已应邀到日本、韩国、新加坡、马来西亚等众多国家演出，被周口市有关领导誉为永不沉没的"联合舰队"。在中国杂协、河南省杂协和项城市委市政府、市文化教育主管部门的大力支持下，由各分团共同出资，于2005年成功创办了项城市杂技艺术学校，学校开设有中、小学文化课，学制5年，对学员一律实行免费教育。余帅说：我们学校免收学费，是为了更好地发现和培养人才，更好地把我们余家杂技传下去，也是为了更好地完成中国杂技家协会领导的嘱托，更好地发展项城越野杂技马戏团，实现"以团养校，以校促团，团校互补，持续发展"的长期目标。学校已经与中国杂技团、武汉杂技团、郑州杂技团签订了定向培养的协议；与美国、韩国、西班牙等国家和一些地区的文化主管部门，签订了演出协议。

第五节　皖北地区

安徽省北部（简称皖北）包括七市一县：合肥市、宿州市、淮北市、亳州市、阜阳市、蚌埠市、淮南市、凤阳县，本文调查内容为此七市一县的传统体育、游艺与杂技非物质文化遗产项目。在皖北地区中，传统体育、游艺与杂技国家级和省级非物质文化遗产项目共有9项。

一、马戏（埇桥马戏）

（一）历史发展

宿州市埇桥区被誉为"中国马戏之乡"。埇桥马戏的历史可以追溯到明末清初，20世纪二三十年代成形，80年代随着我国改革开放的步伐得到长足发展，2006年得到广泛的承认，正式创立了品牌。从埇桥马戏的发展历程来看，埇桥马戏是从马背上的武术、杂耍，过渡到动物的驯化、表演，直至形成现在成熟的马戏艺术。

（二）项目特色

"宁走三江口，不过蒿桃柳"，这句话是1949年前马戏、杂技界从业人士对宿州市埇桥区蒿沟乡、桃沟乡和柳沟等地具有高水平的马戏表演的评价，也表达了业内人士对埇桥马戏表演水平的认可。经过近百年的传承发展，埇桥马戏有着深厚的文化底蕴，来自于安徽本地的历史文化、生活方式、民间艺术、戏曲曲艺、人物传奇以及外来的文化交流所带来的新的艺术形式等，都被埇桥马戏艺人巧妙地融合在一起，形成了现在埇桥马戏表演的"惊、趣、奇、险"等特点。

（三）传承现状

马戏是宿州市埇桥区最大的文化产业，在全国具有较大的知名度。"目前埇桥区拥有各类马戏团300余家，从业人员达2万多人，年创收入5亿多元，演出市场占据着全国的半壁江山。"[1]2009年住建部出台文件禁止进行大型动物的表演，给埇桥马戏产业带来很大冲击，如何在规则内对马戏传承发展，是马戏从业人员要研究的课题。

二、华佗五禽戏

（一）历史发展

据《三国志·魏志·华佗传》："佗语普曰：吾有一术，名五禽之戏。一曰

---

[1] 《"中国·埇桥第三届国际马戏节"将办》，《杂技与魔术》2013年第3期。

虎，二曰鹿，三曰熊，四曰猿，五曰鸟。亦以除疾，兼利蹄足，以当导引。"这是我国最早关于"五禽戏"的记载。现公认为是东汉亳州医学家华佗创编。

（二）项目特色

南北朝名医陶弘景《养性延命录》详细介绍了华佗五禽戏的具体动作。五禽戏在我国隋、唐、宋、元时期非常流行，孙思邈、柳宗元、陆游等医学、文学大家论述或描述了五禽戏运行机理和当时的练习情景。华佗五禽戏在明、清时期发展快速，有较多相关的论述、著作。民国时期，受时代大环境影响，华佗五禽戏主要流传在安徽亳州华佗故里小华庄和周边地区。

华佗五禽戏反映了我国人民养生、保健文化的发展变迁，首创了以体育锻炼达到祛病保健的先河。华佗五禽戏的内涵是道家文化下的中国养生哲学，具有重要的历史价值、养生医疗价值、美育和文化交流价值。它历经1800多年的传承与发展，成为我国传统历史文化中的一项宝贵的遗产。

（三）传承现状

华佗五禽戏现任传承人是董文焕，如今亳州已经形成政府支持、部门联动、各界参与、全民习练的兴盛局面。五禽戏在全国已形成不少流派，习练者遍及海内外。

三、晰扬掌

（一）历史发展

晰扬掌是元朝延祐年间，安徽亳州城里清真寺沙阿訇根据《古兰经》的教意和礼拜动作中的32个鞠躬、64个叩首、178个台克米尔，而演化、创建出的一套功法，始称"古兰健身术"。元末的白莲教民——红巾军进入亳州时，与当地回民矛盾加剧，一些回民被红巾军抓获，其首领刘福通要把他们处斩，在红巾军内部回族头领胡大海和朱元璋（当时为副元帅）的调解下，达成一棋定生死的协议，双方在棋盘上对阵，沙阿訇运内功于抓棋子的手指之上，他棋法稳健，步步威逼，获得了棋局的胜利，同时也化解了这一场矛盾，这场对阵的棋局后来经人演绎，被转化为一种拳法，称为棋势功。后来至明洪武十三年（1380）时，这种拳法更臻完善，棋局中的各套掌法已经完整成型，后人以"晰扬掌（棋势功）"命名。这种拳术经多年演变，颇受当地群众喜欢，广为流传。

（二）项目特色

晰扬掌中"晰"是清晰之意，"扬掌"指回族礼拜者，在礼拜时开始动作是"台克米尔"（即扬手）。该拳种每套动作之首也都有一个"扬手"动作，意思是真主至大。晰扬掌由354式的7套拳法和1套兵器套路构成。其主要的掌法有：抓棋势，古兰掌（五卒、四仕、四象、十车、八炮），游龙二十四掌（将），九龙爪（帅），十八连环肘，狮子头（残棋局），马拳（马）。兵器有刀、棍、月、杖、镋等。

（三）传承现状

晰扬掌传承人是颜勇。晰扬掌（棋势功）主要流传在亳州市的清真寺院内和回族人民之中，20世纪80年代以海泉民、颜勇等人为代表的传承人，在安徽省体委武术挖掘、整理小组的领导下，献出了晰扬掌部分拳法和拳谱。为了保护这一文化遗产，以清真古寺管理委员会成员、阿訇和主要传承人为主成立了亳州市晰扬掌协会，在普及的同时进行挖掘和研究，近期先后入编《江淮武林志》《中华武藏》。在亳州地方和全国赛事等活动中获得了佳绩，向世人展示了古朴且有民族特色的民族武学文化。

四、陈抟老祖心意六合八法拳

（一）历史发展

陈抟老祖心意六合八法拳，又称"水拳"，为安徽亳州人陈抟（871—989）所创，因陈抟曾受封华山，故在亳州以外流传时名为"华岳六合八法拳"。

（二）项目特色

陈抟老祖心意六合八法拳内涵丰富，拳势运行如水势翻滚，内劲如海纳百川，以整劲为核心（发展为形意拳），以步法为转移（发展为八卦掌），以轻柔为变化（发展为太极拳），堪称中华内家拳的始祖。

（三）传承现状

陈抟老祖心意六合八法拳历经千年传承、发展，至清代末期，习练六合八法拳名气最大的是一代武术大师吴翼翚先生，吴翼翚先生将该拳传于李道立先生。1987年，安徽亳州市知名武术家怀玉龙先生在精研本地流传的老祖六合八法拳术的基础上，又专程前往上海，师从李道立先生专学此技。后返回家乡授徒，义务教拳30余年，使该拳在安徽亳州再度发扬光大。2007年，在蚌埠"国际武术节"上，怀玉龙率一名弟子参赛，斩获三枚金牌，从而有力地奠定了亳州市在该拳术发展史上的正传地位。得到怀玉龙先生真传的主要有其子怀培元，徒弟周珍、段全军、桑春华，以及表弟蒋昭和等。

五、铜城火叉、火鞭

（一）历史发展

铜城火叉、火鞭，据民间典籍记载，应该是源于战国时期，最早是一种用于阻击和恐吓入侵者的武术器械，延至清朝初年，渐渐转化为一种民间祭祀表演仪式。据铜城镇老艺人马善良口述：明末清初时，有一云游和尚来到铜城后城子表演火叉、火鞭，此和尚系李自成残部一将领，明朝灭亡后，为躲避清剿而出家，云游四方。一日，在后城子进行表演时，与当地马姓村民攀谈，得知此和尚俗家亦姓马，经村民挽留，和尚定居铜城。从此，火叉、火鞭便在铜城一带流传下来。

（二）项目特色

铜城火叉、火鞭，经过数百年的传承与发展，在表演上有了较大的变化，在传统武术身形手法的基础之上，融入了当地秧歌的艺术特点，更加注重技巧和难度，形成了现在风格独特、内容丰富、形式多样的表演形式。

（三）传承现状

铜城火叉、火鞭现任传承人是何顺礼。在20世纪70年代，老一辈表演者马恩云在临泉铜城镇组建了"铜东后城子艺术团"，把铜城火叉、火鞭发扬光大，对当地的文化建设做出很大贡献。中华人民共和国成立后，铜城火叉、火鞭得到长足发展，成为临泉文化历史遗产的一个重要组成部分。

六、五音八卦拳

（一）发展历史

五音八卦拳据考证为清朝末年在阜南县方集镇创编、流传。

（二）项目特色

五音八卦拳有拳术套路、器械套路、单练套路，还有独特的五音套排捶打功法，具有完整的拳术体系。拳械内容有三十六趟八卦拳、左母劲、六十四慢劲功，五音八卦掌、散手破、围身破、二仪拳、无影九步十三枪、关公大刀、单刀破枪等。套排捶打有老劲锤、执音捶、奇音捶、窝音捶、少音捶、怪音捶。

五音八卦拳手形区别于其他拳种，拳系中没有勾手动作，其掌成瓦垄型，要求拳面平整，以利击打。拳的抱式和拳法名称别具一格。其抱拳式要求"藏于身后、发于威胁"，其拳法为"抱无极、出两仪、走混元、落太极"。无极手就是握拳掌心向上，称仰拳；两仪手就是拳心向里，称立拳；混元手就是拳背向上，称俯拳；太极手就是拳背向左，拳心朝外，称拧拳。

（三）传承现状

战乱年代，五音八卦拳被老百姓当作守卫家园、防身的武功而传学；进入和平年代后，由于武术的实用性被削减，五音八卦拳学习、练习人数锐减，只有一些爱好者及世代传承者还在坚持习练、传艺。

五音八卦拳传承人是马炬森。

七、六洲棋

（一）历史发展

"六洲棋起源于明朝末年淮南渔民'蔡家网船'。由于蔡家祖先长期用渔网捕鱼，休闲时为消遣时光，以渔网做棋盘，贝壳做棋子，利用淮河上的捕鱼规则发明了'渔网棋'，经过多年的完善、推广、演变而成六洲棋。"[①] 六洲棋由纵横六条线组成36个点的格子作为棋盘，用软泥块和树枝作为双方比赛的棋子，不同区域的玩法差别很大。

（二）项目特色

大致来讲，六洲棋棋盘是由横竖六条30厘米（左右）长的线段组成，两条线段之间的距离平行、相等；横竖交叉线段两端不出边线，组成一个大正方形，正方形中间是25个小正方形，两线的焦点称之为棋位，棋位的含义是淮河上的捕鱼要地，共有36个棋位。对弈双方在棋盘上各占18个棋位，这些棋位在棋盘上有着对称性质，每个棋位都有特定的命名，凡是对称的棋位名称相同，为了区别，给予编号。棋子正面分黑白两种，背面涂以黄色，即黑黄、白黄两种，总称黑、白、黄三色棋子。六洲棋的对弈过程，分为两大阶段：即着子阶段和运子阶段。[②] 因其简便、通俗、易学，深受民众的喜爱。"尤其在淮河流域的安徽省、河南省、江苏省，以及湖北省、山东省非常普及，并流传到全国各地，包括港、澳、台地区。六洲棋是一项流行于民间、富有传统文化色彩的竞技项目，对于启迪智慧、休闲娱乐、增进交流具有积极的价值。"[③]

（三）传承现状

六洲棋的传承人蔡涛对全国的六洲棋进行了系统的整理与研究，在此基础上，他确认了六洲棋的基本比赛规则和对弈方法，并申请了专利保护。

2008年，淮南六洲棋入选安徽省第二批省级非物质文化遗产名录。

[①] 吕俊莉：《六洲棋初探》，《体育文化导刊》2014年第8期。
[②] 同上。
[③] 同上。

2009年六洲棋被正式列入淮南市首届农民文化节比赛项目。

八、永京拳

（一）历史发展

永京拳源于东晋时期道家学者葛洪（约281—341）的神仙养生功，距今已有1000多年的历史。葛氏传人葛锦贵（1889—1983），字季林，移居徽州，逐渐将其家传养生为主的神仙养生功改革为御敌于外的技击术，得到徽商的认可和传习。[①]

（二）项目特色

永京拳，又称"徽拳"，发源于安徽省淮南市，具有徽州文化特色，如朴实秀美、厚重自然、经典实用的特色。永京拳是一门独到的武学文化，它以阴阳学说为理论，主张性命双修，练养结合；讲究拳法自然意真，周身协调为合，整体混元一气，主动连续进攻；其拳势或纵逸不拘，锋芒毕露；或烟云舒卷，流水行地皆出自然。永京拳基本特点：拳法圆顺，呼吸自然；动作舒展，上下相连；左右对称，快慢相间；意气相合，内外合一；刚柔相济，虚实相兼；结构严谨，循序渐进；轻灵如猿，厚重如山；身法中正，拳桩合一；天人合一，混元一气。"一行、二打、三养"是永京拳最核心的拳学宗旨。

（三）传承现状

永京拳的传承人是葛永志。葛永志是葛锦贵嫡孙，自幼随祖父习练家传拳法，后学习少林、武当、太极、形意拳，成年后游学四方，融合中国传统武术与儒、道、佛家思想及部队的军营文化，自成体系，正式命名为"永京拳"。

九、吴翼翚华岳心意六合八法拳

（一）历史发展

吴翼翚华岳心意六合八法拳，又名"心意六合八法三盘十二势"，简称"六

[①] 张书军：《安徽淮南永京拳的传承与保护》，《考试周刊》2015年第34期。

合八法拳",相传为距今1000多年的后唐、北宋年间,由安徽亳州陈抟老祖所创。陈抟老祖是我国古代的道学家、易学家、养生学家,晚年隐居华山莲花峰,修炼坐功、卧功和动功。晚清道光年间陈鹤侣、闫国兴、陈光第传于吴翼翚宗师,前中央国术馆张之江馆长仰慕其学,诚聘他为中央国术馆教务处长兼编纂委员会主任,并将六合八法拳列入中央国术馆必修教材之一。

(二)项目特色

吴翼翚华岳心意六合八法拳,"静"如平湖秋月,"动"似波浪起伏,以"六合为体、八法斯用"。其拳法以圆活敏捷、反应迅速、变化多端、刚柔有律、整劲内蓄、伸缩无常、开合无迹为特点,达到"内养心性,外修形体"的目的。吴翼翚华岳心意六合八法拳以道教文化为基础,蕴藏着民族文化的精髓,以丰富的拳理内涵、精湛的技艺和神奇的功力,为世人所瞩目。

多年来,六合八法拳得到国际武联和中国武协历届领导的关注和武术名家的大力支持,李梦华、伍绍祖、徐才、何振梁、霍震寰、张耀庭、张山、蒋浩泉、张文广、陈玉和、吴江平、郭瑞祥、黄乾量、陈培、李荣基、宋光华等先生给予了高度评价,原国际武联主席、国家体委主任伍绍祖先生称六合八法为"内养心性、外修形体"的好拳种;亚洲武联副主席、香港武联主席霍震寰先生题字说六合八法拳"弘扬国粹,惠泽武林";原中国国术研究院院长、中国武术运动管理中心主任张耀庭先生称六合八法"绚丽多彩";武术名家蒋浩泉先生题字"精研六合八法拳艺,促进世界武术发展";原中央国术馆创始人之一庞玉森先生说:"振兴六合八法,造福世界人民。"

(三)传承现状

吴翼翚华岳心意六合八法拳的传承人是吴英华(吴翼翚之子)。他组建淮南市六合八法拳研究总会,2010年5月在香港注册成立了吴翼翚六合八法拳国际联盟总部,构建六合八法拳国际交流平台。时至今日,六合八法拳已在广东、上海、陕西、河北、山东、东北、湖北、江西、河南、江苏以及佛山、九江、徐州、香港、台湾等地流传，在新加坡、马来西亚、美国、德国、英国、法国、日本、俄罗斯、丹麦、澳大利亚、巴西、爱尔兰、加拿大、瑞典、意大利等国均有六合八法拳研习机构。六合八法拳已被选入中华武术"展现工程"，由国家体育总局、人民音像出版社等部门，在淮南拍摄武术教学片，这是淮南市传统武术首次由国家选录的展现工程项目之一。

第五章
淮海地区民间美术类非物质文化遗产

淮海地区民间美术类非物质文化遗产种类繁多,很多都具有独特的风情和民俗文化,凸显了淮海地区独特的地域文化特色,呈现出深刻的历史文化记忆。

第一节 概 述

中国民间美术是由中国人民群众创作的，以美化环境、丰富民间风俗活动为目的，在日常生活中应用、流行的美术。民间美术是组成各民族美术传统的重要因素，为一切美术形式的源泉。新石器时代的彩陶，战国及秦汉的石雕、陶俑、画像砖石，其造型、风格均具有鲜明的民间艺术特色；魏晋后，士大夫、贵族成为画坛的主导人，但大量的版画、年画、雕塑、壁画则以民间匠师为主，而流行于普通人民之中的剪纸、农民画、刺绣、印染、服装缝制、风筝等更是直接来源于群众之手，装饰、美化、丰富了社会生活，表达了人民群众的心理、愿望、信仰和道德观念，世代相沿且又不断创新、发展，成为富于民族乡土特色的优美艺术形式。①

民间美术具有显著的特征：

一、原发性：物质生产和精神生产相互交织。与现实生活紧密相关的原发性，带有很大成分的生活原型特点。

二、集体性：劳动者始终是民间美术的创作者、使用者、传播者和欣赏者。劳动者集体的社会生活需要是民间美术创作的基础，在此基础上进行的创造体现着劳动者集体的聪明才智和创造才能。

三、传承性：民间美术的传统核心价值观不会因为历史上的朝代更替等时代性的社会需要而改变。同时，具有生命力的传统会因有效性的改变而以新形式被继承下来。

四、区域性：文化传统塑造着区域内居民的文化性格，制约着民众的生活习性，从而形成了各自民间美术的区域性特征。

五、工艺性：民间美术在创作过程中，始终包含着对材料的人文开发和充分利用，体现出材质自身的肌理、纹饰、光泽等自然形态特征。②

---

① 张宁宁：《浅谈民间美术》，《美术大观》2009年第5期。
② 石鑫：《蒙元文化在高等美术教学中的渗透》，《内蒙古教育》（职教版）2011年第10期。

民间美术具有独特的价值：

一、实用价值：民俗文化是民间美术发展的动力。民间美术的创作与传统农村的生活方式相契合形成了原始的图腾崇拜、深厚的民族心理、古老的生活方式和淳朴的民风。民间美术的创作往往就地取材、因陋而简，在创作过程中融入了劳动人民对幸福生活的追求、对美好生活的回忆。

二、艺术价值：民间美术以艺术的形态服务于社会，形成自己的文化范畴和价值体系。它是原生态的、基础性的，以混沌的思维、朴素的造型、综合的品类为专业美术提供了创作源泉。民间美术的作者大都是农民，文化水平低、经济收入少，其创作完全是自发的，在集体无意识的支配下，受情感的驱使，将眼中所见、心中所想直接表达出来，作品以圆满的构图、流利的用色、和谐的色彩、奇幻的想象充分显示了劳动者的聪明才智。

三、文化价值：广义的文化是指人类所创造的精神财富和物质财富的总和。民间美术作为普通劳动者的创作，是民间文化的重要组成部分，与文学、艺术等上层文化共筑了辉煌的民族文化。民族文化为之提供了场景、道具、服饰和布景，如少数民族节日、春节、端午节、宗教、农耕风俗、人生礼仪等。

四、历史价值：民间口传文学和民间美术多流传于偏僻的乡间村野，很少受到外来文化的影响，在自身的传承发展中较多地保留了原始的形态，具有活化石的性质。

五、经济价值：在男耕女织的自然经济时代，与家庭衣食紧密相关的生产是基本的生产结构形式，构成了民间美术所依存的社会基础。民间美术的主要作者是农民和手工业者，妇女占比例较大，用来补贴家用或换取生活必需品。民间美术进入城市后，被视为旅游产品成为商品，价格也不断攀升。在取得经济利益的同时，更应该注重社会效益。

从当代的地理区域划分上讲，淮海地区包括苏北、鲁南、豫东、皖北等几个区域，这些区域的地域文化与民俗民风决定着它们的民间美术各有特点又有着紧密的关联。

从文化上讲，淮海地区中的曲阜是儒家文化的发源地，徐州是道教张天师的家乡，也是道教的起源地之一，同时，徐州还是佛教最早传入的地方之一。至少在汉末三国时代，徐州已经成为当时中国佛教流行的重要地区，据《后汉书》载："笮融在下邳（今睢宁县）大起浮屠寺。"上海同济大学提供资料考证：笮融所建之塔，是中国历史上有文字记载和形象描述的"天下第一塔"。可见，睢宁是佛教在中国从官方走向民间的肇始之地，也是佛教标志性建筑"浮屠"在中国的首建之地。同时，皖北的淮河文化、豫东的中原文化等与之交融在一起，形成了综合性、多元性的文化形态。

以徐州地区为中心的苏北民间美术种类繁多，截至 2014 年 7 月第四批国家非物质文化遗产代表性项目名录公布，苏北地区入选国家级非物质文化遗产名录的就有 23 项，其中，传统美术类主要集中在徐州市。鲁南地区的民间美术，经近千年来的吸纳、糅合，形成了独特的风情和民俗文化，给后世留下一份珍贵的文化遗产，其中伏里土陶、郯城木版年画等都具有极强的地域特色和传承价值。豫东民间美术形式多样，以其古朴的造型、厚重的色彩，凸显了中原区域独特的地域文化特色。这些异彩纷呈的民间美术与地域风俗相辅相成，是豫东民俗文化形象的重要载体，呈现出深刻的历史文化记忆。皖北民间美术流传下来繁多的品类及艺术形式都离不开使之得以创生和传承的文化、地域、生产方式等生态因素。皖北灵璧钟馗画、凤阳凤画、霍邱阜南一带柳编艺术的蓬勃发展都得益于当下社会对于皖北民间美术的认同感。[1]

民间美术的传承和现代社会发展并不是绝对对立的。现代社会的发展不可避免地使民间美术赖以生存的原生态环境逐渐缩小，但与此同时，都市的发展也为民间美术文化的传承及传播开辟了新的空间。都市对田园牧歌式的民间美术文化需求空前高涨，这犹如人们在成长中对童年的怀念，当前民间文化的回

---

[1] 葛田田：《皖北民间美术传承形态研究》，《赤峰学院学报》（自然科学版）2013 年第 7 期（下）。

归也是历史发展的必然现象。所以，为了自身发展的需要，为了社会发展的需要，民间美术元素需要进行现代化转换。[①]

第二节 苏北地区

苏北拥有丰富的民间文化资源，有7个县（市、区）、乡（镇）获评为2014—2016年度"中国民间文化艺术之乡"。

一、地域区划与楚汉文化

（一）地域区划的历史沿革

苏北是中国沿海经济带的重要组成部分。以平原为主，辖江临海，河湖纵横，经济繁荣，交通发达，在中华人民共和国成立初期曾是一个省级行政区划，包括江苏长江以北的大部分地区，即今扬州、泰州、南通、盐城、宿迁、淮安6个省辖市。

南宋以前，苏北一直是繁华地区。南宋黄河夺淮以后洪水灾害频发，经济文化发展开始落后于江南地区。明清时，由于地处京杭运河的节点上，淮安和扬州一度十分繁荣。清代江苏建省后，曾有数次以长江为界南北分治，民国时期，苏北南半部设立了以泰州为中心的苏北行署区，北半部成立了以徐州为中心的淮海省。

1949年后，江苏划分为苏北、苏南两个省级行署区，苏北行署区驻泰州市，辖5个专区（泰州、南通、淮阴、盐城、扬州专区）。1952年成立江苏省人民政府，撤销苏北人民行政公署，江苏旧辖地徐州从山东、安徽划回。由于现阶段经济发展的需要，形成涵盖徐州、连云港、宿迁、淮安、盐城5个省辖市的苏北地区。

（二）苏北地域的楚汉文化

中华文化是一种多元文化，由多种地域文化交汇而成。以黄帝、炎帝为代

[①] 葛田田：《皖北民间美术传承形态研究》，《赤峰学院学报》（自然科学版）2013年第7期（下）。

表的华夏文化,以太昊、少昊为代表的东夷文化,以及以伏羲、女娲为代表的楚文化,构成了中华文化的内涵。楚汉文化正是产生在秦汉时期的淮海地区,上承炎黄文化优良传统,秉持本土文化的纯厚优势,成为两汉文化的先声。

在楚汉文化中,符号文化在图形、色彩、纹饰诸方面有着显著的特色。图形在符号文化中源于图腾崇拜,东夷部族崇拜蛇图腾,后演变成人首蛇身的伏羲、女娲图形,汉画像石中伏羲、女娲人首蛇身图形屡见不鲜。当黄帝打败蚩尤后,蚩尤部族的一部分归黄帝。蛇与黄帝部族雷电图腾融合,由简化到复杂,产生了龙图腾。从汉朝以后,龙就成为汉族的图腾符号。

楚汉文化融合后,"龙凤"图形及"四神""四灵"图形符号(南朱雀、北玄武、东青龙、西白虎)出现。楚汉文化符号中图形的表现形式多样,陶器、瓦当、汉画像石、玉器、帛画、漆画、青铜器等,涵盖了雕刻、绘画、铸造等多种形式。作为符号文化的表现载体,汉朝后,红色成为主要的色彩。徐州汉墓出土的漆器,以朱、绛、青三色为主,尤其是朱、青两色,代表了"南"和"东"两个方位,而"龙""凤"图形则体现了楚汉文化。

楚汉文化中的纹饰主要形式有凤鸟纹、龙纹、云纹、几何纹、花瓣纹、菱形纹、变形龙凤纹、兽面纹等。苏北地区的民风、民俗,乃至苏北人的性格中,处处都有两汉文化的遗存。

二、传承与保护现状

千百年来,岁月的长河形成了苏北地区丰富的历史文化遗存。徐州是华夏九州之一,自古为商贾云集之所、兵家必争之地,历史上曾四次成为诸侯国的政治中心。彭祖、两汉等诸多文化的交相辉映,形成了独具徐州特色的文化底蕴和人文景观。作为国家历史文化名城,这里不仅有着丰富多彩、弥足珍贵的物质文化遗产,还有着种类繁多、令人叹绝的非物质文化遗产。在国家非物质文化遗产代表性项目名录中,传统美术类主要集中在徐州市,分别为徐州剪纸、徐州香包、彩扎、邳州纸塑狮子头和丰县糖人贡。此外,年画、农民画、绣花鞋、蓝印花布、泥塑、吹糖人等也是群众喜闻乐见的民间美术形式。

这些民间美术，经过世代传承，至今仍保持着鲜活的面容和独特的魅力。它们不仅蕴含着中华民族特有的精神价值观和文化意识，也是苏北人民的精神家园。

三、艺术形态及其特点

（一）徐州剪纸

1. 历史发展

徐州剪纸历史悠久，据有关资料证明，早在6000多年前，邳州的先民就已经发现并在劳动生活中运用了以影像作为形象装饰的艺术手法，开始在兽皮、树皮、陶器、织物等材料上镂空透空，装饰物品，创造了剪刻造型艺术。汉代纸的运用促进了剪纸艺术的发展，经过世代相传，演变成为今天的现代剪纸。

20世纪60年代以来，传统的鞋花样、喜花、窗花等剪纸逐渐减少，从80年代开始，由于政府文化部门的重视，现代民间剪纸得到逐步发展。"徐州剪纸现在广泛分布于邳州、新沂、沛县、丰县、云龙区、鼓楼区、泉山区、贾汪区等地，最具有代表性的是邳州、新沂市的合沟镇、沛县的敬安镇。1993年，邳州市、沛县敬安镇被文化部命名为'中国民间艺术（剪纸）之乡'；2001年新沂市合沟镇被江苏省文化厅命名为'江苏省民间艺术（剪纸）之乡'"。[1]

2. 艺术特色

"徐州剪纸形式大致可分为装饰剪纸（窗花、顶棚花、盆花、枕花、帐花、灯花等），绣花纹样（鞋花样），特种剪纸等。在内容和题材上，则以历史故事、民间传说、戏剧人物及现实生活为主，也有反映新时代精神风貌的收割、养殖、运输、建筑等生活场景的作品。"[2] 可谓品种繁多，内容丰富。

剪纸不同于绘画，相对绘画来说，剪纸较难表现三度空间、场景和形象的

---

[1] 吕倩、赵媛媛：《徐州剪纸艺术的现状浅析》，《科技信息》2012第5期。
[2] 同上。

层层重叠。徐州剪纸艺人根据自己的生活经验和生活积累，对物象进行了大胆的夸张和变形处理，用独特的艺术语言，体现了古朴浑厚的艺术特色。剪制过程中，艺人往往随着自己的意愿，"用剪大刀阔斧，讲究传神，写意味道浓重，强调物体的外形美，作品往往透出淳朴、粗犷、明朗、豁达、洒脱的气质和特色"[1]。徐州的剪纸艺术，既遵循古老的传统，又有旺盛的生机；既表现了新生活，又不只是简单模拟现实的表面。

3. 现状与传承

目前，随着市场经济改革的不断深入，徐州民间剪纸也融入了市场经济，一部分剪纸已形成了产业，机器复制的快捷和对经济效益的追求，致使传统剪纸制作受到严重冲击，许多老艺人放弃了剪纸。徐州剪纸代表艺人有新沂市的王桂英、姚佃侠，邳州市的李云霞、衡瑞霞、李英、黄继婷，沛县的张玉兰、朱宪英、许碧霞，云龙区的孟宪云，泉山区的刘毅、吴国本等，其中，最具有代表性、技艺最高、地域性最强的就是新沂市合沟镇的王桂英老人。[2]

王桂英 1940 年出生于邳县合沟乡（今新沂市合沟镇），现为江苏省民间文艺家协会会员。1995 年，她被授予"民间工艺美术家"的称号。

王桂英从小对剪纸非常感兴趣，这与做细木工的父亲留下的木雕图案和母亲留下的绣品有很大关系。刚开始，她照着样子剪一些窗花、鞋花。婚后，由于家里较贫穷，她经常用自己的剪纸换点柴米钱。在日常繁重的田野劳作和操持家务之余，她用剪刀记录着平凡的日常生活。1979 后，邳县每两年举办一次剪纸培训班，她每次都积极参加。随着时间的推移，她的剪纸作品逐渐突破传统，趋向淳朴、豪放、生动、夸张，自成一格。

王桂英不识字，她的剪纸是原生态的、乡野的，也是现代的。王桂英的作品从未离开现实生活，却创造了属于她自主的艺术空间。富有诗意和浓厚乡土气息的作品，体现着她对生活独特的感悟；对黑白关系的大胆处理和把握，体

---

[1] 卞东仙：《妙"剪"生机——浅谈邳州民间剪纸》，《新西部》（下半月）2009 年第 14 期。
[2] 吕倩、赵媛媛：《徐州剪纸艺术的现状浅析》，《科技信息》2012 第 5 期。

现着随意、豪放、淳朴的苏北精神气质。

（二）徐州香包

1. 历史发展

汉乐府长诗《孔雀东南飞》中有"红罗覆斗帐，四角垂香囊"这样的句子，"香囊"也就是香包。汉代《礼记》有云："男女未冠笄者……衿缨皆陪容臭"，"容臭"即香包。而徐州是两汉文化的发祥地，因此可以推断，徐州的香包工艺在汉代就已出现。香包以高级锦绣制成，里面放置茅香根茎或辛夷等香料。到清初，香包已成为爱情的信物并作为佩饰使用，从单纯的日用品转而被赋予了人文价值，一度成为社会上一大流行趋势。

2. 艺术特色

徐州香包与本地汉画像石的艺术造型风格颇有神似，整体简洁、粗犷，极具装饰性。

"徐州香包大多设计精美，寓意吉祥，有简洁夸张的花草鸟兽纹样，也有喜庆美好的寓意故事，如：毫奎童趣、松鹤延年、观音送福、麒麟送子、龙凤呈祥、喜鹊闹梅、鸳鸯戏水等。寄托着人们祈求平安、丰衣足食、传递相思的托物寄情美好愿望。徐州香包造型独特，是用高级缎面的料子制作完成，注重用布的面料与考究的绣工，多以红色为主，呈吉祥如意之意，上面会绣些好兆头的图案，饱满，大气，色彩鲜艳，寓意美好事物，具有独特的民族特色，是中国古代传承下来的美好文化。徐州的立体香包最早有粽子样的，下面缀着三个小香包，以及现在市面常见的、极具观赏价值且有一定场景的立体人形香包，非常美观、好看。"[①]

3. 现状与传承

随着农耕文明的逐渐转型和削弱，人们的生活方式发生了极大的变化，外来文化的影响等众多原因使得传统民俗日益淡化，徐州香包已濒临灭绝境地。如今，只有极少数的民间艺人还掌握着传统香包的制作技艺，部分地区甚至出

---

① 曹若青：《浅谈徐州民间工艺品香包的艺术特色》，《大众文艺》2014年第2期。

现"断流"。其中比较著名的徐州香包传承人有：井秋红、王振侠、孟宪云、杨雪梅、冯宪花、李清富、冯瑞珍等。

最具有代表性的是第三代传人井秋红的曹氏香包。曹氏香包造型美观、精致，富有独特的艺术风格，内装有由十八种中草药配制而成的香料，香气四溢，戴在身上既可以驱毒辟邪、防潮驱蚊，又能装饰房间、净化空气。作品《龙凤呈祥》《吉庆有余》《连年有余》《布袋和尚》等在省、市民间工艺品大赛中屡获大奖。

（三）邳州纸塑狮子头

1. 历史发展

据有关史料记载，邳州纸塑狮子头已有500多年的历史。邳州纸塑狮子头是民间狮子舞所用的狮子头面具。根据舞蹈套路、动作编排的不同要求，狮子头面具有大小造型之分。

2. 艺术特色

邳州纸塑狮子头是一门综合造型艺术，将雕塑、裱糊、扎制、绘画等技艺融为一体。与文秀细腻的南方狮子头面具不同，它造型夸张、形态传神、色彩艳丽，极具北方粗犷豪放的霸气，用色犹如传统的木版年画，描绘造型犹如戏剧花脸脸谱，兼具诙谐幽默，极具苏北地方特色和民间工艺特色，体现了极高的艺术研究价值。

3. 现状与传承

随着国家非物质文化遗产保护工作的推进，民间艺术日益受到重视。邳州市政府为促进纸塑狮子头的发展，采取了一系列的措施，如保护制作工艺、提倡研发新产品、组织参加民间艺术展览、扩大对外宣传等。1990年，邳州纸塑狮子头首次参加"江苏省民间美术博览会"获优秀作品奖；同年参加"上海·中国民间美术博览会"获优秀作品奖；1992年，参加"北京第二届中国民族文化博览会"获二等奖；同年参加北京举办的"中国民间艺术一绝展"获金奖；1993年被国家文化部选入参加在美国举办的"中国民间艺术一绝展"；

2008 年被正式列入第二批国家级非物质文化遗产名录，并于 2009 年 2 月在首都博物馆举行的"京杭逸韵——2008'BMW 中国文化之旅'成果展"上亮相。

近年来，由于各种现代娱乐形式的出现，传统狮子舞等民间舞蹈逐渐被新的歌舞娱乐形式所取代，用于狮子舞的纸塑狮子头面具用量减少，销量不大，许多艺人便被迫放弃了这门手艺而转行，加上年轻人不愿从事这门技艺，致使邳州纸塑狮子头技艺后继乏人。而石荣圣一家，却始终坚守着这一传统工艺。

1994 年，邳州纸塑艺人石荣圣被联合国教科文组织授予"民间工艺美术家"称号。1957 年生于民间扎塑工艺世家的石荣圣，自幼受祖辈扎塑艺术的熏陶，1966 年正式随父亲学习纸塑狮子头制作，并在继承老辈人传统技艺的基础上，不断地研究创新。他的纸塑狮子头作品有数百件被国家、省、市多家博物馆、民俗馆、大专院校和知名研究学者、收藏家收购收藏。

（四）糖塑·丰县糖人贡

1. 历史发展

糖人贡，俗称"供品"，主要用于传统丧葬祭祀活动。其工艺特点为模具注塑。主要原料为优质白糖，食用色素（包括胭脂红、食用绿、食用黄）；主要生产工具及设施为木质模具（祖传）、铝锅、水缸、火炉子、木头案子。作品色泽鲜艳，造型优美，有很高的艺术价值。糖人贡发源于唐朝，原为宫廷用品，后流入民间。丰县糖人贡艺术发端于清代中期，距今已有 300 余年的历史，为世代家传。

丰县糖人贡技艺为世代口授家传，历史上很少有文献著录专门论述。中华人民共和国成立前，民生凋敝，一般穷苦百姓及小户人家丧葬及春节、清明节、"十月一"（农历）上坟祭祀用不起糖人贡，只有达官贵人、富贾大户才用糖人贡。当时糖人贡艺人因缺少资本购买原料，一般都是顾客提供原料进行加工。如丰县王敬久（当时任国民党军兵团司令）父亲去世，大办丧事，便是自备原料，由艺人上门制作。

"生事之以礼，死葬之以礼，祭之以礼"，丰县民间传统丧葬祭祀习俗由来已久，沿袭至今。糖人贡在近现代伴随着本地丧葬、祭祀习俗，在丰县传承有序，留存至今。

2. 艺术特色

丰县糖人贡在长期的发展过程中已形成独特的个性风格，有着鲜明的地方特色。目前在以丰县为中心的苏、鲁、豫、皖交界处的部分农村应用较为广泛。

丰县糖人贡题材及内容都十分广泛，多选材于民间故事、神话传说等，常常带有浓郁的宗教色彩。造型包括：仙佛诸神、动物、果品、古代建筑、祭祀器具。主要作品有《寿桃》《石榴》《老寿星》《王母娘娘》《天官》《八仙人》《盘龙柱》《宝塔》《大牌坊》《十二生肖》《公鸡》《鲤鱼》《猪头》《狮子》《香炉子》《酒具》《蜡烛》等。这些作品可以组成32件套、24件套、6大件等，按照亲疏远近，在殡葬祭祀活动中以相应的礼仪使用。

丰县糖人贡形象古朴优美、生动传神，通体雪白、润泽如玉、晶莹透亮，用不同传统食用色素细加描绘，纯净而艳丽，意趣天成，质朴中透出典雅之气，是我国古代民间美术传承至今的代表作品。

3. 现状与传承

2008年6月14日，国务院公布了第二批国家级非物质文化遗产名录，丰县糖人贡入选。随着社会的发展，丧葬习俗不断简化，糖人贡生存空间越来越狭窄。再加上作品易碎，受潮易变形，不易保存（一般保存期不超过6个月），以及用途单一，用量减少，使得糖人贡经营状况堪忧，销量甚微，也导致糖人贡面临濒危。当前代表性传承人是郭氏族第五代传人郭新元。他于1981年跟父亲学做糖人贡，主要制作24件套糖人贡、32件套糖人贡、6大件糖人贡，并且在县城经营一家糖人贡店铺，制作工艺精湛。郭新元家中模具齐全，大部分为祖传模具，也有一部分模具是从糖人贡模具制作人——丰县常店镇马楼村颜世灵处购买。

(五)邳州年画

1. 历史发展

邳州最早的民间绘画见于邳州市古文化遗址出土的6300多年前新石器时期的彩陶画。邳州年画源于当地的民间绘画和雕刻画,唐代开始兴起,宋代已日趋成熟,到了明、清时期迅速发展,邳州先后出现数百家各具特色的年画作坊,清代中后期达到鼎盛时期,邳州年画在继承传统年画的基础上不断创新,形成了独树一帜的民间绘画,在中国美术史、民俗史上占有重要的地位。

2. 艺术特色

邳州年画以纸张、板、墙、家具、器物等为载体,采用手绘、半印半绘、木版手工印刷、机器印刷、刻纸彩绘等绘画形式和技法。

早期的邳州年画以神佛画像居多,主要用于民俗年节、吉祥纳福、祭祀神灵、镇邪驱疫、宗教信仰、娱乐游戏等。近年来,邳州年画的题材不断扩充,不仅有神佛画像,一些表现民风民俗、劳动生活场景的画像也日益增多。

邳州年画色彩鲜艳浓烈,具有强烈的视觉冲击力;造型粗犷,用笔狂放,具有浓郁的乡土气息;生动泼辣,简练夸张,具有强烈的时代感。邳州年画的表现特色之一还在于诗画结合,画配诗文,画中的诗有的是民间百姓熟悉的打油诗,有的是对画中故事情节的表述,充满了浓浓的生活气息。

3. 现状与传承

1991年,邳州市被国家文化部命名为"中国现代民间绘画之乡"。而随着各种新文化传媒和现代绘画、现代印刷品的出现,许多传统年画已经在市场竞争中逐渐消失。邳州年画销量甚微,使得许多民间老艺人逐渐放弃了年画的制作。加上年画制作收入低,年轻人不愿学习这门技艺,邳州年画技艺已濒临消亡的境地。加强对邳州年画的抢救、扶持工作已迫在眉睫。

（六）盐城老虎鞋

1. 历史发展

盐城老虎鞋是盐城的传统手工艺品之一，和虎文化密不可分。"龙生云，虎生风"，人们喜爱虎的八面威风，小孩戴虎帽、穿虎鞋、睡虎枕的历史源远流长。在出土的汉、唐古墓文物中，就发现了一些虎饰品和虎枕、虎鞋、虎帽等物品。相传，幼时岳飞最喜欢穿母亲做的虎鞋；对于仙人赐予的虎鞋，朱元璋一出生就穿着。这种传闻当然带有神话色彩，都是基于虎鞋能辟邪，带来吉祥的信仰。如今，盐阜地区城乡仍保留着给小孩穿老虎鞋的习俗。

2. 艺术特色

老虎鞋，因鞋头形似虎头而得名，是利用中国传统民间手工艺制作的一种童鞋。老虎鞋在制作上不刻意追求形似，但求神似，达到形神兼备的功效。婴幼儿虎鞋，虎头富有生机，传神、威风，小巧玲珑，十分精美，老虎的眼睛、耳朵、胡须、尾巴浑然一体，搭配巧妙，栩栩如生，而且小孩穿着舒适、美观。凶猛的老虎在艺人的手上被赋予了很多人物性格，既夸张，又逼真，亲切可爱，逗人喜欢。

3. 现状与传承

老虎鞋传承人周纪珍，1927年生，在幼年时跟其姑母周小党学针线活，12岁就能独立做针线活，剪花样、裁剪缝制衣饰，绣制虎帽、虎鞋。她一生做虎鞋，60多个年头从不间断。她缝制的虎鞋早在20世纪50年代就参加过盐城地区的民间艺术展览。80年代和90年代，周纪珍的作品多次参加盐城市举办的民间工艺品展览并获奖。在中宣部和文化部于2006年5月18日—21日举办的中国深圳（国际）文化产业博览会上，周纪珍的老虎鞋受到国内外参观者的关注和青睐。2007年，盐城老虎鞋被江苏省人民政府批准为第一批江苏省非物质文化遗产。

（七）沛县泥模

1. 历史发展

沛县位于微山湖西岸，大运河从湖中穿过，古泗水故道在沛县城东，因汉高祖刘邦曾任泗水亭长,因而给沛县留下了歌风台、射戟台等众多的历史遗迹。不少历史故事也进入了沛县泥模的制作内容。

泥模玩具最早见于北宋张衡的《东京梦华》和张择端的《清明上河图》中。从张君实先生收藏的百余种泥模看,内容多为《西游记》《三国演义》《封神演义》等经典小说中的故事人物和戏曲人物;人物服饰多为明代服饰和明、清戏曲舞台扮相,而明代市井文化的发达,使泥模玩具繁荣发展。清代,泥模玩具进一步在沛县一带得以普及。在张君实收藏的泥模类型中,就有一组清代人物造型,既有顶戴花翎、身穿朝服的官员,也有手拿大烟袋、身穿满族服装的庶民。由此可见,泥模玩具也是随着时代的发展而不断改进更新。民国时期,泥模玩具不但是微山湖一带伴随儿童成长的益智玩具,也成了民间艺人的谋生手段。微山湖东段镇(原沛县第七区)有一个路彦村,全村家家从事泥模及其他泥玩具的制作。微山湖两岸的民间货郎挑上的泥模玩具,随处可见。

中华人民共和国成立后,随着我国手工业水平的提高,儿童玩具随之发展,金属玩具、机械玩具、塑料玩具走向儿童生活。尽管如此,泥模玩具仍没退出市场。这一时期的泥模增添了"降落伞""和平鸽""摩托车"等造型。"文化大革命"过后,泥模玩具在沛县及周边地区几乎销声匿迹。

2. 艺术特色

沛县的泥模玩具分"模仁""泥模"两部分。"模仁"是泥模制作的母体,也叫老模子。一个老模子可以翻制出许多泥模,泥模造型相当于金属浇铸工艺的外范,呈半圆中空"碗状"形态泥模的造型和质量完全取决于模仁制作水平的高低,对艺人的塑造技艺要求较高。

"制作工艺分为'打泥''雕刻''翻模''烧制'四个步骤。'打泥'的工艺与邳州泥玩具一致。'雕刻'是在半干湿的熟软纯质的泥块上进行各类题材的创作,制作'模仁',由于模仁是制作泥模的基础,因此需要精雕细刻。'翻模'是在模仁的基础上翻制出泥模,泥模有'泥质''陶质'之分,泥质的不易长期保存。'烧制'是起窑加火烧制（或在煤炉中烧制）泥模，烧制过程与烧陶工艺相当，文火起，猛火攻，慢慢冷却。土窑木材烧出的泥模呈土黄色，煤炉烧制的则呈砖红色。"[1]

沛县泥模玩具主要取材于戏曲人物和神话故事人物，造型生动，个性突出，具有较高的浮雕艺术水平，对研究我国戏曲艺术、佛教和儿童玩具发展都具有一定的考证作用。

3. 现状与传承

沛县泥模在传承发展的过程中，最具有代表性的泥模艺人是张君实。他从20世纪40年代就开始从事泥模艺术，曾多次参加全国、省、市民间工艺美术展览并获奖。1994年，他的作品《水浒传108将》参加了由国家文化部组织的"庆祝建国四十五周年中国民间工艺一绝大展"，获得了银奖；1995年被联合国教科文组织授予"中国民间工艺美术家"称号。张君实的泥模艺术先后被《中国民间工艺》《人民画报》《玩具之旅》《徐州民间艺术荟萃》等书刊以图文形式加以介绍。到21世纪初，沛县泥模艺术面临老艺人年事已高、后继乏人的窘境。泥模工艺的历史资料和作品亟待整理抢救，泥模艺术作为珍贵的非物质文化遗产亟待加以抢救和保护。

（八）宿迁云渡桃雕

1. 历史发展

云渡桃雕出产于江苏省泗阳县临河乡云渡村，是一种以桃核为载体，运用传统手工艺雕刻，制作各种桃核制品的汉族传统艺术形式。[2]云渡桃雕起源于明代的云渡桃雕，至今已有400多年的历史。

云渡口一带的居民早在明朝时，就利用农闲季节，把捡拾的桃核雕刻成桃篮、桃锁、桃船、桃猴等工艺品，来增加收入。一枚粗糙桃雕品，在雕刻者手

---

[1] 赵冬霞、陈芳、窦勤军：《徐州泥玩具考略》，《徐州师范大学学报》（哲学社会科学版）2011年第4期。
[2] 解荣昌、孙姝雅：《云渡桃雕的文化内涵阐析》，《美术教育研究》2015年第1期。

上，只需三刀几锉即可完成，作为婴儿扣手脖、姑娘系荷包、老人挂烟袋的装饰品。在孩子身上挂系桃核雕品，也含有辟邪保平安之意。

泗阳桃雕直到1973年才被外贸部门发现。云渡口的桃雕能手和来自上海的研究民间工艺的专业人员经过精心研究，设计出十八罗汉头像、十二生肖、八洞神仙、双喜花篮等二十多种新颖款式；培训出一批桃雕高手，在泗阳县办起第一个"桃雕工艺厂"，泗阳桃雕工艺得以崭露头角，大放异彩。2009年，云渡桃雕被列入第一批江苏省非物质文化遗产名录扩展项目名录。

2. 艺术特色

云渡桃雕技术高超的行家里手雕刻的作品种类繁多，图案千姿百态，有五百罗汉、花卉果实、花鸟虫鱼等。如最精致的花鸟佛珠，不但造型准确，而且镂空剔透，甚至连鸟的翎毛、花瓣、花叶，都达到疏密适度、层次分明。

3. 现状与传承

云渡桃雕无疑是中国汉族民间工艺品中具有地方特色的传统工艺之一，它既是劳动人民勤俭智慧的体现，也是云渡桃雕艺人高超手工技艺能力的体现。自1993年宿迁市泗阳县临河镇被国家文化部首次命名为"中国民间文化艺术之乡（云渡桃雕）"以来，临河镇在全镇开展、普及桃雕文化，建立桃雕产业基地，不断提高工艺水平。云渡桃雕多次参与国内外民间文化活动推荐，闻名中外。2014年被国家文化部正式命名为2014—2016年度"中国民间文化艺术之乡（云渡桃雕）"。

云渡桃雕工艺正面临着技艺濒危、后继乏人的境况。代表性传承人有云守阳、云明先、王增久、王富久、倪军等。

（九）风筝制作技艺（徐州风筝）

1. 历史发展

相传，公元前202年楚汉相争，项羽兵驻彭城九里山下，汉军师张良为破敌阵，在徐州东郊（现子房山）一山顶扎制一牛皮大风筝，下坠一筐，张良坐在里面，乘东风飘到九里山上空，箫声悠扬，楚歌阵阵，楚兵听后，军心涣散，汉军大胜。

自牛皮风筝起，每年入春后，遇晴天，人们便纷纷走出家门，来到广阔的原野放起风筝。东汉蔡伦造纸术面世后，有了纸制风筝，并出现了"纸鸢"和"鹞子"的称谓。

2. 艺术特色

徐州风筝的品种繁多，其特点是制作考究，选料精细，工艺精湛、细腻，造型生动形象、活灵活现，尤其在空中放飞时，形态更加优美动人。徐州风筝结构严谨简洁，色彩鲜艳，对比强烈，给人以生动活泼或恢宏博大之感。制作过程中，每道工序都要求严格，竹篾要求均匀，扎绑严实，接口平整，粘糊牢靠，放飞时能够显得轻灵而平整，且升力大，在多种风力情况下都能很好地放飞。

徐州风筝最具传统代表性的是鹞子、凤凰风筝，它们都是徐州扎制艺人大胆创造的杰作，既抽象，又写实。从外形上看，鹞子风筝酷似蝴蝶和蜜蜂等昆虫的变形，雄健壮观，在空中飞行时形态庄重，似有大将风范；凤凰风筝则与徐州汉画像石中朱雀（常称凤凰、火鸟）的外形十分相似。

3. 现状与传承

徐州风筝在国内外享有盛名，艺人队伍也比较庞大。鹞子、凤凰风筝虽然看似简单，但由于其扎制的技术含量大，精确度高，因此所需的时间长，价格也比普通风筝要高。而目前出现的机械化风筝价格低廉，成品率高，更受人们推崇。加上风筝的销售因受季节制约，收入甚微，许多风筝艺人纷纷改行，传统工艺制作的徐州风筝正面临后继乏人的局面，加强对这一传统民间工艺的保护和扶持已迫在眉睫。

徐州风筝的代表人物为曹开君，他扎制的鹞子、凤凰风筝在继承传统的基础上，又融入新的元素。他制作的风筝多次在全国风筝比赛中获奖。

（十）丰县吹糖人

1. 历史发展

吹糖人，行话称"捧虚"，为"一本万利"的买卖。古谚云："七十二行，不如敲锣卖糖。"相传在唐代以前就有这项民间手工技艺。吹糖人技艺在历史上并不为上流社会认可，亦被认为是下九流的雕虫小技，虽少见著录和记载，但深受黎民百姓的喜爱，历代吹糖人艺人走乡串村，靠吹糖人谋生。早期流传于中原地区，清代传入丰县，距今已有100多年的历史。当时在丰县的许多乡镇都有吹糖人艺人，吹糖人艺人代不乏人，在民间世代流传至今。

2. 艺术特色

吹糖人的主要原料是糖稀（饴糖）。糖稀有麦芽糖稀，也有用大米、大麦等为原料，经发酵、过滤、熬制而成的糖稀。之后，将麦芽糖稀熬去水分，加入食用色素，冷却成糖稀块。从工艺上讲大致分为"口吹手捏""模印造型""吹捏与模印相结合"三类。可吹制成各种人物、动物、生活用品等，作品造型生动逼真，形神兼备，质朴可爱，惟妙惟肖，色彩鲜艳夺目。

吹糖人艺人多走街串巷，现场吹制及售卖，每年的六月至九月，因为高温、潮湿不宜吹制外，其他季节皆宜，尤以冬闲时节为最佳。一般艺人走乡串村制售，逢节庆、庙会等群众聚集活动的场所，摆摊制售。

3. 现状与传承

现在丰县吹糖人艺人越来越少，主要分布在侯老家村和于楼庄。代表艺人有侯敬爱、程守民、程真颜、程守清等。其中，侯敬爱是最具代表性的吹糖人艺人。

近年来，侯敬爱积极参加各地文化艺术活动并多次获奖，在一定程度上扩大了"吹糖人"的艺术影响力。《扬子晚报》《南京日报》等多家媒体对侯敬爱吹制糖人的技艺也予以报道。2004年2月，中央电视台《走遍中国》栏目对他现场制作表演进行了录制、播报。

（十一）蓝印花布印染技艺（邳州蓝印花布）

1. 历史发展

邳州蓝印花布，又称"青花布""药斑布"。邳州的先人早在新石器时代就已掌握了纺织结网和染色工艺，这点从邳州大墩子新石器古文化遗址中出土的大量陶纺轮、骨针、织物印痕、彩陶纹样、矿物质颜料石及颜料研磨器具、骨笔等就可证明。至今，这一古老的民间印染工艺仍在邳州传承与发展。

据《邳州志》记载，唐宋时期，邳州的染坊已遍布乡村街巷；明清时期至20世纪50年代，蓝印花布在邳州地区农村民众生活中普遍使用。

从远古的织物涂染到扑喽青染色、包豆扎染，从凸版印花至纸版防染剂印花，邳州民间染匠人在生产实践中，不断地发展创新，总结出一整套独具特色的民间印染工艺。

2. 艺术特色

邳州蓝印花布受苏北、鲁南地区民间传统文化习俗和生产生活方式的影响，其花纹造型古朴豪放，色彩绚丽多姿，产品别具一格。纹样内涵丰富，具有浓郁的地方艺术风格。邳州蓝印花布印染工艺精致细腻，染色牢度强，具有染色不褪、耐洗耐晒、耐磨耐脏、吸汗透气、纹样越洗越明显的显著特点。

3. 现状与传承

随着现代社会经济和多元文化的发展及机械印花布的大批量生产，传统蓝印花布的市场逐步衰退。同时又因传统手工蓝印花布印染原材料成本高，印染效率低，经济效益低，迫使许多蓝印花布染匠人不得不放弃了手中的传统技艺而改行，致使这一古老传统的民间手工技艺面临失传境地，亟待对此项民间瑰宝进行深入的挖掘、研究、保护。现邳州市岔河镇良壁村的王家印染作坊仍继续坚持印染，也是邳州地区唯一的传统印染作坊。

（十二）邳州喜床画

1. 历史发展

邳州喜床画是画在喜床（俗称"面子床"）上的一种传统民间绘画，据历史记载，起源于汉代，在邳州出土的汉画像石中就能看到精彩的床画造像。宋代喜床画开始在民间流行。民国时期至 20 世纪 80 年代前喜床画在苏北、鲁南地区农村广泛使用，深受使用者和欣赏者的喜爱。

2. 艺术特色

邳州喜床画秉承了楚汉文化丰富的内涵和造型技法，广泛地吸取了传统民间绘画、年画的构图、造型和设色技法，具有邳州地区独特的民族民间绘画风格。内容以吉祥喜庆题材为主，包含人物、花鸟、瑞兽、山水，以物寄意，如娃娃坐莲花意为"连生贵子"，月季花和花瓶意为"四季平安"。每套喜床画都有其独到之处，每幅吉祥寓意图案又都是有机地结合在一起，互相辉映，仔细地品味其中的寓意，更是余味无穷。表现手法有工笔重彩、单线平涂、刻绘等。

"邳州喜床画是青年人结婚时，长辈在给子女打制的结婚喜床面子上绘制、雕刻的传统风俗纹样，取其纹样的谐音、寓意，饱含着期望子女婚姻美满、心想事成、合家安康的精神内涵，传情达意，寄托着对爱情的祝福。"[①]

3. 现状与传承

20 世纪 80 年代开始，喜床画随着绘画的载体——喜床的淘汰，逐渐消失。目前，只有边远农村传统家庭的一些老人保留着完整的面子床，但喜床画已难寻觅，随着绘画老艺人的离世，此技艺将人去艺绝。

（十三）麦秆剪贴（大丰麦秆剪贴）

1. 历史发展

麦秆剪贴在隋、唐开始兴起，宋代兴盛起来，明、清流行开来，是中国独有的一门传统美术。20 世纪 70 年代，上海知青江可凌继承发掘了这一中华绝技，填补了上海传统艺术麦秆剪贴的空白。随后江苏大丰小学教师沈社国投函拜师，根据有关资料，潜心钻研，大胆创新，并借助现代科技手段，不断推陈

---

① 欧阳秋子：《探析在民间美术教学中对大学生情商的培育》，《美与时代》（下）2011 年第 11 期。

出新，形成别具一格的大丰麦秆剪贴，从而使这一古老的传统工艺重放异彩。

2. 艺术特色

大丰麦秆剪贴是用麦秸秆剪裁拼贴制成工艺美术品的一门综合技艺，涉及书、画、剪、烙、裱等诸多领域。题材有人物、山水、花竹、禽鸟、虫鱼，经过设计画稿、分解图纸、选择材料、加工染色、贴分解图、熨烫压平、剪贴组装、烙烫装裱等步骤，画面色彩鲜艳，立体感强，经久不变，栩栩如生，具备彩色、本色等多种色调和平面、立体等多种形式系列产品，在创作手法上独树一帜。

大丰麦秆剪贴的最大特点是巧妙运用麦秆的本色，使画面产生强烈的立体感。其制作工艺精巧，匠心独运，选材用色、运刀贴切，并运用特种技术、特种工具（自制）把麦秆刮平刻细。工笔、写意随心所欲，堪称艺术品中的奇葩。

3. 现状与传承

大丰麦秆剪贴艺术在艺人的努力下，屡获殊荣。作品《毛主席纪念堂》在香港回归中国书画大赛中获银奖，《东方明珠》在国际艺术教育书画大赛中获金奖，《九龙壁》入选中国第六届艺术节，《南京长江大桥》荣获"国际艺术精品奖"，并参加了在香港大会堂举办的"世界华人艺术精品展"，《松林鹤寿》等作品参加了北京·中国首届民间工艺品博览会，《红楼梦》获得"上海大世界吉尼斯之最"，并被香港凤凰电视台制作成专题节目向全球播放。大丰麦秆剪贴的主要传承人沈社国，被世界教科文组织正式吸收为世界教科文组织专家成员，2007年9月受法国国际艺术与交流协会邀请，在法国蒙斯市举办了规模空前的个人画展，荣获法兰西共和国荣誉勋章。

（十四）东海水晶雕刻

1. 历史发展

水晶经加工雕琢成为精美的工艺品，称为水晶雕刻。连云港东海县水晶储量约占全国水晶储量的70%以上，被世界公认为"东方石英中心""中国水晶之都"。东海水晶雕刻工艺始于汉代，距今2000余年历史，历经各朝各代，一直延续至今，在长期的传承中，保持了东海传统文化的地方特色。

2. 艺术特色

水晶雕刻的品种很多，作品可大可小，大件作品主要有人物、器具、鸟兽、花卉等，小件作品主要有别针、戒指、印章、饰物等。在制作过程中，工艺师要根据原料的天然颜色和自然形状，反复琢磨，精心设计，才能制成精美的水晶工艺品，可谓中国传统手工艺中独具魅力的一种。

3. 现状与传承

进入21世纪初，东海水晶雕刻工艺进入到新的发展时期。东海晶工坊水晶工作室以其丰富多彩的设计、精工细琢的工艺、精湛娴熟的制作技艺成为水晶雕刻的代表。2011年9月东海水晶雕刻入选江苏省非物质文化遗产名录，2014年年初，东海县被中国民间文艺家协会授予"中国水晶雕刻艺术之乡"称号。

（十五）连云港锻铜技艺

1. 历史发展

连云港地区的锻铜工艺主要分布于连云港市及下辖赣榆、东海、灌云三县。据考古佐证，1960年在该市新浦区花果山乡大村出土的铜鼎，是迄今为止江苏境内所发现的最大铜鼎，将连云港锻铜工艺追溯到了5000年以前。

2. 艺术特色

锻铜工艺以紫铜板材和黄铜板材为原材料，使用各种金属锐器，按设计方案，在铜板上雕刻出凹凸起伏的各种图案，或将铜皮加温使之变软，用铁锤、木槌或胶皮锤为工具，经锻打或錾击工艺，做成各种制品。

锻铜工艺利用铜伸缩性好、软硬度适中等特点，用浅浮雕、高浮雕和圆雕等造型技法，加上特殊配方对作品表层进行工艺处理，以其金属材料特有的质地感、浓郁的手工美、质朴的艺术风格加上色彩上的出新与变化赢得了人们的喜爱，其作品流布到世界各地。

连云港锻铜工艺作品内容广泛，有人物、景物、器具、兵器、书法等，不仅形体生动，凹凸有致，还具有北雄南秀的特点，可用于收藏、陈设，也可作为礼品及城市雕像。

3. 现状与传承

连云港锻铜工艺的艺人可追溯至清代海州人谢咏，至今衍传六代，多为家传。现有"老艺头环境艺术工程有限公司""异珍堂工作室"等生产创作基地。江苏省工艺美术大师周存玉是该项目的市级代表性传承人。

(十六) 草编 (薛桥草编)

1. 历史发展

薛桥草编制品内容丰富，形式多样。有各种各样的生活用品，还有丰富多彩的装饰工艺品。薛桥村位于徐州九里区西北部，暖温带半湿润季风气候特别适宜薛桥草编的原材料——高粱秸的生长，红、黄、白、奶白等颜色的高粱秸，孕育出了薛桥草编这一独特的民间技艺，成就了其"苏北第一编织村"的美誉。

薛桥草编起源于何时没有具体的答案，据现今80岁以上的老人们说，清朝中期很兴盛。旧时，多数薛桥居民在给本村的几家地主打短工之余，兼做草编工艺。从家庭用具的编织，逐步演变为给城里的酱、醋、菜等店加工锅帽、缸盖，为馒头房、饭店加工馍筐，以及日常生活使用的馍盘、锅盖、缸盖等。为了赢得更多的客户，草编艺人开始在实用的基础上增添美观悦目的图案或花边，或者制作更精细的草编送给亲友或地位较高的人。

中华人民共和国成立后，薛桥村的男女老幼几乎人人都学习草编技艺，像馍盘、草墩、筐子这样的日用品，出嫁的女儿回门时都要赠送，外村人也到薛桥定做或到集市购买送出嫁的女儿。

2. 艺术特色

安全、卫生、环保，存放时间久。

3. 现状与传承

20世纪60年代，薛桥草编由生产队集体组织去做，按数量、质量记工分。

20世纪80年代后期，薛桥草编又变回了村民各自编制。由于国家经济发展迅速，草编用品的替代品层出不穷，现在薛桥只有少部分中老年人还在做这门技艺，很少有40岁以下的人会做了。

（十七）其他民间美术形式

1. 草编工艺

连云港市赣榆县以及盐城柳编技艺，是用柳条等编制出精致的手工艺品。柳编艺人编制柳制品时是在"地窖子"里进行的，在地窖内扳柳，保温又保潮，编制的工艺品质地好，不易折断。柳编艺人以东方睿智和匠心独运的技艺，编织出的工艺品形态各异，争奇斗艳，既有观赏性，又有实用性。邳州下邳蒲扇编织技艺也有悠久的历史，古邳河流纵横成网，到处都是长满蒲芦的湖荡和沼泽。勤劳智慧的下邳人充分利用丰富的蒲芦资源，大力发展蒲芦编手工业。民间有"到了古邳不买扇，等于白去转一遍"之说。由于近几十年自然生态的变化，香蒲也逐渐稀少，现在古邳会编蒲扇的人不多了。此外，新沂的蓑衣编织技艺、射阳的草编工艺也有着悠久的历史，传统的手工艺制品有芦席、芦帘、草篮、斗笠、草编包、草垫等。

2. 黑陶制作

流传于连云港市赣榆县、海州区等地域的黑陶制作技艺，是我国陶器制作中一种特殊的传统技艺，有着悠久的历史。1959年在海州区锦屏镇二涧村遗址出土的"黄褐式夹砂陶器"，专家考证为该市发现的、最早的黑陶制品，距今约有7000年的历史。黑陶制作技艺流程严密，造型规整，形态别致，陶瓶、陶盆、器皿、笔筒等不仅具有观赏性，还具有实用性，受到群众的喜爱。

3. 邳州农民画

20世纪50年代，邳州兴起农民画热潮，村村有壁画，家家户户画满墙。邳州农民画运用夸张、抽象、变形的现代手法，绘制出题材丰富、色彩明快的画作。这些画作构图饱满，具有强烈的装饰色彩。1991年，邳县被文化部命名为"中国现代民间绘画之乡"。

4. 面塑、泥玩具

盐城公兴镇的面塑泥人手艺已经成功申报为江苏省非物质文化遗产。面塑师傅们扯几块不同色彩的面泥，搓搓、捏捏、按按、修修，一个个栩栩如生的人物或动物形象就豁然而出，功夫尽显。铜山面塑远近闻名，黄集镇的范楼村是有名的"面塑村"，全村200多户村民，几乎家家户户都会捏面人，专业面塑艺人就有100多名。邳州泥玩具则是一种集雕塑、绘画、装饰于一体的综合彩塑艺术。玩具底部或背部打孔，安装上一个竹制或芦苇制作的响哨，儿童把玩时既能看又能发出响声。

5. 贝雕、玉雕、瓷刻

连云港是贝雕的主要产地之一，其产品色彩鲜艳光润、形象生动逼真、装饰富丽堂皇。在贝雕制作时，美术设计师先绘出画稿，艺人们按照画稿，将贝雕打磨成一个个"部件"，然后将这一个个部件进行拼镶，以亮油涂抹，以色彩晕染，最后配上质朴而考究的镜框，这样，一幅栩栩如生的贝雕画便制成了。题材涉及山水、人物、花卉、动物、楼亭、神话传说和民间故事等。徐州邳州市玉雕技术传承和汲取了古代玉雕、石雕、汉画像石的雕琢技艺，形成了浑厚、圆润、儒雅、灵秀、精巧的基本特征，仿古雕刻技艺独具一格，产品构图新颖，造型优美，线条流畅，形神兼备，技艺精湛。

6. 沛县织锦

沛县织锦主要分布在沿微山湖一带的沛县龙固镇、五段镇、杨屯镇、魏庙镇、胡寨镇等。由于湖区人民相对偏僻的居住环境，使其较少受到外来文化的影响，织锦纹样也因此一直保留浓厚的传统特色。沛县织锦是湖区历史文化、地理环境、宗教信仰、审美情趣等因素的载体，是实用性与装饰性的结合体。随着社会的转型、民众生活方式的嬗变和外来文化的影响，以及各类织物的更新发展，人们审美情趣的变化，加快了沛县织锦的消亡。民间织锦艺人渐渐老去，现有艺人年龄老化，传统技术得不到系统保护，技术传承后继乏人。如不抢救，沛县织锦艺术将会濒临灭绝。

第三节　鲁南地区

一、鲁南地域区划与齐鲁文化

（一）地域区划

鲁南即山东省南部地区，是山东的南大门。广义上的鲁南地区包括日照、临沂、枣庄、济宁、菏泽5市43个县（市、区），狭义的仅包括枣庄、临沂、济宁地区（由于鲁南跟江苏搭界，地理上属于山东的最南端。所以传统意义上，日照属于鲁东，菏泽属于鲁西南）。

（二）历史文化

鲁南隶属于齐鲁文化。"齐鲁文化是指先秦时期齐国和鲁国以东夷文化和周文化为渊源而发展建构起来的地域文化，是秦汉以来中国大一统文化的主要源头。两汉时期所实行的礼仪制度与作为意识形态和学术思想的'礼学'基本上都是在齐鲁之学的基础上形成和发展起来的。"[1]齐鲁文化，影响深远；齐鲁大地，人杰地灵。数千年来，一大批推动中华文化发展的杰出人物都在这片土地上扎根、生长，如孔子、孟子、墨子、孙武、孙膑、诸葛亮、李清照、辛弃疾、蒲松龄等。众多的文化名人更是客居山东，留下许多传世佳作。

二、传承与保护现状

鲁南区域的民间美术资源丰富、源远流长，它立足于本地区悠久的历史文化，

---

[1] 丁鼎：《齐鲁文化与西汉礼制及礼学》，《烟台师范学院学报》（哲学社会科学版）2004年第2期。

展示了本地域文化的原发性、悠久性等特点。这不仅是当地先民在长期的劳动实践和社会生活中所创造的文化瑰宝，也是中华民族优秀文化的有机组成部分。鲁南地区的民间艺术品至今仍保留着本土文化的特色，风韵独特，多姿多彩。

但是随着时间的推移，社会的发展日新月异，高科技使人们的一切想象都变得有可能，新颖美观且廉价的现代艺术品充斥市场，在这样应接不暇的时代，鲁南区域传统民间工艺品也逐渐没落了。老艺人几乎全部凋零，年轻人不愿学习，传统手工艺几乎成了历史陈迹。

三、艺术形态及其特点

（一）伏里土陶

1. 历史发展

伏里土陶为山亭区西集镇伏里村所独有，起源于大汶口文化中晚期至龙山文化时期。大汶口文化遗址的出土，证实该村土陶生产史有6000年。汉、唐、明、清墓葬的发掘，证实土陶在各个朝代的清晰风向印记，具有一定的考古价值。

在现存的民间土陶艺术中，伏里土陶以其悠久的历史、深厚的原始文化内涵、独特的造型和题材而独树一帜，被誉为山东土陶艺术品种当中独立发展起来的稀有艺术品种。

2. 艺术特色

伏里土陶按其用途可分为三大类，共计39个品种。

祭祀类：有圆鼎、方鼎、香筒、土碟等，主要用于烧香。

赏玩类：有狮子、牛等，主要用于摆件；有蟾蜍、鸡、鱼、狗等，大多做成儿童玩的口哨。

生活用品类：有八角松枝盆、阖缸、阖盆、大小花罐等。

伏里土陶的工艺主要在做模、手捏和窑内温度的控制上。所用的土取自当地人称为龟山和蛇山的两座并立小山边的一个叫黑风口的地方。先把取的黑风口土摔成泥条，再用水洗，然后用模具将沉淀物做成的泥坯压成型，再经过修坯和洗坯，晾晒7天左右，最后放置窑中焙烧。

伏里土陶中最有特色的是"大站狮"和蟾蜍。"大站狮"乍看是狮，细看又不像，再看又像虎、像狼、像豹、像狗，又都不是。这种荒诞不经的造型正是伏里土陶中的狮子极具特色的地方。在我国民间，人们深信外形丑陋的蟾蜍有神奇的辟邪、祛毒疫功能，故蟾蜍又名"辟邪"。汉代以后，民间还流传有"得大蟾，必大富"的说法。这种信仰也使得蟾蜍造型成为伏里土陶的另一个具有代表性的作品。

3. 现状与传承

伏里土陶2006年入选山东省第一批省级非物质文化遗产名录。如今伏里的土陶艺术品已传入美、德、日、法等国家和地区，并被中国美术馆、日本玩具博物馆等机构所收藏。但是，伏里土陶的命运不容乐观，因为当地人认为土陶太土，谋生不易，故而看不起这门艺术，年轻人很少有愿意学习制作土陶的。现在，甘志有是伏里土陶唯一的传人，他被中国民间艺术家协会授予"民间工艺美术家"荣誉称号。

（二）洛房泥玩具

1. 历史发展

大约在清咸丰年间，洛房泥玩具兴起，至今经历了近200年的发展历史。清光绪四年（1878），张有力从老家滕州杨庄张坡村迁居前洛房村，学会了泥塑技艺。起初只能捏制一些"小麻雀"等小玩意儿，没有模型，全靠手工捏制，而且非常粗糙、单调，用的也是平常土，捏制的产品还容易破裂。后来张有力在大辛庄找到了一种"白塘土"，并使用了一种"白上粉"的材料，经过大胆摸索试验，制作出模型。从此以后，泥塑在张氏家族里一代一代流传下来。同在清光绪年间，杨某某（名字不详）从老家杨闸迁居到前洛房村，大胆摸索，创制了"不倒翁"。

洛房泥塑与不倒翁，在创始之初，只是作为养家糊口的营生。后来随着这一技艺的不断发展，逐渐成了鲁南、苏北地区民间的畅销产品。

2. 艺术特色

洛房泥玩具的原料主要是泥土，其他材料还有红、白、黄等各色颜料，水胶、松香、烧酒、鸡蛋黄等。

制作工具有：模型、小弓子、小刀、竹签及秫秸棒、毛笔。

具体制作过程如下：首先，将取来的白塘土晒干、碾细，将杂质筛去，用水和成泥团，这种泥必须用棍棒砸十几遍才行。其次，用手将泥团压成泥饼，贴在模型的两个模具上，将两个模具合在一起，再用小弓子将接合处挤出的废泥刮掉。稍一停歇，便可开模，取出制品进行晾晒。为了使制品能发出各种不同的声音，在晾晒之前再用秫秸棒，根据不同的声音，在制品的不同部位投孔。晾晒干后，先用白土粉将制品涂抹3次，再用各种颜料绘制花纹、动物、禽兽，最后用炊火烧烤以使之坚固。但人物不能烧烤，这是洛房泥塑艺人一条不成文的规矩。这就形成了洛房泥塑的"黑""白"货之分，烧烤的称"黑货"，不烧烤的称"白货"。

3. 现状与传承

洛房泥塑2006年入选山东省第一批省级非物质文化遗产名录。

洛房泥塑历经张氏家族里一代一代传下来，到张玉明已是第四代了，张玉明的泥塑技艺也被儿子和孙女继承下来。现在"不倒翁"第四代传承人杨其富的儿子也已继承了这一民间工艺。

张玉明、杨其富被联合国教科文组织、北京黄皮肤文化艺术研究中心、中国民间艺术家协会联合评为"中国民间工艺美术家"。

（三）松枝鸟

1. 历史发展

松枝鸟发源于山东省滕州市界河镇西西曹村。据查证，1926年，村民王德益外出闯关东时,带两只小鸟回来,闲暇时剥开研究,一看没什么奥妙,便试着做起来,经过反复试做,终于成功。村里人先是出于好奇学着做,后来大量制作,很快发展到全村家家生产,户户制作。逢集赶会,便从后山(狼山)裁来松枝,将小鸟盘插在枝间,沿街叫卖,红、白、黄、蓝,色彩艳丽、栩栩如生的小鸟,栖息在翠绿的松枝之上,煞是喜人,再加上价格便宜,于是十分畅销。

2. 艺术特色

松枝鸟所用的原料主要有秋秸瓤、新旧棉花、羽毛和五色颜料等,原料低廉,工艺简单,但制作时大小十几道工序却十分烦琐。

"先用去皮的秋秸瓤插成鸟的骨架,插上鸟嘴和鸟腿,俗称'搭架子'。再用旧棉花裹在鸟的骨架上,做成小鸟的身子,外面罩一层精白的新棉花,这一道工序俗称'包肚''包头'。第三步用精白面粉打成糨糊,用水稀释,刷在小鸟的身上,同时将洗净的山鸡羽毛、水鸭羽毛或鸡毛贴在小鸟的头部和背部,然后放到户外晾晒。晾干后,小鸟的外皮便形成一层薄薄的硬壳。下一道工序是印眼、画嘴、备翅子、打扈子。用特制的鸟扦子蘸上墨汁印在小鸟眼睛的位置,再用毛笔蘸上颜料画出小鸟的嘴巴、翅子,最后在小鸟的脖子下面画上颜色,俗称'打扈子'。这时,一只完整的小鸟便制作完成了。色彩艳丽、栩栩如生、活灵活现、振翅欲飞。"[1]

3. 现状与传承

松枝鸟2006年入选山东省第一批省级非物质文化遗产名录。

松枝鸟因其艳丽喜庆的色彩,深受老百姓的欢迎。每逢年节时,人们都会将松枝鸟插于家中或拿在手中沿街玩耍,营造浓浓的节日氛围。但是在今天的西西曹村,很少有人从事松枝鸟的制作,主要传承人是70多岁的王德金和赵恒莲,其他也都是年近七十的老年妇女。

---

[1] 周鼎、李向苁:《古韵历新——枣庄非物质文化遗产中的民间美术》,《中华民居》2012年第3期。

(四) 鲁南花馍

1. 历史发展

花馍，又称为"面花"，是人工用面做成的各种样式的馒头。花馍起源于唐朝，盛行于明朝。花馍不仅可食用，更是一种享誉中外的民间艺术品，表现了纯朴、善良的农家妇女们的心灵手巧和艺术想象力。花馍主要流行于山东、山西、陕西等地，其中枣庄的花馍独具特色。

2. 艺术特色

花馍讲究很多，逢年过节都要蒸制花馍。花馍的花饰内涵丰富，色彩鲜艳，造型千姿百态、粗犷生动、夸张变体。花馍的造型主要有猴献桃、花鸟虫鱼、蔬菜杂果等，表达了人们对美好生活的热爱和向往。

鲁南花馍以小麦面为主，以豆子、米、枣、胡椒等为辅料。制作工艺考究，从原料的筛选到面粉加工，从发酵到成形着色，处处精益求精。制作工具极为普通，主要有剪刀、梳子、菜刀等。制作手法有切、揉、捏、揪、挑、压、搓、拨、按等。制作花馍需要9道大工序（即凝水、箩面、制酵、揉面、捏形、醒馍、蒸制、着色、插面花），100多道小工序，全靠手工揉捏而成，至少需要4到5天。由于花馍除了可食用外，还具有很强的观赏性，所以在制作花馍花饰时，有时用米类、豆类等粘贴而成，有时用食用色素上色而成。

3. 现状与传承

鲁南花馍入选山东省枣庄市非物质文化遗产名录。

鲁南花馍的制作主要是以家庭为核心进行的。在家庭中又主要以女性为中心制作，其传承主要是由母亲传给女儿，这样一代一代相继传承，才使得花馍一直流传在民间。王欣是鲁南花馍的第三代传人，她制作的"花馍""五毒兜肚""三国面塑"等作品深受群众的喜爱。

（五）郯城木版年画

1. 历史发展

郯城木版年画的集中产地是山东省郯城县胜利乡沙沃村，县城西南15公里的沂河北岸，是郯城木版年画的发源地。

据考，郯城木版年画起源于清代。当时，山东潍坊的一位年画艺人逃荒到郯城县胜利乡沙沃村，因饥寒交迫，生活无着落，恰逢年关将近，他就用自己从家乡带来的木刻雕版，拓印年画出售。这些拓印出来的年画色泽艳丽，年味十足，受到人们的热烈欢迎，生意十分兴隆，其他村民便来拜师学艺。他们结合当地的地域特色，在原有的基础上不断推陈出新，沙沃村就逐渐发展成为远近闻名的木版年画专业村。

2. 艺术特色

郯城木版年画分为四大系列，近百个品种。四大系列分别为灶码子系列、门神系列、传说掌故系列和经盘系列。

郯城木版年画在用料和颜色上都极富地域特色。艺人们使用的工具一般都是自己制作的，或者直接使用生活中原有的工具，或者稍加改造。制作工具主要有：棠梨木刻版、棕毛刷子、铁锤、剪刀、干软毛刷等。所用的颜料也是由植物汁液调配而成，用色讲究色泽纯正，绝无中间色。在门神的用色上尤其泼辣大胆，不仅色彩艳丽，形成了强烈的视觉效果，而且久不褪色，艳丽如新。

造型上进行了大胆的创新，塑造的人物以英雄豪杰居多，形象高大威猛，器宇轩昂。

构图紧凑、充实，留白较少。布局安排巧妙、对比鲜明、主次有致。线条粗犷质朴、富于野趣，体现了北方民族淳厚雄健的地域特征。

沿用传统的制作工序，生产流程包括拓稿画样、雕刻木版、上案印刷、烘货点胭等四个步骤。

3. 现状与传承

郯城木版年画入选山东省第三批省级非物质文化遗产扩展名录。

目前，沙沃村坚持农闲印制木版年画的只有少数几家，而且大都是70岁左右的老人，如张朝烈、陈宏学等。年轻人不愿学习，此项手艺几乎成为历史陈迹了。

（六）郯城木旋玩具

1. 历史发展

郯城木旋玩具是一种古老的汉族传统手工艺品，俗称"耍货"。元末明初始于山东省临沂市郯城县港上镇北部的樊埝村，至今已有600多年的历史，富有浓郁的乡土气息。

明成化年间（1465—1487），樊氏始祖樊木从江苏赣榆逃荒至沂水河畔，在此落户并拜当地的一位木匠为师。他聪明好学，很快掌握了各种技艺。在做活的过程中，他根据手拉皮带转动转头的原理，制成了简易旋车。刚开始只是制作刀把、花棒槌等简易的玩具，后来逐渐摸索出一套制作木旋玩具的技艺。他晚年将这一技艺传给自己的儿孙，后来其他人也都从事木旋玩具制作，这个手艺就这样世世代代传承了下来。樊木当年落户的地方逐渐发展成为现在的"樊埝村"。

2. 艺术特色

郯城木旋玩具都是以农村的传统习俗为题材和表现形式的。

郯城木旋玩具主要以儿童玩具为主，在造型、图案等各方面体现着浓郁的童趣。木旋工艺形成了以圆柱形为主，局部凸凹、粗细结合、曲线流畅的表现形式。民间艺人经长时间细致入微的观察、想象，对人物、动物的自然形体加以取舍、提炼、夸张、充实、变形等，最终将形体的各个局部概括为各种圆形、半圆形、弧形、锥形等，再加以组合，节奏感强，微妙动态捕捉细致。

传统的木旋玩具常用的颜色为桃红、草绿、艳黄等艳丽的颜色。根据不同类型玩具绘以各种花卉、动物等适合纹样。在色彩和图案上，既有儿童喜爱的花纹，又有成人视为吉祥如意的龙凤图案，彰显童稚之美、自然之美、人文之美，折射出人类发展的足迹。[①]

[①] 王玉玲：《鲁南郯城木旋玩具的美学特征和意义》，《美术大观》2010年第8期。

3. 现状与传承

郯城木旋玩具 2006 年入选山东省第一批省级非物质文化遗产名录。2014 年，经国务院批准列入第四批国家级非物质文化遗产名录。

现在的樊埝村郯城工艺礼品厂生产的木旋玩具不但在各级民间工艺品比赛中获奖，还被中国美术馆、宋庆龄基金会等单位收藏，产品远销海外，其所在的樊埝村也被称为"木旋玩具之乡"。目前，樊继美是木旋玩具的主要继承人。

（七）大仲村蓝印花布

1. 历史发展

我国很早就有采蓝、制蓝的记载。《诗经·小雅·采绿》："终朝采蓝。"这里的蓝就是蓝草。战国时期曾任过兰陵令的荀子在《劝学》中说："青，取之于蓝而青于蓝。"可见当时苍山兰陵一带用蓝草制蓝已很普遍了。

兰陵是临沂民间蓝印花布的主要产地之一，历史悠久，影响深远。由于沂蒙山生产棉花，同时土布的发展、蓝草的种植促使印染工艺的产生，染坊开始出现在各集镇，将农家的来料加工成印花布，从而使沂蒙山区民间蓝印花布一度呈现"衣被天下"的盛况。在 20 世纪 60 年代前印染作坊遍及乡村，尤以大仲村镇小吴宅村相氏作坊最为突出。小吴宅村蓝印花布印染始于清嘉庆年间，至今有 200 多年的历史。

2. 艺术特色

大仲村镇小吴宅村相氏作坊印染的蓝印花布题材广泛，内容形式多样，常以花鸟鱼虫、飞禽走兽等为题材，并带有明显的谐音、隐喻、象征和美好的寓意，具有浓郁的地方特色和乡土气息。其印染技艺工序精细，尤其在染色阶段特别讲究，染第一遍为"月白"，第二遍为"二蓝"，第三遍为"鸦青"，每一匹布都要反复染 10 多次，故有"三分印七分染""青出于蓝而胜于蓝"之说。而且在传统工艺的基础上，吸收了剪纸、汉画像石、刺绣、木雕等艺术创作方法，由单面印花发展成双面印花，由单色发展成复色，由小布发展成宽幅布。印染的蓝印花布色彩质朴，纹样丰富，风韵素雅，形象生动，富有较高的审美价值、观赏珍藏价值、使用价值。

3. 现状与传承

大仲村蓝印花布现已列入山东省第一批非物质文化遗产扩展名录，2006年大仲村镇被省文化厅命名为"山东省民间艺术（染织）之乡"。

目前，大仲村镇仅有小吴宅村相友文、浏井村刘玉同家中保留有染坊。

(八) 苍山泥塑

1. 历史发展

据《苍山县志》记载，苍山泥塑起源于清咸丰年间，发源于苍山县兴明乡小郭村。已故老泥塑艺人李宪志的祖父师从天津泥人张，掌握了雕塑技术，后用本地黄泥塑成人畜玩具，经过晾干，涂粉、着色等工艺，变成成品后拿至集市销售。其制作技艺代代相传，泥塑作品流传于国内外，至今有近200年的历史。

2. 艺术特色

苍山泥塑题材广泛，现已发展到100多个花样品种，既有人物、神像，又有飞禽走兽、果蔬食品。内容有戏曲故事和神话故事，后发展到人与动物结合。苍山泥塑制作精巧，多达30多道工序，其中印模和彩绘是最重要的两道工序。其造型完整统一，概括夸张，简洁而不粗俗，显现出泥人古朴的质感，富有浓郁的乡土气息。泥玩具的底部或背后装有芦哨，模仿各种动物发出不同的声响，有的还能吹出简单而有节奏的音阶，巧妙地把"塑""彩""声"有机地结合在一起，使泥塑作品形同声似，惟妙惟肖，生动传神。

3. 现状与传承

苍山泥塑2006年入选山东省第一批省级非物质文化遗产名录。

1996年兴明乡依托苍山泥塑被山东省文化厅命名为"山东省民间艺术之乡"，2003年3月，被文化部命名为"全国民间艺术（泥塑）之乡"。

尹芳利是苍山泥塑第五代传人，小郭村制作泥塑的是手艺人刘福祥，褚庄泥塑的代表人物是程学义。

（九）曲阜楷木雕刻

1. 历史发展

曲阜楷木雕刻是山东省古老的汉族传统雕刻艺术之一。迄今已有 2400 余年的历史，其原材料源于曲阜孔林独有的珍稀植物——楷树。史载：孔子门人子贡为楷雕创始人，他用楷木雕刻的其师孔子、师母亓官氏的两尊圆雕坐像，已成千古传世之宝，现存于孔子博物馆院内。

2. 艺术特色

曲阜楷雕经历代艺人们的辛苦和创造形成了独特的艺术风格，取法正宗，形神兼备，刀法古朴简约，浑厚精细。楷雕技法分圆雕、浮雕、透雕和镂空雕。楷雕的制作工艺计有十几道之多。一件楷木雕刻的成品，要经过选料、解木、下料、整形、画图、切、削、净、刻、打磨、上色、打蜡等十几道工序才能最后完成。楷木雕产品也由原来的"寿杖""如意"几个品种发展为孔子像、各种人物、花鸟走兽和文具等近百个品种。如意图案有龙、凤、蝠、鹿、鹤、八仙、三星等题材，寓意好运当头、幸福吉祥。头为灵芝祥云状，通体雕花、浮雕、透雕、镂空雕等众多雕刻技法，交叉使用。作品富有神韵，行乎自然，高贵典雅。

3. 现状与传承

曲阜楷木雕刻 2006 年入选山东省第一批省级非物质文化遗产名录，2008 年入选第二批国家级非物质文化遗产名录。

当前传统的楷雕发展情况并不乐观，其中一个重要的原因是机械化生产对手工生产的冲击力太大。雕刻师辛辛苦苦创作的东西，用电脑一扫描，就可以得到图纸，然后就能进行机械化生产。与机械化生产相比，手工制作的楷雕费时费力，价格也较贵，因此销量并不乐观。

最早曲阜楷雕有四大流派，后来只剩孔氏楷雕和颜氏楷雕，现在以颜氏楷雕为盛。四代家传的著名雕刻老艺人颜景新是这一非物质文化遗产代表性传承人之一。孔繁彪是孔氏家族楷雕艺术的第五代传人。

(十) 嘉祥石雕

1. 历史发展

嘉祥石雕的历史源远流长,"早在东汉时期,雕画大师卫改的'选择名石,南山之阳,抉取妙好,色无斑黄,前设坛坦,后建祠堂,雕刻文画,罗列成行',使'武氏墓群石刻'流芳千古,被称为中国古代汉民族文化的艺术瑰宝"[1]。

2. 艺术特色

嘉祥石雕在造型上逼真,手法上圆润细腻,纹式流畅洒脱。嘉祥石雕的传统作品题材相当广泛,包括神话故事、飞禽走兽、历史故事、名胜古迹、古今人物等上百种内容。同时,嘉祥石雕造型美观、风格独特、纹饰清晰剔透,生动逼真;刀工具有精致细腻感,得到国内外石雕行业的一致好评。

3. 现状与传承

嘉祥石雕2006年入选山东省第一批省级非物质文化遗产名录,2008年入选第二批国家级非物质文化遗产名录。

嘉祥石雕经过千百年的传承发展,尽管在新的时期呈现出鲜明的特色,但从整体上讲,这一优秀传统民间艺术及其地域渊源的艺术特点,已经与现代文明的节奏呈现出了一些极不协调的现象:一些造诣精深的石雕艺人年龄偏大,不再从事石雕艺术,致使一些传统雕刻技艺失传;现代雕刻工具的大量使用,使传统工具和工艺正在逐渐退出,面临消亡;受现代文明的影响,城市园林建设中使用的现代雕塑作品越来越多,年轻一代的石雕艺人更多倾向于创作现代艺术风格的石雕作品,这些都使传统的石雕艺术受到了强烈的冲击,渐趋萎缩。[2]

---

[1] 李冬梅:《跨越时空的民间奇葩——国家非物质文化遗产系列报道之嘉祥鲁锦与石雕》,《济宁日报》,2008年8月8日。

[2] 同上。

刘继水是嘉祥石雕主要的传承人，他的作品《二龙戏珠》被刻入中华世纪碑林。

(十一) 鲁西南民间织锦

1. 历史发展

鲁锦是鲁西南民间织锦的简称，俗称"老土布""老粗布"，因色彩绚丽，美丽如锦，于1985年被定名为"鲁西南织锦"，"鲁锦"这个名字就从那个时候沿用下来。

其实早在春秋时期，织锦工艺就已经相当成熟和发达，著名的嘉祥武氏祠汉画像石刻《曾母投杼图》和《孟母断机教子图》就反映了济宁地区嘉祥、邹城和曲阜一带机杼和鸣的景象。魏晋南北朝时期，鲁西南地区广植桑麻，桑麻纺织得到进一步发展。"鲁人重织作，机杼鸣帘栊""齐纨鲁缟车班班，男耕女桑不相失"，描绘出唐代山东纺织业的盛况。到了元代，黄河流域开始种植棉花，使用棉花做原料纺线织布越来越普遍，聪慧勤劳的鲁西南人民将传统的丝麻纺织工艺糅进棉纺织工艺，织成的棉布就是我们现在所说的鲁西南民间织锦。在20世纪六七十年代以前，纺线、织布是鲁西南农村妇女必学的女红。"插花描鱼不算巧，织布纺棉做到老"[1]，形象地说明了鲁西南地区棉纺织业的繁盛景象。

2. 艺术特色

鲁锦，是采用传统的纺织工具、天然颜料与娴熟的技艺所织成。图案有"龙蛇走兽""春燕戏水""天女散花""牛郎织女""十字联""十样景""大棉花""小棉花""狗牙梅""龟背锦"和"寿字不断头"等，花样繁多，有上千种。其布局大都经过精心构思设计，纹路构图严密，上下呼应，左右对称，大小相衬，疏密结合，有聚有散，有曲有直。其色彩大都以红绿搭配，黑白相间，蓝黄穿插；构成的图案格调明快，绚丽多彩，古朴典雅，具有浓郁的乡土气息和

---

[1] 李冬梅：《跨越时空的民间奇葩——国家非物质文化遗产系列报道之嘉祥鲁锦与石雕》，《济宁日报》，2008年8月8日。

鲜明的地方特色。

鲁锦的"图案意境是靠各种色线交织出各种各样的几何图形来体现，而不是具体的事物形象。通过抽象图案的重复、平行、连续、间隔、对比等变化，形成特有的节奏和韵律，它反映生活的形式是曲折的、间接的，因而更具有艺术魅力"[1]。鲁锦织造要经过72道工序，每道工序里还有很多子工序，其中主工序有9道：纺线、染线、拖线、经线、闯杼、刷线、掏缯、吊机子、织布等，工艺极为复杂。用22种基本色线可以变幻出1990多种绚丽多彩的图案，堪称千变万化，巧夺天工。在科技发达的今天，机器织布只能织两匹缯、四匹缯；而手工织锦能织六匹缯、八匹缯。

3. 现状与传承

鲁锦织造技艺于2006年被认定为山东省第一批非物质文化遗产，该技艺在2008年被国务院认定为第二批国家级非物质文化遗产。

目前，赵芳云是"鲁锦织造技艺"的唯一传承人。

(十二) 微山渔家虎头服饰

1. 历史发展

虎文化在中国历史上源远流长，很早就成为中国的图腾文化之一。汉代应劭在《风俗通义》中说："虎者，阳物，百兽之长，能执搏挫锐，噬食鬼魅。"《中华文化通志》记载，虎饰制品在中国历史上源远流长，清代则仿造虎的造型制作儿童的服饰及玩具，用来辟邪镇恶。微山渔家虎头服饰既是古代虎文化的一部分，又是古代虎文化的继承和发展，至今已有300余年的历史。在微山湖至今还流传着新生男婴儿过满月外婆家送虎饰制品的风俗。

2. 艺术特色

微山渔家虎头服饰系列包括布老虎、虎头袢子、虎头鞋、虎头帽、虎头手套、双面虎头手提包等。其中，每一系列又可以根据个人爱好制作出几百种造

---

[1] 沈加芹：《传统元素在现代家居布艺设计中的美学构成》，《艺术评论》2012年第4期。

型独特、神态各异的虎饰制品。其制作工艺主要采用以布为原料的手工缝制方法。制作工序为：剪纸样、裱布、粘贴缝制、组合缝制等。

"虎头裆子"谐音"虎头盼子"，有盼望生男孩并希望孩子像老虎那样健壮的寓意，也是渔民长年累月在水上生活，为防止幼童不慎落水而特意制作的。"虎头裆子"因其裆子正面是一个造型夸张的虎头形状的饰物而得名。行船时把"虎头裆子"戴在孩子胸部，然后再把约4米长的裆带拴在船桅、船楼或"将军柱"等处，有的还在裆带上再拴两个葫芦，即便孩子掉下水后亦能浮上水面。

3. 现状与传承

2009年，微山渔家虎头服饰被山东省人民政府批准为第二批省级非物质文化遗产名录项目。

微山渔家虎头服饰的传承也存在着困境，一是制作工序复杂，能够完整制作的艺人年事已高，后继乏人。二是现代经济繁荣使成品衣物代替了手工制作，大多年轻人对手工艺品不感兴趣，致使这一民间艺术传承困难。

殷昭珍老人缝制的虎头服饰、虎头枕、虎头裆子等布艺品非常有名，2010年她入选第二批济宁市市级非物质文化遗产代表性传承人。

第四节　豫东地区

一、地域区划与中原文化

（一）地域区划的历史沿革

豫东是我国黄淮大平原的组成部分，主要是指河南省郑州以东地区，包括开封、商丘、周口三个地区。豫东地区是中华文明的发源地之一，属于黄河文明的发源地。在"母系社会"时期，中国氏族联盟时代伏羲女娲氏政权的二十六任帝、大伏羲氏族"栗陆氏"执政的首任皇帝就降生于商丘夏邑，并建都于此，人皇伏羲建都于周口淮阳并长眠于此；约在公元前24世纪，燧人氏、神农氏、颛顼、帝喾等先后在商丘建都。夏朝中期,少康定都纶邑(今商丘市夏邑县);商朝发源于商丘,并在商丘建都;宋朝建都东京(开封),称商丘为南京,位列陪都地位。自元朝至中华人民共和国成立初期,开封一直是河南的政治、经济、文化中心。

(二)豫东地域的文化

豫东地域文化属于中原文化,在中华文化系统中处于主要地位。"中原文化的核心思想,如'大同''和合',都成了中华文化的核心思想;其核心价值观,如礼义廉耻、仁爱忠信,都成了中华民族的核心价值观;中原文化的重大民俗活动,如婚丧嫁娶、岁时节日等,也都成了中华民族的民俗活动。"[①] 正如一著名考古学家所说:中原文化及紧邻的文化区,很像一个巨大的花朵。这些外围的文化区是花瓣,而中原文化是花心。正是花心的不断绽放,才形成了中华文化这朵绚烂的文明之花。

二、传承与保护现状

豫东民间美术"家底"丰厚,形式多样,富有独特的中原地域文化特色,并与地域风俗相辅相成,是豫东民俗文化形象的重要载体。从朱仙镇木版年画到淮阳泥泥狗,从滕派蝶画到汴京灯笼张,还有凝聚高超技艺的开封汴绣等,这些记载着中原华夏文明优秀传统工艺的文化遗产,无一例外地呈现出深刻的历史文化记忆。加强河南民间美术的保护与开发,既是对民间美术的传承与发展,也是对非物质文化遗产的保护与创新,是实现河南文化软实力的重要举措。受新时代文化激烈的撞击,豫东民间美术中那些富有生命的遗产也在寻找着机遇。一方面,豫东不少的民间美术遇到了前所未有的危机,有不少甚至已经消失或面临消失的危险;不仅如此,大批民间传承艺人也正在逐年减少。[②] 因此,抢救"非遗"工程迫在眉睫。

[①] 梅华:《浅析中原文化视角下的人文城市建设对策——基于郑州市的发展》,《现代经济信息》2014年第22期。
[②] 茹存光:《探析河南民间美术的生存现状》,《大众文艺》2014年第9期。

三、艺术形态及其特点

（一）朱仙镇木版年画

1. 历史发展

朱仙镇木版年画主要分布于河南省开封市朱仙镇及其周边地区，与天津杨柳青年画、山东潍坊杨家埠木版年画、江苏桃花坞年画并称中国四大年画。经国务院批准，朱仙镇木版年画于2006年列入第一批国家级非物质文化遗产名录。

2. 艺术特色

朱仙镇木版年画源于民间，流传于民间，有别于历代宫廷文人画温文尔雅的格调。经历代艺人之手而融入了民族传统文化的审美观念和崇神意识，线条粗犷奔放，形象古朴生动，色彩浑厚强烈。

朱仙镇木版年画制作采用木版与镂版相结合，水印套色，所用原料为炮制工序，用纸讲究，色彩艳丽，题材和内容大多取材于历史戏剧、演义小说、神话故事和民间传说。年画乡土气息浓郁，民间情趣强烈，具有独特的地方色彩和淳朴古老的民族风格。[①]

朱仙镇木版年画颜色厚重，对比强烈，多用青、黄、红三原色，用色总数可达9—10种，与民间过年的欢乐气氛协调一致。造型古朴夸张，人物头大身子小，既有喜剧效果，又感觉匀称舒适。在中国传统民间工艺中，老虎多是黄老虎或红老虎，而朱仙镇的年画是黑老虎。这种不拘泥于传统的创作手法受到了中外美术界的重视和赞誉。

3. 现状与传承

朱仙镇木版年画的产地实际上并不完全在镇里。该镇四周的大小村庄皆有艺人设小作坊制作生产，朱仙镇只是集散地而已。该镇的大小作坊最多时可达300多家，可见其规模之大。木版年画年产量最高时达300万张，除销往河南

[①] 宋夏楠：《从朱仙镇木版年画看当下民间美术》，《现代装饰（理论）》2013年第1期。

本省外，还远销山东、江苏、安徽、福建、宁夏等地，销售辐射近大半个中国，足见其影响之大。

但是，朱仙镇木版年画主要采取家庭作坊式的经营模式，掌握雕刻印刷的艺人已寥寥无几，特别是传统的矿植物颜色磨制方法已鲜为人知，如不及时加以保护，朱仙镇木版年画制作技艺很可能会彻底消亡。

为此，镇政府采取措施培养人才，加大对老艺人保护和传承的力度。至2010年，朱仙镇从事木版年画印刷的有70多人，被联合国教科文组织命名的"一级民间艺术家"有1人，中国民间文艺家协会员有5人，河南省民间工艺美术大师有5人，工艺美术家有6人，河南省民间文艺家协会会员有25人。另外，还有木版年画自然保护村4个。

（二）开封汴绣

1. 历史发展

汴绣历史悠久，素有"国宝"之称。它博采众家之长，将宋绣的题材、工艺特点，河南民间刺绣的乡土风味等融合在一起，并在此基础上创新了大量针法。绣品既雅洁活泼，又明快豪放，从而形成汴绣独有的特色。早在宋代就已驰名全国，《东京梦华录》称它为"金碧相射，锦绣交辉"。2006年，汴绣被确定为河南省首批非物质文化遗产。

2. 艺术特色

汴绣的针法在中华人民共和国成立初期只有十几种，到了20世纪60年代发展为29种，目前已具有四五十种不同的刺绣方法。这些针法极大地丰富了画面的形式和内容。从针法上主要可划分为乱针绣和平针绣两大种类，平针绣运用传统刺绣均匀细密的手法，使绣线从图案一侧起针，径直拉到图案另外一侧落针，形成单数起针，双数落针的方法和排列整齐，达到平、齐、习、顺的效果；而乱针绣就是运用针法的长短不一，方向的不同，相互交叉，相互错落，运用针线的层次关系分层分色地进行绣制，同时在绣制过程中不断地加色，形成色彩丰富的效果。在这两大类针法基础上,汴绣工艺根据自身的特征,又划分出如乱针绣、枪针绣、悠针绣、蒙针绣等多种刺绣工艺,其中枪针绣用于绣屋瓦,悠针绣适合绣动物,而蒙针绣在表现山水树木上具有独特的艺术效果。[1]

汴绣在感官方面通常分为单面绣、双面绣和双面三异绣。单面绣顾名思义就是在织锦的单面绣制画面,它只求一面工整,另一面针脚却呈现出杂乱无章的丝线,这种绣法多用于装饰画、壁画中的形式;而双面绣在同一织锦上,运用针线的一致性,在正反两面绣出同样颜色的图案,这样的绣法大量在桌面摆件和落地屏风上表现;双面三异绣是在双面绣的基础上发展出来的,同时又是对双面绣的进一步升华,其特点是完成的绣品正反两面具有不同的颜色、不同的针法、不同的图式,它能使观赏者在不同的位置欣赏到不同的艺术效果,这种原创工艺丰富了汴绣的内容,提高了汴绣的艺术欣赏价值,同时也给汴绣带来前所未有的魅力。[2]

3. 现状与传承

汴绣以其独有的特色堪称"中国一绝",并荣获"工艺美术百花奖""工业设计大奖""金银奖"等多项殊荣。绣品远销亚欧美等许多国家和地区,其精品为国家所收藏。随着时代的发展,汴绣这朵刺绣艺苑中的奇葩必将绽放得更加妩媚、娇妍。

(三)淮阳泥泥狗

1. 历史发展

淮阳泥泥狗是淮阳太昊陵"人祖会"中泥玩具的总称,是豫东一带妇孺皆知的泥塑艺术品,又称"陵狗"或"灵狗",早在明代的《陈州县志》上就有记载。

淮阳泥泥狗造型虚幻、神秘,飞禽、走兽皆是其表现的题材。九头鸟、人头狗、人面鱼、猴头燕等抽象、变形的怪兽复合体共约200余种。淮阳太昊陵

---

[1] 曹增军:《神针异彩:开封汴绣》,河南大学出版社2005年版,第65页。
[2] 陈岩:《开封汴绣的艺术特征及发展保护研究》,《民族艺术研究》2012年第4期。

庙会是豫东最大的庙会,在这期间,淮阳周边十几个县、市的群众就会蜂拥而来,虔诚地祭拜人祖伏羲,逛庙会。泥泥狗就成为庙会上斋公、香客们争相购买的避灾、求福的"神圣之物"。

2. 艺术特色

淮阳泥泥狗的造型、用色等工艺都极具地域特色。

淮阳泥泥狗的造型以稳重为主,几乎没有过大的动势,人物的造型基本是正势。在平稳中传递了一种内在的气势,好像"稳如泰山"一词的形容,立地扎根很坚固,不可动摇。这种动态就像能够长久存在,产生一种时空的永恒感。

方圆结合本身就具备一种哲理性。淮阳泥泥狗的头概括成圆形,而身体处理成方形,胳膊做成圆柱形,脚就做成方块形。大方大圆的结合,特征尤为明确。淮阳泥泥狗就是用最洗练的外形传达最丰富的内涵。

淮阳泥泥狗的线条很有力度,挺拔且直来直去,不拖泥带水,没一点做作,用力也十分果敢,铿锵有力,斩钉截铁。

"泥泥狗是一种黑色泥塑玩具,黑色上再施以红、黄、青、白色,色彩对比强烈,而又不失和谐。中国各地的泥玩具中白底色玩具极普遍,黑底色玩具较少。日本人伊藤三郎在中国民间工艺美术委员会第九届年会上发表的学术论文《从祭祀礼仪方面来思考'泥泥狗'》中,对中国泥玩具的深层文化内涵做了双重构成假说。他认为'白色'泥玩具流派的文化属于表层文化(汉文化),'黑色'泥玩具流派的文化则接近华夏民族的基层文化(西南少数民族文化),两流派文化又相互影响并且发展下去。

'泥泥狗'以黑为基调,再饰以红、青、黄、白,统称'五色',红、青颜色艳丽,白为明色,黄则为中和色(现多用广告色、加品红),在黑色的包容中通体鲜艳夺目,具有强烈的视觉冲击效果。"[1]

---

[1] 孙瑞:《泥泥狗的艺术形式》,《艺术教育》2007年第10期。

泥泥狗这种民间艺术形式，其实质是原始图腾文化的延续与拓展。它真实地还原了史前人类生殖文化的轨迹，是中华民族民俗文化的典型，也向世人证实了民间美术与原始艺术之间同构互渗的历史事实。

3. 现状与传承

淮阳泥泥狗主要产自淮阳县城东的金庄、武庄、陈楼、前下楼、后下楼、史庄、许楼、段庄、金庄、刘庄、五谷台、白王庄等12个村庄。其中的金庄，有着几千年祖祖辈辈捏制泥泥狗的历史和传统，目前该村共有2000多人从事这项工艺。2006年该村被河南省文化厅命名为"河南省特色文化村"。1980年，淮阳县民间艺术泥泥狗协会成立，该协会的主要成员为泥泥狗的传承人，由任国和任协会会长。该协会的作品多次获得国家级金奖和银奖，远销日本、新加坡等国。

(四) 汴梁灯笼张

1. 历史发展

自宋朝以来，在皇家的影响下，古都开封就是一座崇尚休闲、娱乐的城市，上元灯会成为宋都万民欢乐的节日。源于宋太祖乾德五年（967），赵匡胤登上宣德门城楼，"诏令开封府更放十七、十八两夜灯，后遂为例"。从此，制灯艺人和作坊相传不辍，代有发展。彩灯制作，尤其是走马灯，从宋代至今，一直与科学技术相辅相成，"汴梁灯笼张"便是其中的佼佼者，汴梁灯笼张是开封市张俊涛家世代相传的手艺，"灯笼张"世居开封，是著名彩灯世家，经常为官府制作宫灯和各种彩灯，有着200多年的历史，于2008年被列入国家级非物质文化遗产保护项目名录。

2. 艺术特色

汴梁灯笼张的传统作品主要使用纸、布、绸、缎、绢、竹、木等材料制造，经过扎制、合褶、着色、整理等流程完成。在历代的传承与发展中，形成了以下特征：造型突出，令人过目不忘；用料考究，注重材料色与光源色的一致性，灯光亮度高；将多种艺术融为一体，并实现了传统制灯技艺与现代科技的完美结合。汴梁灯笼张制作的灯笼既有传统宫灯的古雅华贵，又有浓郁的生活气息。它集雕塑、年画、剪纸、刺绣等艺术为一体，充分展示了民间艺术的风采，深刻地表现了人民群众追求光明与和平的美好愿望，在我国灯品中具有极其重要的地位。

3. 现状与传承

张金汉先生现在是"汴梁灯笼张"的第六代传人，他8岁随父学艺，用心钻研，颇得真传。在"灯笼张"的灯坊院落中，张金汉先生和家人各有分工，同时每个人也是一专多能。但张先生对传承下来的一道道工序、一项项技术仍是亲自口传和用动作示范，毫不马虎，儿女虽然已经有了很高的制灯技艺，仍是规规矩矩地耳听心记、精益求精。张金汉先生对彩灯技艺的传承和不懈的努力也受到世人的广泛赞誉。

1995年9月，他被联合国教科文组织授予"中国民间工艺美术家"称号；1998年11月又被授予"河南省十杰工艺美术大师"称号；2006年7月，被河南省委命名为"河南省民间文化杰出传承人"；2006年12月，入选"中国民间文化杰出传承人"。[①]

(五) 滕派蝶画

1. 历史发展

滕派蝶画是历史悠久的汉族工艺美术品。始祖为唐太宗李世民之弟李元婴。李元婴善丹青，尤喜画蝶，其技法精妙独特，无与伦比。李元婴因唐贞观十三年（639）受封于滕王，滕派蝶画因此而得名。滕派蝶画，巧夺天工，同时代即有"滕王蛱蝶江都马，一纸千金不当价"之美誉。宋代诗人谢无逸有诗赞美蝶画曰："粉翅翻飞大有情，海棠庭院往来轻，当时只羡滕王巧，一段风流画不成。"鲁迅先生称誉滕派蝶画是"缺门、独门、冷门，是祖国的瑰宝"。

---

① 张艺：《"汴梁灯笼张"的历史传承及工艺特点》，《装饰》2011年第1期。

它于2012年被列入河南省非物质文化遗产保护项目名录。

2. 艺术特色

滕派蝶画，笔法细致入微，设色清淡素雅，纹理清晰、线条流畅，形象逼真、姿态多变，望之摇拂、呼之欲飞，起动憩止、栩栩如生。乍一看，在点点野草、青苔、散花的陪衬下，画中的蝴蝶不过华贵精致而已。但拿到放大镜下对准一只斑斓蝴蝶细看时，就同一般蝶画大不相同了。蝶目滚圆，蝶体凸现，蝶身上纤纤绒毛上的蝶粉历历在目。整只蝴蝶惟妙惟肖，分外传神。更因其采用独一无二的颜料和与众不同的技法，故而能使蝶画虽历百年而不减风采，成为画中珍品。滕派蝶画的独特绘画技法和它神秘的颜料配方一直还是个谜。其画面要求达到"雅、素、洒、脱"四大风格。[1]

3. 现状与传承

河南省博物馆于1995年10月25日至29日，举办了"滕派蝶画师徒传钵展"，在开幕式上确认了滕派蝶画传人。滕派蝶画受到业界好评，尤以佟起来的手卷《百蝶图》以及与父亲佟冠亚合作的《猫蝶富贵图》等作品为最。1996年5月，佟起来的《滕派蛱蝶图》被收藏于滕王阁中。为了让滕派蝶画后继有人，佟冠亚除了收自己的儿子为徒弟外，还收了王小豪做徒弟。但是，王小豪现已移居海外，改画油画。2004年，佟冠亚去世，佟起来就肩负起传承和弘扬滕派蝶画的重任，成了目前中国滕派蝶画的唯一传人。2006年，他被评为河南省首届"民间文化杰出传承人"。

（六）东岸木版年画

1. 历史发展

东岸木版年画历史悠久，起源于明末清初，迄今已有300多年的历史。由赵黑孩五世祖迁蔡而兴，从最初的几户人家从事这一行业，至20世纪七八十

---

[1] 陶陶：《李元婴与滕派蝶画》，江西师范大学2012年硕士学位论文，第11页。

年代达到鼎盛时期。

2. 艺术特色

东岸木版年画取材于历史戏剧、神话故事和民间传说，乡土气息浓郁，民间情趣强烈，画面色彩艳丽，人物形神具备，印制精美，极为考究，兼具开封朱仙镇木版年画和洛阳滑县木版年画之长。其极度夸张的艺术风格，有着极为典型的地方文化风格。

东岸木版年画具有的独特地域色彩和古朴的乡土风格，对研究豫东地区风土人情和民间艺术走向有着重要的文物价值和史料价值，是木版年画继开封朱仙镇之后的又一重大发现。其与四川绵竹、天津杨柳青、苏州桃花坞等木版年画派系并称于世，不可多得。同时它也是我国非物质文化遗产中又一璀璨的瑰宝，是中国木版年画艺术中的一朵奇葩。

3. 现状与传承

近几年来，随着彩印照排的问世和电脑投影技术的推广，电脑彩印胶版年画逐步上市，对木版年画的市场冲击力越来越大，销量每况愈下，逐年减少，几近灭迹，加之从事这一手工艺品的艺人多为老年人，已经处于濒临失传境地。

（七）上蔡县王氏家族麦草画

1. 历史发展

据王氏家谱载：祖先王盛齐乃蔡地名士中举，曾与蔡邑当年的探花程元章是同学。康熙六十年（1721）王盛齐科举落榜后无意仕途，因琴棋书画之好，遂以麦草拼接作画潜心制作为爱好，在当地颇有盛名，被当时四邻诸县名流士绅奉为佳品而代代传承至今，已有近300年的历史。

王氏家族麦草画主要生产地在郝坡村，生产规模依旧属家族作坊式，近年扩大生产，已发展成为公司的模式，共有农户156家，产品远销南阳、洛阳、开封、西安、江西、广州和北京等地。

2. 艺术特色

起源于清代中期的上蔡县王氏麦草画诞生在蔡境落第的农村文人之家。历时近300年，它根植于农村这一广大民众喜好乐赏的厚重土壤之中，在历代风雨变化的社会大背景下，一代代地传承延续、一代代地在传承演变中完善，具有顽强而旺盛的艺术生命力。王氏麦草画的基本特征：一是原料就地取材，在当今麦田大施化肥的背景下，自家的责任田均施土杂肥，受其影响的农户也纷纷效仿，保障原材料优质考究。二是构图新颖，惟妙惟肖，精心加工麦草茎片，力求麦草茎片纹理、光感与构图意境完美融合，活灵活现，赏心悦目。三是将传统制作工艺与现代化工艺相结合，在处理原材料、浸色、烫整等关键环节采用电烫、去污排杂、胶贴工艺。四是由过去的胶式版贴改为琉璃装裱，使画面更美观厚重、典雅逼真、雅俗共赏，具有浓郁的中原艺术特色，被誉为关中民间美术工艺的精绝之品。

3. 现状与传承

虽然王氏麦草画时值盛世，枯木逢春再度受到世人的关注与厚爱，但由于精通此美术工艺品制作技艺的人才，仅有王氏传承人，加之"公司+农户"的经营模式，虽使农户掌握了一定的技术，但关键的构图、浸色、胶贴、拼画等技艺仍需传承人亲自操作，且一直停留在家庭小作坊的生产层面。要扩大生产规模，培养技艺人才是美术工艺品传承与保护的急切任务，以期王氏麦草画走出濒危消亡困境，促其发扬光大，造福于民。

(八) 其他民间美术形式

1. 豫东剪纸

豫东剪纸以商丘市夏邑县火店乡马庄村的剪纸艺人邹素云和豫东唐派唐耐成的剪纸为代表。邹素云因善剪龙而闻名，她剪的龙充满趣味化、感情化和人格化，被誉为"中华龙女"。她的剪纸不勾、不描，随心所欲，一剪而成。1995年5月,第四届世界妇女大会在北京召开,她的剪龙作为礼品在北京展出,引起轰动。豫东唐派唐耐成剪纸在继承传统剪纸的技艺中得到了创新和发扬。唐耐成，女，汉族，现年76岁，退休教师，系河南省夏邑县韩道口镇胡屯村人。她的剪纸作品题材广泛，趣味独特，情致逼真。无论是花鸟鱼虫，还是各种人物造型，在技法上都能做到线条疏密得当，生机盎然。轻捷流畅的曲线和粗犷奔放的线条都能在画面上取得和谐与统一，形成自己独特的剪纸艺术风格。豫东剪纸是黄河流域，特别是豫东地区民间剪纸风格的杰出代表，反映了中原人民朴实的民俗审美观念，表达了广大人民群众祈求全家健康长寿、多子多福、百年好合、喜庆吉祥的美好愿望。

2. 东岸桃核雕花工艺

明末清初东岸桃核雕花工艺已初具规模，20世纪三四十年代，这一产业达到鼎盛。中华人民共和国成立以来，桃核雕花工艺趋于衰落。改革开放后，随着人们生活的变化和世界华人对唐装的需求与向往，桃核雕花工艺又呈复兴之势，但由于老艺人相继去世，技艺传承出现断层，亟待抢救保护。桃核雕花制作工艺基本以手工为主，程序诸多，浸泡、清洗上色、晾晒、磨光、打眼、雕花等，其原料以伏牛山、南太行山上的一种野生桃的桃核为主，其制品有古钱、蜂窝、猴头、寿星图、十二生肖等。东岸桃核雕花工艺制作考究，物美价廉，供人用于辟邪消灾和预兆洪福吉祥，为历代逢年过节的必备之物。多年来一直以精湛的雕花技艺享誉海内外，其花纹多种多样，图案千姿百态，具有一定的实用价值和审美价值，产品除在本省销售外，还远销东北、广东、广西、湖南、湖北、浙江、安徽、山东等地，深受广大客商青睐，并经义乌远销东南亚及欧美等地，为天下华人和西方人所喜爱。

3. 茱萸绛囊

茱萸绛囊源于上蔡县东汉时期蔡人垣景为避祸消灾，于九月九日登高于蔡国故城西垣中段的蔡河望河楼，配茱萸囊，饮菊花酒，自此由上蔡县广播天下，形成民俗，成为天下华人时适重阳节的必佩之物。茱萸绛囊由传统的十二生肖发展到眼下的凤凰报喜、喜鹊登枝、孔雀开屏、仙鹤祝寿、鸳鸯情长、寿星捧桃、招财进宝、一心爱国、和平之鸽、情系华夏等40多个品种，造型逼真，惟妙惟肖。内盛茱萸粉末，佩戴香气溢人。茱萸绛囊制作为手工技艺，其制作用具无非是针、线、茱萸香料及其他材料，该工艺多为心手相传，其制作流程全凭实践与心记。

4. 杨集毛笔

杨集自孔夫子厄于陈蔡绝粮七日，樵夫送饭，孔子感其德，遂以麻段绑于棍端书写诗句，边写边唱为源，形成中国一绝的毛笔雏形，后杨集人以此为业，渐成笔业之乡。明代中期有浙江白姓笔工定居杨集，形成江浙与中原制笔工艺相互交融、优势互补的制笔工艺，笔业开始兴盛而誉满天下。杨集"白云翁"毛笔以其传统的制作工艺、考究的选料、严格求难的生产工序而质优耐用，被海内外书画大家奉为案头珍品，白家毛笔以质优誉满天下。

5. 其他泥塑艺术

泥塑艺术是我国一种古老常见的民间艺术。泥塑，是利用泥巴的可塑性，经过捏制和堆积形成的立体艺术形象，是雕塑艺术中的一种创造手法。泥巴的朴实无华、沉静淡泊以及它具有的可塑性、可变性、偶发性、随意加减的再造性，成为其他材料无法代替的塑造材料。塑造是以自身完整的体积形式呈现自己的生存空间。它所表现的人物头面圆润、手脚饱满、体态风韵、动作优美，体现出一种非同寻常的超凡脱俗气魄。在民间，以泥塑闻名的有天津"泥人张"、北京"泥人王"和山东高密"泥家村"。而豫东地区的泥塑艺术也分外耀眼和精彩。除了前文中所提到的淮阳泥泥狗，豫东地区的泥塑艺术还有柘城泥塑李秀山以及郸城泥塑第五代传人张振福。

李秀山，柘城县远襄镇人，以其数量丰厚的泥塑作品而声名远扬，被尊称为"泥人李"。2006年8月，泥塑作品《搏》荣获第三届中国民间工艺品博览会银奖，并注册了商标"秀山泥人李"。李秀山在传统的基础上，大胆创新，借鉴国画乃至西洋画的创作手法，使作品更具有张力，更加逼真，从而使其泥塑作品具有极高的艺术价值。

李秀山的作品构图简练、粗放，手法娴熟，人物形象饱满质朴，线条浑圆，富有弹性。他创作的婚丧嫁娶民俗系列、柴米油盐生活系列、中国四大名著人物等大型系列都达到了较高水平。

郸城泥塑第五代传人张振福，其泥塑作品用料讲究，均取材于郑州花园口黄河边的淤泥，美名为"黄河千年澄泥"。其作品多取材于豫东农村，表现了小人物的善良、乐观，反映了豫东20世纪的风土人情。

"张振福的泥塑作品人物造型丰满活泼、浑厚简练，富有浓厚的乡土气息。他们多半眯着眼，咧开大嘴，一副纯朴欢快的憨态，仿佛诉说着他们历尽艰辛后的满足和希望，让人仿佛听到了他们的话语，感受到了他们的欢乐。一件件作品具有浓郁的乡土风情，人物和景物活灵活现，富有神韵。他每创作一件作品，总会事先在心里画着模特的样子，凭着脑子里鲜明的思绪，刀劈斧砍般一气呵成。这些作品朴实、简练、视觉凝重而又充满了乐观积极、无拘无束的气息，甚至五官都带着股生动的笑意和韧劲，有种精神上的'工笔'，形式上的'写意'，脱离了手工艺品的匠气，洋溢着剽悍的民间气息。"[1]

第五节　皖北地区

一、地域区划与淮河文化

（一）地域区划的历史沿革

皖北，指安徽省淮河以北的地区，包括蚌埠、阜阳、宿州、淮北、淮南、亳州。地处安徽省北部，东靠江苏，西连河南，南接皖南。皖北地势以平原为主，拥有广袤的淮北平原，辖江临海，扼淮控湖，交通发达。土地面积39149平方

---

[1] 马国强：《泥塑风情乡，中原泥人张》，《财富》2014年第10期。

公里，占安徽省全省土地面积的33.3%。耕地面积3206.5万亩，占安徽省耕地面积的47.8%。

根据现行行政区划和省里扶持政策覆盖面的不同，皖北又有三个不同的概念。

"大皖北"概念，即"7市4县"，包括宿州、蚌埠、亳州、阜阳、淮北、淮南、明光7市，和沿淮的定远县、凤阳县、寿县、霍邱县。

"中皖北"概念，即"6市2县"，包括宿州、蚌埠、亳州、阜阳、淮北、淮南6市，凤阳县、寿县2县。

"小皖北"概念，即"4市6县"，包括亳州、阜阳、淮北、宿州4市，怀远县、五河县、固镇县、凤阳县、寿县、霍邱县6县。

皖北拥有丰富的民间文化资源，有9个县（市、区）、乡镇获评为2014—2016年度中国民间文化艺术之乡。

（二）源远流长的淮河文化

皖北的代表文化是淮河文化，是安徽的三大文化圈（淮河文化、皖江文化、徽州文化）之一。淮河文化融合了中原文化和吴楚文化，孕育出了老子、庄子、管子、颜回等先哲，以及"三曹父子""竹林七贤"等文学艺术的巨擘。淮河文化对中华文明的另一重要贡献是，在这个地区发生过几次著名战役，其中有些战役改变了中国的命运。战争给淮北平原留下了斑斑伤痕，也留下了丰厚的文化遗迹，滋养着这个地区的文化，同时，也塑造着这个地区的人文精神和豪爽、乐天、侠义的民风。

二、传承与保护现状

（一）皖北民间美术传承现状

民间美术文化与地域生态环境、历史文化环境唇齿相依，皖北民间美术流传下来繁多的品类及艺术形式都离不开使之得以创生和传承的文化、地域、生产方式等生态因素。皖北民间美术的沿袭就是劳动人民在生产生活中寄予美好希望和祝愿代代相传的物质载体，比如灵璧钟馗画、凤阳凤画、淮北和阜阳等地的民间剪纸及萧县农民画等艺术形式就是被当地民众寄予美好生活以及美化生存环境的物质载体，还有的民间美术作品本身就是劳动工具，是民众在日常生活中就地取材所创造和使用的起居用品。

随着时代的发展，农耕生活方式的逐渐萎缩直接导致了皖北民间美术的传承困境。田野调查发现，由于生活方式的转变、都市文化的冲击等多种因素影响，现在愿意从事民间美术学习与创作的人越来越少，皖北民间美术的创作载体、物质载体均在逐渐流失。当下皖北民间美术的原生态传承越来越艰难。[①]

（二）皖北民间美术原生态传承面临的问题

经历着社会变革影响的民间美术当下呈现了两种基本态势，即原生态民间美术的衰落与民间美术的现代化转型，皖北民间美术的传承态势也大致如此。

随着现代化进程的冲击，皖北民间美术创造主体的丧失是原生态民间美术文化日趋衰落的决定因素。现代社会使得原有的民间美术传承人谋生方式发生了很大甚至是根本性的转变。农村经济增长方式快速转变，物质文化水平不断提高，农村建设向城镇化方向发展，原来农村较为单一的文化形式被都市多元文化强势渗透，传统的农民与土地的关系开始疏远，原来朴实的农民开始自觉地去追求现代生活方式，自觉要求生活方式"去土存洋"。现在皖北的乡村早已洋楼林立，失去了田园牧歌、稚拙淳朴的乡村气息，城市和农村的界限正在逐渐模糊。乡土的生活气息在逐渐流失，失去文化根基的民间美术在当下的发展犹如空中楼阁。[②]

---

① 葛田田：《皖北民间美术传承形态研究》，《赤峰学院学报》（自然科学版）2013年第14期。
② 同上。

三、艺术形态及其特点

（一）阜阳剪纸

1. 历史发展

北朝乐府民歌《木兰辞》中有"当窗理云鬓，对镜贴花黄"这样的诗句，"花黄"即是头贴剪纸。花木兰，古谯郡人，今亳州人，亳州原属阜阳，这说明早在南北朝时期，阜阳地区就出现了剪纸艺术。唐代以绢为纸，阜阳地区的亳州出产过著名的"亳绢"。明、清时期，阜阳地区出现过很多的剪纸艺人，主要是为妇女做鞋花、帽花、枕花等提供绣花样，并为当地人们的生活提供大量的装饰花样。

中华人民共和国成立后，阜阳剪纸得到了充分的发展。《安徽阜阳剪纸集》于20世纪60年代出版。农民剪纸创作队伍不断壮大，据统计，当时阜阳民间剪纸艺人达到上千人，其中陈之仁、吕凤毛、王家和、程建礼、贾培秀、戴氏三姐妹等是这一技艺的杰出代表。

2. 艺术特色

阜阳剪纸可用作装点喜庆节日，用红纸剪成象征吉祥与喜悦的窗花、门笺、灯花、喜花等；也可用作鞋帽、围嘴、兜肚等儿童服饰上的刺绣底样。

阜阳剪纸融合了我国北方和南方剪纸的不同风格，形成刚柔兼备、优美朴实的地方特色。善于运用粗细线组合，阴阳刻交替单色剪纸的手法。作品构图简洁、形象生动，剪口清晰，想象丰富。

3. 现状与传承

阜阳剪纸近年来取得了丰硕的成果。阜阳的界首市被文化部批准为"中国民间剪纸艺术之乡"；2002年农民剪纸艺人程建礼被中国剪纸研究会评为"中国剪纸大师"；2006年阜阳剪纸被评为安徽省非物质文化遗产；2008年阜阳剪纸被列入国家级非物质文化遗产名录；2009年阜阳市颍州区又被国家文化部批准为"中国民间剪纸艺术之乡"。全地区有剪纸大师一人：程建礼（已故）。

省级非物质文化遗产传承人四位：朱坤英（已故）、刘继成、程兴红、吴青平。剪纸艺人近 50 人，阜阳剪纸研究会会员达 108 人，阜阳剪纸发展走向了一个新的阶段。

总之，阜阳独特的地理位置、悠久的历史、多元的文化以及深厚的人文思想为阜阳地区剪纸艺术的产生与发展提供了肥沃的土壤。随着近几年全国大力发展非物质文化遗产的热潮，阜阳的界首彩陶、苗湖书会、渔鼓、清音、嗨子戏、颖上花鼓灯以及阜阳剪纸都被列入中国非物质文化遗产名录，为阜阳地区民间艺术包括阜阳剪纸的发展提供了良好的契机。[①]

（二）灵璧钟馗画

1. 历史发展

灵璧县位于安徽省东北部，是垓下古战场所在地，古汴河流经地，历史上长期受水旱蝗灾袭扰，旧《灵璧县志》载，居民"岁岁逃亡，十不存五"。灾荒年与民众长期逃荒相伴的，是杂技、曲艺、木偶戏、皮影戏等民间艺人的大量出现。其中，影响力最为广泛、最具民俗文化价值的当属钟馗文化。

灵璧钟馗画最初由轩辕黄帝首创的驱邪傩舞中的方相氏衍化嬗变而来，是正义战胜邪恶的精神支柱，具有博大精深的文化积淀。

唐代吴道子首创钟馗画，五代十国末期画家石恪扩大了钟馗题材的情趣，至宋元祐年间灵璧置县时期，便有一批民间画家云集灵璧，初步形成钟馗画（民俗画）艺术中心。北宋画家杨斐深得吴道子之韵，气势伟岸，与灵璧画家友情甚笃，因传道子之法，为灵璧钟馗画奠定了敦厚的基础。南宋淮阴画家龚开，喜作钟馗墨鬼，妙趣横生，灵璧本土画家深受其影响，钟馗画风为之一变，形象怪诞，风格新奇。宋代以后，善画钟馗者日渐增多，较著名的有涿郡人高益、北海人李雄。清初时，指画家高其佩出任宿州知州，时灵璧为宿州所辖，常有往来，对灵璧钟馗画家大加扶掖，致使灵璧钟馗画创作水平整体得以提高。清乾隆年间

---

① 郭艳：《阜阳剪纸艺术研究》，南京艺术学院 2011 年硕士学位论文，第 12 页。

《灵璧志略》称："每岁可售数万纸"，"画工衣食于斯"，记载了当时灵璧钟馗画艺术的繁荣景象。灵璧钟馗画扎根于民间，以吴道子的"钟馗样"为粉本，构成传承有续的经典绘画，在中国的历史长河中，一直发挥着重要的精神文化功能。

2. 艺术特色

灵璧钟馗画有着鲜明的地方特色。钟馗形象来自远古巫术活动的"傩舞"面具，保留了面目狞厉、体态剽悍、神秘怪诞的原始图腾痕迹。灵璧钟馗画在创作上虽然秉承"以狞制鬼，以猛驱邪"的理念，但着重突出钟馗的正气与神勇、嫉恶和慈爱，使钟馗狞厉剽悍的外形与内美的心灵达到完美和谐的统一。

灵璧的传统钟馗画是工笔重彩，绘画风格与楚地古代帛画有着一脉相承的艺术联系。其画作皆以墨线勾描，还有的施加朱线。设色以朱砂、桃丹、石青、石绿、白垩等矿物颜料为主。灵璧钟馗画脱胎于吴道子的"钟馗样"，一直延续盛唐画风，以墨线勾填，施朱敷丹，惊彩绝艳，再现大唐气象，因此被画家学者视为"活化石"而备受关注。大唐气象是中国美术史的巅峰，精彩绝艳是中国风格的美术经典，灵璧钟馗画把它以固有的定式传承下来，形成了灵璧地方特有的艺术风格和鲜明的地域标识。

3. 现状与传承

1915年，在"巴拿马万国博览会"上，灵璧民间画师翟光远绘制的钟馗荣膺金奖，后为北京故宫博物院收藏，灵璧钟馗画走向辉煌。

具有人民性是灵璧钟馗画的重要特色。简单地说，就是人民大众的生活、思想、感情、愿望和利益在钟馗画里得以形象地体现。安徽省首批非物质文化遗产传承人孙淮滨就是其中的佼佼者。在他的笔下，钟馗的造型勇猛威严，透出正气与神勇、善良与慈祥，钟馗剽悍狞厉的外形与慈祥仁爱的心灵美和谐统一，令人望之威而即之温，具有活生生的个性与特色。因之，人称他的钟馗画既是具有人民思想感情和愿望的活化石，又是深受人民爱戴的鲜活的形象。这些在《钟馗神威图》《祥瑞图》和《福自天来图》中体现得淋漓尽致。已故大师郭沫若生前为此给孙题写了"孙淮滨钟馗图"。中国邮政还为其制作发行了《灵璧钟馗图》明信片，受到国内外关注。

安徽省非物质文化遗产第三批传承人赵英汉，中国美术家协会安徽分会会员，灵璧钟馗画研究会副会长，钟馗画院名誉会长，县政协常委。自幼随父亲画钟馗画，曾受教于上海戏剧学院美术专科。1976年为省出版社绘制小说插图，1977年至1978年在县展览馆工作，1979年至今在电影系统从事绘制电影海报及电影院的管理工作。为了继承和发扬灵璧钟馗画，数十年来一直致力于灵璧钟馗画的研究，先后创作钟馗画动态多达300余种；多次在国内外参展或举办钟馗画展，并多次荣获大奖。

安徽省非物质文化遗产第五批传承人尹友杰，父亲尹玉麟是灵璧钟馗画民间画师，尹友杰自幼随父学画钟馗，至今画钟馗已有50多年。从1968年开始，一直画到现在，他支持父亲将尹氏钟馗画绘画技法传授给外人，自己也开始传授技艺。1999年其父亲去世以后，他带领子女画钟馗，继续传授技艺，数十年致力于灵璧钟馗画研究，在国内外参展或举办钟馗画展中多次荣获大奖。2006年退休后成立了尹氏钟馗画艺术馆，绘制钟馗画并授徒技艺。2008年成立了民间钟馗文化研究会，任副会长。2012年至今，分别在宿州、合肥、南京、深圳等地成立了尹氏钟馗画艺术分馆。

（三）萧县农民画

1. 历史发展

春秋时萧县称为萧国，秦朝时设为县，曾隶属于江苏省，1955年划归为安徽省。萧县有着"国画之乡"的美誉，书画人才辈出。南朝宋开国皇帝刘裕，萧县人，以书画名世，自此书画传统绵延，乡村出现了乡土书画家群体。清中晚期形成"龙城画派"，以民间中国画水墨写意享誉徐淮。王子云、刘开渠、朱德群、王肇民、萧龙士等是20世纪30年代至60年代从萧县农村走出的美术大家。中华人民共和国成立后，又走出了吴燃、郭公达、卓然等50多位书画家。改革开放以来，萧县民间农民水墨写意和书法活动蓬勃展开，至90年代初，书画队伍达到上万人，出版书画集60多部，举办展览670多次，先后成功地举办了宁、沪、穗、蓉、京"书画精品展"，合肥"萧县农民画展"，四届"萧县书画艺术节"，扩大了萧县知名度。1993年被文化部命名为"中国书画艺术之乡"。

2. 艺术特色

萧县农民画与陕西户县和上海金山农民画不同，它以中国画水墨写意著称，重笔墨，重生活，重诗情，人品与画品达到和谐的统一。

3. 现状与传承

为普及发展农民书画，该县先后在张庄寨、黄口、龙城、王寨、杨楼等乡镇建立了十多个农民书画艺术协会，形成一支规模浩大的民间书画队伍。该县还成立了拥有1000多名书画会员的"农民书画院"和会员达200余人的"书画研究会"。据统计，农民书画家参加县以上展览达5000余人次，在各级报刊发表作品者达1200余人次，作品多次获奖，萧县农民画也入选为安徽省第一批非物质文化遗产项目。

(四) 凤阳凤画

1. 历史发展

凤阳凤画是凤阳地区特有的、以凤凰为描写对象的民间绘画艺术，民间俗称"画凤凰"。元代末年已初具雏形。朱元璋称帝后，作为朱元璋家乡的凤阳就成了"龙凤之乡"，于是，象征吉祥如意的凤画应运而生，一时间，许多画师齐聚凤阳，创作凤画，奠定了凤画的基础。明、清两代，凤阳府城内有数十家凤画店，凤画师在盛行时期达到上百人，因他们聚在东街，故东街也被称为"凤凰街"。民国时期，军阀混战，凤阳陷于兵荒马乱中，凤画店由原先数十家减为三四家。七七卢沟桥事变，凤阳很快沦陷，凤画店全被焚毁。战后虽有华姓和尹姓两户支撑门面，然而因卖不出去而被迫关门，凤画至此绝迹。中华人民共和国成立后，政府的致力挖掘与扶持使得一度绝迹的凤阳凤画以绚丽多姿的风采进入千万家。2006年，凤阳凤画入选为安徽省首批非物质文化遗产之一。

2. 艺术特色

凤画造型独特，凤画中的凤凰形象独具地域特色。"600多年以来，凤阳的凤画经过历代艺人的不断改革和创新，代代相传又代代发展，逐渐形成了一套独特的、区别于其他地域的艺术风格和程式，其凤凰造型必须是'蛇头、龟背、鹰嘴、鹤腿、鸡爪、如意冠、九尾十八翅'——这就是凤阳凤画的基本特征。"[1]

"凤画的题材很多，传统的图案有：丹凤朝阳、百鸟朝凤、带子上朝、五凤楼、龙凤图、凤辇麒麟、百鸟献寿、四扇屏等。"[2]凤画的表现手法有两种：一是水墨凤画，其手法是单线勾勒、墨色晕染；一是五彩凤画，其手法是墨线勾勒、施以重彩。以朱砂、朱票、藤黄、石膏、石绿等颜色为主，用金色装饰，画面五彩缤纷，富有浓厚的民间色彩形象。

3. 现状与传承

中华人民共和国成立后，人民政府致力于凤画的挖掘与扶持工作。将李凤鸣、华先荣、王德鑫、尹杰成等凤画老艺人请到文化部门专画凤画。1956年，又专程送京观摩学习，并与著名国画家陈半丁、叶浅予等人交流经验、切磋技艺。同时，将一批优秀的凤画作品送往合肥，请省里国画界名流配景，进而装裱收藏。期间，老艺人们收了三名徒弟，凤画从此有了继承人。如今，省级非物质文化遗产传承人吴德椿、涂维良、王金生等各自扛起了凤画传承的旗帜。

（五）安徽火笔画

1. 历史发展

安徽火笔画是江淮地区具有广泛群众基础的一种流传甚广的民间工艺美术，又称"火烙画""烫画"。西汉时烙画兴起，东汉时在宫廷盛行，后由于战

---

[1] 何大海、马克云、刘晓玲：《论凤阳凤画的特征及文化内涵》，《安徽科技学院学报》2012年第4期。
[2] 凤阳县地方志编纂委员会：《凤阳县志》，方志出版社1999年版，第621页。

乱和灾荒，此工艺一度失传。明末清初，烙画才真正走进民间并逐步流传开来。中华人民共和国成立前，火笔画主要靠家族传承、民间作坊的形式生存。中华人民共和国成立后，这一工艺得到了前所未有的发展，产品远销东南亚、北美及西欧各国。近40年来火笔画拥有了一套完整的美术工艺制作流程和生产工艺流程。民间工艺美术大师刘祝华（1916—1991）及其弟子通过对作画工具的革新命名、作画新材料（器具）的使用以及本土题材、内容的创新等在火笔画领域形成独自的流派。

2. 艺术特色

火笔画在木板、竹黄、宣纸、绫绸等不同材料上作画使用的不是画笔和颜料，而是以"铁"为笔，以"火"为墨。其作品大小不一，大的可达数丈，小的不足盈尺，具有极高的艺术欣赏价值和收藏价值。

中华人民共和国成立前，火笔画采用铁丝仿烙笔，在油灯上炙烤进行烙绘，仅能生产筷子、尺子、木梳等小件日用品。中华人民共和国成立后，对制作工艺和工具进行了改革，由"油灯烙"改为"电烙""躺烙""座烙"，将单一的手工烙笔改为大、中、小型号的电烙笔，并可随意调温，从而发展了烙版、烙纸、烙绢等工艺。烙绘时可进行润色、烫刻、细描和烘晕，色泽呈深浅褐色，古朴典雅，别具一格。

3. 现状与传承

刘祝华及其弟子的作品曾先后12次参加国内外工艺美术大展，两次受到党和国家领导人的亲切接见，作品作为省、市对外馈赠礼品，为国际文化交流做出了一定贡献。然而，由于种种因素，火笔画自20世纪90年代始跌入低谷，目前已处于濒危失传的境地，亟待国家和社会予以抢救和保护。

（六）殷派面塑

1. 历史发展

面塑是民间老百姓祈福、歌颂民间传说、祝贺节日、供奉神灵信仰，以及祝寿、庆丰收、歌颂历史人物的一种民间生活习俗的艺术。面塑俗称"捏面人"，源于汉代，盛于清代，流传至今，有着相当悠久的历史。旧社会的面塑艺人挑担提盒走街串巷，"做于街头，成于瞬间"。制作的面人供人把玩，难登大雅之堂。

殷派面塑流派属安徽面塑艺人的正宗流派，殷派面塑形成流派迄今也有400多年历史了。殷铤崴是殷派面塑第七代传承人，自幼跟随其父殷福田从艺，已有三十多年艺术生涯。他的艺术流派具有淮北地方性特色，大多数作品都反映了淮北民间风土人情和民俗传说，又受淮北汉文化的影响，正逐步把"面人殷"艺术导向更高的艺术层面。

2. 艺术特色

面塑按其使用功能分为两类：一类是可食用的面塑，另一类是供人欣赏、收藏的面塑。食用面塑一般把面粉和菜汁作为主要原料，多见于餐桌上，主要目的是提高餐饮档次。因其以食为主，故在原料的要求上较高，且有不易保存的特点，故为一般面塑师所不取。供人们欣赏、收藏的面塑，由于保存的时间较长，一般在配色技艺上较为讲究。其制作特色是"一印、二捏、三镶、四滚"，还有"文的胸、武的肚、老人的背脊、美女的腰"之说。

殷派面塑用的面团制作原料为：面粉、糯米粉、盐、蜂蜜、食用油。制作方法为：先将面粉和糯米粉混合，做成直径20厘米、厚1.5厘米左右的面饼，入锅内蒸煮约30分钟。出锅加入蜂蜜、食用盐揉搓，然后用洁净棉布加湿包好以备第二天着色。面人制作分类为签举式、悬挂式、杯装式、托板式、核桃式。

要做好面塑，必须把东西做得非常逼真。殷铤崴在学艺期间注意体验生活、揣摩人物的精神世界和表情：真盲人，下巴朝天；真哭，肩膀要抽动；假哭，定是干号……每一种形象都必须做得非常逼真才肯罢休。就这样，他的面塑技艺提升很快。他捏的鸟儿活灵活现，就像真的要飞起来一样，在捏制过程中他更体会到了不一样的美感。

3. 现状与传承

殷铤崴，1972年出生于五河县风景秀丽的淮河边上大新小镇，古朴而单调的农家生活，使其从小心里就激起了对美的渴望和追求。6岁时拜父亲殷福田为师，得到父亲殷派面塑艺术的真传。18岁开始独立创作，此后游艺于全国各地，过着民间艺人的漂泊生活。20岁在淮北定居至今。其作品涉及戏剧人物、中西人物、卡通形象、动漫形象、花鸟鱼虫等。

殷派面塑有个不成文的规定，技艺只传自家一脉。然而，由于不能广授技艺，使得如今能掌握这些民间艺术的人越来越少，眼看这门手艺即将没落，于是殷铤崴决定打破旧规矩，于2016年3月举行了收徒仪式。丁盼盼是他第一个安徽省内的徒弟，还是第一位女徒弟。他希望徒弟能将殷派面塑发扬光大并一直传承下去。

殷派面塑艺术在淮北人民群众的文化生活中犹如一株可爱的、生生不息的小草，绵延至今，具有顽强的生命力。在改革开放的大好形势下，"面人殷"艺术得到淮北广大人民群众的认可，也得到市政府以及非物质文化遗产部门的重视和保护，正逐步走向大中小学校，使这门濒临失传的艺术得到更广泛的传承和有了更广阔的发展空间。

（七）淮北泥塑

1. 历史发展

民间泥塑，又称"传统泥塑"，有着6000多年的历史，又以塑庙神为主要形式传承下来。中华人民共和国成立前，在民间有着广阔的市场，深受群众的欢迎和乐见。作为地处苏、鲁、豫、皖交界处的淮北大平原，特别是濉溪县国家级文化之乡临涣镇地表下（约两米左右）蕴藏着取之不尽的泥塑主要原材料——纯黏土。因为它呈黄色，有着和胶一样的黏性，故取名黄胶泥，它具备特有的纯、细、黏和硬的质地。

淮北泥塑是最古老和最普及的民间艺术之一，2008年入选淮北市首批市级非物质文化遗产名录；2014年被安徽省政府公布为第四批省级非物质文化遗产，同年，传承人李正卿被公布为淮北市首批市级非物质文化遗产项目代表性传承人。这是濉溪县继"淮北大鼓""临涣酱培包瓜制作工艺"代表性传承人之后，第三个省级非物质文化遗产项目代表性传承人。

2. 艺术特色

至今淮北泥塑还完整地传承和效仿着民间泥塑工艺的每一道制作流程和技法，特别是选土和做泥尤为重要。

（1）在选、晒、泡、砸的基础上又加上摔和揉两道工序，把泥做得像蒸馒头面一样柔韧，用起来更为得心应手，使作品光滑坚硬，少出裂痕，可保千百年不变形。

（2）扎骨架。骨架是作品形体、比例和坚固最重要的环节，是关系到一件作品成败最基本的要素之一。为了更有把握，最好先做"小样"，再按比例放大，较为可靠。

（3）缠扎草绳或稻草。缠草的作用：一是给泥的收缩留余地，二是减轻重量和易粘连泥巴等。

（4）上泥。首先用粗泥把作品的雏形粗略而准确地做出来，为做细泥作基础，但粗厚的部位要多次上泥，伸出体外的肢体或飘逸的衣襟处要设置支撑，如宽袍大袖要用稻草或蔴拉成泥条缠上去以防下坠或断裂。在粗泥干到用手指按觉得较硬（要把握火口不可太硬）时就可以上细泥了，让其跟粗泥同步收缩，少出裂痕。

（5）修补。只要有骨架，出现裂痕是必然的，但修补是门学问，在没水泥材料之前，多用砂姜做成细粉末，再加少量石膏粉同砸好的细胶泥和成硬块，按需搓成细条，用力塞进裂缝，干后磨光，一次即成，永不再裂，很小的裂纹就用调好的腻子一次抹平即可。

（6）磨光上彩。一般民间泥塑多为彩塑，较大体型的作品，磨光后，首先要用洋干漆或熟桐油进行封闭，然后贴棉纸做底色；较小的作品用蛋清调铅粉刷上去，这样使作品更光洁、更鲜艳，其颜料用国画色更好，可保数十年不褪色。

泥塑工具既简单又特殊，多为按需用竹木自制的，如木棒、木槌、木棒槌、木齿、蛇头（曲形）刀等，均用枣木、楮木或棠梨木刻制，细小的部位就用竹子刻制竹刀、竹铲和竹锥等。当然，工具的精巧与否往往体现一个工匠的水平，不可轻视，特别是在作品上做立粉浮雕线难度更大，在泥塑行业中做立粉堪称一绝。

3. 现状与传承

现年78岁的李正卿，一直致力于泥塑创作，他的作品造型丰满活泼、浑厚简练，色彩明朗热烈，表现技法精练，被人们誉为"泥塑李"。李正卿出生在濉溪县临涣镇一个民间艺人世家，祖辈中有从事泥塑职业的，有从事婚丧嫁娶职业的。老人从10岁起便跟随祖父学艺，从小的艺术熏陶和耳濡目染成就了他今天的精湛技艺。

1957年，多才多艺的李正卿考入了县泗州戏剧团，专攻文艺和戏剧创作，其创作的作品多次到省里参加会演，受到好评，因成绩突出，他还被任命为团长。

在这期间，他只能将泥塑作为业余爱好，有空就摆弄一番泥巴。李正卿退休后，泥塑成了他生活的全部。他多年来一直潜心于泥塑艺术创作，先后创作了《情系灾情》《邓小平》《岳母刺字》《孔子》等一批较有感染力的作品，引起了中央、省、市等媒体的关注。为了传承这一优秀民间艺术，市文联和淮北市民间艺术研究院专门把李正卿的工作室列为淮北民间泥塑传承基地，这也是淮北为保护"非遗"项目列入的首个传承基地。李正卿的工作室位于濉溪老城的前大街，石板街的尽头，名曰"淮北民间艺术研究院民间泥塑传承基地"。他前前后后带了3个徒弟和无数泥塑爱好者。因此，作为传承人，他希望在自己的有生之年，用自己的作品为传统艺术争得一席之地，也愿意多培养一些泥塑新人，希望把淮北的民间泥塑艺术发扬光大。

（八）灵璧磬石雕刻

1. 历史发展

灵璧县位于安徽省东北部，环境优美，历史悠久，早在新石器时代，就有人类在这里居住。宋哲宗元祐元年（1086）建县，历经朝代之更替，留下了丰富的文化遗产。

灵璧磬石雕历史悠久，蜚声遐迩，《尚书·禹贡》载"泗滨浮磬"是也。远在殷商时期就取灵璧磬石制作编磬、特磬，与编钟前身"钲"相辅并用，堪称中国古代"金石之乐"的先声。"磬"也成为历代皇权庆典祭祀之神器、乐器、礼器，后被历代视为珍宝。北宋的苏轼、米芾都专程来灵璧掇取灵璧磬石、灵璧石，加以品第，一一入藏。宋徽宗也曾搜集灵璧磬石、灵璧石入藏大衍库，想见灵璧磬石、灵璧石的弥足珍贵了。

1924年，灵璧县艺人制作一只特大的镂空石磬，敬献中山陵，以总理遗嘱镌刻其上。

中华人民共和国成立后，灵璧县相继建立了工艺厂、大理石厂等，开发了磬石、菜玉、红皖螺、灰皖螺等十多种石料，生产编磬、磬石乐器、茶具、饰品、文具等各种工艺品。

2. 艺术特色

灵璧磬石雕刻源远流长，保留了古代皇宫制磬技艺，延承汉代石刻线画，以及古代圆雕、镂雕、浮雕、影雕、微雕等多种工艺。制作品种繁多的磬石工艺品，尤其是在坚硬的石头上进行微雕创作，堪称一绝。近年来，灵璧磬石雕刻以形式多样、题材广泛、寓意深刻、构图饱满、线条简练流畅等艺术特点而远近闻名。

灵璧磬石雕刻技师们在传统的基础上加入了创新元素，集多元艺术于一身；产品更是集实用、鉴赏、收藏、保健于一体。

3. 现状与传承

改革开放以来，灵璧磬石雕刻工艺得到了长足的发展。灵璧磬石雕刻作品以及编磬、磬琴制作主要销往全国各地和出口 30 多个国家和地区，受到人们的喜爱。灵璧磬石雕刻见证了中华民族文化生命力所具有的独特价值。作为中国古老磬石文化的一种延续，它见证了中国磬文化的发展演变史，也浓缩了不同历史时期、不同地域的民间艺术精华。制磬与磬石雕历代被皇家宫廷使用，具有重要的历史研究价值。作为一门古老的民间传统工艺，它保存着大量不同历史时期的人文信息，这对现在和今后研究中国磬石文化发展史，读取古代先民创造的优秀艺术元素，以及见证中华民族文化所具有的顽强生命力有着深远的意义。

目前，灵璧磬石雕刻以家庭作坊为主，集中在县城的钟馗路、奇石文化园区。这些家庭作坊的从业者既有"毛石匠"，也有技艺精湛的工艺美术大师。

（九）杨氏微雕

1. 历史发展

微雕以"微"为特征，以"精"为标准，也被称为"牙雕""微刻"。它是一门集书、画、雕三妙而相映成趣的综合艺术。"中国微雕艺术在经历了一千多年漫长的发展演变后，至明代末期开始进入一个全盛的成熟时期，一直持续到民国。微雕被称为'鬼工技'，上至帝王、下至庶民无不喜爱备至。"[1]

目前，杨氏微雕一脉相承，在继承中国传统文化的基础上不断推陈出新，达到现代微雕艺术的巅峰。

2. 艺术特色

微雕艺术是一种以刀代笔、以小见大、浓缩了的书法和绘画艺术，真所谓方寸之间见天地，细微之中阅乾坤。从源头上讲，在人类文明的初始期，就已有在兽骨和贝壳上刻出精美图案的记载。但与其他艺术门类相比较，微雕艺术的艰难之处，也是其魅力之处在于，其他艺术可以驰骋纵横、挥斥自如，而微雕艺术靠的是心随意动、丝毫腾挪，所以，历来被视为艺术的禁区，令人望而

---

[1] 吴悦石：《在精微之巅》，《法人杂志》2008 年第 1 期。

生畏，有建树者寥若晨星。杨氏三代微雕艺术的成功之处即能在多质地的材料上展现其品种的丰富性，如象牙微雕、珍珠微雕、明信片微书、黄金微雕、紫砂微雕、白玉微雕、磬石微雕、鸵鸟蛋雕刻、头发雕刻等林林总总。材质不同，其硬与软、脆与韧、滑与涩、锐与钝亦各不相同，而杨氏三代微雕作品不仅涉猎的材料广泛，而且件件皆是精品，意到神会，这是其他一般的微雕大师所不能望其项背的。

3. 现状与传承

杨氏微雕薪火传承，后继有人。

杨大可（1926—1990），书画兼工、技艺全面、风格独特。作品先后在合肥、深圳、广州、北京故宫以及日本大阪、神户等地展出。20世纪80年代其微雕作品在日本中日文化交流展出时，引起轰动，并被视为无上神品。

杨其鹏，工艺美术大师、高级美术师、蚌埠市民间工艺美术行业协会会长、安徽省政协委员、安徽省政府参事。其微雕艺术作品和印章边款被美国、韩国、日本、新加坡、泰国等国家的国家首脑、政府要员、大亨巨贾、世界船王以及海内外艺术名流、社会贤达、知名人士所珍藏，发雕作品还创造了多项世界吉尼斯纪录。

杨洋，杨氏微雕世家的第三代传人，安徽省工艺美术大师、高级工艺美术师、杨氏微雕艺术工作室法人代表。杨洋的微雕艺术作品别有生趣，一出道，就已初露超越父辈的天分。2004年，杨洋和父亲杨其鹏的象牙微雕作品被中共中央办公厅和毛主席纪念堂收藏。纤纤素手，玉笋刀笔，小荷初露，已成大观。[1]

---

[1] 吴悦石：《在精微之巅》，《法人杂志》2008年第1期。

第六章
淮海地区民俗类非物质文化遗产

　　淮海地区的大部分区域属于黄河流域风俗文化圈，少部分区域属于长江流域风俗文化圈。淮海地区作为中华母亲河黄河流域的一部分，历史文化悠久，民俗文化丰富多彩。它既与其他汉民族文化圈有着大致相同的历史文化，也具有自身独特的文化特点；即使同属于黄河流域风俗文化圈，它也与中原文化、燕赵文化、齐鲁文化、淮夷文化等分支文化有同有异。在淮海地区内部，行政区划上现今分属江苏、山东、安徽、河南四省；地理上分鲁南山区、东部沿海、黄河故道平原地区、江淮北部水乡地区等不同地理类型；方言上，根据《中国语言地图集》第二卷汉语方言篇，淮海地区通行两种官话方言：江淮官话和中原官话。在淮海地区核心区中，连云港属于江淮区，其他七个市属于中原区。中原区内部还可以分为三片：徐淮片、商宿片和济宁片。其中，徐淮片属于中原官话洛徐片，商宿片属于中原官话郑曹片，济宁片属于中原官话蔡鲁片。这说明无论从行政区划、民俗地理，还是从民俗语言，各不同区域或类型地区的民俗文化也有同有异或者大同小异。若要从民俗角度对淮海地区进行分类，以汉语方言角度划分更为科学。

第一节 概　述

一、民俗的概念

在中国，"民俗"这一名称出现已久。如《礼记·缁衣》："故君民者，章好以示民俗。"《史记·周本纪》："于是虞、芮之人，有狱不能决，乃如周。入界，耕者皆让畔，民俗皆让长。"此外，意义相近的词还有一些，如"习俗""风俗""民风"等。"民俗"一词作为专门学科术语，是对英文"Folklore"的意译，既指民间风俗现象，又指研究这门现象的学问，成为国际上通用的学科名词。①

在民俗学发展史上，学者们站在不同角度、从不同侧面对民俗学概念和含义进行了解释，但都有失之偏颇和狭隘之处。目前广泛认同的有关民俗的概念为：民俗是一种生活文化，它是由人民大众创造出来和传承下去的，包括农村民俗、城镇和都市民俗；包括古代民俗传统以及新产生的民俗现象；包括以口头的民间文学以及以物质形式、行为和心理等方式传承的物质、精神及社会组织等民俗。民俗虽然是一种历史文化传统，但也是人民现实生活中的一个重要组成部分。②

二、民俗的范围

民俗属于民族的传统文化，虽然主要是在过去形成的，但其根脉延伸到社会生活的方方面面，随着一个国家的民族民众的生活而不断发展变化。从经济活动到社会关系，再到上层建筑的各种制度和意识形态，民俗事象大多具有一定的民俗行为及有关的心理活动。总体说来，主要分为以下三部分：

（一）物质民俗。"物质民俗是指人民在创造和消费物质财富过程中所不断重复的、带有模式性的活动，以及由这种活动所产生的带有类型性的产品形式。

---

① 钟敬文：《民俗学概论》，上海文艺出版社2009年版，第3页。
② 同上书，第4页。

它主要包括生产民俗、商贸民俗、饮食民俗、服饰民俗、居住民俗、交通民俗、医药保健民俗等。"[1]

（二）社会民俗。"社会民俗亦称社会组织及制度民俗，指人们在特定条件下所结成的社会关系的惯制。它主要包括社会组织民俗（如血缘组织、地缘组织、业缘组织等）、社会制度民俗（如习惯法、人生礼仪等）、岁时节日民俗以及民间娱乐习俗等。"[2]

（三）精神民俗。"精神民俗是指在物质文化与制度文化基础上形成的有关意识形态方面的民俗。它是人类在认识和改造自然与社会过程中形成的心理经验，这种经验一旦成为集体的心理习惯，并表现为特定的行为方式且世代传承，就成为精神民俗。精神民俗主要包括民间信仰、民间巫术、民间哲学伦理观念以及民间艺术等。"[3]

社会生活是一个整体，因此，民俗文化具有整体和系统性的特征。物质民俗、精神民俗、社会民俗、语言民俗之间存在着相互制约与相互促进的关系，它们随着时代的发展变化相互影响。

三、民俗类非物质文化遗产的基本特点

淮海地区作为一个整体的民俗文化区，其民俗文化大体具有以下几个特点：

（一）农桑渔为主，商贸欠发达

淮海地区处于黄河流域下游，属中原文化延伸地带，人们一直以农业、渔桑业为其生活来源，以农为本的思想基础牢固，即所谓"农本思想"根深蒂固。数千年来，虽有士农工商之别，民间则始终"俗好稼穑"，视农业为"根本"，将其他各业视为"末作"。日照、连云港等东部沿海地区以渔民习俗和外出经商的习俗为特色，如海带草房、海产食品、行船禁忌、天后崇拜等习俗，属于

---

[1] 钟敬文：《民俗学概论》，上海文艺出版社2009年版，第5页。
[2] 同上。
[3] 同上。

沿海地区的特有习俗。

（二）民风勤劳俭朴而不奢靡

以徐州为中心的淮海地区，自秦汉以降，数千年战乱频繁，黄患频繁，灾害连年，致使该地区经济欠发达，民生凋敝，形成"民众勤劳""性行淳朴，不事华奢"的习尚，该地区人民自古养成很强的谋生能力，大都坚持勤苦耐劳的精神，民风勤劳俭朴而不奢靡。

（三）俗尚礼仪、质而有节

淮海地区十分重视礼仪，颇为看重各种文化礼仪的定规。在生育、成年、婚嫁、寿诞、丧葬、祭祀中，更注意礼节和仪表，所谓"礼让兴行……庶几古俗矣"。但讲究"礼多人不怪"的同时，也十分注意"质直有节""无过无不过"。这种崇尚礼仪的风俗，是在中华人民共和国成立以前以家族为中心，按血统别亲疏的宗法思想和伦理观念的影响制约下形成的，有时也表现出很大的顽固性、局限性。

（四）有尚武之风

楚霸王项羽"力拔山兮气盖世，时不利兮骓不逝"惊神泣鬼的壮歌，汉高祖刘邦"大风起兮云飞扬，威加海内兮归故乡，安得猛士兮守四方"的豪迈气概，都显示出强烈的尚武精神。"千古兴亡征战地，莫将蕞尔视徐州"（清·叶道源《彭城杂咏》），从楚汉相争到近现代，在徐州发生规模较大的战争200多起，其中传承并不断宣扬着尚武精神。鲁南济宁等地梁山好汉的故事和"路见不平，拔刀相助"的精神流传数百年。该地区素有尚武之风。

（五）民俗文化的多元、交融、互补性

淮海地区民俗是多元、多区域性的，可分为沿海民俗、鲁南山区民俗、徐淮民俗、黄河故道民俗等。不同地区民俗有同有异，各具特色。当然，多区域的民俗也有相互渗透、相互交融的一面，不仅表现在区域内徐淮文化、齐鲁文化、盐民文化等的相互渗透、相互交融，也表现在周边吴越文化、东夷文化、徽州文化、中原文化等与淮海地区民俗文化的交织影响。

第二节　物质生产民俗类

淮海地区地形以平原及低矮丘陵为主，中西部属于黄淮平原，东部则为滨海平原。平原中多低洼区，湖泊众多，分布在淮海中下游一带，京杭运河将这些湖泊沟通，成为南北水路交通要道；丘陵主要分布在山东西南及苏北一带，丘陵西部与南部边缘，冲积平原土壤肥沃，适合种植温带作物。另一方面，平原上水系发达，河渠纵横，还有洪泽湖、骆马湖、微山湖等湖泊，稻麦两熟，产小麦、棉花，是中国重要的农业区。依据本地区不同地形特点，如东部濒临黄海，南部密布河湖，运河沟通南北，形成了以平原特色为主，兼具海洋文化、运河文化、丘陵文化的特征，因而产生了农业、渔猎、工匠、商业和交通等民俗在内的物质生活民俗。

一、农业民俗类

淮海地区主体是黄淮平原下游，处北温带，属暖温带半湿润季风型大陆性气候，是我国南北气候过渡带，在一定程度上受海洋调节的影响，又有显著的大陆性气候特征。这里土壤肥沃，适合农业发展，南北方植物基本都能在此生长。

在淮海区域内，北部地区的农业开发相对较早，如皖北、苏北、豫东、鲁南等地。连云港、盐城的海洋渔业生产比较独特，苏、鲁交界的微山湖、淮安的洪泽湖等比较大的湖泊的渔业生产也是本区域的特色。

（一）农业生产特点

淮海区域在气候上四季分明。农业生产方面，以旱地为主，水田主要在本区域南部的盐城、淮安等地。淮海地区的耕地大致可分为水田、旱地、望天田、水浇地和菜地等类别。南部的盐城、淮安、宿迁、连云港南部、宿州等地水田占比重较大；苏北、鲁南、豫东、皖北大部等地，以旱地、水浇地为主；种植条件较差的望天田主要在苏、鲁、豫、皖交界的部分丘陵地区。耕作上两年三熟或一年两熟。常年栽培的农作物有：水稻、小麦、玉米、高粱、大豆、谷子、地瓜、花生、棉花等。

（二）农业生产民俗类

淮海地区许多区域都有着重农的传统，在一些特定的节日形成了一些习俗，成为非物质文化遗产资源。

1. 徐州地区

新沂草桥柳编技艺。入选省级非物质文化遗产名录。

新沂的草桥柳编产生于清康熙年间，由山西省洪洞县王氏家族迁入草陈圩村带入此项技艺。清初时期，只有王、张、丁三户人家编制，经过历代相传，至今兴盛不衰。草桥镇陈圩村的三百余户家家都从事柳编工艺，全镇有近万人从事柳编工艺，同时也吸引了山东、安徽、宿迁等周边省市地区的艺人前来学习柳编技艺。草桥柳编利用柳条柔软易弯、粗细匀称、色泽高雅的特点，通过新颖的设计，编织成各种朴实自然、造型美观、轻便耐用的实用工艺品，如笆斗、筐、簸箕、花篮、家具等。其制作流程包括：准备柳条、准备麻茎、上条、打底上模、削茬、整圆、上圈、上梁。工艺的主要技法有平编、纹编、勒编、砌编、缠边五种。

邳州蒲扇编织技艺。入选市级非物质文化遗产名录。

邳州的蒲编历史悠久，距今已有6000多年。流布于邳州全境及周边苏、鲁、豫、皖接壤地区，主要用于民众休闲乘凉。蒲扇是用水生香蒲草编制，形式多为鸭蛋形，下部留有手握扇柄，扇面上配有手工艺人的烙烫、手绘、烟熏等图案、文字纹样。细蒲扇在扇柄上编制色彩花纹并配有穗带等装饰物。邳州蒲扇的材料是水生植物香蒲草叶片，材料的选择要求较严格，一定要在麦收时半个月中采割的芽蒲最佳，此时蒲草柔软、韧性强，适宜编制蒲扇等。蒲扇编制工具主要有割刀、剪刀、划针、脚蹬子、推板等。制作工序包括：挑选蒲草、界扇股、开蒲叶、掰扇帘、编扇帘、拉扇膀、扎扇柄、装饰。

2. 连云港地区

连云港云雾茶。2009 年入选省级非物质文化遗产名录。

云雾茶的发源地在连云港市北云台山的宿城乡大竹园村，后为宿城乡各村及南云台山和中云台山等地引进栽培，现全市种植面积近万亩。连云港市云雾茶最早可追溯到唐代，《宋史·食货》《云台山新志》中有多处提及海州的茶叶。大竹园村正是处在海拔 400 多米高的山腰上，有十几棵幸存的百年老茶树就分布在山上悟正庵、雪道庵、罗奶庵和大竹园奇峰异石、错落重叠的山崖石缝中。山上酸性土壤丰厚，常年在云雾笼罩之下，润泽温和，非常适宜茶叶生长。云雾茶的手工制作极其讲究，技艺精湛。

古安梨生产习俗。2010 年入选第二批市级非物质文化遗产名录。

古安梨是鸭梨变种，原产地在连云港海州洪门果园，传说是当地尼姑庵尼姑引种种植而得名。据洪门果园文献记载，古安梨距今已有 127 年的栽培历史，是海州乃至连云港市的地方优良品种。古安梨气味芳香，风味优美。果实中等偏大，葫芦至短瓢形，果实黄绿，皮薄光滑，肉白色，肉质特细而脆嫩，汁多味甜。九月上中旬成熟。中华人民共和国成立前，古安梨一直被奉为贡品。1989 年、1992 年、1995 年均获得省优质水果称号。

赣榆柳编。2009 年入选省级非物质文化遗产名录。

连云港地区有着种植杞柳的历史，柳编工艺源远流长。特别是民国初期，赣榆的柳编工艺品已颇有名气，《赣榆县志》中有记载。赣榆柳编制作工艺技术传承中保持了连云港传统文化的地方特色，工艺构思严谨，造型美观大方，纹理清晰、古朴典雅，以显工显艺为基本特征。柳编以染色工艺、结合工艺、混编工艺、柳木结合家具、柳皮贴面家具等为艺术特色，以其独有的艺术魅力流传于世，还销往世界各地。改革开放以来，柳编工艺也成为连云港市农村创业致富的支柱产业。

3. 宿迁地区

新袁柳编。入选市级非物质文化遗产项目。

新袁柳编流布于宿迁市泗阳县新袁及其周边乡镇。新袁柳编源于清道光年间，新袁一带因黄河故道水患而地势低洼，粮食作物难以生长，当地人便在这里栽植大量耐湿、耐碱的杞柳，用来固沙保土。每年入冬，人们便将干枯的杞柳收割回家当作柴火。柳编主要技法有平编、纹编、勒编、砌编、缠边五种。柳编制品以造型美观、花样繁多、简便实用而普遍被当地群众作为生产生活、家居装饰用品。随着编制技艺的日臻完善，新袁柳编也由最初的粗加工演变为精加工，同时，也由乡亲邻里相互馈赠之物转变为市场销售产品。新袁柳编的制作工具有：刀子（传统常用镰刀）、扳钩和斧头。其余则主要靠手工旋编而成。主要技法可分为取材、浸泡、脱皮、晾晒、选料、编制、着色、罩漆八个阶段。柳编产品种类繁多，早期产品有簸箕、笆斗、晒簸、草篓等；后期根据市场需要，开发了一大批与现代生活息息相关的柳编产品：提篮、童篮、吊篮、挂篮、果篮、动物篮、筐类、家具类等。新袁柳编多以家庭为单位或邻里相互借鉴而自觉传承。

4. 淮北地区

穆浅子柳编。入选市级非物质文化遗产名录。

穆浅子柳编大概起源于三四百年前，当时逃难的穆氏三兄弟来到了古饶镇的谷山村以东，濉河岸边的一个小村庄，取名"穆浅子"。他们以编制柳活养家糊口，柳编制品以居家生活必需品为主，如笆斗、面筐子、簸箕、鞋筐子以及盛放衣物的柳箱子等。柳编技艺的最大特点是编制过程必须在阴暗潮湿的环境下进行。因为柳编过程要求柳条不干不湿，太干容易折断，太湿柳条很滑，线就勒不住，无法走线。当地人把这种专门用来编柳条的房子叫作"地窨子"，有些人也称之为地窖。

二、渔业、盐业民俗类

淮海地区东临黄海，北有日照，中有连云港，南有盐城，三地都形成了以海洋为生产对象的海洋渔猎文化及相应的海洋民俗。

（一）生产的时序、节令

从文化区域角度看淮海地区，就会发现这一区域内的大部分属于新石器时代的大汶口文化区。从目前的考古发掘可知，生活在这片区域上的先民已掌握了比较熟练的渔猎技能，猎物既有普通的鱼类，也有大型的食草动物如斑鹿、麋鹿，兖州王因遗址甚至出土过扬子鳄这种大型水生动物的残骸。

海州湾是我国八大渔场之一，这里的渔民世世代代以出海捕鱼为生，在长期的生产实践中，形成了一系列具有鲜明地域特色的渔民风俗。《南齐书·州郡志》记载："郁洲（今云台山）在海中，周围数百里，岛出白鹿，土有田畴鱼盐之利。"在北起连云港市赣榆县柘汪乡绣针河口，南到灌河口的沿海一带全长170多公里海岸线上，自古形成了无时不有、无事不在、较为稳定的系列传统习俗。

（二）渔业、盐业等民俗类

1. 渔业民俗类

赣榆海祭。2007年被列入市级非物质文化遗产名录。

赣榆海祭历史悠久，是赣榆沿海一种祈安康、庆丰收的民俗和民间文化活动。汉代以后，佛教传入中国，佛经中对龙王的崇信逐渐风行。渔民尊龙王为海神，建龙王庙于海边。出海、返港或节日，拜祭龙王逐渐盛行，或团祭或私祭，团祭时，四乡渔民齐聚，摆香案、猪头三牲及糕果做祭，并饰以鼓乐。宋朝之后，天后（海神娘娘）信仰传至赣榆，渔民同尊龙王和天后，海祭仪式更为壮观。明代有地方官员参与祭海活动，并确定祭日，逐渐成为赣榆县沿海地区的一项重要的民俗和民间文化活动。赣榆海祭活动集祭祀、民间艺术与传说、戏剧表演于一身，极具民俗凝聚力。

海州湾渔俗。2009年入选省级非物质文化遗产扩展项目名录。

海州湾位于江苏省东北部，苏、鲁两省交界处，海洋渔业生产历史久远，是我国八大渔场之一。这里的渔民世世代代以出海捕鱼为生，在长期的生产实践中，形成了一系列具有鲜明地域特色的渔民风俗。这些风俗的主线，是顺从性强、实用性强、避区忌讳多、吉利彩话多、信仰崇拜多。渔民认为不吉祥的话和事，绝对不说不做。开口讲究"彩字"，如取鱼叫"取彩"，馈赠叫"彩头"，船上作业都唱号子等。海州湾渔民风俗大致可分为四类：生产习俗、社会习俗、生活习俗和信仰习俗。上古至今，独特的海州湾渔民风俗随着海岸线的东移而东迁，代代传承，流传至今。

2. 盐业等民俗类

淮北盐民习俗。2007年被列入市级非物质文化遗产名录。2009年入选省级非物质文化遗产名录。

江苏产盐区以淮河为界，淮河以南为淮南盐场，淮河以北为淮北盐场，所产海盐通称"淮盐"。淮盐素以粒大、色白、质干著称。淮盐生产历史悠久，《江苏盐业史》中对春秋到唐宋以降盐业生产情况都有详细记载。中华人民共和国成立后，领导、管理全省沿海各盐场的淮北盐务管理局（现更名"江苏金桥盐化集团公司"）驻连云港市。

淮盐的生产在明代便改煮海制盐类为滩晒制盐（早期砖池，后泥池）。数百年来滩地形式不断发生变化，有怀中抱子式、盘香转式、珍珠卷帘式、双电灯式、八卦式、沙帽翅式、大浦新式等多种，但生产技艺主要集中在修滩、制卤、结晶、收盐四大工序中。淮北盐民习俗主要有生产风俗、社会风俗、生活风俗和信仰风俗。盐民的生产方式由古代的烧干海水制盐到明代以后的日光晒盐，都有着独特的生产工艺，形成了"八卦滩""结晶池"及"早观风向、午观晴雨""一年捆两季、六月晒龙盐"等生产习俗。盐工古代熬盐，被称为"灶民"，吃的是"灶粮"，大盐商被称之为"垣商"，生产基地称"圩子"，管理者称"帮瘆",形成一套完整的社会习俗。盐民生活缺少淡水,形成了夏"接天水"、冬"储爽冻"等诸多生活习俗。海盐生产对气象的依赖性强,广大盐民形成了拜龙王、拜盐婆婆及三月三祭典娘娘庙等信仰习俗。

三、工匠民俗类

淮海地区历史悠久,中国黄河下游地区的新石器文化重要类型——大汶口文化在此有着广泛的分布:东至黄海之滨,西至鲁西平原东部,北达渤海南岸,南到江苏淮北一带。

(一)工匠的技艺与传承

在淮海地区目前发掘的遗址上,发现了曾生活在这片土地上的先民生产和生活的遗迹。在淮海地区的广袤土地上,民众继承了先民的聪慧,也创造出了属于自己的优秀工匠技艺。[1]淮海地区的许多地方,尤其是农村地区,木匠、铁匠、石匠、泥匠在社会生活中有着重要的作用,他们与平民百姓的生产、生活息息相关。俗谚有"隔行如隔山,行行出状元""一艺在身,天下通行"等说法,都强调了技艺在手工业工匠人心目中的重要性。在长期的封建社会里,这些劳动技艺在工匠中间世代相传,并由此形成了一系列技艺和习俗等非物质文化遗产资源。

(二)工匠民俗类

1. 徐州地区

铜山县汉王石刻。入选省级非物质文化遗产名录。

汉王石刻分布在铜山县(现为徐州市铜山区)汉王镇12个行政村中,其中班井、刘庄、汉沟、桥上、葛楼、望城、东沿等村已成为石刻专业村。铜山县汉王石刻艺术历史悠久,早在汉代就形成了区域性文化。在2000多年前汉王的石刻就已经很普遍,而且石刻技艺已相当精湛,刀工朴拙粗豪、细腻真切。

---

[1] 山东省博物馆:《谈谈大汶口文化》,山东大学历史系考古教研室编:《大汶口文化讨论文集》,齐鲁书社1979年版,第21—23页。

汉王石刻材料主要是汉王镇群山上的各种天然石材。汉王石刻工具包括：锤子、凿子、錾子、刀、铲子（修饰石刻镂空之用）、铁刷、毛刷、油石（刷磨之用）、拐尺、墨斗、复写纸（画线复印量尺寸之用）。汉王石刻艺术的主要内容有：汉画像石、汉化像砖、汉兵马俑等。小的方面有石头房、石头用具、石头门楼、石桥、石碑、石头艺术品；大的方面有大型碑林、大型雕塑、大型壁刻、仿汉画像石等。

贾汪石雕。入选市级非物质文化遗产名录。

贾汪石雕具有100多年的历史。贾汪石雕是从普通石匠中分离出来的一部分能工巧匠们创造的。贾汪石雕形成规模是在清末民初，20世纪二三十年代达到高峰。贾汪境内多山，石雕的原料就地取材，特别是贾汪的汴塘境内山多、石质好，成为贾汪石雕工艺的基地。另外，石雕在江庄和青山泉等部分地区也有分布。贾汪众多汉画像石的出土，为贾汪石雕提供了丰富的历史范例和艺术宝库，同时也奠定了贾汪石雕艺术的根基。贾汪石雕工艺流程并不复杂，主要是选料、加工、成材、贴字样、雕刻、打磨等，但花费的力气却很大，特别是大件，重达十几吨。贾汪石雕分为两大类：一类为传统型石雕，这类石雕主要有人物、动物、花卉、桌椅条凳、挂件、佩饰以及墓碑等；一类为巧石雕，选用材料为安徽灵璧白灵石、夹白石，利用其自然色彩雕刻成各种精美的艺术品。工艺主要有立体雕、平面雕和镂空雕等。工艺的传承方式主要有家传、师传、自学三种，在贾汪石雕艺人中师传和自学居多。在长期的生产劳动中有的以师带徒，有的无师自通，产生了不少较有名的石雕艺人。

2. 连云港地区

连云港木质渔船制作（传统木船制作技艺）。2011年入选第三批省级非物质文化遗产名录。

该技艺主要流传在赣榆县柘汪镇境内及周边沿海地区。柘汪镇吴公村是一个普通的村庄，村里的居民相传为徐福制造楼船的"圬工"后裔，造船技艺是民间手工技艺,已流传数千年之久。连云港木质渔船制作技艺操作器具有斧头、锯、手工钻、凿子。渔船使用的材料很独特,主要是当地产的槐木和东北产的红松木,浸有桐油的麻絮和以桐油与石灰和成的油腻子。连云港木质渔船制作技艺包含着人工造物与生活的智慧,保持着传统工艺实用的痕迹和质朴的传统,是内涵丰富的文化遗产。其制作工序主要有:画图设计、选择制船地址、选择材料、安装龙骨、制作船体、捻船、刷油、竖桅杆。

捻船工艺。2010年入选市级非物质文化遗产名录。

捻船这项工艺主要流传在赣榆县石羊河畔的柘汪镇吴公村。捻船是造船中十分重要的一项工序,是个很神秘的技术活,终身干活的人就叫"捻工"。每艘新船在整个船体结构完成后,要把船体上的每一条木缝,每一个钉眼,塞上浸有桐油的麻絮,再以桐油与石灰和成的油腻子封牢,使其绝对不透水,这叫捻船。捻船技艺是民间手工技艺,已流传数千年之久。不管是新"钉"的船还是整修的老船,都离不开捻工。在钉好的新船上,捻工们用斧头敲打平头凿子,将麻絮塞紧在每条木缝里。捻工同在一条木缝上操作,一条缝捻完后再捻另一条缝,统一行动敲打成一种音乐——打排捻。操作时由一个人领唱,众人相和捻船号子,很有节奏地统一动作,使全船的每一条缝受力均衡。老船整修,即把出现缝隙的地方重新捻好。船只经常整修、保养,可以用30至40年。

3. 济宁地区

嘉祥石雕。2008年入选国家级非物质文化遗产名录。

嘉祥石雕始于东汉,风格奇幻,技艺精到,一直为进献朝廷的贡品。武氏祠内的大型石狮、十大帝王图、水陆攻战图等画像石栩栩如生。"武氏墓群石刻"被称为中国古代汉民族文化的艺术瑰宝。联合国教科文组织曾评价说,此汉代石刻画像技艺超过了同期埃及的石刻和希腊的瓶画的水平。今天,嘉祥石雕艺人对传统的石雕工艺既有继承,又有发展和创新,吸取了木雕、玉雕等技术,以产于当地的天青石为主料,辅以大理石、汉白玉等石中珍品,雕刻成活灵活现的现代工艺品。石雕作品现已形成十大系列，近千个品种。现在嘉祥石雕形成了"一园两区"为格局的文化产业园："石雕文化产业园"以及"马集石雕加工区""纸坊石雕加工区"。

微山湖排船技艺。2011年入选市级非物质文化遗产名录。

微山湖排船（造船）技艺流传于微山湖区。根据出土的汉画像石雕刻形象记载，其起源于汉代。随着社会历史的演变，排船技艺经过渔民的不断改造、创新，逐渐走向成熟和完善，并传承至今。微山湖渔船系列包括划子、三截赶、四棹船、大网船等。排船工序非常复杂，主要有：解料、放线、铺底、栽梁、下太平钱、上料、铺扁赶、铺头、钉面梁、转掉、钉舱廊、钉棹窝、请伙计、捻船、刷油等。湖区渔民以船为家，以船代步。微山湖渔船操作灵活，实用性强，是湖区渔民采用纯手工制作的交通工具。渔民在排船的过程中，夹杂着一些独特的民间习俗，为研究中国古代科技史、社会史、人居环境及湖区历史文化的发展提供了宝贵资料。

4. 商丘地区

柘城仿古玉雕。入选市级非物质文化遗产名录。

柘城仿古玉雕发源地在柘城县申桥乡孟庄村，所以又称"孟氏仿古雕艺"。孟庄村是龙山文化李庄遗址最重要的一个分布地。柘城仿古玉雕作为传统工艺品主要仿制古代珍贵物品。该项目传承人孟昭生对仿古雕艺的贡献巨大，经过多年探索，其仿古工艺品逐渐形成了青铜、玉雕、石雕3大系列，260多个品种，仿古类作品有相当出名的"马踏飞燕""四羊方尊""古方鼎""西周圆鼎""和氏璧"等，其中永城市芒砀山文物旅游景区内复原的"金缕玉衣"就是其杰作。

（三）工匠民俗类非物质文化遗产的传承[①]

手工匠艺人，除了家传，也收徒弟。徒弟入门要行"拜师礼"。拜师者由

---

① 工匠民俗类非物质文化遗产内容在本章第四节《淮海地区社会组织民俗类非物质文化遗产》"一、淮海地区手工业行俗非物质文化遗产"中有具体呈现。

亲友做介绍人，邀请同行中师兄弟辈与学徒的家长一道举行拜师仪式，大多在作坊处摆上香案，供上本行师祖的牌位（画像、塑像）。逐渐地，各行各业都确定了自己的规矩与习俗。

四、商业、交通民俗类

中国社会长期以来视商业为四民之末。然而"贾人搬有运无"却是带动社会经济流通的主力。尽管商业经济非常辛苦，不过在诱人利润的吸引下，总有一些人投入。淮海区域内河网密布，南北有大运河沟通，东西有淮河贯穿，向东还有广袤的海洋可以对外交通，再加上平原地形陆路交通的便利，本地区有利的地形和交通条件对百姓生计影响比较大，借由海运、大运河船运四处经商的例子有很多。

（一）集市与商业

集市是民间贸易的重要场所，也是贸易民俗的诞生和成长之地。通过集市，可以看到淮海地区贸易民俗的一些特点。在本区域的许多地方，集市被称为"集"，也有称"小市"等的，集市开的那天叫"逢集"；到集上买东西称为"赶集""上集"；没有要紧事而到集上看看，被称为"闲赶集""逛集"；年终称为"赶年集"；集市结束称为"散集"。

集市有固定地点。集市地点一般都选在经济较为发达或交通方便的地方。集的命名也多以所在地而称。集市的具体地点，或定在所在地的街道上，或位于附近空旷之地。集市都是有定期的。交易方面，集市大小不一，逢集日期也各不相同。一般小集是10天3集，各集分别按"一四七"（农历，下同）"二五八""三六九"排列。较大集镇则10天4集，多按"一四七九""三五八十"或"一四六九""三五八十"排列。大集全天，小集半天至午即散。这样错开集日，有利于交易活动。大集镇因上市商品丰富，便于物以类聚，形成各个"行"和"市"，各市各行都设有专门的营业区域，称之为牲口市、粮食市、蔬菜市、木材市、鸡蛋市、棉花市、木器行、铁器行、饮食行等。

(二) 商业民俗类

1. 徐州地区

泰山庙会。2008年入选国家级非物质文化遗产名录。

泰山庙会，又称"泰山庙市"，是融民间艺术、宗教信仰、物资交流、文化娱乐为一体的汉族传统民俗文化盛会。泰山上的寺庙被称为"显济庙"，是在明嘉庆年间兴建的。乾隆四十三年（1778），被徐州知府永龄把名字改为"碧霞宫"，民间称之为"奶奶庙"。每年农历四月十五日左右，敬香者纷沓而至，朝拜"泰山奶奶"，求多子多福。敬香者有的来自徐州所属六县（市）、五区，甚至鲁南、豫东、皖北地区的善男信女都会来此进行朝拜活动。泰山庙会已从宗教性质变为集商贸、旅游、信仰、娱乐、民间艺术于一体的民俗文化活动，是淮海地区的民俗节日。传统的民俗活动如拴娃娃求子、求福驱邪、工艺品与物资交流、饮食小吃等依然存在。一些民间文娱活动如打场子、搭台子、唱戏、说书、渔鼓、琴书等慢慢消失。

云龙山庙会。入选市级非物质文化遗产名录。

云龙山庙会起源于清康熙年间，后逐渐影响到徐州周围县区，经过清朝、民国200多年的发展，成为徐淮地区第一大庙会，延续至今。云龙山是徐州著名的风景名胜之地，云龙山庙会也就成为徐州民俗、旅游活动的一个重要组成部分。每年农历二月十九，苏、鲁、豫、皖周边上万人络绎不绝来此参会。庙会内容包括拜神求子、民俗活动、游览活动等。庙会上买卖东西的人很多，尤其是泥玩具、塑料玩具、生活用品、各种民间小吃等非常丰富，一些民间艺人也来卖艺。

茅村季山庙会。入选市级非物质文化遗产名录。

茅村季山庙会以铜山县茅村镇季山村为中心，方圆十多里。茅村季山庙始建于唐代，明清时期香火最为旺盛，规格仅次于徐州市的泰山庙会、云龙山庙会。

季山庙会在"文革"期间停止。20世纪80年代以后逐步恢复延续至今。农历四月初八这天是正会,周边市县及地区,如滕县、贾汪、薛城、邳州、丰沛县、萧县、砀山等四面八方人流聚集。

土山关帝庙会。入选市级非物质文化遗产名录。

土山关帝庙会以邳州土山镇关帝庙为中心,辐射到周边方圆近百里。土山关地庙始建于明天顺年间,随着百姓进香而形成庙会,不断地扩大。庙会为每年农历九月十三,会期三天,地点设在关帝庙内。庙会由官府和庙内主持组织,并请戏班在大殿前看戏楼上唱三天关公戏。庙会期间,四面八方的善男信女纷纷赶来,或许愿,或还愿,或上香,盛况隆重,香火十分兴盛。后庙会扩展成以进香为主、商贸为辅的形制,现又发展成为以商贸为主、祭祀为辅的活动方式。

2. 连云港地区

白虎山庙会。2007年被列入市级非物质文化遗产名录。

白虎山庙会距今已有300多年的历史,由早期每年农历四月初八在海州城西南白虎山下碧霞宫举办的"浴佛节"宗教活动演化而来,庙会也因此得名。白虎山庙会的起源地——碧霞宫,又称"奶奶庙",位于古城海州白虎山东麓。白虎山庙会以朝山拜佛为主题,另有为百姓祛灾祈福,祈求安居乐业、风调雨顺的好年景。白虎山庙会涉及区域广泛,辐射苏、鲁、豫、皖等乡民和信徒。每逢庙会期间,整个沿街、沿路棚点遍布,旌旗飘扬,万人空巷,人山人海,热闹非凡。几百年时间里,历经由祭祀而成庙市,后渐成文商并举的民俗活动演变过程。历史上的白虎山庙会,开始仅限于碧霞寺周围,贸易方式只是与敬香活动有关的物品,后逐渐扩大至城内的东大街、南大街、中大街、幸福路、新建路等区域,在为香客提供商品的同时,庙会也成为各路商贾做买卖、文人献艺、百姓物资交流的大市场。四月初八正会当天,逛庙会的人数最多可达十多万人。

3. 宿迁地区

皂河龙王庙会。2009 年入选省级非物质文化遗产扩展名录。

皂河龙王庙会起源于明代。明弘治年间，黄河冲击宿迁皂河镇，南下至清河交汇于运河。宿迁皂河地区洪灾频发，人们于是在皂河镇南端建了一座"草堂庙"供奉水神。正月初九是水神的成道日，附近百姓就有了入殿烧香祭神以求平安的习俗。清朝康熙、雍正、乾隆三朝十分重视治理水患，雍正年间黄河安澜，扩修龙王庙，加封河神金龙四大王，从此每年的正月初八至初十，便成为安澜龙王庙的庙会。因初九是正会，故民间习称为"正月初九龙王庙会"。每年届时都有众多善男信女纷纷前来烧香拜佛，祈福纳祥。数百年来，岁岁如此，从未间断过，可谓当地一大民俗景观。庙会主要有以下几方面内容：祭祀水神、文化展示（民间艺人展演各类民俗表演和奇功异技）、商品贸易。

4. 济宁地区

嘉祥青山庙会。入选市级非物质文化遗产名录。

青山庙原为昭明太子祠和都城隍祠，中殿内供有梁昭明太子萧统的牌位。每年大年初一、三月十五、清明和腊八，青山西麓的青山寺附近都会举行盛大的庙会。青山庙会是对昭明太子（俗称为"土主"）的朝拜与祭祀活动，也是一种民间综合祭祀活动，是对佛教、道教神灵等多神或祖先的崇拜。随着庙会规模的扩大，青山庙会不断增添了新的内容和新的特点，集游、玩、吃、乐、经贸于一体。每逢大年初一庙会，济宁、菏泽等鲁西南地区的人群便蜂拥而至，烧香拜神，祈子求安，商贾云集，赶会人数多达数万人。

九仙山庙会。入选市级非物质文化遗产名录。

九仙山庙会在农历三月初三，所以人们又称为"三月三庙会"。逢庙会时，山庙"庙城宏敞，布蓬连肆，百剧杂陈"。三月三庙会正值桃花、梨花盛开的时节，戏班子、歌舞团、民间吹鼓乐演奏、登山节活动等热闹非凡，庙会期间群众文化生活丰富多彩。

微山泰山庙会。2011年入选市级非物质文化遗产名录。

微山泰山庙会是微山县境内源远流长的一项民间活动。泰山庙始建于明天启年间，已有400多年的历史。泰山庙坐落在夏镇泰山村，村因庙而命名。庙会时间为农历四月初五至初八。庙会活动的主要内容有：香客敬佛、举办大型文化娱乐活动、物资交流。目前，泰山庙会以物资交流活动为主，人流量最多每天可达十万人次以上，各类农副产品、日用百货、服装鞋帽、家用电器等应有尽有，琳琅满目。日成交额达上百万元，对微山县经济的发展起到了巨大的推动作用。

5. 商丘地区

火神台庙会。列入省级非物质文化遗产名录。

火神台庙会是流传于商丘的庙会，民间称之为"台会""朝台"。台会位于商丘市平原路南段，距今约有4000多年的历史，它是由祭祀祖先阏伯（火神）演变而来的。起始，祭祀的方式有多种，比如敲打木棍或瓦块、吟诵悼念等；后来的方式演变为杀猪宰羊、上供祭品、叩头祭拜等。现在人们多以水果作为贡品，以燃香火、放鞭炮等为主要形式。庙会上，各式各样的工艺品、绝活绝计、农业用具、服装应有尽有，可以说是文化和物资交流的盛会。火神台庙会其中较大的会期有春节庙会、四月初四庙会、六月二十三庙会。春节过后即开始，正月初七是正会，也是朝拜庙会人最多的时候，此时，豫、鲁、苏、皖四省交界处群众纷纷朝台，形成规模盛大的古庙会，延续到整个正月期间。

芒砀山古庙会。入选市级非物质文化遗产名录。

芒砀山古庙会起始兴于唐宋之间，起源于河南省永城市芒山镇，约有1000多年的历史。庙会毗邻芒砀山汉文化景区，是豫、鲁、苏、皖四省结合部数百公里内最大的千年古庙会，素有"中原庙会第一乡"的美誉，集商贸、旅游、文化、宗教、美食于一体，是充满浓厚地方特色的汉族民俗文化盛会。芒砀山古庙会一年四次，以农历三月二十日开始的春季庙会最为著名，会期均为十天左右。庙会以敬神上香、求子祈福、文化旅游为主要活动，并兼具各种传统的汉族民间手工艺品、土特产品、民间特色小吃、民间绝活等古汉文化性质的娱乐活动，庙会期间还会推出各种汉文化礼仪展演活动。

第三节　物质生活民俗类

一、饮食民俗类

衣食住行是人类物质生活中最基本、最重要的部分。在民众生活中存在着十分复杂而又丰富的民俗现象。淮海地区繁荣的农耕经济和广袤的平原、临海、江河沟渠纵横等地貌对百姓的生活习俗产生了巨大影响。

（一）饮食民俗特点

淮海地区大部分地方通行一日三餐，俗称"一天三顿饭"。不过，在中华人民共和国成立前乃至改革开放前，冬闲或春荒的季节一日只有两餐。本地区的广大范围内，主食以大米、小麦面粉为主，配以其他杂粮。其中又以淮河为界，其南以大米为主食，其北以小麦面粉为主食。中华人民共和国成立之前贫穷人家米面不能饱餐，常以杂粮充饥，或以杂粮为主食。遇上饥荒，普遍"瓜菜代""糠菜半年粮"，甚至吃野菜、树叶度日。少数富裕人家则偶以杂粮调剂口味。

淮海地区内，南部地区如盐城、淮安大部分地区，连云港南部地区主食是大米，其干者为"饭"，稀者为"粥"（苏北、皖北、鲁南地区又称"二抹头"）。人们一般中午吃饭，早晚吃粥。吃剩的饭，可加水烧为汤饭（也叫"泡饭"），汤饭不如粥黏稠。可以开水、热菜汤泡饭，吃泡饭比较省、简便。可用少量开水煮剩饭、剩菜，是为"菜煮饭"，也可以油、蛋、葱等炒饭。其他地区主食主要是小麦面粉。其他的杂粮主要有玉米、高粱、小米、大麦、山芋、麦子以及各种豆子。杂粮亦可同米、面等主食一样制作成饭、粥、饼、馒头等食品。

（二）饮食民俗类非物质文化遗产

1. 徐州地区

徐州马市街"饣它汤"。2011年入选省级非物质文化遗产名录。

"饣它汤"已有4000多年的历史，传说由彭祖创制。马市街"饣它汤"始于清光绪年间，约有100多年的历史，是徐州的传统名小吃。"饣它汤"主料有母鸡、猪肘子、麦仁、猪大骨等，配料有葱、姜、八角、花椒、盐、味精、鸡精、胡椒、中草药等，工序复杂，历经十几个小时才熬成出锅。味道醇厚，鲜香爽口，富含蛋白质、脂肪、糖类以及微量元素钙、磷、铁等，有益健康，老少皆宜，是徐州地区广大老百姓常年食用的早点之一。

徐州伏羊节习俗。入选市级非物质文化遗产名录。

徐州吃伏羊的悠久历史可以远溯到尧、舜、禹三代之前。彭祖之母是生长于大漠的族人，具有食羊的饮食习惯，彭祖因此还创制了"羊方藏鱼"的食用技艺。伏天吃羊的习俗，与科学养生相符。第一，山羊膻味小，肉味醇，汤汁美；第二，三伏天人体内易积热，趁热喝了加入辣椒油的羊肉汤后，浑身大汗淋漓，有祛除积热之效。每年的入伏第一天，彭城伏羊美食文化节如期举行，人们三五成群，聚在市内的小酒馆，吃羊肉，喝羊汤。

沛县鼋汁狗肉。2009年入选省级非物质文化遗产名录。

沛县鼋汁狗肉始于秦末，历经后人的品尝加工，成为一道风味独特的美食。鼋汁狗肉的烹制工艺分为：屠狗，采用活狗现杀保持狗肉的鲜美；采用传统的秘方，与河中老鼋同锅秘制，使用千年老汤进行烧制，肉鲜味美，咸淡适宜，韧而脱骨，烂而不腻，醇香可口。狗肉与老鼋的食性药理可达到阴阳互补、调理平衡，具有滋阴壮阳、健胃消食、益气补肾、调理机能的作用。

明帝捆香蹄。2010年入选市级非物质文化遗产名录。

新沂明帝捆香蹄始于明朝，产于新沂市新安镇。朱元璋年少时逃荒至新沂沈圩的舅舅家，爱吃捆猪蹄。后来朱元璋做了明朝开国皇帝，念念不忘捆猪蹄的味道，诏书王屠夫进宫做捆猪蹄为其食用，为避"猪"与"朱"谐音之讳，改称"捆香蹄"。自此，捆香蹄便成了宫廷名菜，同时在民间也广为流传。但是后来制作秘方遗失，直到1980年，才由捆香蹄当代的传承人王长军挖掘整理出来，恢复了原有的味道。制作材料有：猪蹄、猪皮、精肉、香料。制作工具：刀、盆、扎带、布、漏罩、筐、案板、刀板、锅、灶。制作工序为：精选猪蹄、拔毛洗净、剔骨取皮、温水过皮制净、选精肉剔骨去皮、精肉刀工处理、精肉腌制、方布包扎成半成品、下锅卤煮（先武后文）、冷却去布、修正擦油、成品包装进库。

窑湾绿豆烧。2011年入选市级非物质文化遗产名录。

窑湾绿豆烧集中于新沂市窑湾，其酿造始于清康熙年间，终于运河全线贯通之时。当时生产一种叫"老瓦缝"的绿酒很畅销，历史上曾有"金箔酒""辣黄酒""墙缝酒"等称谓。酿酒材料有：小麦、大麦、豌豆、高粱、大曲、谷壳、冰糖、中药材（40余味）等。制作工具包括：模具，用于原材料粉碎后成型；甑，用于原材料的盛放及蒸溜；铁锅，熬制中药、冰糖等；缸，放置酒、药、糖混合物，使之自然溶解。制作工序包括：制大曲、烧大曲酒、配制绿豆烧酒。

沙沟香油。2010年入选市级非物质文化遗产名录。

沙沟香油制作在新沂已有几百年历史，经过历代人的传承一直延续至今，主要集中在新沂市双塘镇沙沟村。沙沟香油是用优质芝麻经过多道工序加工而成，口感香醇，多用于菜肴的调味。制作主材料为芝麻。制作工具包括：漂洗池、石磨、晃锅、精密过滤器。制作工序为：芝麻漂洗、淋干、烘炒、筛选、磨浆、兑水搅晃、过滤等。

辫子辣汤。2010年入选市级非物质文化遗产名录。

辫子辣汤流布于新沂市区一带。创始人姜洪俊在光绪十六年（1890）入御膳房，专职汤粥类膳食。因姜洪俊辫子又长又粗，故得名"辫子辣汤"。姜家辫子辣汤根据顾客的不同需求，可制作普通的大排辣汤和鸡丝辣汤，也可制作特殊配料的乌鸡辣汤、长鱼辣汤、甲鱼辣汤、银鱼辣汤等。制作工具包括：刀、案、盆、锅、铲、勺等。制作工序为：选料清洗、文火煲汤、沸水加烫、首次加料、压火勾兑、二次加料、原汤出锅、底料拌汤、盛碗补料。

王集香肠加工技艺。2010 年入选市级非物质文化遗产名录。

王集香肠以"王老五香肠"为注册商标，集中在王集镇及周边地区，相传起源于清朝。制作材料有：精肉、肠衣、甜油、精盐、食糖、葱汁、花椒汁、姜汁及祖传秘方等。制作工具为：刮刀、大盆、切刀、占墩、扎绳、晒杆等。

睢宁豆腐传统加工技艺。2010 年入选市级非物质文化遗产名录。

传统豆腐制作主要分布在睢宁县北部下邳与姚集一带。清朝中期由邳南地区向外扩展，以致遍布睢宁县各地，以姚集镇最具代表性。加工材料包括：大豆、水和盐卤为主要原料；花椒、蓖麻籽、老油角为消刹粗豆浆中浮沫之物的辅助材料。主要加工器具有：沙缸、大盆、石磨、铁勺、滤网、豆浆架、铁锅、石臼、木槌。制作工序包括：选豆、浸泡、磨浆、刹沫、挤浆、锅煮、移浆、点卤、出缸、压块。

睢宁粉皮加工技艺。2010 年入选市级非物质文化遗产名录。

睢宁粉皮加工技艺以睢宁东部各镇尤其是沙集镇最具代表性。相传起源于宋代政和年间（1111—1117）。制作材料包括：绿豆、豌豆、地瓜、土豆等，另外还有水、明矾。制作工具为：铁锅、旋子（如同平底锅）、面盆、勺子等。

2. 连云港地区

汪恕有滴醋酿制技艺（酿醋技艺）。2009 年入选省级非物质文化遗产扩展项目名录。

汪恕有滴醋是江苏连云港市古镇板浦汪氏以手工技艺酿制的烹饪佐料。其创始人汪一愉于清康熙十四年（1675）开始以制醋为业。汪氏酿醋时，采用大缸发酵，醋从缸壁的底部孔中滴出，醋味浓，酸度亦高。汪恕有滴醋以优质高粱为主料，以麸皮、小麦、豌豆等为辅料，采用固态发酵方法，人工翻醅、淋醋。成醋装入陶罐露天存放半年以上方才出厂，醇香绵甜，酸中有香，越陈越香。每道工序的火候、存放时间都凭手试、眼观、鼻闻。其技艺全凭口传心授。自汪一愉首创以来，现已至第十一代传人，始终恪守"传男不传女，传嫡不传外，传媳不传婿"的祖训，祖传配方，秘不示人。汪恕有滴醋因手工操作，故产量不高，优质滴醋仍保留传统工艺。

赣榆煎饼。2010年入选市级非物质文化遗产名录。

煎饼是赣榆地区民间传统家常主食，也是久负盛名的地方土特产。传统煎饼制作方法的创制年代难以考证。在赣榆人相传的孟姜女哭长城故事中，孟姜女所带食物即是煎饼。煎饼以它独特的原料配方、制作工艺，先后经过各种粗或细粮浸泡，用石磨磨糊、手工烙制而成。煎饼光滑均匀，口感筋道，粮香可口，品种丰富。赣榆煎饼主要以赣榆小麦、玉米、地瓜为原料，是赣榆地区闻名土特产之一。

汤沟酒酿造技艺。2007年入选省级非物质文化遗产名录。

汤沟酒产于江苏省灌南县汤沟镇。汤沟酒有得天独厚的自然人文环境，所在地区土质肥美，而且富含多种微量元素和酿酒不可或缺的微生物。汤沟酒酿造所用"香泉井"，含硅、锶等多种有益于人体的元素，属优质矿泉水。再者，汤沟酒使用的百年老窖微生物生生不息，形成一个独特的微生物环境。此外，还有严格的酿造工艺，至今仍是人工操作，代代相传。

李记明章卤货。2011年入选市级非物质文化遗产名录。

李记明章卤货是发源于连云港市古城海州的特色美味，在使用祖传独特配方的基础上，辅以现代卫生标准的生产工艺，保持了原汁原味的祖传技艺。

桃林马记烧鸡。2011年入选市级非物质文化遗产名录。

桃林马记烧鸡久负盛名，至今已有千余年的发展史，源自马陵山古道旁的桃林古镇。桃林马记烧鸡以马陵山万亩山林养殖场散养的优良品种草鸡为主料，具有高蛋白、低脂肪、皮薄肉嫩、香辣可口的天然特征。烧鸡制作工艺繁多，每道工序环节的细腻程度和要求之高，是其他一般食品难以比拟的。

3. 宿迁地区

双沟大曲酒。2007年入选省级非物质文化遗产名录。

双沟大曲酒属浓香型传统蒸馏酒，产于江苏省宿迁市泗洪县双沟镇，该镇位于淮河与洪泽湖交汇之滨，空气温润，五谷丰盛，水质清冽甘美，土壤为酸性黄黏土，微生物种群丰富，十分适宜酿酒。双沟大曲酒传统酿造技艺精湛，工序有二百余道。选用优质小麦、大麦、豌豆为制曲原料，人工踩曲，形状如砖，重于曲坯排列，工艺严谨。双沟大曲酒生产过程以手工技艺为主，酿酒经验靠师徒传承，口传心授，代代相传，是研究民间蒸馏酒发展史的重要史料。经过多代人的不懈努力，双沟大曲酒酿造技艺得到了很好的传承与发展。

洋河酒酿造技艺。2007年入选省级非物质文化遗产名录。

洋河酒酿造技艺始于唐代，发展于明清，尚可考证的历史有400多年，是中国传统的老牌八大名酒之一，主要分布在江苏省宿迁市洋河镇。酿酒工艺以高粱为主要原料，稻壳为辅料，中高温曲为糖化、发酵剂和生香剂，将老窖固态发酵、低温入池、缓慢发酵、续叉配料、清蒸混吊、分层蒸馏、量质接酒、分等贮存、陶坛长期陈化老熟、精心勾调等传统工艺和现代科技完美结合，精制而成。1915年洋河大曲获"巴拿马万国博览会"金质奖章，1979年在全国第三届评酒会上洋河大曲跻身于中国八大名酒行列，并三次蝉联"国家名酒"称号。洋河大曲的"甜、绵、软、净、香"的五字风格独领浓香型白酒先河，成为"江淮派"中国浓香型白酒的正宗代表。

4. 济宁地区

滕州羊肉汤。2008年入选省级非物质文化遗产名录。

滕州羊肉汤流行于枣庄地区，以滕州为中心并向周边省市辐射，是鲁南地区特色美食。自有记载以来，滕州羊肉汤已有2000多年文字可考的历史。滕州人喝羊肉汤讲究"寒伏进补"。三九天喝羊肉汤，能增强体质，祛病健体。

在三伏天喝羊肉汤也成为当地人的一种生活习惯。

微湖鱼宴烹饪技艺。入选市级非物质文化遗产名录。

微湖鱼宴历经几百年的发展历史，始终保持着原始的制作手法，使微湖鱼宴能够流传至今，成为鲁南乃至全国著名的饮食品牌。其中重要的食材是微山湖独有的鲤鱼品种——四孔鲤鱼。微湖鱼宴是以微山湖所出产的野生鱼、虾、鳖、蟹为主料，运用传统的烹饪制作工艺制作出的菜肴。

台儿庄张家狗肉制作技艺。入选市级非物质文化遗产名录。

台儿庄张家狗肉，至今已有几百年的历史。制作精细讲究，选用十几种名贵佐料，配以百年老汤，形成了不腥不腻、既香又烂、色艳、味纯、香浓的特色，令人赞叹不已。长期以来深受消费者欢迎，为鲁西一绝。

玉堂酱菜。2013年入选省级非物质文化遗产名录。

清代姑苏人戴玉堂，用南方技术生产北方风味。玉堂酱菜顺着运河销遍四方，被誉为"京省驰名，味压江南"，还获得"巴拿马万国博览会"金奖。玉堂酱园位于济宁市区，玉堂酱菜采用新鲜蔬菜，经历预处理、腌渍、改型、脱盐脱水、酱渍等一系列流程。

孔府家酒酿造工艺。2012年入选省级非物质文化遗产名录。

孔府家酒传承了中国历史上周代鲁国的酿酒技艺，距今已有近3000年的历史。清代衍圣公府内东南院设有自家酿酒作坊，用大米等酿制低度黄米酒和其他家用酒，以制作祭祀供酒和家用招待馈赠用酒，民国年间停酿。孔府家酒传统酿制技艺由大曲制造、原酒酿造、原酒贮存、勾调等传统技艺组成。原酒酿造技艺包括窖池修筑、配料上甑、蒸馏摘酒、蒸粮、摊晾撒曲、入窖密封发酵、窖池维护保养等传统技艺。孔府家酒酿造技艺传承沿袭了师徒相授、家族相传、口传心授等古老的传承方式，真正留下的文字资料很少。

微山湖漂汤鱼丸。2012年入选市级非物质文化遗产名录。

漂汤鱼丸是流传于微山湖区独有的一种传统饮食佳肴之一，因鱼丸在汤中全部漂浮着,故名。微山湖漂汤鱼丸是选用微山湖特有的新鲜活鱼制作而成的,其外部呈乳白色,如颗颗珍珠漂浮在汤面上,加以蒜苗、香菜进行点缀,色香味俱佳。入汤讲究鲜、嫩、软、漂,此菜入口即化,口感不油腻,并且易消化、好吸收。

5. 淮北地区

口子窖酒。2010年入选省级非物质文化遗产名录。

淮北之南的濉溪(相距十公里)是汴河与濉河的交汇处,俗称"口子",并逐渐形成口子镇,口子酒即因此得名。据文献记载,淮北酿酒可追溯到宋代。口子窖酒的工艺特征是:以地产小麦、大麦、豌豆、糯高粱为主要原料,以濉溪"枕头伏曲",高温曲为糖化、发酵、生香剂,利用口子百年窖池酿造,精心勾兑而成。制酒工艺分为制曲、发酵、分级贮存三个阶段,有30余道工序。

临涣酱培包瓜。2008年入选省级非物质文化遗产名录。

临涣酱培包瓜系濉溪县临涣酱品中的传统名菜,有150余年的历史。又称"菜中菜",外壳是圆、嫩、鲜、脆的酱培包瓜,内瓤为香味浓郁的酱菜。临涣素有"包瓜城"的美誉。包瓜,原名"女儿瓜",其种系是由2000多年前相传下来。酿造培包瓜选料所用包瓜每棵500克,呈鼓形,青黄色,滑润丰满,采摘后立即加工,以保持瓜的新鲜度。制作时将瓜切盖去瓤,入缸腌制,日晒夜露30余天后,一层瓜一层甜酱进行酱制,40天后即为琥珀色的瓜壳,瓜壳内装入酱制好的杏仁、花生仁、黄瓜以及切碎拌匀的生姜、豆角、花菜、陈皮等配料,盖上瓜盖。捆扎仍为原鲜瓜形,故名包瓜。

百善硬面大卷。2013年入选市级非物质文化遗产名录。

百善硬面大卷是濉溪县传统小吃,有数百年历史,硬面大卷制作工艺比较复杂,以其"大、硬、形状美观、口感筋道"而远近闻名。硬面大卷的制作工艺相当繁杂,要经过挑选面粉、泡面头、发酵、做"馍剂子"、上锅蒸制、定型等十来道工序,而且不加任何添加剂。这样制出的大卷形状美观,吃起来有筋道。正宗的百善硬面大卷，一个足有4两多，上方为桥拱圆弧形，下方为四方形，以其硬、大、型的三大特点，成为百善的特色美食，名扬数百里。

南坪杠子馍。2013年入选市级非物质文化遗产名录。

南坪杠子馍外形酷似杠子，名称也就由此而来。杠子馍选料严格，制作讲究，味道纯正，深受当地群众青睐。南坪杠子馍有其独特的制作工艺，在和面、赶制和蒸笼等方面都十分讲究。南坪杠子馍发面的方法为传统的酵母发酵法，功夫主要在和面上。恰当的温度调适，保证面发得透，发到火候。发好的面团需要用杠子反复碾压，再反复洒上面粉，面团越硬，馍就越筋道。

二郎庙粉皮。2013年被列入市级非物质文化遗产名录。

二郎庙粉皮产于淮北市烈山区二郎庙村，主要由王姓一族秘制。二郎村使用当地所产红薯和绿豆制作粉皮，始于清朝中晚期，已有100多年的历史，历经六代传人。传统制作工艺看似简单，其实烦琐。从加工原料到最终制成粉皮，需要大大小小几十道工序。二郎庙粉皮严格按照传统工艺加工，柔中带筋，久煮不烂，口感极佳，可煮、可炸、可炒。二郎庙粉皮不仅在方圆百里人尽皆知，在苏、鲁、豫等地也小有名气。

6. 商丘地区

大有酱菜。2011年入选省级非物质文化遗产名录。

大有酱菜源于清朝末年，由李大有首创。大有酱菜品种多达四十余个，主要有酱瓜、酱笋、酱黄瓜、酱包瓜、酱八宝菜、五香大头菜、豆腐乳、西瓜酱豆、油辣酱豆等。

三园斋味合酱菜。2011年入选省级非物质文化遗产名录。

苏永明的酥制培乳和组合酱菜又称"三园斋味合酱菜"，是商丘市柘城县城关镇有名的以祖传工艺腌制的组合酱菜。其腌制酱菜的技艺起源于元朝初年，当时苏氏太祖苏宝山随蒙古大军南下，因不愿参与征战而隐居柘城县北关经营酱菜生意。三园斋味合酱菜主要有"组合酱菜"和"酥制培乳"两大类。

组合酱菜是柘城县别具风味且由多种酱菜组合而成的酱菜。通常以优质大豆、小麦及各种新鲜蔬菜为主要原料，采用传统工艺手工制作，天然酿造，并经过多种微生物协同发酵腌制而成。苏氏生产加工的"酥制培乳"更是豫东一绝。该产品采取苏氏祖传传统工艺加工，呈棕黄色，醇香浑厚，略带甜味，味美可口，食之有增强食欲、帮助消化之作用。

莫家酱菜。2011年入选省级非物质文化遗产名录。

杞县明德堂莫家酱菜，自清嘉庆二十年（1815）始创，其中酱红萝卜名气最大，至今不衰。莫氏酱园历史悠久，沿用传统工艺，酿制材料主要有天然酱油、新鲜的蔬菜和一些辛香类的中药。

辛家五香驴肉传统制作技艺。2011年入选市级非物质文化遗产名录。

辛家五香驴肉主要产于虞城南部的麦仁店。驴肉加工方法独特，药料齐全，工艺精湛。其产品呈酱紫色，清香鲜美，香而不腻，烂而不散。

景家麻花。2013年入选市级非物质文化遗产名录。

景家麻花是河南虞城传统汉族名点，起源于山东济宁景匡庄，发展于河南虞城陈店集，故又被当地人称为"陈店集麻花"，有300多年的历史。其特点为香甜酥脆，芳香可口，嚼后无渣，余味无穷。可入菜、入汤，也可佐酒，深受人们青睐。其工艺流程包括兑面、和面、切齐、揉条、烹炸等多道工序。

西关赵家糟鸡制作技艺。2013年入选市级非物质文化遗产名录。

西关赵家糟鸡制作源于宫廷。糟鸡得名源自配料香糟。香糟是产于杭州、绍兴及福建闽清一带的一种调味料，其以小麦和糯米加曲发酵而成，含有一定的酒精度，具有酒香和酱味，香味浓郁。在传承过程中用其他配料代替了香糟，陈皮、山楂是传承人赵家骥新添加的独特配料，老汤是他做好糟鸡的保证。炸好的鸡配上食盐、白酒、传统的"八大味"调料、赵家秘制调料等调味品在老汤中糟制三四个小时，至色泽红润即可。待凉透后，肉质细腻、骨肉皆酥、入口即化的糟鸡即可出锅。

魏庄焦饼制作工艺。 2013 年入选市级非物质文化遗产名录。

魏庄焦饼是商丘传统风味面食小吃，并在民间一直流传吃焦饼健胃化食的说法，它是豫东传统饮食文化习俗。焦饼的制作工艺并不复杂。把和好的小麦面揪团，搓成薄薄的小圆饼，一面蘸上芝麻，上炉烘烤数分钟即成。魏庄焦饼的独特之处在于鸡内金的添加和使用。

二、服饰民俗类

近世服饰处于传统形态向现代形态转化的中介，内容极其驳杂。总的来说，近世服饰发生了一系列变化，如服饰风气的变化、面料和制作条件的变化、式样的变化等。这些变化主要起源于社会经济的变化，也受到身体条件变化的影响。

古今服饰总的趋势是由繁到简。

夏装。 过去，夏装多为粗布。后来，洋布进入中国，人们穿起洋布做的夏装。20 世纪 80 年代后，人们穿起的确良衬衫和的确良裤子。再后来，各种各样的化纤衣料开始流行，色彩也比较单调，夏季上衣以白色为主。近年来，随着改革开放，女性时兴穿裙子，上穿短袖衬衫。现在，女性的衣着更加斑斓，短背心、吊背服配上花花绿绿的裙裤，构成街头亮丽的风景。

冬装。 过去,冬装都是棉袄、棉裤。男穿青,女穿蓝。20 世纪 60 年代以后，开始穿笼袄褂、笼袄裤。80 年代后，开始穿皮衣，近年又着西服，内配毛衣。

头饰。 清末，妇女戴耳环，发髻上别簪子，头上戴有彩色梳笼。女子也编辫子，未婚者垂于脑后，婚后盘在后脑上，以包网包上系好，上饰金银或铝铜质的篆心花、簪子、荷花针、纥针等。青年女子戴耳坠子，手戴银镯和花戒指；成年女子戴耳钉和铜顶针，有钱人家戴金戒指；老年妇女戴耳钉。中华人民共和国成立后，女子的独长辫多改为双长或双短辫，婚后多剪成散短发。头饰至"文化大革命"时消失。近年来，女子发式除老人外，变化多样，烫发者甚多，头饰也日益恢复并朝多样化发展。富有之家的妇女多佩戴环缀、戒指、簪笼、或金或银。

三、居住建筑民俗类

大汶口文化是淮海区域内最早的文化形态,在对这一遗址的一系列发掘中,曾在山东发掘出新石器时代中期的建筑遗存。在苏北邳州的大墩子墓中,出土了3件陶屋模型,有方形、圆形;有的有门窗,四周有檐,屋外壁上刻有狗的轮廓线,显示了7000多年前生活在淮海地区的先人住房的立体形象。

(一)民居特点

淮海区域内平原为主的地貌使得各地民居呈现以村落为主体聚合而居的特点。

1.村落的构成

村落的构成大体有以下几种类型:单一家族村落、亲族联合体村落、杂姓聚居村落。这些村落的人需要谋生,因此大都邻近城镇、要道等。村落里许多方面需要邻里互助,比如在修房盖屋中,备料中的采石、运沙等,开工后的和泥、挑水等工序,都是在亲邻"帮工"下完成的。

2.民居建筑的结构与形制

中国的民居,除非特殊地形限制,或是少数民族建筑,一般都遵循传统的建筑结构与形制。淮海地区的建房,方位上一般选择坐北朝南,门朝向东或西的叫"厢房"。

四合院,即东、西、南、北屋齐具,围成一个院子。"堂屋"是门朝南的北屋,从主屋门穿过南屋正中有一条甬道。家境好的,院内铺满石板,次之则从各房门连到院门口,仅铺在甬道上,甬道两旁种些花草。家境好的,房内方砖铺地,堂屋正中供神像。主房内摆放八仙桌、太师椅等。卧室内放置箱、篑、柜、橱等,床帐被褥铺摆整齐于床上。文房四宝设置于书房内。客厅里放置古玩、悬挂字画。

一般城市居民是数家住在一大院内。一家人或几代同堂，居室一般内外一致，有的炊具、炉灶也在屋内。

房屋结构外形一般差别不大，规模、用料却有优劣。上等房屋，以石条为基，青砖墙，顶梁、木桁条、椽子为上等木料，屋顶覆小瓦。次一些的，屋墙外砖、内坯，俗称"里生外熟"。20世纪50年代以来，屋顶从青色小瓦改成青色或红色大瓦。

20世纪60年代以来，城镇居民住宅楼兴起，大多为简易楼，两三层，一般为多家合用厨房和卫生间。70年代以来，住宅楼群叠起，多为五或六层高，每户独立，或一室，或二室，或三四室，厅房、厨房、卫生间齐备。近年来，房地产大热，开始流行居民小区、高层楼房、别墅，人们的居住环境越来越个性化，越来越讲究宽敞舒适。

（二）民居建造非物质文化遗产

徐州市传统民间营造工艺。2010年入选市级非物质文化遗产名录。

营造工艺传承源远流长，它起源于宋朝初年的张氏家族，鼎盛于明、清、民国，形成徐州地区重要的建筑流派。1983年版《铜山县志·建筑业》记载："明清时代，县内就有从事建筑工作的泥瓦匠、木匠、石匠等班会组织。大都是以父传子、以师带徒的形式传授技艺。辛亥革命后，刘集、三堡等集镇开始出现建筑行会组织。县西北片建筑业发展比较早，比较有名气的瓦匠有张培谏、张培亮、张培功、张军位、徐凤兰等。"建筑程序及样式包括：房屋选址、大门定位、房屋定位、院落高度定位、直坡屋面等。徐州民居传统营造工艺主要分布在徐州市区，铜山区刘集镇车村、棉布村、瓦房村，黄集镇黄集村，郑集镇郑集村，拾屯镇拾东村、拾西村，柳新镇孙庄村、付庄村，何桥镇何桥村，丰县梁寨镇滕楼村，沛县张寨镇韩庄村，邳州土山镇，安徽省萧县周边村镇等地区。

（三）民居建造习俗

在苏北等地方称建房为"盖屋"，并视之为人生中的大事。因为他们认为，这不仅关系到自己一生的祸福，也会影响到子孙后代的发展，所以盖屋时有诸多忌讳与仪式。

1. 建造程序

一般来说，盖屋有六个关键的程序，包括镇宅、垒墙、上梁、压屋、压脊及板门。由于时代变迁，盖屋的各项程序已日渐被新型建筑工法所取代，不过"上梁"却始终存在。苏北地方与屋梁有关的仪式，不只上梁一项，还有照梁、拜梁、滚梁等程序，现在举行上梁这道程序时，部分地区的工人师傅还会唱上梁歌。

居民建房注重仪式。房基地选中之后，开工择吉日要"看日子"。定下时间后，要请瓦匠掌尺人丈量，然后挖地基打夯。上梁时辰需要由瓦匠掌尺人提前告诉房主。上梁的时辰一般都选在正午时分。上梁过程结束后，燃放鞭炮以庆贺上梁成功。随后，房主、亲朋、匠人、帮工聚在新房旁边共饮上梁酒。

2. 建造习俗

看风水。建房前，先请"风水先生"看地形。房屋的向口，大部分地方忌正南正北"子午向"，正房多取东南或西南向，在不犯禁忌之处建房。房屋建造的高度要事先与邻居商定，不能有高低之别。中华人民共和国成立后，住宅习惯还是沿用旧俗，但居住禁忌事项日益减少。近年来，城乡新住宅多为瓦顶砖墙，或建造楼房，宽敞明亮，样式讲究。

重基础。打夯，又叫"打硪"，是苏北乃至华北地区垒墙垒堤的主要工法。其进行方式是由工匠以碌碡（打麦时用的石碾，需十多名壮丁同时抬起）、木棍或木榔头，用力将所垒叠的土泥砸实。一般打夯要打的墙有两种，一种是逐一上叠的"水墙"，另一种则是用木板夹紧灌泥的"夹板墙"。无论是哪一种墙，都需要用力将土砸实，所以，遇到这种需借由众人齐力而为的工作时，节奏规律、稳定的夯歌，就是归整大伙动作、提高工作效率的利器。

上梁歌。屋梁是建造屋顶的基础，整个梁柱的状态关系到房屋的使用寿命及外形。引申而言，则关系到主人家庭的运势与未来福祉，所以不能轻忽怠慢，连带所及，上梁的时机及仪式也就格外慎重，也因此有仪式歌谣在旁祈祝顺利，并讨口彩。也有地方在上梁的同时也执行撒喜的动作，将喜果及麦麸撒在梁上，边撒边唱。至于歌谣的内容，经过时代与政治环境的变迁，私人家屋的上梁歌内容也从原来的祈愿家富人安，进一步转为国强民富。[①]

第四节　社会组织民俗类

社会组织主要指传统社会中民间形成的各种稳定互动关系的人们共同体，例如家族、行会、帮会、钱会、老会、十姊妹、秘密宗教和庙会组织。有关宗族组织要素的民俗：较为完整的家族组织包括有血缘关系的丁口，显示这种血缘关系的族谱、祠堂、祖坟，资助这一组织及其活动的族产，以及协调这种关系的族规和族房长。有关宗族组织结构的民俗：分家、立族、入族、合谱。除宗族以外，有两类民间组织：一类按个人意愿结成社团，大型的有行会、秘密宗教组织、帮会，小型的主要有钱会、结拜兄弟、十姊妹、老会等；另一类按地缘形成社区组织，如村落组织、村落联盟、庙会等。[②]

下面从手工业行俗、商业行俗两个方面介绍淮海地区的社会组织民俗概况。

一、手工业行俗

供奉祖师。中华人民共和国成立之前，淮海地区手工业者的习俗是供奉祖师。木工、瓦工供奉鲁班，铁匠供奉李老君，酿酒业供奉杜康，染纺业供奉葛仙翁，制笔业供奉蒙恬，制鞋业供奉孙膑。供奉的形式多样，比如悬挂画像，或雕刻塑像，或供奉牌位。供奉的时间各不相同，有的长年供奉，早晚各上一

[①] 铜山县民间文学三套集成办公室编汇：《铜山县民间文学集成——民间歌谣》，1988年版，第6页。
[②] 钟敬文：《民俗学概论》，上海文艺出版社2009年版。

柱香；一般是选在年节，或在收徒、拜师仪式及一些重大行业性活动时供奉。供奉仪式，各行业大致相同。

拜师。一般由亲友做介绍人，拜师者的徒弟邀请师兄弟辈及家长一起行拜师仪式。先在作坊处摆上香案，供上师祖的牌位。师父先点上烛，燃上香，学徒上前拜祖师，拜师父，再拜师伯、师叔。拜师后，师父、师伯叔、家长、介绍人等均落座。拜师者侍立师父旁边，聆听师父、师伯叔们的训导。最后，将《学徒契约》从香案上拿下来，由介绍人宣读。学徒的家长和介绍人都在契约上画"十"字做押，交给师父作为凭证。

出师。徒弟学习结束后，要举行出师仪式。拜师收徒仪式时的人员全部参加，另外，还请本行业的前辈。仪式开始时，出师者上前对祖师像三叩头，然后向前辈们叩头。叩头时师父向其他人介绍，并请前辈们多关照，前辈们则对出师者进行勉励。然后，家长出面向介绍人、师父、师兄致谢。

客师。作坊内往往请外面的师傅来主持，称为"客师"。客师分为长期客师和短期客师。长期客师主事至少满一年，兼有教导徒弟的义务。即使遇人高薪聘请，也不准"跳槽"。短期客师是忙时临时请的师傅。

守夜。每年的重阳节开始，每个作坊几乎都开始加夜班。秋收过去后就到了农闲季节，活计多了起来，因此，每年重阳时节老板都要摆酒宴款待工人。从第二天起，每晚工人们都要加班至十一二点，俗称"喝了重阳酒，便把夜来守"。

二、商业行俗

称呼与职责。掌柜，只在遇到大事和要事时过问业务工作。经理，即主要管理人员，主持业务管理和经营往来，以及对学徒业务知识上的传授和指导。这些工作也有由掌柜亲自过问和主持的。

司账，俗称"先生"，是店主雇用的财务方面的管理人员。规模较大的店，设内账和外账。内账负责进货登记、账目往来和总账；外账专管销售和批发等业务。伙友，专门为店主配备的业务员，负责营业和洽谈业务等。另外，逢年过节催要外面的欠债等也是伙友的工作范围。

标识。一般商店都挂招牌或幌子。招牌基本上是木质的，用白色油漆铺底；幌子质地为纺织品。招牌及幌子上的字，除了店名，还需有经营项目。

营业习俗。开业。每年农历正月十五前后正式开业。其具体日期一般由商会选择一个吉利的日子，然后印刷于红笺上送达各店。开业前天晚上要贴对联、放鞭炮、敬财神；店主们相互拜访，说些恭喜发财之类的吉祥话；店员敲锣打鼓通宵娱乐。歇业。商店歇业时，在店门上贴"歇业招揭"条。其他习俗还有：每年除夕，营业时间需要延续至第二天凌晨，然后上门、敬财神。店主、经理介绍一年的营业盈亏情况和新一年的打算，除了向店员们表示辛苦致谢外，同时宣布不合格店员，并婉言辞退。正月初一到初四，店员们一起到店主、经理家里拜年，练习生也要去伙友家里拜年。被辞退的人如想复工，往往会利用这个时机，托人说情。

可以看出，中华人民共和国成立前各种行业习俗繁缛，一些带有封建迷信色彩。中华人民共和国成立后，随着生产关系、用工制度的改变和人们观念上的更新，之前旧的行业习俗逐渐消失而被人们所遗忘，取而代之的是新型的经营管理制度和人际关系。

第五节 岁时节日民俗类

岁时节日，亦被称为"传统节日"，主要是指与天时、物候的周期性转换相适应，在人们的社会生活中约定俗成的、具有某种风俗活动内容的特定节日。不同的节日，有不同的民俗活动，且以年度为周期，循环往复，周而复始。① 主要传统节日有春节、元宵节、清明节、端午节、中秋节、重阳节等。其中春

---

① 钟敬文：《民俗学概论》，上海文艺出版社2009年版，第131页。

节是我国民间最隆重、最热闹的传统节日,俗称"过年",古时叫"元旦"。元是"初""始"的意思,旦指"日子",元旦合称"初始的日子",也就是一年的第一天。民间称元旦为"年"或"新年"。人们为庆贺丰收,迎接新一年的生产,就在正月初一这天,欢聚庆祝,一起过年。下面分别描述各区片的岁时节日情况。

一、徐淮片区

春节。春节前一天,当地称为"年三十"。除夕上午贴对联,贴年画,有钱人家还设"天地桌",供神像,并设香案,上面摆放供果。这一天,家家还要剁馅儿包饺子,吃团圆饭,喝年夜酒以及吃"年夜饭"。年夜饭是守岁用的。家人围着坐下,或嬉笑逗乐,或低声细语,等待着天明。除夕夜,人们把它看作长一岁的界日,晚辈向长辈行礼辞岁,长辈给晚辈"压岁钱"。

徐淮片过年时禁忌很多,涉及面也很广。如忌叫喊、忌打骂孩子、忌打扫房子、忌泼水、忌倒垃圾、忌动针线,忌说不吉利话等。

拜年从年初一开始,一直延续到初五、初六。"初一初二拜户族,初二初三拜舅舅,初三初四拜岳父,初四初五拜姑姑。"时候到了见不到人要见怪。

大年初二为吉日,走亲串友拜年就开始了,一般是女婿到岳父家、外甥到舅舅家、侄儿到姑姑家去拜年。被拜访的需备糖果、瓜子、糕点及烟茶来招待亲朋好友。

大年初四丈夫多和妻子一道往岳父家拜年,岳父则以丰盛的酒席款待。夫妻二人不能留宿,因"正月媳妇不空房"。

大年初五是正月里的一个重要日子,和初一那样放炮、宴乐,不过气氛稍逊。初五也叫"破五",因为新年的禁忌过此日可破。过了初五,徐淮片城镇、乡村集市上的店铺正式开业。各商家店铺都在店门口燃放鞭炮,互道"财源茂盛、生意兴隆"等吉祥话。

元宵节。农历正月十五是我国传统的"元宵节",也叫"上元节""灯节"。

正月十五闹元宵,是除夕后又一个高潮。正月十五吃元宵是元宵节的饮食风俗。元宵俗称"圆子""团子""汤团""糖元",取其圆形,寓意合家团圆、幸福美满。徐淮片在节前几日,大人们为儿童扎制各式花灯,并准备蜡烛、烟花、爆竹。这一天,出嫁的女子不得在娘家过夜,有"正月十五看娘家灯,娘家人死得干干净净"的说法。元宵节徐淮片还有"走百病"的习俗。一般在正月十六晚上进行,参与者都是妇女,成群结队出游。俗传是日出门,一年可免百病。

二月二。"二月二,龙抬头",这一天象征春回大地,万物苏醒。二月初二之后,雨水也会多起来,大地返青,春耕从南到北陆续开始。谚语云:"二月二,龙抬头,大仓满,小仓流。"二月初二清晨,农家人早早起床,在庭院里用草木灰围上几个大小不等的圆圈,中间挖穴,置放少许五谷杂粮,名曰"围仓",预示丰收在望。这天各家各户用玉米炸花子,用大豆炒糖豆食用,早餐不吃下水的面,说是糊了龙眼无法降雨,而是喝"灯汤",即把正月十五蒸的面灯切成片做成清汤面。该日民间还有引钱龙、剃龙头的说法;这一天要停针线活,否则会伤龙目。

清明节。清明节是我国民间重要的传统节日。又名"鬼节""冥节",与七月十五、十月十五合称"三冥节"。清明本为农历二十四节气之一,人们将农作时令、祭奠亲人和踏青的娱乐活动结合起来,后来又把祭祖、寒食、上巳、三月三等节日内容并入其中,使得清明节具有多重含义,成为娱乐赏玩节日之一。清明前,各家都为已故亲人上坟扫墓,表示对亡灵的哀悼和缅怀。清明时节,人们扫墓后,往往踏青春游。徐淮片人清明早上还有吃煮鸡蛋的习俗,俗称"清明不吃蛋,穷得乱打战"。午餐多为冷餐,尤似古时的寒食风俗。

寒食节。寒食节又称"禁火节"。寒食节在清明节的前一天(也有的说是前两天),因其与清明节节期相近,很容易相混,到了唐代,祭扫祖先坟茔之举已将寒食、清明两个节日联系起来,人们习惯地把两个节日当作一个节日。

端午节。端午节前后，气候多雨，湿热多病，毒疫易传，这就形成了端午习俗文化的其中一个主题，辟邪驱瘟，除虫灭害。避五毒（蛇、蝎子、蜈蚣、蜥蜴、蟾蜍）所用的材料主要有艾草、菖蒲、雄黄酒、五色丝等。徐淮片端午节这天插艾、吃粽子、吃糖糕，而且还捉蛤蟆、喝雄黄酒，给孩子手腕上佩戴五色线。家家屋檐下都插艾枝，俗有"端午不插艾，死了变成老鳖盖"之谚。捉蛤蟆、泡雄黄酒饮用现已罕见。节日食品除鱼肉外，还有糯米做的裹红枣、火腿、腊肉等花色品种繁多的粽子和油炸糖糕。

六月六。徐淮片城乡居民习惯在该日将衣服、被褥等物拿出来晒一晒，农户人家要晒粮食。"六月六，晒龙衣，湿了龙衣烂蓑衣。"如果这一天下雨，则认为当年是涝年。

中秋节。中秋节吃月饼，取其团圆之意。月饼是中秋节祭拜月亮时最主要的物品，祭月后，月饼由全家分食。由于月饼象征团圆，人们把月饼称为"团圆饼"。徐淮片城乡许多家庭大多做月饼、蒸糖包，亲友往来赠送月饼、活鸡或烧鸡、果品等。晚上将月饼、熟鸡、果品摆在案上，焚香放炮，拜过月后，全家欢聚，共饮团圆酒赏月。

重阳节。重阳节源于东汉时期的上蔡冈山，食素、饮菊酒、佩茱萸囊，俗成于晋，而盛于唐宋。据南朝人吴均《续齐谐记》云："汝南桓景，随费长房游学，累年。长房谓曰：'九月九日汝家中当有灾，宜急去，令家人各作绛囊，盛茱萸以系臂，登高饮菊花酒，此祸可除。'景如言，齐家登山，夕还，见鸡、犬、牛、羊一时暴死。长房闻之，曰：'此可代也。'"今世人九月九日登高饮酒，妇人带茱萸囊，盖始于此。东汉时汝南郡治所在上蔡。《水经注·汝水》有："汝水，又东南过汝南上蔡县西。"又曰：汝南郡，楚之别也，汉高祖四年（前203）置，王莽改郡曰：汝汾，现故蔡国，后迁至今平舆古城村，距今上蔡县城30公里，今蔡境仅4公里。而现今的汝南县城仅是当时汝水边的一座小城，名曰悬瓠。桓姓为蔡地望族，桓景乃桓宽后裔。桓景举家所登之处，即冈山之巅的蔡侯望河楼。2003年农历九月九日,上蔡县举办了首届中国·上蔡重阳文化节,国家邮政总局在上蔡县古城重阳广场举行了隆重的中国重阳节特种邮票首发式,来自省内外的六十余位知名专家学者,就重阳节起源于上蔡及之后的演变与发展进行了专题研讨和考证,并由中州古籍出版社集结出版了《重阳节发源地——上蔡》论文集。紧紧围绕消灾、避祸、登高健身、尊老敬老这一中心主题而形成的天下华人民俗之节——重阳节,在1989年被国家规定为"老人节"。重阳节民间一般会有出游赏景、观赏菊花、遍插茱萸、吃重阳糕、饮菊花酒等活动。重阳糕汉代称"蓬饵",唐宋时称"重阳糕",明清时称"花糕"。徐淮片城乡人们则称"发糕"。重阳食糕,有借"糕"谐音"高",以求步步高升的意思。

冬至节。徐淮片冬至这天很流行喝羊肉汤、喝鸡汤,冬至是传统的尊师节日。以前这一天民间要宴请老师。乡学、私塾要在冬至这一天放假、请教习。

腊八节。这一天,各家各户要早起,用米、豆、果蔬等八样东西熬粥,名为"腊八饭"。农历十二月初八,是腊月里的第一个重要日子,是过年的开始。人们为过好年,从腊月初八开始"忙年",忙着做新衣,备年货。

祭灶节。祭灶节即祭祀敬奉灶神,送灶神上天的节日。徐淮片地区有"官三民四"的说法,即官家在腊月二十三祭灶,民间则在腊月二十四祭灶。徐淮片各家各户锅屋灶间都张贴新的灶神画像。二十三(四)晚上,家家供蜡烛、焚香、酒糟、饴糖、果品等以祭奠灶神,口里要念:"灶王灶王,请你吃糖,上天言好事,下地降平安。"并在灶神嘴上与锅灶门脸上抹一点饴糖,饴糖抹嘴是让他多说好话,把锅屋墙上前一年贴的灶神像焚烧,寓意"吃了人家的嘴软"。二更后收供,全家分吃饴糖、果品等。灶王是一家之主,不能老住在玉皇大帝的天宫里不回家,因此祭灶之后还需接灶,在正月初一五更时分放炮竹把灶神接回。

二、商宿片区

春节。置办年货。按照过年的禁忌风俗，元宵节之前不动磨，不动碾，不动碓窝、碓头，因此，要备足上半月的米面。腊月二十，家家户户即开始磨面、碾米、烙煎饼。腊月二十六叠糖，有米糖、面糖等。腊月二十七炸丸子、馓子、酥鱼、酥肉、炒花生。二十八蒸年饭。另外还赶年集置办一些年货，一般十天四集，腊月二十之后逢集称年集，非常热闹，如果这一年是小进，没有年三十，就更紧张。旧时不比现代，店铺少，主要靠集市交易。

春节的风俗如下：拦财。年三十下午，房门、院门前放上木棒，叫"拦财"，以免家里的财物跑掉。贴春联。到了年三十早上，家家户户贴春联，俗称"对子""门对""春联"，对子多用大红纸，用毛笔书写，各种书体都有，内容丰富多彩，表现出鲜明的时代特色、地方特色和行业特色。凡是房门或大家具、农具都要贴上春联。贴不上春联的，如犁铧、耙、耩子、牛槽、橱、柜、鸡窝、碓窝、缸、盆、罐等也要贴上"春"字或"福"字，以示除旧迎新。按旧俗，凡是贴上春联的大农具，不过正月初六开市不准动用。宗族里，五服以内，谁家在当年死了年长者，五服之内都不贴春联，以示哀悼。次年春节改贴蓝纸春联，第三年恢复为红纸春联。拜年。年初一早饭前，家庭中晚辈们要给长辈磕头，俗称"拜年"。长辈赏给晚辈们喜钱，也称"带岁钱""压岁钱"。

二月二。俗称"围苍龙"（苍龙指粮食里的神龙，保护粮仓里的五谷不受损失），也称"苍龙节"。为传统的农业节日，有撒青灰和炒糖豆习俗。在空旷的场地或打谷场上挖一土坑，坑里放上五谷杂粮，用土埋上，然后以土坑为圆心，用草木灰画圈，灰圈越多越大越好，灰圈相当于圈粮食用的"摺子"，如遇风吹灰扬，俗称"鼓仓"，大吉，预兆本年大丰收。早饭后，家家户户炒糖豆，俗称"炒虫"，祈求庄稼不生虫。

清明节。清明节是汉族较大的传统节日，源于二十四节气之一的"清明"，清明的前一天或两天，为寒食节，断火冷食三天，相传起源于纪念春秋时介子推焚死（文公返国，介子推"不言禄"，隐于绵山。晋文公欲求却不得，放火焚山，他抱树而死），还有插柳、扫墓、郊游、踏青的习俗。

端午节。端午节亦称"端五节""端阳节"或"蒲节"。枣庄地区端午节有在屋门"插艾"的习俗，以辟邪驱瘟、熏死害虫。早晨用艾蒲叶、青麦、荠菜煮鸡蛋吃，肚里不生蛔虫。晚上喝雄黄酒驱毒辟邪。炒"煳粮食"储存，备作平时驱寒、消食之用。端午节禁忌媳妇走娘家，媳妇如果走娘家，端午节之前必须回婆家。

六月六。农历六月六为"晒龙袍"之日。此时家家户户把衣服、被子放在太阳下晾晒，珍藏书画的人家也拿出书画晾晒，传说六月六晒过的衣物不生虫。此俗相传至今。

中秋节。中秋节是仅次于春节的传统节日，主要习俗是送节礼，全家团聚，吃月饼，赏圆月。

冬至。进入冬季之后，鲁南地区有几个节日是非常重要的，分别是十月一、冬至、腊八节、祭灶节等。农历的十月初一，俗称"鬼节"，鲁南地区需到已故的亲人坟前烧纸钱、寄托哀思。冬至是开始"入九"的日子，这一天需进补，各家各户都会用鸡鸭或羊肉煮汤，以滋补身体和驱寒祛病。

三、济宁片区

春节。年三十这天，家家户户都要贴春联，春联为红联。

除夕之日，将熟猪头或刀头肉盛于盆内，插入燃香，由当家人敬奉山神和土地神。团年饭后，出门给祖坟送亮。除夕的午餐称"团年""团圆饭"。全家人尽可能不缺席，团聚就餐。就餐前，先点爆竹鞭炮、地炮（三眼炮），设香案摆酒菜，接祖先就餐。然后关上大门，全家人入席团年。满桌佳肴，酒席丰盛。长者上座，晚辈下座，满堂欢笑，缓吃慢喝，越久越好。守岁，是自古就有的一种习俗。吃完年夜饭，终夜不睡以待天明，即"守岁"。"儿童强不睡，相守夜欢哗。"守岁，对年长的人来说是"辞旧岁"，有珍惜光阴的意思；在年轻人心里,又有着为父母延寿的祝愿。所以,凡是父母健在的家庭,都必须守岁。守岁一般用些茶点瓜果,边吃边谈。

花朝节。花朝节为农历二月十五日,因这一天百花盛开而得名。这天,妇女围坐着品尝擂茶,女孩子在这天穿耳孔。这天选择结婚的男女也多,取"花好月圆、良辰美景"之意。

立夏。这天,当地人要吃腊味,盐蛋、米粉肉是必需的,俗称"腊杂节"。另外,还要吃糯米糖、烹狗、炖鸡等,俗称"补夏"。

端午节。食粽子,喝雄黄酒,家家门窗外挂满用葛藤捆卷起来的菖蒲和艾枝。县城有龙舟竞赛,龙舟队端午节前逐家发送糖果、肉包子和粽子。

第六节　人生礼仪民俗类

人生礼仪是指人在一生中重要节点上所历经的具有一定仪式的行为过程,主要有诞生礼仪、成年礼仪和婚丧礼仪。另外,标明进入一定年龄阶段的仪式和生日庆贺活动,也可作为人生礼仪的内容。

一、诞生礼仪民俗类

诞生礼仪是人生的开端礼。诞生礼仪包括婴儿出生及后来成长过程中其他一些仪式活动,大体包括求子仪式;孕期习俗(包括孕妇禁忌、孕期馈送、接生方式等);庆贺生子(生命降生仪式"洗三"、进入人群仪式"满月"、预卜前程的仪式"周岁")。一个新生命的孕育出生和长大成人不是一件容易的事情,父母甚至亲属要付出很多努力,在医疗条件差、生活条件差的农村更是如此。

(一)徐淮片区

催生。在孕妇临产前十天左右,其母亲带着红糖、鸡蛋等食物来看望,意为"催生"。看过之后,孕妇一般不跟着母亲回娘家,即使回娘家,也不能在娘家过夜。

采生。婴儿出生后见到的第一个人（接生、陪护者除外）被称为"采生人"。为求婴儿长相好，前程好，有出息，多请村里有名望及有一定地位的人，或者相貌端正且儿女双全的人采生。

报喜。派人带着装着书本或花（装书本表示生的是男婴，装花则表示生的是女婴）的拜匣和10个红鸡蛋（煮熟后再染成红色），到孩子的姥姥家报喜，姥姥家人则返回9个白鸡蛋和两包红糖，叫作"十去九来"。向其他亲戚家报喜只需带着红鸡蛋。如果是头胎孩子，在男孩满六天、女孩满四天时为娘家人"送粥米"的日子，一般是在男孩出生后第十二天、女孩第九天，如逢农历初一、十五则提前或推后一天。

送粥米。亦称"送祝米"。在定下的日期，娘家人和亲戚带着红糖、鸡蛋、小米（或大米、小麦）、焦饼（带芝麻的干烙馍）等物品前来祝贺，礼品多用筅子盛放，用红布蒙盖其上。亲戚到齐，待吃饭之前，依次到产房与婴儿见面，顺便给点零钱，称为"见面礼"。亲戚返回时，事主在客人的筅子里留下少些糖、米，附加几个红鸡蛋作为回礼。招待客人用红糖茶水。左邻右舍以送糖、送米的方式表示祝贺的，事主以酒席相待或在送粥米后以返送红鸡蛋相谢。

满月。婴儿满月的前几天，外爷爷把小孩接到姥姥家过满月，离家前用锅底灰在鼻梁上抹一道黑杠。满月后再由小孩的爷爷接回家，姥姥则用白粉在鼻梁上抹一道白杠，这叫"黑狗去、白狗来"，"外爷爷接、爷爷请，孩子活到九十九"。

（二）商宿片区

催生。预产前几日的上午，母亲带着鸡蛋、红糖、米等去女儿家探望，俗称"催生"。当天，就用带来的米熬成黏粥，孕妇尽量一次喝完，以求分娩顺利。也有在预产期前到娘家，让娘家擀面条吃的，叫"吃过路面"，孩子可以生得快。

报喜。出生三天后，委派家族里的晚辈（男孩）或孩子的父亲，去产妇的娘家报信，俗称"报喜"。去的时候要拎筅子，里面装着红鸡蛋、挂面，上面用红布蒙盖。生男孩,放书本在筅子上;生女孩,则放一朵红花。

送粥米。也称"送米糖"或"送祝米"。即孕妇的娘家亲戚备车前往。一般去的时候要带着米面、鸡蛋、红糖、衣物和玩具。客人走后,主人向同村朋友邻居等分送红糖水,并分散红鸡蛋,红鸡蛋送得越多越好。红鸡蛋的颜色男女有别:男孩染大红色,女孩染粉红色。孩子出生多少天送粥米有地域差异,枣庄北部的滕州、山亭区等地区是孩子出生后十二天送粥米;南部的峄城、台儿庄、市中区等地区,男孩十三天送粥米、女孩九天送粥米。

坐月子。产妇分娩后,需要"坐月子",即三天内不能下床走路,一月内不能出屋活动。在此期间,禁见风,怕晾汗,因此,方巾勒头,坐拥棉被在床上。为滋补身体,多生乳汁,需要多吃鲜鱼、猪蹄和母鸡等食物。满月之日,喝老母鸡汤发汗,以免后期受到腰腿痛的困扰。由于农活忙,有许多妇女根本就不坐月子,孩子生下来后,不但在吃食上没有什么改善,甚至连个鸡蛋都吃不上,而且当月就下地干活了,因此落下了月子病。

哺乳。新生儿出生三日才开始喂奶。喂奶前,民间常以大黄灌小孩。刚开始吃奶,要先给孩子吃别的妇女的奶水,男孩先喂已生过女孩的妇女的奶水,女孩先喂已生过男孩的妇女的奶水。刚开始给孩子喂饭时,先以羊肉汤喂婴儿,俗称"膻肠子",以后小孩尝食百味,肠胃就没有什么不适应了。

搬满月。也称为"接满月""亮臊窝"等。小孩出生一个月后,他的外祖母家人需要备车来接,回姥姥家住一段时间。产妇抱着小孩坐在车上,手里需要拿着一桃枝,桃枝需从桃树向阳的一面折下来,枝上挂缀着被染红的花生、铜钱、红枣等物辟邪。一般都是小孩的舅舅来接,到了姥姥家,妗子早早地在门前等候,将小孩接过来抱到屋内,俗语有"舅叫(接来)妗子接(接过),活到一百多"。从姥姥家归来时,姥姥要抹白粉于小孩鼻梁上,俗称"去时红大侠,回来白面瓜"。并给小孩缝制一件衣服,称为"褪毛衫"。据说穿了"褪毛衫",孩子长大后,身上就不会长太多的汗毛了。

贺百日。孩子满一百天了，姥姥为孩子缝一条裤子，再次登门探望。进门寒暄一番，就面向里坐在门砧石上给小孩穿裤子，使孩子蹬出藏在裤腿里的馍馍蛋子，唤狗食之，此乃"外甥是姥姥家的狗"之意。此俗一些乡村沿袭至今。

（三）济宁片

该地区居民对生育极为重视，与盖房、结婚并称为人生三大喜事。

妇女分娩，称为"占房""坐月子"。

添喜。婴儿出生俗称"添喜"，生男孩称为"大喜"，生女孩则为"小喜"。

报喜。孩子出生三天内，婆婆煮鸡蛋，染红，丈夫带着红鸡蛋去岳父母家报喜（男孩送双，女孩送单）。除了红鸡蛋，生男孩还要带本书，生女孩要带朵花。孩子出生第三天，外婆带鸡蛋、红糖和江米来看望女儿和外孙。

送粥米。孩子出生的第六天、第九天小孩的姑姑、姨妈分别带着食物等礼品前来看望。第十二天时最为隆重，所有的亲友、邻里携带鸡蛋、挂面、红糖、江米或婴儿小裤等物登门致贺，俗称"送粥米"或"吃喜面"。主家酒席款待来客，收受部分礼物后，还需以少许红鸡蛋、挂面等物回赠。有不少村庄，乡亲邻里只送礼品，不设酒席款待。亲友如果想看婴儿，需带一些"看钱"。

住满月。婴儿满月，要把婴儿接到姥姥家住几天，俗称"住满月"。母子进门后，全家喜气洋洋，悉心照应。

祝百岁。婴儿出生后第一百天，亲戚好友要来表示庆贺，俗称"祝百岁"。姑、姨及外婆要齐聚产妇家中，贺礼中需有缝有绒穗的裤，取"穗"谐"岁"音。孩子满周岁，亲戚好友前来贺生日，主家对来客盛宴招待。

（四）诞生礼仪的差异、特征和现状

1. 诞生礼仪的差异

淮海地区诞生礼仪的程序基本一致，各程序的名称大同小异，但各程序中的具体形式有一定的差异。比如同样是报喜，徐淮片的情况是：孩子生后第三天（也有七天的），婆家派人带着装着书本或花（装书本表示生的是男婴，装花则表示生的是女婴）的拜匣和10个红鸡蛋（煮熟后再染成红色），到孩子的姥姥家报喜。商宿片为：头胎婴儿出生三天，遣家族晚辈男孩或孩子的父亲，去产妇娘家报喜，挎篓子，带红鸡蛋、挂面，用红布罩掩。生男孩，放书本于上；生女孩，放红花一朵。济宁片为：孩子出生三天内，婆婆煮鸡蛋，染红，丈夫带着红鸡蛋去岳父母家报喜（男孩送双，女孩送单）。除了红鸡蛋，生男孩还要带本书，生女孩要带朵花。徐淮片除了给产妇娘家报喜之外，还要给本家同姓的报喜，每户一碗面条、一碗糖茶，一趟送一户，另外，还需去祖坟烧喜纸。

2. 诞生礼仪的特征

（1）诞生礼俗是在漫长的农耕时代所形成的具有鲜明地域特征的传统性礼俗，虽无文字记载其具体表现形式和内容，但在民间世代传承，被人们普遍认可和遵循，表明其具有广泛的群众性。

（2）诞生礼俗集礼仪、民俗、餐饮、宗教信仰及传统手工技艺于一体，是一种特色鲜明的文化表现形式，其传承脉络在民间自然形成，在潜移默化中影响和规范着人们的思想观念和行为。

（3）诞生礼俗集中体现了对女性的尊重和对儿童的关爱，尤其是在男尊女卑的封建社会里，女性通过孕育子嗣、传宗接代得到地位的提高，诞生礼俗融入了对女性的人性关怀，外化为人与人之间亲和力的标志。

（4）诞生礼俗具有标准有序的形式。随着时代的发展和文明程度的提高，旧习中逐渐融入了新的思想、观念和文化，礼仪形式增加了鲜活的时代气息。

3. 诞生礼仪的现状

随着社会的进步和人们思想观念的更新，传统的民间诞生礼俗受到强烈冲击，尤其是其富含的淮海地域特征面临逐渐消失的危机。一是传统的民俗活动日趋淡化。送粥米的主要礼品鸡蛋、小米、红糖、焦饼已被礼金替代；起乳名多改为利用字典、电脑，且名字趋向叠字化、词组化、社会气息化；婴儿住满月亦改为满月之后，流行"舅接外甥三十三（天），外甥长大做高官"之说。

二是与诞生礼俗相伴的传统手工技艺受到强烈冲击。婴儿穿戴的虎头鞋、虎头帽、五毒红肚兜逐渐淡出人们的视野，代之以式样新颖的现代童装；婴儿佩戴的桃木剑、桃木刀、桃木锏，也被花样不断翻新的各式玩具所替代，此类传统手工技艺面临失传的危险。三是传统的民间信仰与禁忌近于消亡。如采生已少有人为之，含有宗教色彩的驱邪避灾的民间信仰不断趋于淡化，带有迷信性质的禁忌也失去了约束力，新兴的行为规范逐步融入其中。

二、婚姻礼仪民俗类

婚姻是维系人类自身繁衍和社会延续的最基本的制度和活动。作为民俗现象，婚姻礼仪的内容主要包括婚姻形态和婚姻礼仪两个方面。婚姻礼仪的举行以社会认可的婚配关系为前提，可以从婚姻形态的角度来观察婚姻礼仪。由于时间和空间两个方面的差别，淮海地区的婚姻形态、婚姻礼仪在传承中有一些不同的表现，至于各个民族之间就更具有一些明显的差异。

（一）徐淮片区

说媒。旧时，结婚年龄一般为男的十八九岁，女的十六七岁。男女婚姻听命于父母之命、媒妁之言。男女成婚，要门当户对，不见面。男方家父母先请媒人持年庚帖子并携带礼品至女方家里提亲，询问女方的"生日"，俗称"求婚"。女方如同意则把庚帖留下，并把女子的生辰八字交给媒人，以便请算命先生占算二人是否合婚，俗称"合年命"。

过启。若男女合婚，男方就可向女家"过启"了。择定吉日，遣媒人持年庚帖子，携带丝带两副（带子之意）、针、线、红布、银耳坠两副及酒、鱼、肉、鸡、糕点等聘礼送至女方家里，以表诚意。订婚之日，男女家各备酒席宴请媒人，以答谢奔走之劳。婚事有给媒人送大鲤鱼的风俗，多由男方家送。过启送的大鲤鱼，女方家留一部分，剩下的给媒人，算是酬谢。讲究的，另请媒人吃酒数次，并终生感谢。

启帖。旧时启帖是男女双方做亲的重要信物和标志。民间虽多为口头传达，但也有不少人家郑重其事，用书面启帖。

看日子。过启后，男方请算命先生根据双方生辰择定结婚吉日，俗称"看日子"。日子大多为双数，如二、四、六等。徐淮片农村，娶妻嫁女一般选在初春、深秋。

过轿（送红衣）。为求吉祥喜庆，新娘嫁衣多为红色，俗称"上轿红"。迎娶的前一天，男方派人随喇叭、轿给女方送"红衣"，谓之"过轿"。红衣用皮箱盛放，与新娘上头（即上妆）用品一起送到女方家。送时，在箱中置放一定的彩礼钱，即"压箱钱"。

滚房压床。娶亲前一天，男方家找个四五岁以下的小男孩，让他到新房床上蹦跳一番，叫作"滚房"。"压床"，亦称"童子压床"，一般是男方家找两个健康活泼、模样俊秀的小男孩陪新郎在新房的婚床上睡一夜，讲究点的最好是两个孩子属龙或属蛇，或与新娘的生肖相合。俗传"滚房"或"压床"后，新娘子婚后会生白胖的男孩。

迎娶。成婚前一天，男方家门前张彩挂红，贴上喜对联，族人家门上也贴上红双喜。喜联写"共结丝罗山河固，永偕琴瑟地天长"，或"携手同行结婚礼，并蒂常理开莲花"，或"欣见牛郎步鹊桥，笑看织女渡银河"，或"洞房花烛三星照，金榜题名万世昌"，等等。

发嫁。第二天凌晨，出嫁女子精装细扮，穿上"上轿红"，红布蒙头，由舅父与兄长发送嫁。新娘上轿时脚不沾地，由女方兄长背上轿子，也有用椅子抬到轿前上轿的，避免带走娘家的泥土，俗信"土能生万物，地可产黄金"，怕带走了娘家的好运气。轿门关闭后，嫂子端来一碗面水泼向轿腿，俗称"泼出去的水，嫁出门的女"。女家此时送给轿夫"上轿礼"，以求得轿夫赶快发轿。送亲的人送出庄方回，陪办的嫁妆抬着一溜排开，跟随其后。发嫁时，发现围观的人较多，主事人便高喊："穿重孝的、与新娘属相不合的人远离现场，免得影响其一家，运气不好。"

传席撒帐。这是迎亲礼中的一部分。花轿来到男方家的村头时，男方放炮迎轿。至男方家门时，男方要给新娘"下轿礼"。新郎朝轿三揖（谓之"拜轿神"）后，新娘由女傧扶出轿，叫"架新人"。有数对小女孩手抱一红布扎盖的团瓶，碎步前行，称"添胭粉"。接下来，"胭粉客"引路，缓缓走在席子、红毡之类的铺垫物上，脚不沾地。在这过程中，全福人（所谓"全福"，就是夫妻俱在而且儿女双全）或男家兄长手抓预先放于竹筛中的红枣、花生、核桃、栗子等物不时朝新娘头上、身上抛撒，俗称"撒帐"。

拜堂。亦称"拜天地"，作为婚礼告成的主要标志，由新郎、新娘参拜天地、父母及夫妻对拜。一般在堂屋或正房前等特定地点举行。拜天地时，案桌上燃点香烛，除陈列祖先牌位或遗像外，还摆上木制的或柳条编的升或斗，内放五谷杂粮及花生、栗子、红枣，蒙上红纸，上插一杆秤等。拜天地开始，燃放鞭炮，鼓乐齐鸣，乐止，司仪喝令新郎新娘分男左女右站定，随掌礼人喊令开始跪拜。口令多是"一拜天地，二拜祖先，三拜高堂，夫妻交拜"，有的是"一拜天地，二拜高堂，夫妻交拜"。旧时重男轻女，女人一辈子只此一次占上首。

合卺。指新郎新娘同饮"交杯酒"（又称"交心酒""合欢酒"），这是新婚夫妇第一次在一块儿饮酒，一般都有众人围观嬉闹，气氛相当活跃。

坐帐。"拜天地"后，领亲人分持花烛将新人导入洞房。临时在洞房墙上挂上一盏用植物油点燃的油灯，称为"长命灯"。一会儿，会有人上去边拨亮，边唱道："拨拨灯，拨拨灯，来年生个闹人精。"新娘端坐喜床上，称为"坐帐"。这时，新郎走上前去，用秤杆挑走新娘头上的"蒙头红"，意为"新人见面，称心如意"。然后新郎坐在新娘左边，新人同饮交心酒。

酒宴。安排酒宴是办喜事的主要工作。一直到现在，乡村还都是自家买菜，请厨子。厨子一到，就给开刀礼，多少不限，并送两条毛巾。

闹洞房。特指新婚当夜在新房内举行的以戏谑新娘、新郎为主要内容的一种庆贺形式。人们认为闹洞房能使婚后生活红红火火、吉祥如意,且"不闹不发、越闹越发"。宾客、亲友、邻里、村人,特别是表兄、表弟、表侄,不分辈分高低,男女老幼,均可参加闹洞房,谓之"新婚三日无大小"。

听房。新婚夫妇闭户休憩后,又有人悄悄转回,躲在窗外窃听或偷窥房内动静,以新婚夫妇的语言动作甚至于性行为取乐谈笑。一般情况下,听房以新郎的表嫂等女性眷属或表亲男性朋友为多。有的深宅大院,外人进不去,或刮风下雨无人听房,长辈便拿一把扫帚靠在新房的窗户外当作人。

认祖,拜三朝。新婚第三天,一早拜三朝,即新郎、新娘由妯娌们(大多是近房老嫂子)领着陪同去男家祖坟祭拜,谓之"认祖",也叫"烧喜纸"。回来后嫂子领着,拿块二尺见方的红布,铺在家族长辈的堂屋当门磕头问安,受拜者均须给新娘"磕头钱",称"拜三朝"。讲究的人家,溜门子磕头,一房人家家都磕。其意义在增进新娘与男方家族成员之间的了解,确认新娘在男方家族中所占据的地位。是日,新娘兄弟大多前来会见,得晓回门日期。回门见到爹娘问起时,好说婆家门户大,人头胜,稀里糊涂几乎拜了半个村。新娘在新婚二日或三日后入厨房做饭,洗手做糕汤。

(二)商宿片区

商宿片与徐淮片相比,婚姻习俗大同小异,其婚姻礼仪的过程如下。

进入洞房花烛之夜以前,需行过"六礼",即纳彩、问名、纳吉、纳征、请期、亲迎。

六礼。纳彩,俗称"提亲""说媒""说亲",对男方而言叫"说媳妇",对女方来说叫"说婆家"。旧时提亲讲究媒妁之言、父母之命,注重门当户对。问名,称"查八字",男方把女方生辰八字、属相要来,请算命先生查一查双方"八字"、属相是否相合。纳吉,俗称"合年命",算命先生根据男女双方生辰八字、属相相配,如果相合即可订婚,如果相克就不能订婚。纳征,俗称"定亲",婚事一旦说妥,男女两家先下"通书",即男方求婚的红纸小帖,俗称"定亲喜书"。下"通书"一般不行重礼,男方以禽类、美酒、糖果、布帛、首饰为彩礼,女方回以文房四宝、鞋袜等物。下"通书"后,还要正式签订婚约,俗称"下大启",亦叫"传启"。仪式较为隆重,双方都在同日宴请媒人,男家早宴,女家午宴。下完"大启",表明婚约正式生效,具有法律效力。如果一方毁约,要通过家长、族长、媒人重新议定,双方退回启帖、彩礼、信物,方可解约。"下启"后,双方议定佳期,准备迎娶新人。根据女方属相和生辰八字议定婚期。婚期定下来就是娶亲了,俗称"办喜事"。

铺床。按照"查日子"指定的方位把新床铺在新房里,俗称"铺床"。铺床的人必须是夫妻二人,儿女双全。

滚床。铺床的时候,在大红苇席下放秫疙瘩、豆秸,意思为秫疙瘩,豆疙棒,一年一个小学生(一年生一个孩子)。铺好床,先由新郎的弟弟、表弟或侄子在新床上打几个滚或睡一夜,俗称"滚床"。

发嫁。结婚当日发嫁。新娘开始辞别娘家,上轿到婆家称作"发嫁"。午时前,男方迎娶的花轿来到女方门口,吉时一到,出嫁女从床上下来,把自己的鞋套在哥哥的鞋上,然后坐到椅子上,再把哥哥的鞋甩掉。自己的鞋不能沾地,认为出嫁的鞋沾了娘家的土就是沾了娘家的财气,以后娘家会穷的。坐到椅子上后,由叔父辈或兄弟辈的抬着,新娘坐在椅子上哭着被送入花轿,寓意给娘家"掉金豆子",娘家以后的日月会过得更加富裕。过桥或遇到巨石都贴"青龙贴",以求青龙驱邪开路,保新娘一路平安。花轿进村,来到男方家门前,落轿时,燃放鞭炮,称"迎轿鞭"。其间婆家一对"喜娘"前边引领,另一对"喜娘"手端红筐,向新郎、新娘头上、身上撒麦麸、红枣、栗子、花生。天地桌上放一粮斗,斗盛五谷,口封红纸。斗上插一杆秤,左右放托盘,左盘放一串制钱,右盘放麦麸、红枣。斗前放香炉、烛台,烛台上燃红烛,香炉前竖铜镜。拜天地时,司仪唱礼,婆母撒盐于松柏火盆中,以求婆媳缘分。拜完天地,新郎把斗、秤端进洞房,秤杆挑去蒙头红。要是一个村有两家以上办喜事的,每家都争取早拜天地。认为早进门、早拜天地的要比晚拜天地的过得称心。

送房。进入洞房后，先拜床公、床母，然后入帐上床。迎亲喜娘把红枣、花生、栗子撒到床上，俗称"撒帐"。到了晚间，两个小姑（新郎的妹妹或远房妹妹）把红烛点亮，叫"点灯"。边点灯边唱："红盈盈，绿盈盈，一对大姐来点灯，有（生）个小孩叫姑娘（姑姑）。"小姑点上灯，摆上酒菜，小姑、大伯、嫂子陪新郎、新娘吃晚饭，喝"交心酒"。喝完"交心酒"，由新郎的嫂子催促新婚夫妇早点休息，俗称"送房"。

闹婚。送完房，新婚夫妇仍然得不到休息，新娘开柜拿出点心给婶子、大娘，闹喜的乘机抢点心、糖果，越抢越闹越吉利。特别是好友、同学闹着要喜糖、喜烟，不给不走，有的会到新娘身上找钥匙，自己开柜寻找喜烟，摸不着钥匙就扒下新娘的鞋子作为交换条件，新娘招架不住，只好拿出喜糖、喜烟、点心，这称为"闹婚""闹喜"。俗话说，进门三天不分大小，甚至是远亲、长辈也可闹一闹，吵一吵。待"闹喜"的离去，新郎、新娘上床休息，但不能灭灯，如果自己吹灭灯，夫妻不能白头到老。

听房。新郎、新娘等"闹喜"的人走了，小两口说些悄悄话，亲朋好友和左邻右舍中的小青年在新房外贴窗偷听"悄悄话"，俗称"听房"。俗话说，新郎、新娘不说悄悄话，生出的孩子是哑巴。

磕喜头。第二天早上起来，新娘梳洗完毕，拜谒公婆、兄嫂等长辈，称为"请安"。早饭后拜谒族长，进祠堂烧香，上祖坟祭祖，俗称"磕喜头"。

（三）济宁片区

济宁片的婚姻礼仪程序如下。

议婚。民国年间，男女刚满十来岁，父母就想着托媒为儿女求亲。谋得年龄合适、门当户对、生肖相合的对象，一般就由家长做主，相约吉期，传启议定婚期。

订婚。男方送酒、鱼、肉、鸡、糕点、布帛、首饰为彩礼，女方则以鞋袜等物回聘。

请期。俗称"要八字"。男方家先派人往女方家索要女方生辰八字。要到庚帖后，就请人选定结婚吉日。

嫁女。婚期前，多由姑嫂收拾物什、装柜，交代婚仪注意事项。当时，嫁女需网头，穿棉衣，扎裤腿，外罩凤冠霞帔，头顶红盖头，呜咽上轿出门。放炮后启程，兄弟扶轿跟随，送至村外后返回。

迎娶。一般轿子有二，一曰"官轿"，供新郎坐，一曰"花轿"，供新娘坐。去迎亲的花轿不能空着，需要找一个父母双全的小男孩压轿。轿内拴上一只公鸡，轿门贴上"吉星高照"的红字符。新娘梳妆完毕，由其兄弟等人用椅子抬出闺房，送入轿中，意为脚不沾娘家的土。博山一带，新娘是被"抱"上轿的。待新郎、新娘在轿中坐稳后，轿头便喊号起轿，两顶轿子同时抬起，姑娘就随着娶亲的队伍离开了娘家门。

拜天地。香台燃上香烛，置上粮斗，摆上托盘。司仪赞礼声中，新人拜毕天地，迎女客边颂歌边撒枣栗，送新娘进入洞房。

入洞房。新人拜过床公床母，升床朝一定方向坐下。迎女客边唱歌谣，边挑蒙脸红子。随后，新人喝交心酒，吃同心面。

闹房。邻里青少年，涌入洞房，喧闹戏谑，俗称"吵喜"。入夜，还有一些少年伏在窗下偷听，谓之"听房"。

上拜。次日早上起来后，新人拜见公婆。而后，近门嫂辈用红丝线为新人缚脸，谓之"开脸"。

叫对月。婚后一个月之内，娘家人来接新娘，后送回婆家两趟。

（四）婚姻礼仪的差异与演变

1. 婚姻礼仪的差异

婚姻民俗的具体内容大同小异。徐淮片为：说媒、过启、看日子、过轿（送红衣）、滚房压床、迎娶、过轿、发嫁、传席撒帐、拜堂、合卺、坐帐、闹洞房、听房、认祖及拜三朝等。商宿片为：六礼、迎娶、滚床、发嫁、送房、闹婚、听房、磕喜头等。济宁片为：议婚、请期、迎娶、拜天地、闹房、上拜等。各地都有说媒、订婚、定婚期、滚床、发嫁、闹洞房、听房、早拜等程序。

2. 婚姻礼仪的演变

第一，婚姻形式的演变。中华人民共和国成立后，人民政府颁布《婚姻法》，废除包办婚姻、买卖婚姻及"童养媳""纳妾"等封建婚姻制度，"父母之命，媒妁之言"的择偶方法受到前所未有的冲击。单位工作人员率先移风易俗，实行恋爱婚姻，订婚自主，不要聘礼，双方到民政部门履行结婚登记手续，举行简单仪式。但由于传统婚姻观念和习惯势力根深蒂固，农村大多还是强制与自由结合的半自主婚姻，即媒人搭桥，父母做主，当事人点头。20世纪60年代，青年男女效仿外地，实行旅行结婚、集体结婚，不宴宾客。现时，自由恋爱、自主婚姻早已普及。很多人是靠父母、亲戚、同学、好友、老师、师傅等人的介绍或工会、团组织举办的联欢会、游艺会、舞会、茶话会相识、相恋、结婚的。通过广播电台、电视台、网络等媒体征婚和婚姻介绍所寻找恋爱对象的人也越来越多。

第二，婚姻中彩礼的演变。中华人民共和国成立初期，物质匮乏，青年男女只要感情成熟，往往两张单人床一并就成家了。有的知识青年结婚，邀请亲友吃点喜糖，无所谓婚礼。即使在农村，多数青年男女也不刻意追求物质条件，而讲究感情。20世纪60年代，盆桶家具乃至衣料棉线要凭结婚证才能适量供应，以敷喜事所需。70年代以来，农村逐渐出现女方索要彩礼的不良风气。什么"毛头羊、盖子猪，三转一响大瓦屋"，"三转"即自行车、缝纫机、手表，"一响"即收音机，还有"过河干"（的确良等化纤衣料）等。后升格为"四礼不缺塞手中，三间瓦房有电灯"，四礼就是见面礼、优质衣料、上车礼、下车礼。80年代，女方要求男方负担电视、冰箱、家具等大部分甚至全部结婚用品。农村的嫁女开始讲究生活质量，什么"两棚楼，四合院，打轧井好浇菜，不与老的一个院"。这话也不是不孝顺老人,是说现在条件好了,想单住,图利索。有的男方结婚前就把一些大件新婚用品送到女方家中,全作女方的嫁妆。有的还要求男方送数额较大的人民币。城市,青年男女互相攀比,要求越来越高,婚事开支名目繁多,费用节节攀升。当前,婚房、喜宴已是"老礼儿",首饰礼服、婚纱照,包括婚车、摄像等在内的婚庆服务和蜜月旅行成了结婚过程中的重要开支。目前,妇联、文明办、工会等社会组织大力倡导移风易俗、婚事新办的文明新风,引导举办集体婚礼、旅游婚礼、植树婚礼等,既隆重、热闹,又喜庆、节约,受到越来越多人的欢迎。

三、丧葬民俗类

"死"与"葬"是紧紧联系在一起的。有"死"便有"葬";有"葬",也自然就有"丧葬礼仪"。[①]从古代一直到近现代,从官家以至于庶人,丧葬礼仪的程序都是相当繁复的。下面对淮海地区的丧葬习俗做概括的介绍。

(一)徐淮片区

送终。老人将要离世之际,儿孙、兄弟、侄子等聚于床前,护送老人逝世。咽气后,全家人痛哭,烧纸钱,俗称"烧落地纸"。然后找来年事高的单身人,给死者擦身、理发、换衣,称为"穿寿衣",穿完寿衣,遗体要移至堂前灵床上,头冲门,脚朝里,用被单遮体。灵前置长明灯,并放置老盆,用于烧香焚纸。死者衣服被置于房顶上,床被置于外面僻静处,被褥、席草等被焚烧于路口。门两侧分别贴上白纸,门前两侧插白幡,以告示邻里乡间。

报丧。丧事由村中"老知"[②]操办,按辈分派死者的侄儿、侄孙,或族中晚辈报丧,意在将丧因、丧期、丧餐、葬期等告知亲友,以使其在大殓前赶来。俗话说:"爹亲有叔,娘亲有舅","娘亲舅大,爷亲叔大"。父亲死了先去伯、

[①] 钟敬文:《民俗学概论》,上海文艺出版社1988年版,第181页。
[②] "老知",即年老知事者,每村有稳定的三五个人,专门操办村中红白喜事,多以操办白事为主。老知德高望重,无所不知,能说会道,民俗练达,可以把事情办得很完满。遇到棘手的问题有办法解决,比如丧事,丧客中吊唁时常出现争上风、争先后,经验丰富的老知就能说和,摆平。

叔家报丧，且需要长子去报，这样才算恭敬。母亲死了，则先去舅舅家报丧。报丧时，言语谦恭，话音悲切。对至亲长辈需先跪地磕头，之后再报，有的还失声痛哭，长辈一旦劝阻，就停止哭泣。报后，立即离去。

成服。成服指披麻戴孝，必须严格遵守有关礼制，不容许出现差错，叫"遵礼成服"。丧服分"斩衰""齐衰"（即期服）"大功服""小功服""缌服"等五服。五服分别适用于与死者亲疏远近不等的各种亲属，表示不同的哀痛程度。

守灵。还称"护灵"，是向长辈表孝心的一种形式，可分为守灵床和守灵柩两个阶段。死者咽气后，尸体被移放到灵床上，守灵就正式开始了。大殓后，死者被置入棺材，即开始守灵柩。孝子昼夜不离，面容悲切，守于棺材两侧。吊唁人往来不绝，逢大哭的，守灵人也随声哭泣，以示丧亲之痛。出殡仪式后，守灵方告结束。

成殓。成殓也称"入殓"，是在老知的安排下由专人进行的。棺材进屋后，老知用口袋装满红高粱，故意不封口，斜靠在棺木后头（出棺被抬离时，口袋倒地后高粱流出来，流得越远越好）。棺木被置于屋当中，死者被殓入棺木。入棺前，亲友向遗体告别。死者入殓时背垫铜钱，口含铜钱，手拿饼子，脸蒙一纸。棺头点长明灯，置一小罐，插筷一双，谓之"密封罐"。棺前地上置一土盆，谓之"老盆"，死者有几个儿子，盆底就钻几个眼，留备吊唁烧纸之用。

灵棚。丧户院内高搭白布棚，称为"灵棚"，棺屋前搭灵堂，供老少亲戚祭奠（烧纸）、致哀。堂左右设有竹帘门，门上写有"抱恨""终天"等字样。堂正中悬挂"昊天罔极"等牌匾，或"×××先生永垂不朽"等横幅。匾下设桌几，上面置遗像，供器、供品置于遗像前。桌前铺设垫子，垫前铺设拜席，供祭奠人行礼；左右两旁铺小垫，为"跪棚"人陪拜所用；门外放两条长凳，供答谢人"回揖"坐憩。

吊唁。俗称"烧纸"。吊唁仪式复杂，程序烦琐，往往是葬礼之高潮。一般亲友，只有礼金，不需上垫礼仪，不需进棺屋。亲戚则既要上礼，又需上垫，甚至在灵堂上行三叩九拜之礼。孝子在侧跪迎，跪送。跪棚男女皆进，女眷由死者儿媳或女儿至孝堂跪迎。客到先上礼簿，分发孝衣孝帽，等同等亲戚到齐了，再一起吊唁、烧纸。烧纸次序很有讲究。女性死者由其娘家人先烧。

上垫。拿供的就上垫，不拿供的不上垫。烧纸者在下行礼，老知把其供盒摆在桌案上。吊唁时，三揖九叩首，二十四大拜。在灵棚底下，像唱戏似的，走四方。在哑乐（笙为哑乐）的伴奏下，先磕三个头，上垫后磕三个头，下来再磕三个头。近亲进棺屋，远的就不一定进了。

送汤。三日（内）晚，由死者晚辈两人抬一土罐，内装稀面汤，带上端菜托盘出发到附近神庙，或村头路口，家人哭泣跟随，俗称"送汤"。祷告后，土罐被打碎，此时全家（多为女人）痛哭，哭尽始回。

殡葬。需先"辞灵"。打开棺盖，家人与至亲依次跪拜祭奠后，在亲人哭灵声中，拆除灵堂，柱子被拆除后留下的孔眼用发面水浇灌，寓意后辈能发。

棺抬离地面，老知用脚跺倒办酒席的泥灶，寓意丧事结束。长孙持招魂幡在前引路，孝子摔碎"老盆"，持哀棍，躬身前行，家属亲友持纸人、纸马、幡幛等随后。沿途烧纸钱，唢呐奏哀乐伴随。

到达墓地，长子围绕墓穴左右各转三圈，然后把棺材放入坑穴。棺材前用瓦片压一张弓于其上，以抵挡坏人狩猎。夫妻合葬，则中间搭一平板，叫"过桥板"，芦苇大席拆边后盖在棺上。家人及亲友在坟上堆土，焚烧社火、哀棍，白幡插于坟上。葬毕后返回，宴谢亲朋。次日，孝子需到送礼的各家去叩头，称为"谢孝"。

路途中和棺木入坑前，需再烧两回纸。地上铺设一张大席，在两旁跪棚的陪同下，孝子拄哀棍跪于棺前，老知按亲戚的远近喊："请客烧纸——"，为表客气，又喊："请远客先烧！"客为表客气，谦虚回应："远近都是客！"烧纸的节奏比吊唁时明显加快。

圆坟。葬后三天，家人需一起去墓地，围坟跪哭，给坟头添土，并焚烧纸钱，称为"圆坟"。

做七。旧时，在死后第七日做一次祭奠，俗称"做七"，嗣后则每逢七日设奠，直到七七（49天）为止。

（二）商宿片区

成服。老人在停止呼吸之前，儿女要亲自给其洗脸、洗手、洗脚、净身（擦身子），然后给穿上寿衣，穿送老衣服。一般只穿单数，忌讳穿双数。穿戴完毕，把死者抬到灵床上，停灵。灵堂设在堂屋中间，按方位摆放。死者头垫寿枕，束双脚，白纸蒙面或蓝布蒙身，头南脚北，仰面向上。燃"长明灯"，摆上"打狗饼"，盛"倒头饭"，立"影身草"，灵前放"老盆"，孝男、孝女举丧、烧纸钱、喊路。

成殓。入殓成服死者入棺，谓之"大殓""成殓"。棺材是死者的房子，俗称"棺木""木头""盒"，要用上等木料，精心制作。死者遗体入殓，须俟子女等亲人到齐之后举行。大殓告成后，由孝子中的长子跪求族长，乞仪丧事。成殓后，灵柩前挂幕幔或垂竹帘，幕幔前置祭桌，桌上摆祭品，两边置烛台，中间放香炉。

哭丧。死者刚咽气不久，还未来得及停灵，左邻右舍、附近的亲朋好友，特别是妇女三三两两相约，来到死者家里痛哭抚慰，问及死因，以表示亲邻和睦相处，一家不幸，众家同哀，表达人世间的人情味和亲情味，俗称"哭丧"。

吊唁。即吊孝，俗称"烧纸"，是城镇和乡村普遍流行的重要丧俗礼仪。

送盘缠。成殓的第二天晚上，族人全部出动，走出村口或街口，焚烧纸钱，称作"送盘缠"。富裕户焚烧纸人、纸马或纸驴、褡裢（亦称"捎马子"，古时盛银钱的褡包）。褡裢里装有纸钱、纸元宝、纸银壳子等。男丧为纸马、纸人（马夫）；女丧为纸驴、纸牛、纸人（脚夫）。纸马或纸驴背上驮着褡裢。纸扎的马、驴、牛等称"社号"，皆由孝女出资。

擓汤。自成殓的第二天晚上开始至出殡的前一天晚上，每晚族人等到附近的土地庙为亡灵送汤水，俗称"擓汤"。孝孙打着"影门旗子"，两位侍礼抬着面汤罐在后，后跟鼓乐队，再后依次是孝子、孝妇、孝女，后面按五服次序相跟，去时不哭，至庙前，孝子给土地磕三个头，然后送葬队伍绕土地庙一周，将面汤攉下。回来时皆哭。传说死者亡魂暂住在土地庙内，等候土地爷分配去向。攉汤，即为亡魂送汤水，再则，叩拜土地爷，祈望能让亡魂有个好去向。

辞灵。出殡的前一天晚上向亡灵告别，俗称"辞灵"。孝子、孝妇、孝女及宗族人等在侍礼的引导下至村口焚烧纸钱、纸轿、纸牛、纸马、金童、玉女等。奏哀乐、放鞭炮、孝子登椅喊路，嘱爹娘要上西天大道，一路走好。父丧扎马，母丧扎牛。所有"社号"皆由孝女出资。如是"喜丧"（八九十岁病故，儿、孙、重孙齐全为喜丧），辞灵毕开始点戏，鼓乐手用喇叭吹戏，凡闺女婿、侄女婿、孙女婿或其他表亲都要赏钱（各地风俗不同，也有本族人凑赏钱的）。

发丧。出殡之日，午后将灵柩移至当街或路口，俗称"发丧"，也叫"发引"。停下之后，灵柩前摆祭桌，孝子、族人、亲友依次按辈分祭拜，俗称"路祭"，也称"路奠"。长孙打"影门旗子"走在前面。途中如遇石桥、河流，灵柩要停下来，孝子要喊爹娘过桥、过河，掌号毕，重新起棺前行。

放棺。灵柩至墓坑前，孝子墓前举丧，举重者用粗绳穿棺底（木匠在做棺材时，在棺材底座上早已凿有穿孔，俗称"海眼"），然后分两侧紧紧拉住粗绳，慢慢将灵柩放入墓坑，俗称"放棺"，也叫"棺下田"。棺入穴后，棺前放长明灯，倒头板。棺上覆盖苇席，孝子绕墓一周，置哀棍于棺材后，长跪于墓前。鼓乐队就此辞别，一般送葬的族人、亲友就地脱孝。孝子不脱孝，兜土返回家。

圆坟。安葬后的第二天晚上，有的地方在当天晚上，死者亲属到林上为新坟添土，俗称"圆坟"。儿女们绕墓一周，把祭酒撒在墓四周，然后在墓前焚烧纸钱、祭拜。吹去纸灰，看看地上有没有什么"图案"或"字样"。如果有，表示亡魂已显灵，知道儿女们在为自己祭典，祭者感到欣慰。

（三）济宁片区

发丧。老人去世，要举行追悼埋葬仪式，俗称"发丧"。旧时，根据家庭经济条件，发丧的形式和规模差异甚大，但总的过程是大致相同的。

穿衣。病人即将咽气（或咽气后），即由亲邻帮助穿送老衣。衣裳必须是双层夹衣和棉衣，扣子全用带子代替。咽气后，即将遗体放在堂屋当门的一张床上，俗称"上灵床"，意为寿终正寝。死者脸上盖"蒙脸纸"，双脚用苘束住，袖内放"打狗饼"。灵床前放一张桌子，其上放"长明灯""倒头饭"，大门旁放置"隐身草"。同时将内装纸钱并写有死者名字和住址的纸褡子烧掉。

报丧。人死后的当天或第二天即派人到各亲戚处报丧，俗称"送信"。女儿、女婿、姊妹等至亲，接到报丧后立即前去吊孝，一般亲朋则在下葬当天前去吊唁。

戴孝。老人去世，子女和近门晚辈要戴白帽，穿白大褂。儿子腰间要系一束苘，耳上系棉球，俗称"披麻戴孝"。根据和死者的关系远近，孝服有所不同。丈夫去世，妻子也要穿孝；妻子去世，丈夫则不穿孝。

设灵棚。人死后，棺木放在堂屋当门，两旁铺上麦秸，子女跪守东西两旁，谓之"守灵"。发丧时在堂屋门前搭一棚子，俗称"灵棚"。内置一桌，其上摆放祭品及灵牌或遗像。近支男性晚辈在棚内两厢跪棚。

入殓。先由子女给死者净面、梳理。棺底铺草木灰，然后将遗体放入棺内，谓之"入殓"，又称"成殓"。钉棺盖前，由死者老娘家的人（死者系女性则由娘家的人）验看，俗称"观殓"。钉棺盖时，由死者老娘家的人（死者系女性则由娘家的人）砸第一锤，俗称"引钉"。

宴客。发丧之日，客人到齐，祭奠完毕，便宴请客人，俗称"喝豆腐汤""喝杂菜汤"或"吃酸馍馍"。孝子依次到丧宴前叩头，谓之"安饭"。

出殡。宴客后，即发引。由长子或长孙执幡率孝子在前，灵柩居中，一般由16人拱抬，徐徐前行，女孝子随后，男女孝子均执"哀棍"，在哀乐伴奏下号啕大哭。灵柩行至街心停放，棺前置一方桌，其上摆放祭品及死者牌位或遗像，亲友依次祭奠行"四拜礼"，谓之"路祭"。祭毕，灵起时，长子或长孙由两人架着将面前陶盆摔碎，谓之"摔牢盆"。送葬途中，男孝子依次在前，女孝子及至亲将灵柩送至墓地，其他亲友停送。

安葬。灵柩抬至圹穴，孝子号哭，唢呐伴奏，棺木徐徐放入圹穴，放正后，至亲墓祭。如死者系女性，还要征求娘家的意见是悬棺祭或落棺祭。祭毕，孝子将哀棍投入圹内并围圹穴走一圈，边走边撒土，以示掩埋，然后由忙丧的人埋葬，上筑坟头。入葬后，死者的儿媳抢先兜一兜土往家里跑，传说谁先跑到家里，日后会有福气。孝子到家后只哭三声，葬仪即告终止。

谢执。入葬后第二天，孝子要设宴招待大执客、男执、女执、大帐等为丧事操劳的人，俗称"谢执"。孝子见到人，不论辈分高低，都要磕头。俗语"孝子头，满街流"。如死者系女性，谢执的第二天，孝子要带着礼品去看望老娘家的人。

圆坟。安葬后第三天，孝子要去坟地烧纸致哀，并将坟头筑大，俗称"圆坟"。

七祭。安葬老人后，每逢七日要去坟地烧纸祭奠，直到第五个"七日"为止。当地有"七七"不烧纸，"八七"不上坟之说。其中"五七"较为隆重。百日还要举行一次最为隆重的祭奠。另外，还有"一七"不烧纸，"二七"不上坟的说法。

第七节 民俗信仰类

淮海地区重要的文化样态、地理地形、经济活动等，都对本地区的文化及生活产生了积极的影响，也由此产生了民间信仰等民俗。

一、民俗信仰对象

淮海地区幅员辽阔，区域内文化形态较多，民间信仰对象主要有俗神信仰、祖先信仰，道教、佛教和基督、伊斯兰教信仰，庙会和巫术信仰等。随着社会的发展，宗教信仰相对比较自由，除了历史遗存的庙、观、教堂等遗迹，各地也出现了民众自发的信仰及祭祀活动。在有些相对偏远的地区，还保留着比较丰富的传统信仰习俗，有部分乡村仍流行巫术信仰。

民间神灵信仰始于远古。天地信仰是最原始和最根本的信仰。它信仰的是自然神，如日月星辰、山川湖海、风雨雷电等。

（一）灵魂信仰

鬼魂崇拜在淮北民间仍有很大的市场。淮北居民对祖宗都十分崇敬，这源于民间鬼魂崇拜的习俗。先人离世要么请道士做道场，要么请和尚、尼姑念经，借此超度亡魂。富家堂屋正中设有神龛，供祖先牌位，四时祭祀，遇节日全家老小都要在牌位前燃香火行叩拜之礼，逢有灾祸或不吉利之事会到灵位前祈祷。淮北民间有"餐餐祖先先吃，可保阖家太平"的习俗。每年清明节、农历十月初一大祭之日，置"三牲"于祖先坟前，族人齐集坟地，举行祭奠仪式。一般人家无祭祖仪式，逢年过节备设香烛供品，在家饷祖，或到祖坟前跪拜。

（二）自然神信仰

淮海地区内河网密布，大小湖泊众多，沟通南北的有大运河，贯穿东西的是淮河，历史上黄河曾流经区域内夺淮入海，黄河决堤漫溢之灾屡屡给百姓带来莫大危害，如徐州城的多次被淹，泗州城的彻底消失，这也是洪泽湖形成的原因。睢宁、宿迁等地曾有"洪水走廊"之称，淮河—沂沭泗水系所造成的洪涝灾害给人民的生活带来很多不利因素，也因而在民间形成了广泛的水神信仰。其中以运河与黄河水神信仰为主。

黄河水神信仰。 徐州是历史上治黄保运的关键，水神信仰非常盛行。"遇到洪水大灾之年或者河工治水之事，明代政府多加封黄运诸河神各种名号，或者奉献牺牲，隆重献祭。"明景泰二年（1451），"河势方横溢，而分流大清，不端向徐、吕。徐、吕益胶浅，且自临清以南，运道艰阻"。于是，"命工部尚书石璞往治，而加河神封号"。景泰三年（1452）五月，"河流渐微细，沙湾堤始成。乃加璞太子太保，而于黑洋山、沙湾建河神二新庙，岁春秋二祭。景泰四年（1453）正月，河复决新塞口之南，诏复加河神封号"。[1]

运河水神信仰。明清时期，随着京杭运河的全线贯通，漕运的兴盛，形成了新的民间信仰。最初起源于山东运河区域，然后向南北传播，其范围向北覆盖了北方数省，向南波及江浙地区。

石敢当习俗。起源于上古时期灵石崇拜，西汉《急救章》有最早的记载。在清代时和泰山崇拜合流，形成了新的泰山石敢当崇拜。清代时不仅齐鲁地区，南方地区也出现了泰山石敢当。今天的石敢当信仰主要分布在苏北、鲁南与鲁西南的广大地区。

宿州钟馗崇拜。在中华人民共和国成立之前，与灾荒时期民众的长期逃荒流离相关，民间多出如杂技、曲艺、木偶戏、皮影戏等艺人。其中影响最为广泛，最具民俗文化价值的应属钟馗文化。宋朝元祐年间，灵璧县衙遭到恶鬼作祟，县官不得安于政事，乃求助于钟馗。钟馗一到灵璧，恶鬼顿时销声匿迹。县官画钟馗像张于壁上，一连数日，确实灵验。以后百姓纷纷效仿，于是钟馗画家愈来愈多，分布城乡各地，以摹写钟馗真像为能事，因此成为"钟馗画乡"。

（三）行业神

贾汪与淮北的窑神崇拜。主要流布在以贾汪为中心的周边地区，北至山东的枣庄、滕县、薛城、台儿庄，南至安徽的宿州、灵璧，西至徐州、萧县，东至新沂、邳县等地。从地理位置上看，山东枣庄俗称北窑，贾汪称南窑。

贾汪煤矿附近的大泉村和北爬坡建有两座窑神庙（也叫"玄帝庙"）供奉窑神。每逢农历三月初三，煤矿工人便成群结队去祭拜，祈求窑神的庇佑。大泉窑神庙（又称"玄帝庙"）建于清光绪年间，随着贾汪煤矿的开采而建。庙内有大殿和东西两廊，庙内塑有黑面貌凶、手持钱串的窑神像。每年的农历三

---

[1] 胡其伟：《漕运兴废与水神崇拜的盛衰——以明清时期徐州为中心的考察》，《中国矿业大学学报》2008 年第 2 期。

月初三为窑神庙会。中华人民共和国成立后，矿工们破除迷信，两座窑神庙均被拆除，但每年的农历三月初三，大泉庙会仍然继续，窑神庙会演变成一年一度的物资交流会。

淮北东部地区贾河一带窑神庙的规模较大，庙有大殿和两廊房各处东西两侧。大殿内塑有窑神像，黑脸、相貌凶恶，手执钱串，房内还塑有十八罗汉像。农历三月初三窑神庙会这天，工人早、中、晚去窑神庙烧香还愿，吹鼓手前面导路，一路吹吹打打，众工人抬着整猪整羊，燃放鞭炮，从矿门口燃至窑神庙门口，一路烟雾弥漫，以表矿工对窑神的虔诚，祈求其保佑他们下井平安。

二、民俗信仰表现方式

淮海地区是一个文化上大融合的区域，包括东夷文化、楚文化、中原文化、齐鲁文化等文化形态，每一种文化在其历史发展进程中都给予了这块土地上的民众以独特的文化底蕴与精神风貌。如在东夷文化及先秦后期受到楚文化的影响后，崇巫信仰蔚然成风，直接影响了本区域内（苏北地区的文化底蕴累积丰厚的能量，表现更为明显）当地人民的生活态度与习俗，甚至对玄异事物的态度。

（一）预知

预知是根据人类的行为表现或自然现象，用以推测人、事可能发生的变化，并借此预卜吉凶、命运好坏的行为。如人们对日食的认识，当发生日食时，是上天对人的惩罚。天上流星的坠落对应的是地上某地的伟人去世。预知还有根据动物身上的现象做出的判断，如喜鹊在房子附近的树枝上啼叫时说明有贵客光临，是吉兆；而当灰喜鹊临门啼叫，听到的人则要向地上"呸呸"连吐几口唾沫，以示把晦气都吐到了地上。

还有一些人类常见的生理或病理现象，如"左眼跳灾，右眼跳财""耳热预测""喷嚏预测",以及人们对梦兆的关注等,在传统的俗信中,成了推断吉凶祸福的依据。

(二)祭祀

淮海民间对风神和雨神的崇拜甚为虔诚,一些地方建有风云雷雨等神坛,寺庙有风、雨、雷、电四神像,该地民间普遍有祈雨之俗。

1. 祈雨

祈雨规模不一。如连云港海州地区,祈雨方式是由七名童女,头戴斗笠,手拿锄头,象征性地到各家扒阴沟。连扒七家,每家扒七遍,每扒一遍就念唱一遍祈雨歌。比较有规模的乡镇,或是联合数个乡镇一起祈雨时,其方式就与上述不同了。传说掌管下雨的龙王是归玄天上帝管辖,而每个州县之中只有一尊玄天上帝,所以如果整个州县都缺水要祈雨,一定要动员包括州官以下的官民,一起来祈雨。祈雨的仪式就是请北极大帝(玄天上帝又称北极大帝)出坛,将神像请到祈雨的现场,让它命龙布雨。仪式进行方式如下:整个祈雨队伍行经的街道,都要在墙上贴满彩色的"雨贴",或悬空拉起三角形旗串的"两吊子"。两者上书"风调雨顺""大雨倾盆"等形容降雨的词或成语。全州县参加祈雨队伍的人都做雨天打扮:或敞头赤足,或身穿蓑衣、头戴斗笠。整个队伍最前方是开道的锣鼓,然后是北极大帝的神像,神像前放一个瓷瓶,其后是祈雨队伍,敲木鱼、敲磬唱念《祈雨诀》。队伍边走边唱,一路来到龙潭,用北极大帝神像前的瓷瓶装满龙潭水,称为"取水",再抓一只泥鳅(象征龙王)放入瓶中,是为去"请龙王"。其后一路敲打唱念回到庙里院中,将神像与瓷瓶一起放在烈日下暴晒,直到下雨,才请北极大帝回殿中复位。同时将瓷瓶中的泥鳅及水倒回龙潭,称之为"送龙王还水"。相传如果没有"送龙王还水",那么下次再祈雨就不灵了。

中华人民共和国成立以后,因科学技术的进步和气象预报事业的发展,祈风祈雨之俗已经废止。

2. 禳祭

海祭。2007年入选第一批市级非物质文化遗产名录。

赣榆海祭历史悠久，是赣榆县沿海地区祈安康、庆丰收的一种古老而又盛大的民俗和民间文化活动。据传，赣榆海祭的起源与徐福有关。赣榆海祭起于秦汉，兴于唐宋，盛于明清，历数朝不衰，至民国期间，海祭活动逐渐衰败，"文革"期间停滞。至20世纪90年代初，赣榆建徐福祠，仿古海祭仪式举行祭典活动。

渔民尊龙王、海神娘娘为海神，建庙宇于海边，出海、返港或节日拜祭。明代，渔民祭海活动逐渐引起地方官员重视，并参与了祭海活动，确定祭日，请戏班唱戏三天，使祭海活动越加隆重，成为赣榆县沿海地区的一项重要的民俗和民间文化活动。

（三）巫术

淮海地区苏北以南的广大区域，自先秦时期起就受到楚文化的浸染，因袭楚文化遗绪，崇巫重术之风盛行。除了婚仪与丧仪（具体内容可见"人生礼仪"章节），日常生活里处处可见带有法术性质的大小仪式，伴随着"诀术歌"出现在不同的生活需求中。对于普通民众来说，面对人生中无法掌控的大事，如生病、禳灾、祈福、祝卜，乃至祈雨、还愿、祛病，样样都有特殊歌诀协助完成的仪式，以便与未知的神秘力量沟通，甚至角力。

1. 消夜啼

小儿夜间不明原因啼哭，往往会让家人紧张担心。对治小儿夜啼，淮海地区内很多地方采取的诀术类似。其内容就是写"夜啼贴符"，大同小异。如邳州的"路符"，男婴用红纸写，女婴用绿纸写。趁夜深人静时分别贴在桥上或路口等处，让过路人念一遍，就能使"夜哭郎"不哭。

2. 安魂壮胆

出门在外，难免会招致不必要的恶灵魔物侵扰。一般认为会魔魅的人有两种，一种是"迷惑子"，专在野外魔人；另一种是"魇惑子"，专司躲在屋梁之下捉弄人。若不得已必须在夜间行经传说中的不净之地（如坟区，或是曾有人枉死身亡的地方），或在下着小雨的晚上出门行经野外时，可唱《壮胆歌》助威驱祟。如若不幸真的被鬼怪所魔魅失魄，则回家后可由家人罩上青衣念招魂歌诀招魂，这种方式在铜山有传载。也有专门治小儿失魄的，如丰县。幼小的孩子受到惊吓，便认为是丢了魂，因而便到小孩受惊吓的地方去喊魂，让灵魂附体。做法有两种，一是先在地上画个"十"字，让受惊吓的孩子双脚踏上，面向太阳站好，若是男孩，大人在旁边喊："太阳神太阳神，俺家少个读书人，远喽给俺找找，近喽给俺寻寻。××（孩子的乳名）来吧！"其他人则回答："来啦。"若为女孩则喊："我家少个插花女。"如此连喊七遍。二是让孩子站到受惊吓的地方，大人先在地上摸一下，再延至孩子身上，连续三五次，边做边说"××（孩子的乳名）别害怕，××家来吧，××魂上身"。

3. 禳灾

淮海区域内各地对于禳灾一事非常重视。民间多相信无法控制的灾害（如虫害、瘟疫、邪灵附体致病等），必须透过一定的仪式加以祛除，这就是禳灾。禳灾仪式举行过程中通常配合歌诀的唱讲。

如徐州地区盛传，农历二月初二炒豆子，可以得到土地公的眷顾，把被虫蛀食的豆子换成好豆子，确保今年丰收。海州地区农家，则是在正月初五、十五及二十五等三天晚上要实施灭虫的仪式。先是在院里、田里、菜园子里放小鞭炮，叫"炸虫"，边炸边唱。另外，把每一种粮食凑一点放在锅里炒，边炒边由烧火人与炒锅人对念歌诀，叫"炒虫"，直到杂粮炒熟之前，对歌不停。炒完之后，把杂粮分给全家人吃掉，称之为"炒虫"与"吃虫"。还有"照虫"，夜间睡前，家长手持灯火，将家里各个墙壁及角落一一照遍，边照边与旁人对歌诀，这种其实是从北方的防止蝎子蛰人的手段演变而来。

4. 斋孤

在徐州和连云港部分地区有这样的民俗：如果前一年丰收，那么来年的正月就要举行"牛郎会"(又名"烧大纸"),以谢神并祈祷来年全庄人、牛都可以不受瘟疫的侵扰。牛郎会的举行方式主要是请戏班子(称为"童子戏")来庄上唱三到五天的大戏。不过第一晚一定要"斋孤"以及"请亡"。"请亡"是请先人回来享受香火、看戏娱乐,以保佑子孙平安顺利。"斋孤"则是指斋请孤魂野鬼,让他们得到祭祀,不会回来作乱。斋孤时有一定的歌诀及仪式:一般由唱大戏的人挑着灯笼及火把,一边敲着牛皮鼓,来到村外的路口向孤魂野鬼烧纸钱,边烧边唱歌诀,歌者边唱边走,在村外野地走上一圈,同时也等于请了亡魂回家做客。

其他还有如"祛病""游戏祝愿"等形式的信仰仪式。

三、基本特征

学者顾希佳在《祭坛古歌与中国文化》一书中直言神与人的关系是这样的:"……神就是人,向神祭祀也就好比是向长官请求。"[1] 从这个角度来看,不难发现淮海地区的民俗信仰如同一篇篇请愿文,不断地向超自然力量做出祈求、要求、商酌等的举措。而这些民俗信仰仪式和与之配合的歌谣之所以可以跨越时间的长河遗存下来,则是因为其中具有以下特质。

(一)信仰对象的神秘性

民俗信仰的基本特质是利用人类对超自然力量的盲目崇拜所致。人类由于发现自身力量不足以掌控一切,所以转而相信自然界另有一股超自然的神秘力量,其位阶高于有形万物,一旦能与此力量交流沟通,自然可以间接掌握原本无法掌握的能量。所以有占卜、咒语、祷祝,这些诀术的目的就是借由这些仪式及过程,得到原本不存在的幸运或转移原本属于自己的厄运。

至于这些力量或是神灵究竟是谁,或如何运作,甚至是造成灾难的原因,都已无从、更不必要查证,一应事端,皆可以"不可说"的神秘性原则概括之。

---

[1] 顾希佳:《祭坛古歌与中国文化》,人民文学出版社2000年版,第8页。

（二）信仰仪式的多样性

民俗信仰的另一个重要特质是具有多样性。我们可以从仪式中看出淮海地区民俗信仰祈祝与要求的对象繁杂不一，其中包括有原始宗教的痕迹。如祈雨仪式中的拜龙潭等行为都是从原始宗教的自然崇拜中嬗变而来。由国家祭典的影响而出现的祭祀对象，如祈雨时请出北极大帝，还愿仪式中将代罪猪向东岳帝君献供等，多少可以发现民间诀术受到帝王专制时期的国家祭祀对三官五岳崇拜影响所衍生出的仪轨痕迹。民间信仰多样性还体现在佛教、道教、神佛的融合使用。如"安神壮胆"仪式中的菩萨罗汉、金刚地神一起出动为之壮声色等，都是民间信仰中佛道同流特质的显现。民间信仰多样性的特点还体现在神灵崇拜的以讹传讹。如"游戏祝愿"信仰中的七姑姑、茅姑娘，或者赫赫有名的龙王，都是传说中无法考证、约定俗成的角色。但由于这些角色符合了特殊的功能性需求，就被一而再、再而三地辗转流传于民间，成为生活中常见的祭祀对象。

这些祭祀对象流派的复杂，不但反映了早期淮海地区民间信仰内容的丰富性，更反映出信仰中极强的包容性与民间"以和为贵"的融合力量。所以角色间彼此的管辖范围与神力并无冲突及不调和之处。

（三）服务生活的实用性

淮海地区的民俗信仰充满了功利主义的实用性特质。为了要面对及治理突如其来、来由不明的疾病与灾害，为了趋吉避凶、祈求丰收而进行的民俗信仰活动，其目的都是想要得到现世的幸福与平安。在这个前提下，一切的作为只为了取得生活的基本需求，宗教性或精神层面的牺牲与奉献全都不在考量的范围之中。或者说，鬼神是可以"被贿赂"的，在祈雨中请北极大帝出坛的仪式中可以发现，对百姓而言，如果对神明"好话说尽"却得不到祈求的结果，那么即便对"神""坏事做绝"，一个驱策不了龙王、造福不了黎民的北极大帝，不配享有民间香火，更活该与不听令的龙王（泥鳅）一起在烈日下被暴晒，让它尝尝骄阳当头之苦,直到它屈服(降雨)为止。此时人与神的地位是平等的,这种利益交换式的信仰基础,正是淮海地区百姓性格中与自然顽强抗争的特质的展现。在实用性的原则之下,所有的神灵都必须像地方父母官一样,尽心为人民服务。

纵观淮海地区民俗信仰,除了反映出地方上多元丰富的民俗事典及传说信仰之外,淮海地区的民俗信仰仪式也随着时代的变迁出现了变化,朝着萎缩的方向发展:政策方向影响信仰仪式的流传流通情况。随着时间的推进,越来越多的人接受唯物史观,民俗信仰在这个思考的角度下逐渐变得浅薄而进退失据,民间信仰逐渐失去了依托,好多只剩下单纯而薄弱的文字记录。淮海地区民间对许多民俗信仰的认知,只剩下单纯的程序,而无法形成完整的仪式。

生活环境的快速现代化也造成了许多民俗信仰仪式的式微。如随着社会分工的精细与男女性别观念的日趋平等,社会上不再像过去一样重视多子多孙的繁衍,因而许多为求子孙满堂的民俗信仰已显得不合时宜。还有,随着科技的进步,疾病已不再是莫名的殃祟所致,通过适当的医疗,大多可以痊愈,民俗信仰的存在功用也随着时代而逐渐消失了。

民俗信仰的每一项仪式,都反映出民众对于生活品质的要求。文化现象不可能脱离实际生活而存在,民俗信仰也无法在脱离民间生活实貌的情况下独存。单纯的文字记录是没有生命的,民俗信仰仪式的使用时机、实施方式等,才是民俗信仰存在的价值,也是保存及探析社会文化真实面貌与其精神特质的精髓。

后记

20世纪以来，世界上越来越多的人开始关注人类非物质文化遗产保护与传承的议题，亦有越来越多的政府机构、社会团体和专家学者更加重视非物质文化遗产的保护与传承事业。因此，对非物质文化遗产进行更为系统化的梳理和研究就成为一项亟待深入推进的工作。

党的十八大指出"文化是民族的血脉，是人民的精神家园"，并进一步明确提出要"建设优秀传统文化体系，弘扬中华优秀传统文化"，向全国人民明确提出了新时期加强中华优秀传统文化传承与教育的战略任务。在这样一种背景下，高校作为推进优秀传统文化传承与教育的重要基地，显然应该承担更多的义务。2014年年初，我离开扬州来到徐州工程学院任院长，在与徐州近距离接触的过程中，逐步意识到这方热土有着太多厚重的历史底蕴和丰富的文化遗存，值得我们去发掘和弘扬。基于这种认识，我萌生了依托学院淮海地区非物质文化遗产的研究平台，系统梳理以徐州为中心的淮海地区非物质文化遗产谱系的念头。

淮海地区特殊的区位优势为多元文化的融合提供了便利条件，这一区域的文化分别涵盖了齐鲁文化、荆楚文化和中原文化的一部分，可以说，其既是会通融合的，又是变动不居的，因此具有更大的开放性和兼容性。另外，淮海地区是先秦儒、释、道几个重要思想流派的孕育之地，其历史文化特征既好儒厚礼又粗犷雄浑，同时又兼有中国南方的浪漫情怀和神话色彩，其中心城市徐州更是有着"楚韵汉风、南秀北雄"的美誉。总之，这一区域兼有中原文化、关中文化、北方文化的豁达气度，又不乏南方文化的神秘能量，内涵更为丰富，形态更为多元，气魄更为宏大。基于以上种种，淮海地区留存下来的诸多非物质文化遗产在某种程度上是中华文明发展历史的重要见证和典型代表，值得下大力气去保护和传承——这也坚定了我编纂一本既有资料价值又有学术含量的《淮海地区非物质文化遗产概论》的信心。

全国各省对本省非物质文化遗产的整理和研究在过去十年中取得了很大成就，但是从另外一个角度看，以严格的行政区划进行非物质文化遗产的梳理和研究，无形中割裂了历史形成的地缘性文化基因，因此在综合研判了地理历史的发展和文化传承的脉络后，我认为以"淮海地区"作为本书的论述外延，不但兼顾了文化传承的天然脉络，更是一种对历史发展应该持有的实事求是的态度。就职徐州工程学院的两年，学校围绕徐州积淀丰厚的非物质文化遗产，依托"淮海地区非物质文化遗产研究中心"这一文化研究、交流与创新平台，利用地方高校文化创新功能和人文学科优势，以"非遗"挖掘、研究与传承为重点，大力推进淮海地区非物质文化遗产进校园、进教材、

后 记

进课堂、进科研，经过近两年的努力，逐步形成了徐州工程学院特有的校园文化的同时，也在某种程度上提升了徐州乃至淮海地区"非遗"研究、保护工作水平。立足于淮海地区非物质文化遗产研究中心，通过多方合力发掘利用非物质文化资源，我们初步建构了政府部门、科研院校和"非遗"传承人三位一体的保护与传承机制，使得徐州市的"非遗"保护、传承与研究工作走在了全国前列。另外，我们还着眼文化产业的发展，充分调研，推进了部分"非遗"项目的产业化，积累了丰富的经验，使得一大批非物质文化遗产项目得到了更为有效的保护和传承。

在非物质文化遗产的保护和传承工作的推进中，我还是深切感觉到缺少一本系统论述淮海地区非物质文化遗产的著作作为该项工作的前期导引和深入的基础，因此，我多次主持召开淮海地区非物质文化遗产研究中心的工作会议，特别提出了编纂《淮海地区非物质文化遗产概论》的动议。通过多次论证，确定了本书的定位，即研究淮海地区非物质文化遗产的第一手资料和权威性著作，要特别体现出系统性、理论性和史料性。另外，基于前述地缘文化基因完整性的考量，所以本书在体例上，基本按照国家非物质文化遗产名录来拟定章节名目，分别以民间文学类非物质文化遗产、民间音乐和曲艺类非物质文化遗产、传统戏曲类非物质文化遗产、传统体育和游艺与杂技类非物质文化遗产、民间美术类非物质文化遗产、民俗类非物质文化遗产诸种类型进行区分。

在编撰过程中，由淮海地区非物质文化遗产中心副主任王逢博同志负责整体统筹工作，燕善敏、黄忠东、杨森、高秀川同志为全书的审稿、统稿付出了很多心血。周维德、李平、薛以伟、马衍、刘同亮、于雅琳等同志分别负责六章的统筹及部分内容的写作。另外，杨年丰、许井岗、尹丽丽、齐慧源、陶静、茌攀、盛翠菊、史春燕、田素玲、王利珍、杜鹏、盛磊、马茜、闫郢、张占平、张丰、王辉、高成强、连云、郭芳、刘维艳等同志分别承担了部分章节的写作，付出了辛勤的劳动，在此一并谢过。

在本书的写作过程中，我们阅读和参考了许多国内外学者撰写的有关非物质文化遗产的著作和论文，对所引用的相关材料，均在文中予以注释和说明。在此，对相关作者表示感谢。

本书是对多年来徐州工程学院非物质文化遗产研究工作的一个交代，一种呈现。当然，从某种程度上说，这也是研究淮海地区非物质文化遗产的一部拓荒之作。

全国范围内非物质文化遗产保护和传承工作正不断推进，相关研究工作也更加系统和深入，我们在此基础上的梳理和研究虽然有了一些突破，但是限于研究水平，本书肯定还存在诸多缺点和不完善之处，恳请广大读者批评指正。

值本书付印之际，谨对给予本书写作和出版以诸多帮助和支持的专家学者、出版社相关同志表示衷心的感谢。

2017 年 9 月 28 日

图书在版编目(CIP)数据

淮海地区非物质文化遗产概论/张新科编著.—北京:商务印书馆,2017
ISBN 978-7-100-15288-4

Ⅰ.①淮… Ⅱ.①张… Ⅲ.①非物质文化遗产—概论—中国 Ⅳ.①G122

中国版本图书馆 CIP 数据核字(2017)第 221209 号

权利保留,侵权必究。

淮海地区非物质文化遗产概论
张新科 编著

商 务 印 书 馆 出 版
(北京王府井大街 36 号 邮政编码 100710)
商 务 印 书 馆 发 行
北京顶佳世纪印刷有限公司印刷
ISBN 978-7-100-15288-4

2017 年 10 月第 1 版　　开本 710×1000　1/16
2017 年 10 月北京第 1 次印刷　印张 31¼
定价:86.00 元